Dieter H. Vogel

M & A – Ideal und Wirklichkeit

Dieter H. Vogel

M & A
Ideal und Wirklichkeit

Unter Mitarbeit von Wolfgang Schumann

GABLER

Die Deutsche Bibliothek – CIP-Einheitsaufnahme
Ein Titeldatensatz für diese Publikation ist bei
Der Deutschen Bibliothek erhältlich

Dr. Dieter H. Vogel, ehemaliger Vorsitzender des Vorstands der Thyssen AG, Partner einer Private Equity-Firma und Inhaber zahlreicher Aufsichtsratsmandate, hat mehr als 100 M&A-Transaktionen erfolgreich durchgeführt. Als Lehrbeauftragter an der TU München hält er Vorlesungen zum Thema M & A.

1. Auflage Juni 2002

Alle Rechte vorbehalten
© Betriebswirtschaftlicher Verlag Dr. Th. Gabler GmbH, Wiesbaden 2002

Lektorat: Ulrike Lörcher

Der Gabler Verlag ist ein Unternehmen der Fachverlagsgruppe BertelsmannSpringer.
www.gabler.de

Umschlaggestaltung: Ulrike Weigel, www.CorporateDesignGroup.de
Druck und buchbinderische Verarbeitung: Lengericher Handelsdruckerei/Lengerich
Gedruckt auf säurefreiem und chlorfrei gebleichtem Papier
Printed in Germany

ISBN 3-409-11933-7

Vorwort

Es ist schon seltsam. Die jüngste, fünfte M&A-Welle des 20. Jahrhunderts schaukelte sich in den 1990er Jahren zu einer bisher nicht gekannten Flut von Transaktionen auf. Im Jahr 2000 betrug der Wert aller abgeschlossenen Fusionen und Übernahmen 3.700 Milliarden US $, 38 % des Bruttosozialprodukts der Vereinigten Staaten von Amerika im gleichen Jahr. Dabei ist allen Akteuren auf der großen Bühne dieses globalen Schauspiels namens M&A längst bekannt, welch hohe Risiken das Mitschwimmen in dieser Flut zur Folge hat. In der Tat sind kaum andere unternehmerische Optionen mit einer so geringen Erfolgsquote bekannt, wie sie das Fusionieren und Akquirieren aufweist. Selbstverständlich sehen M&A-Deals auf dem Papier immer gut aus. Vorstände starten das Rennen mit dem Versprechen nachhaltiger Wertsteigerung für die Aktionäre und beenden es nicht selten mit der Erklärung, ohne die Transaktion wäre alles deutlich schlechter verlaufen. Aufsichtsräte und Boards votieren, meist einstimmig, für das überzeugende Fusionskonzept oder den stichhaltigen Erwerbsvorschlag, um sich alsbald in drei von vier Fällen mit einem herben Misserfolg konfrontiert zu sehen. Fast sträubt sich die Feder bei der Feststellung, dass die Statistik noch schlechter ausfiele, käme nicht hin und wieder die unverhoffte Gnade eines längeren konjunkturellen Hochs mit einer alle Probleme überdeckenden Kurseuphorie zu Hilfe.

Ist M&A deshalb ein Muster ohne Wert, eine Modeerscheinung von kurzer Haltbarkeit, ein unglückseliges Marketingprodukt von Investmentbanken? Keineswegs! Das Gegenteil ist der Fall. M&A-Transaktionen sind nicht notwendigerweise ein unbeherrschbares Glücksspiel - selbst wenn sie stets einer Menge unvorhersehbarer Störgrößen ausgesetzt sind. Eine auf solider Logik aufgebaute Transaktion, die strategisch gut durchdacht, kenntnisreich strukturiert, nüchtern und umfassend geplant, und schließlich kraftvoll, aber doch flexibel umgesetzt wird, entbehrt im Grunde jeder Analogie zu Kategorien wie Glück oder Unglück. Alles in allem kann die strategische Option M&A zu höchster unternehmerischer Kunst geraten, wenn ihre Mechanismen beherrscht, mit kühlem Kopf eingesetzt und mit heißem Herzen zum Erfolg gebracht werden.

Mag die deutliche Verringerung der Anzahl der Transaktionen in 2001 auch eine Konsolidierung der davor liegenden Übertreibungsphase sein, so haben doch gewiss auch weltweite rezessive Tendenzen, der Terroranschlag gegen die freie Welt vom 11.09.2001 und nicht zuletzt die schmerzreichen Erfahrungen nicht weniger Unternehmer, Manager und Aufsichtsgremien mit der Diskrepanz von Erwartung und Realität zum Rückgang beigetragen. Auf diesem Niveau sollte eine „gesunde" Basis für die künftige Entwicklung des M&A-Geschäfts gegeben sein. Die Lemminge, die fusioniert und akquiriert haben, weil es alle taten, haben ihre Lektion ebenso erhalten, wie diejenigen, die Transaktionen als Vehikel zum Verdecken von Problemen im eigenen Haus angesehen haben. Die Botschaft, dass M&A-Transaktionen schnell und wirkungsvoll neue strategische Optionen eröffnen, bleibt jedoch unverändert gültig. Schon deshalb, weil der konfliktreiche Prozess der Integration der Weltwirtschaft, der objektive Zwang zur Konsolidierung von Industrien und die Notwendigkeit, angemessen auf die rasante Technologieentwicklung zu reagieren, weiterbestehen. Solange die Märkte im Zeichen der Globalisierung und der Beseitigung von Handelsschranken schneller wachsen als die Unternehmen, sind M&A-Transaktionen in vielen Fällen ohne Alternative, wenn es um die Erhaltung der Wettbewerbsfähigkeit geht. In der immer wieder zu hinterfragenden Balance von Kostenoptimierung, Wachstum aus eigener Kraft und M&A-Transaktionen besteht insbesondere in Deutschland ein Nachholbedarf für die dritte Option, die externe Expansion. Schon deshalb ist die Beherrschung des M&A-Instrumentariums zur Bewältigung der Herausforderungen in der Zukunft unverzichtbar.

Seit mehr als 20 Jahren verfolge ich den Spannungsbogen zwischen Schein und Wirklichkeit, Gefahren und Potenzialen des M&A-Geschäfts. Nicht als letztlich unbeteiligter externer Ratgeber, nicht als Wissenschaftler, sondern als unmittelbar Verantwortlicher. Wer sich die Lehrmeinungen und Moden für Wachstumsstrategien über diesen Zeitraum vor Augen führt, gewinnt eine Vorstellung davon, welch bunte Welt von der Diversifikation über die Internationalisierung und die Fokussierung bis hin zur New Economy mir dabei begegnet ist. Der aktive Umgang mit einer großen Anzahl von Transaktionen aller Größenordnungen bildet ein breites Spektrum an Erfahrungen. Das persönliche Erleben und Gestalten umfasst alle gängigen Arten der Unternehmensverbindungen von Fusionen, Akquisitionen und Desinvestitionen bis hin zu den unterschiedlichsten Kooperationen. Die Erfahrungen schließen Venture Investments, Buyouts, freundliche Übernahmen und Ansätze zu feindlichen Übernahmeversuchen ebenso mit ein wie den Auftritt als „White Knight".

Als bekennendem Nutzer des M&A-Instrumentariums zur strategischen Unternehmensführung sind mir viele positive Überraschungen begegnet, aber auch manche Enttäuschungen nicht erspart geblieben. Der Aufbau von M&A-Abteilungen und deren Nutzung als Elitepool insbesondere jüngerer Manager begleitet meinen Berufsweg ebenso wie die Beschäftigung mit der wissenschaftlichen Literatur zu diesem Themenkreis. Dabei bin ich immer wieder zwei Phänomenen begegnet: Zum einen war vieles in der Literatur umfänglich behandelt, ohne dass Unternehmen in der Praxis davon Kenntnis genommen hätten. Zum anderen war nicht wenigen Veröffentlichungen anzumerken, dass sie fernab jeder betrieblichen Realität entstanden waren. Der Gedanke, M&A-Praxis und -Wissenschaft zu einem verständlichen und nutzbringenden Ganzen in einem Buch zu verbinden, entwickelte sich dann im Zusammenhang mit meinen Mergers & Acquisitions-Vorlesungen im Studiengang „Master of Business Administration" an der Technischen Universität München.

M&A-Transaktionen erfordern interdisziplinäres Wissen. Ihre positiven wie negativen Potenziale sind häufig so bedeutend für das Wohl und Wehe der betroffenen Unternehmen, dass die Verantwortlichen sich nicht allein auf die Zuarbeit interner und externer Spezialisten der beteiligten Fachbereiche verlassen dürfen. Um nicht missverstanden zu werden: Ich plädiere ausdrücklich für die Einbeziehung der fachspezifischen Kenntnisse und Erfahrungen eigener Experten des Finanz- und Rechnungswesens, des Gesellschafts- und Wettbewerbsrechts, des Steuerbereichs, des Personalwesens, des Marketings, der Produktion, der Forschung und Entwicklung, des Umweltbereichs, des IT-Bereichs und der Organisation. Auch Investmentbanken, Wirtschaftsprüfungsgesellschaften, Rechtsanwaltskanzleien und Strategieberater können wertvolle Beiträge für den Erfolg einer M&A-Transaktion liefern. In den entscheidenden Phasen der Strategiefestlegung, der Initiierung eines Deals, der Transaktion selbst, der Integration und der Deal-begleitenden Kommunikation ist die Unternehmensleitung jedoch selbst gefordert.

Deshalb ist das Buch für all jene Praktiker und Berater geschrieben, die als Spezialisten eines Segments ihre Kenntnisse des gesamten Prozesses erweitern wollen. Es soll aber auch den Entscheidungsträgern in Unternehmen den notwendigen Grundstock an Wissen vermitteln, um verantwortlich mit dem Strategieinstrument M&A umgehen zu können. Aufsichtsräten soll es das Rüstzeug zur Argumentation und ausgewogenen Entscheidung geben. Kapitalsammelstellen und Investoren soll es bei ihren Anlageentscheidungen helfen. Last, not least ist das Buch geschrieben worden, um den mit dem Thema befassten Studenten und Wissenschaftlern einen Einblick in die Anwendung der Theorie und deren Grenzen in der unternehmerischen Praxis zu geben.

Der Untertitel „Ideal und Wirklichkeit" hat zweifache Bedeutung. Er unterstreicht die Diskrepanz zwischen den Vorstellungen der Wissenschaft und der Realität im Unternehmen. Und er weist gleichzeitig darauf hin, wie weit der tatsächliche Umgang mit dem Thema M&A in der Praxis von der aus beidem, Wissenschaft und unternehmerischer Realität, definierten „Ideallinie" abweicht.

Ich danke Prof. Dr. Horst Wildemann für die Idee und Ermunterung zu diesem Buch und Wolfgang Schumann für die aufopfernde und kenntnisreiche Mitarbeit, insbesondere bei der wissenschaftlichen Recherche. Jörg Bredy und Dr. Jörn Schulte von Pricewaterhouse Coopers haben bei der Durchsicht der Kapitel Due Diligence und Unternehmensbewertung konstruktive Anregungen eingebracht. Mein Mitarbeiter Dr. Jan Heitmüller hat mich bei den Analysen zum Kapitel Erfolgsmessung unterstützt. Ihnen allen gilt mein Dank.

Dieter H. Vogel

Inhaltsübersicht

Inhaltsverzeichnis

Abbildungsverzeichnis

Tabellenverzeichnis

Abkürzungsverzeichnis

AG	Aktiengesellschaft
APV	Adjusted Present Value
AR	Abnormale Rendite
AktG	Aktiengesetz
BetrVG	Betriebsverfassungsgesetz
BGB	Bürgerliches Gesetzbuch
BGH	Bundesgerichtshof
BIP	Bruttoinlandsprodukt
BörsZulV	Börsenzulassungsverordnung
CAPM	Capital Asset Pricing Model
DCF	Discounted Cash Flow
EBIT	Earnings before Interest and Taxes
EBITDA	Earnings before Interest, Taxes, Depreciation and Amortization
EBO	Employee Buyout
EBT	Earnings before Taxes
EK	Eigenkapital
EU	Europäische Union
EVA	Economic Value Added
EW	Ertragswert
EWGV	Vertrag zur Gründung der Europäischen Wirtschaftsgemeinschaft
FCF	Free Cash Flow
FK	Fremdkapital
F&E	Forschung und Entwicklung
FKVO	Fusionskontrollverordnung
FTC	Federal Trade Commission
GK	Gesamtkapital
GmbH	Gesellschaft mit beschränkter Haftung
G+V	Gewinn- und Verlustrechnung
GWB	Gesetz gegen Wettbewerbsbeschränkungen
HGB	Handelsgesetzbuch
IAS	International Accounting Standards
IDW	Institut der Wirtschaftsprüfer in Deutschland e.V.
IPO	Initial Public Offering
IRR	Internal Rate of Return
KAR	Kumulierte Abnormale Rendite
KG	Kommanditgesellschaft
KGaA	Kommanditgesellschaft auf Aktien

Einleitung

Einzelne M&A-Transaktionen haben in Zeiten des Börsenbooms und anhaltender Hochkonjunktur zu außergewöhnlichen Erträgen für die Beteiligten geführt, ohne dass der Frage der Richtigkeit des Deals, seiner Konditionen und seiner Umsetzung besondere Bedeutung geschenkt worden wäre. Dass M&A-Geschäfte sogar erfolgreich als Vehikel zur Verschleierung von Problemen eines Käuferunternehmens benutzt worden sind, ist ebenfalls bekannt. Weder das Vorgehen der Glücksritter noch die Nutzung von Fusionen und Akquisitionen als Ersatz für fehlende Strategie sind Thema dieses Buches.

Ziel ist vielmehr, das interdisziplinäre Wissen, welches notwendig ist, um Transaktionen professionell vorzubereiten und abzuwickeln, umfassend und praxisnah zu vermitteln. M&A ist eine strategische Option, die häufig im Wettbewerb zur Eigenentwicklung des in Frage stehenden Geschäftssegments steht. Das Einmaleins ist einfach: M&A-Transaktionen fangen erst dann an, Sinn zu machen, wenn die aus ihnen resultierenden Größen- und Verbundvorteile die Nachteile der Integrationskosten, die Risiken aus der erhöhten Komplexität und die Gefahren aus kulturellen Spannungen übersteigen. Sie schlagen die Alternative der Eigenentwicklung, wenn sie im Resultat aus Vor- und Nachteilen ergebnismäßig günstiger als diese abschneiden und zu einer schnelleren Umsetzung führen.

Das Buch folgt diesem nüchternen Kalkül, indem es zunächst die Grundlagen und Ziele von M&A-Transaktionen beschreibt und diskutiert. Die Behandlung des Spannungsfelds zwischen M&A-Aktivitäten und Volkswirtschaft schließt sich an. Ein weiteres Kapitel stellt die Entwicklung der M&A-Thematik in der jüngeren Wirtschaftsgeschichte dar. Der Frage der vielfältigen Finanzierungsformen von M&A-Transaktionen wird ebenso nachgegangen wie der professionellen Organisation des M&A-Managements. Größerer Raum wird den vorbereitenden Prozessschritten gewidmet. Der M&A-Prozess beginnt keineswegs mit der Aufnahme von Verhandlungen. Das Fundament jeder rational basierten M&A-Aktivität liegt vielmehr in einer schlüssigen, überzeugenden Unternehmensstrategie, für die das Buch in kompakter Form die notwendigen praxisgeeigneten Werkzeuge anbietet. Ein gesondertes Kapitel vermittelt weitere unverzichtbare Grundlagen für verantwortliches Vorgehen im M&A-Bereich: Due Diligence und Unternehmensbewertung sind erfolgskritisch für die Entscheidungsfindung und Ausgestaltung jeder Unternehmensverbindung.

Kommunikationsbedarf nach innen und außen begleitet alle größeren M&A-Vorgänge. Dieses wichtige, erfolgsrelevante Thema wird aus theoretischer und praktischer Sicht beleuchtet.

Einen Schwerpunkt des Buches bildet die Behandlung der Transaktionsphase selbst. Die methodische Schilderung typischer Akquisitions- und Fusionsprozesse wird mit vielen Anregungen aus praktischen Erfahrungen angereichert. Zweifellos stellt die Integrationsphase des Zielobjektes die wesentliche Herausforderung des M&A-Prozesses dar. Wenngleich selbst qualifiziertes Integrationsmanagement nicht in der Lage ist, die „falsche" Transaktion zum Erfolg werden zu lassen, so ist doch sicher, dass unprofessionelles Vorgehen in der Integrationsphase viele Transaktionen, die im

Kern richtig waren, hat scheitern lassen. Der Integrationsvorgang wird deshalb ausführlich erörtert.

Schließlich wird dem Phänomen des M&A-Erfolgs, seinen Kriterien, den Messverfahren und den Ergebnissen nachgegangen. In der Schlussbetrachtung wird der Versuch unternommen, in Kurzform Regeln für den erfolgreichen Umgang mit M&A-Transaktionen aufzustellen, wohl wissend, dass auf der eigenen Erfahrung basierende „Kochrezepte" gerade in diesem komplexen Feld unternehmerischer Kunst nur begrenzte Allgemeingültigkeit haben.

Die Kapitel werden ergänzt um Fallbeispiele, die Anschauungsmaterial für die praktische Umsetzung der Thesen, Erläuterungen und Anregungen des Buches liefern.

I Grundlagen

Der Facettenreichtum auf dem Markt für Unternehmen und Unternehmensbeteiligungen ist groß und erweitert sich ständig. Insbesondere die Beratungsdienstleister dieses Geschäftsfelds entdecken immer neue Ansätze. Es erscheint daher zweckmäßig, sich dem Thema M&A mit einer Eingrenzung des Begriffs zu nähern.

I.1 M&A als Sammelbegriff

Die internationale Wirtschaftswelt gewährt zu unterschiedlichen Zeiten unterschiedlichen Theorien, Begriffen oder Entwicklungen überragende Aufmerksamkeit. Zweifellos hat der Terminus Mergers und Acquisitions (M&A) gegenwärtig den Status der globalen Prominenz. Nicht zu Unrecht, wie wir sehen werden. In der Wirtschafts- und Tagespresse ist die Thematik M&A allgegenwärtig. Die Tatsache, dass die englische Wortkombination M&A zum weltweiten Gattungsbegriff geworden ist, unterstreicht die Dominanz der angloamerikanischen Szene auch in diesem Feld unternehmerischer Aktivität. Fortan wird von Unternehmenskäufen, Übernahmen, Mergers of Equals, Strategischen Allianzen, Kooperationen oder generell von M&A gesprochen. Diese Liste ließe sich noch erheblich verlängern, ohne die Thematik zu verlassen. Um dem Phänomen M&A angesichts der Vielfalt der Begriffe und der nicht einheitlichen Nomenklatur nahe zu kommen, wird zunächst im folgenden ersten Teil dieses Kapitels der Begriff Mergers and Acquisitions nach dem Verständnis dieses Buches definiert. Im sich anschließenden zweiten Teil werden die wichtigsten Teilbereiche des M&A-Geschäfts erläutert.[1]

I.1.1 Definition Mergers & Acquisitions

M&A trat als Begriff bereits am Ende des 19. Jahrhunderts in den USA während der ersten Übernahmewelle (1895-1904) auf. Schon damals waren Fusionen und Akquisitionen fester Bestandteil des Repertoires zur Neuausrichtung von Unternehmensportfolios. In der modernen angelsächsischen Literatur wird der Begriff breiter definiert. So bemerken Copeland und Weston: „The traditional subject of M&A has been expanded to include takeovers and related issues of corporate restructuring, corporate control, and changes in the ownership structure of firms" (Copeland, Weston 1988, S.676). Sudarsanam definiert den Begriff noch weiter und fasst M&A als „a means of corporate expansion and growth" auf (Sudarsanam 1995, S.1).

Nach der US-amerikanischen Literatur schließt der Themenkreis die in Tabelle 1 aufgeführten Bereiche mit ein:

---

[1] M&A-Transaktionen werden in der vorliegenden Arbeit als Oberbegriff für alle im Rahmen von Unternehmensverbindungen vorkommenden Veränderungen verwendet. Der Begriff Transaktion im engeren Sinne betrifft die Prozessphase zwischen Konzeption und Integration (vgl. Kap. IV).

Expansion	Corporate Restructurings
• Mergers • Acquisitions • Tender Offers • Joint Ventures	• Spin-offs • Divestitures • Equity carve-outs • Split-ups • Split-offs
Corporate Control	Changes in Ownership Structure
• Premium buybacks • Standstill Agreements • Antitakeover Amendments • Proxy Contests • Employee Stock Ownership Plans	• Exchange offers • Share repurchases • Going private • Leveraged Buyouts

Tabelle 1: Teilbereiche des M&A gemäß US-Definition
(vgl. Copeland, Weston 1988, S.677, Gaughan 1999 und Weston 2001)

Das Thema M&A wurde in Deutschland durch die wirtschaftswissenschaftliche Forschung erst zu Beginn der 1980er Jahre intensiver bearbeitet. Dies mag erklären, warum der Begriff weder bei Wöhe und Heinen noch bei Schmalenbach in den jeweiligen betriebswirtschaftlichen Basiswerken näher behandelt wurde. Zumindest benennt Wöhe die von ihm nicht als solche bezeichneten M&A-Geschäfte als „Sonderfälle der Außenfinanzierung" (Wöhe 1993, S.913 f.). Obwohl in Anlehnung an die Basisliteratur auch in der weiterführenden Spezialliteratur meist auf eine explizite Definition verzichtet wird, liegen doch Begriffsbestimmungen für M&A von einigen Autoren vor.

So bestimmt Achleitner M&A als Transaktionen auf dem Markt für Unternehmen, Unternehmensteile und Beteiligungen. Die Autorin unterscheidet M&A im engeren und im weiteren Sinn. Danach umfasst M&A im engeren Sinn nur Fusionen (Mergers) und Akquisitionen (Acquisitions), wobei der Unterschied zwischen einer Fusion und einer Akquisition in dem bei Letzterer vollzogenen Übergang der Leitungs- und Kontrollbefugnisse gesehen wird. M&A im weiteren Sinn bezieht die Bildung Strategischer Allianzen mit ein. Nach Achleitner werden Transaktionen, die nicht strategisch induziert sind, sondern der passiven Finanzanlage dienen, nicht vom Begriff M&A umfasst (vgl. Achleitner 2001, S.141 f.).

Picot übersetzt M&A mit „Unternehmenszusammenschlüssen und Unternehmensübertragungen" (Picot 2000b, S.15), wobei die Begriffe bewusst sehr weit ausgelegt werden und auch Unternehmenskooperationen, Unternehmensnachfolgen, Management Buyouts, Management Buyins und Börsengänge umfassen.

Müller-Stewens beschreibt M&A als „Transaktionen, die neben dem Transfer von Eigentumsrechten vor allem auch die Übertragung von Kontroll- bzw. Leitungsbefugnissen an Unternehmen zum Gegenstand haben" (Müller-Stewens 1999, S.1).

Einige Definitionen legen den Schwerpunkt der Begriffsbestimmung auf den Dienstleistungscharakter von M&A. Hierbei wird der Begriff an Hand der von den jeweili-

4

gen Beratern erbrachten Dienstleistungen bestimmt (vgl. Becker 1994, S.198 und Huemer 1991, S.6).

Unter Berücksichtigung der genannten Aspekte erscheint folgende Definition sachgerecht:

Der Begriff Mergers & Acquisitions schließt alle Transaktionen einschließlich der zugehörigen Dienstleistungen ein, welche die Übertragung strategisch induzierter und aktiv wahrzunehmender Kontroll- und Leitungsbefugnisse an Unternehmen bzw. entsprechender Rechte und Pflichten bei vertraglichen Kooperationen zum Inhalt haben.[2]

Die folgende Grafik gibt die wichtigsten M&A-Transaktionsformen wieder:

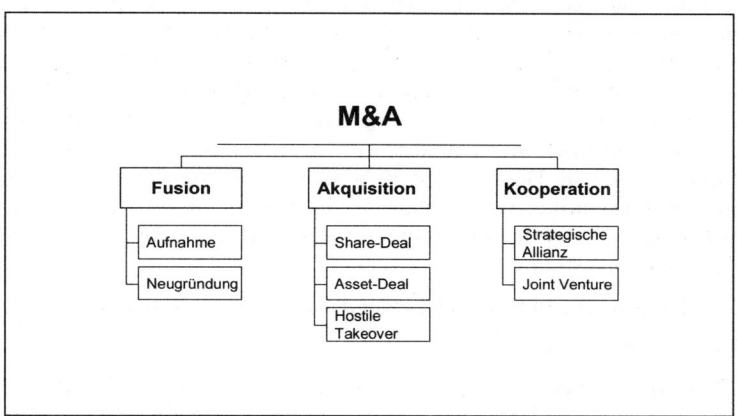

Abbildung 1: Die wichtigsten Arten von M&A-Transaktionen

I.1.2 Teilbereiche

I.1.2.1 Fusion (Merger)

Wer sein Unternehmen verkauft, gibt seine Eigentümerstellung auf. Wer das Unternehmen kauft, erhält die volle Verfügungsgewalt über das erworbene Eigentum, einschließlich der Möglichkeit des Wiederverkaufs. Wer sein Unternehmen mit einem anderen fusioniert, wird Teileigentümer des fusionierten Unternehmens. Dem Integrationsgrad entsprechend vermischen sich Geschäfte, Vermögens- und Schuldposten der an der Fusion beteiligten Unternehmen in einer Weise, die eine Revision der Fusion faktisch unmöglich macht. Dem trägt auch das Umwandlungsrecht Rechnung, indem es Klagemöglichkeiten gegen die Wirksamkeit von Verschmelzungsbeschlüssen weitgehend einschränkt.

---

[2] Der Terminus „strategisch" bezieht sich auf die Zielsetzung des jeweiligen Initiators einer Transaktion.

Eine Fusion oder ein Merger[3] bezeichnet mithin die engste Form des Unternehmenszusammenschlusses. Es versteht sich daher von selbst, dass M&A-Transaktionen, die als Fusionen durchgeführt werden sollen, einer besonders gründlichen Überlegung und Vorbereitung bedürfen.

Handelsrechtlich ist eine Fusion als eine Vermögensübertragung im Wege der Gesamtrechtsnachfolge ohne Liquidation zu verstehen (vgl. Beisel, Klumpp 1996, Rz. 237).[4] Dabei wird das Vermögen der Fusionspartner in einem der beteiligten Rechtsträger konzentriert oder in einen zu diesem Zweck neu gegründeten Rechtsträger eingebracht. Die Gesellschafter des übertragenden Rechtsträgers erhalten im Gegenzug Anteile des übernehmenden bzw. des neuen Rechtsträgers. Nach dem deutschen Umwandlungsrecht sind neben Kapitalgesellschaften auch Personengesellschaften[5] verschmelzungsfähig. Dies gilt sowohl für Fusionen von Gesellschaften gleicher wie auch unterschiedlicher Rechtsform. Die Übertragung der Vermögenswerte kann zu Buch- oder Teilwerten stattfinden. Sie ist ohne ertragssteuerliche Folgen für die beteiligten Unternehmen und deren Gesellschafter (vgl. Beisel, Klumpp 1996, Rz. 249). Anders verhält es sich in der Frage der Grunderwerbsteuer, für die das UmwStG 1995 keine Steuerbefreiungen enthält. Der notariell zu beurkundende Verschmelzungsvertrag wird nur wirksam, wenn ihm die Anteilseigner der beteiligten Gesellschaften in einer Versammlung der Anteilsinhaber mit Dreiviertel-Mehrheit (ggf. satzungsgemäß auch bei höherer Mehrheit) zugestimmt haben.

Das Umwandlungsgesetz unterscheidet zwei Arten der Verschmelzung:

Verschmelzung durch Aufnahme

Die grundlegenden Regelungen dieser Verschmelzungsform sind in §§ 4-35 UmwG niedergelegt. Bei der Verschmelzung durch Aufnahme - auch Annexion oder Absorption genannt - nimmt ein bestehender Rechtsträger das Vermögen eines oder mehrerer Rechtsträger einschließlich der Verbindlichkeiten im Wege der Gesamtrechtsnachfolge auf. Dafür erhalten die Anteilsinhaber des untergehenden Rechtsträgers Anteilsrechte an dem übernehmenden Rechtsträger.

Wird im Rahmen einer M&A-Transaktion eine Verschmelzung durch Aufnahme ins Auge gefasst, so ist es vom juristischen Standpunkt aus unbedeutend, welche der beteiligten Gesellschaften als übernehmende bzw. als untergehende auftritt. In der Praxis wird diese Frage jedoch nicht selten hitzig diskutiert. Zum einen kann es durchaus dem Selbstverständnis des Managements und der Mitarbeiter des betroffenen Unternehmens widersprechen, einer untergehenden Gesellschaft anzugehören, zum anderen sind sachliche Konsequenzen zu bedenken. So sind die Gesellschafter eines im Zuge der Verschmelzung untergehenden Unternehmens hinsichtlich ihrer Vermögensrechte auf das Spruchverfahren (vgl. §§ 305-312 UmwG) beschränkt. Ihre Anfechtung der Wirksamkeit des Verschmelzungsbeschlusses auf Grund von Bewertungsmängeln ist

---

[3] Die Begriffe „Merger" und „Fusion" werden in der Folge synonym verwendet.

[4] Zu beachten ist, dass der betriebswirtschaftliche Fusionsbegriff weiter gefasst ist als die handelsrechtliche Verschmelzung (vgl. Pausenberger 1989, S.624).

[5] An einer Verschmelzung können darüber hinaus auch eingetragene Genossenschaften, eingetragene Vereine, genossenschaftliche Prüfungsverbände, Versicherungsvereine auf Gegenseitigkeit und ggf. wirtschaftliche Vereine sowie natürliche Personen beteiligt sein.

ausgeschlossen (vgl. § 14 Abs.2 UmwG). Für die Gesellschafter des fortbestehenden Unternehmens besteht dagegen kein Ausschluss der Anfechtung. Ein weiterer Punkt betrifft die Position der Organmitglieder des untergehenden Unternehmens. Zwar bleiben auf Grund der Gesamtrechtsnachfolge des übernehmenden Unternehmens die Anstellungsverträge von Organmitgliedern des untergehenden Unternehmens unberührt, ihre Organstellung jedoch erlischt.

Ein Praxisfall der Verschmelzung durch Aufnahme ist der Zusammenschluss von Fried. Krupp und Hoesch in 1992. Aufnehmende Gesellschaft war Fried. Krupp, das zum Zeitpunkt der Verschmelzung bereits die Mehrheit am Grundkapital von Hoesch erworben hatte. Den außenstehenden Aktionären von Hoesch wurde als Gegenleistung für ihre Aktien eine Kombination aus Aktien von Fried. Krupp und einer baren Zuzahlung gewährt. Die Aktien für den Umtausch wurden durch eine Kapitalerhöhung der Fried. Krupp geschaffen.

Verschmelzung durch Neugründung

Die grundlegenden Vorschriften für diese Form der Verschmelzung sind in §§ 36-38 UmwG geregelt. Kennzeichnend für eine Fusion durch Neugründung - in der Schweiz ist der Begriff Kombination üblich[6] - ist, dass die beteiligten Unternehmen ihr Vermögen gegen Gewährung von Anteilen einer zu diesem Zwecke neu gegründeten Gesellschaft übertragen. Die übertragenden Gesellschaften erlöschen mit der Eintragung der neuen Gesellschaft. Die Gesellschafterverhältnisse werden insofern in dem neuen Unternehmen weitergeführt. Übertragende Aktiengesellschaften müssen länger als zwei Jahre im Handelsregister eingetragen gewesen sein (vgl. § 76 Abs.1 UmwG).

Der Vorteil dieses Modells, das dem Charakteristikum einer Fusion in ihrer rechtstechnischen Bedeutung am besten entspricht, ist der geringere psychologische Widerstand bei Management und Mitarbeitern. Beide „alten" Unternehmen gehen in der neu gegründeten Gesellschaft auf, was die Dominanz eines Unternehmens über das andere zumindest in der Außenwirkung vermindert. Negativ wirkt sich aus, dass das neue Unternehmen von seiner Führungs- und Organisationsstruktur von Grund auf neu zu gestalten ist und dabei häufig Kompromisse anstelle sachlich gebotener Lösungen eingegangen werden.

Das Modell unterliegt darüber hinaus nicht unbeträchtlichen Anfechtungs- und damit Eintragungsrisiken. Die Notwendigkeit der Eintragung der Verschmelzung in das Handelsregister beider Fusionspartner führt u.U. zu zwei verschiedenen Entsperrungsverfahren, die eine längere Verzögerung des Vollzugs der Fusion mit sich bringen können. Die Bewertungsrüge als Anfechtungsgrund ist allerdings grundsätzlich ausgeschlossen.

Als Praxisbeispiel einer Verschmelzung durch Neugründung ist das Fusionsverfahren Asko/DSBK/Kaufhof/Metro zu nennen. Um allen Eintragungsrisiken zu entgehen, wurden in einem „Arrangement" rund fünf Millionen € gezahlt (vgl. Die AG 1996, R.391). 1998 fusionierten Thyssen und Fried. Krupp nach dem Modell der Verschmelzung durch Neugründung.

---

[6] In der Schweiz regelt das Obligationenrecht in § 748 die Annexion und in § 749 die Kombination (vgl. Boemle 1995, S.489).

Weitere Fusionsmodelle

Neben dem Zusammenschluss im Wege der Verschmelzung nach UmwG bieten sich weitere Fusionsmodelle an, die in die Praxis der Unternehmensverbindungen von Kapitalgesellschaften Eingang gefunden haben.

In der Grundform der Quasifusion beschließt die übernehmende Gesellschaft eine bedingte Kapitalerhöhung (vgl. Kap. II.2.1.2.1). Die Gesellschafter der übertragenden Gesellschaft bringen ihr Aktienkapital als Sacheinlage in die übernehmende Gesellschaft ein und erwerben dafür Aktien an dieser Gesellschaft. Formal wird das übertragende Unternehmen zur Tochtergesellschaft der übernehmenden Gesellschaft. Diese Fusion durch Beitritt ist um einen Beherrschungsvertrag zu ergänzen, um die Ausübung konzerneinheitlicher Leitungsmacht auch dann zu sichern, wenn nicht alle Aktionäre bei einem notwendigen öffentlichen Angebotsverfahren dem Umtausch zustimmen. Das Modell mindert das Risiko der Registersperre bei Anfechtung, da die Eintragung der Kapitalerhöhung im Ermessen des Registergerichts liegt.

Bei der Quasifusion handelt es sich dem Grunde nach um eine Akquisition, die jedoch aus begrifflichen Gründen an dieser Stelle erwähnt wird. Da der Übernahmepreis in Aktien „bezahlt" wird, werden die flüssigen Mittel geschont (vgl. Boemle 1995, S.501 f.). In der angloamerikanischen Literatur wird dieses Vorgehen als „Subsidiary Merger" bezeichnet. Es wurde zum Beispiel beim Kauf der texanischen Electronic Data Systems durch General Motors angewendet (vgl. Gaughan 1999, S.7). In Deutschland kam das Modell unter anderem bei der Fusion von Viag und Bayernwerk in 1994 zur Anwendung.

In einer weiteren Variante wird eine Holdinggesellschaft gegründet. Die Hauptaktionäre der Fusionspartner bringen ihre Aktien als Sacheinlage in die neue Gesellschaft ein. Den nicht an der Gründung beteiligten Aktionären wird der Umtausch angeboten. Das hierfür notwendige Aktienkapital wird durch bedingte oder ordentliche Kapitalerhöhung geschaffen. Ergänzend wird, wie im Beitrittsmodell, ein Beherrschungsvertrag mit den (zumindest vorübergehend verbleibenden) Ursprungsgesellschaften abgeschlossen. Dieses Modell bedarf keiner Hauptversammlungsbeschlüsse. Das Anfechtungsrisiko entfällt. Die erste Stufe des Zusammenschlusses der Bayerischen Vereinsbank und der Bayerischen Hypotheken und Wechsel-Bank in 1998 entspricht in ihren Grundzügen diesem Modell des Aktientausches (vgl. Fallbeispiel HypoVereinsbank).

Schließlich sei ein weiteres Modell erwähnt, bei dem das von den Fusionsbeteiligten gehaltene Vermögen auf eine neu gegründete Holding in Form einer Sacheinlage gegen Aktien der neuen Gesellschaft übertragen wird. Die Übertragung des gesamten Gesellschaftsvermögens bedarf des Beschlusses der Hauptversammlungen beider beteiligten Unternehmen nach § 179a AktG. Die Vermögensübertragung greift nicht in die Aktionärsstruktur der einbringenden Gesellschaften ein. Die rechtlichen Risiken dieses Modells sind insbesondere dann klein, wenn schon auf Grund der Konstellation des Aktionärskreises die Zustimmung der Hauptversammlungen gesichert ist. Weisen die eingebrachten Vermögenswerte unterschiedliche Höhen aus, kann - sofern Gleichgewichtigkeit angestrebt wird - die geringwertigere Sacheinlage um eine entsprechende Bareinlage ergänzt werden. Die Schwäche des Modells liegt in der gemeinsamen Ausübung der Leitungsmacht der Partnerunternehmen. Divergente Interessenlagen können zu Zerwürfnissen und Blockaden von Entscheidungen führen. Das Musterbeispiel für diese Form des Zusammenschlusses ist die Fusion Asea-BBC zu ABB in 1987 (vgl. Boemle 1995, S.490 f.).

Die Festlegung des für einen konkreten Fusionsfall geeigneten Modells bedarf der gewissenhaften Abwägung der Vor- und Nachteile der Modellvarianten unter Berücksichtigung der individuellen Umstände. Die Entscheidung muss u.a. die rechtlichen Risiken, den Transaktionsaufwand und die steuerlichen Konsequenzen berücksichtigen. Hierzu ist insbesondere rechtliche und steuerliche Beratung dringend zu empfehlen. Für die beteiligten Unternehmen ist weiterhin abzuwägen, welche Entscheidungsstrukturen aus den jeweiligen Modellen resultieren, welche Flexibilität ein Modell hinsichtlich der zukünftigen Wertentwicklung des Unternehmens bietet und welche Akzeptanz ein Modell in der Kommunikation nach Innen und Außen findet. In jedem Fall sind die Organe gehalten, im Rahmen eines gewissen Ermessensspielraums die wirtschaftlichste Lösung zu wählen, um sich gegenüber den Aktionären nicht schadensersatzpflichtig zu machen.

Strukturelle Fusionsvarianten

Neben ihrer rechtlichen Differenzierung werden Fusionen (und Akquisitionen) häufig auch an Hand der betroffenen Märkte und Produktionsstufen klassifiziert. Eine horizontale Fusion ist dadurch gekennzeichnet, dass die beteiligten Unternehmen auf der gleichen Produktions- oder Handelsstufe aktiv sind. Beispiele hierfür sind die Fusion der Energiekonzerne Viag und Veba zu E.ON in 2000 oder die Fusion der beiden Rüstungskonzerne Northrop und Grumman in den USA in 1994. Im Gegensatz dazu kennzeichnet eine vertikale Transaktion, dass Firmen aufeinanderfolgender Stufen der Wertschöpfung zusammengehen. So übernahm Merck in 1993 Medco Containment Services, den größten Retailer für verschreibungspflichtige Medikamente und sicherte sich dadurch den nachgelagerten Vertriebsweg für seine Pharmaprodukte. Konglomerate Zusammenschlüsse betreffen Unternehmen, die unterschiedliche Märkte mit unterschiedlichen Produkten beliefern. Die Grenzen sind fließend. Je nach Auslegung kann die Fusion von Ciba-Geigy und Sandoz zu Novartis in 1996 als horizontaler oder konglomerater Merger eingeordnet werden. Zumindest zum Zeitpunkt des Zusammenschlusses lagen beträchtliche Unterschiede der Portfolios und der Vermarktungswege vor (vgl. Fallbeispiel Novartis).

I.1.2.2 Akquisition

Der Erwerb eines Unternehmens oder von Teilen[7] desselben wird Akquisition genannt. Für das gekaufte Unternehmen bedeutet dies in der Regel, dass es seine rechtliche Selbständigkeit unter neuer Eigentümerstruktur erhält.

In Deutschland existiert kein spezielles Unternehmenskaufrecht. Deshalb wird die Betrachtung der zivilrechtlichen Verpflichtungs- und Verfügungsgeschäfte nach §§ 433 ff. BGB (i.d.F. des Schuldrechtsmodernisierungsgesetzes 2002) vorgenommen, wobei das BGB nur die schuldrechtliche Seite des Erwerbs abdeckt (vgl. Berens, Mertes, Strauch 1998, S.23). Die dingliche Übertragung erfolgt nach den für die jeweiligen

---

[7] Vgl. einschränkend Kap. I.1.1.

9

Vermögenswerte geltenden Vorschriften. Als Unternehmens- bzw. Beteiligungskauf ist die Zusammenfassung der schuldrechtlichen und der dinglichen Seite des Sachverhalts zu verstehen (vgl. Semler 1996, S.481).

Grundsätzlich kann ein Unternehmen[8] über einen Share Deal (Kauf der Anteile) oder einen Asset Deal (Kauf einzelner Wirtschaftsgüter) erworben werden.

I.1.2.2.1 Beteiligungserwerb (Share Deal)

Bei einem Share Deal erfolgt der Kauf eines Unternehmens durch die Übertragung der Gesellschaftsanteile des Rechtsträgers auf den Käufer. Rechtsträger kann eine juristische Person (AG oder GmbH), eine Personengesellschaft (OHG, KG, GmbH & Co. KG, GmbH & Co. KGaA) oder ein Einzelunternehmen sein. Als Kaufgegenstand im zivilrechtlichen Sinne gelten die Mitgliedschaftsrechte des zu erwerbenden Unternehmens. Damit stellt der Share Deal einen Rechtskauf im Sinne von § 453 BGB n.F. dar, auf welchen die Vorschriften der §§ 433 ff. BGB n.F. über den Kauf von Sachen entsprechende Anwendung finden. Während nach der Rechtsprechung zum alten Recht eine Qualifizierung des Beteiligungserwerbs als Sachkauf und damit eine mögliche Haftung für Mängel des Unternehmens selbst (statt nur für etwaige Mängel der verkauften Anteile) nur dann in Betracht kam, wenn eine Beteiligungsgröße von mindestens 50 % bis 95 % erworben wurde (vgl. Holzapfel, Pöllath 1994, S.224 f.), finden nach neuem Recht die Vorschriften über Sach- und Beschaffenheitsmängel unabhängig von der Höhe der erworbenen Beteiligung Anwendung (vgl. Wolf, Kaiser 2002, S.411 ff.).

Durch den Kauf eines Unternehmens in Form des Share Deals übernimmt der Käufer wirtschaftlich die Rechte und Verbindlichkeiten des Verkäufers mittels Universalsukzession. Besonders hinzuweisen ist auf sog. Change of Control-Klauseln, die bei Wechsel des Inhabers ein Kündigungsrecht in bestimmten Verträgen vorsehen. Diese Klauseln sind nicht selten Bestandteil von Verträgen mit Versicherungen, Banken, Lieferanten oder Lizenzgebern. Um einer etwaigen Vertragskündigung vorzubeugen ist es erforderlich, vor Unterzeichnung des Unternehmenskaufvertrags die jeweiligen Vertragsparteien zu informieren und ggf. den Verzicht auf das Kündigungsrecht einzuholen (vgl. Picot 2000a, S.99).

Bei der Behandlung des Anteilerwerbs aus steuerrechtlicher Sicht ist zum einen zwischen Käufer und Veräußerer, zum anderen zwischen Betriebsvermögen und Privatvermögen zu unterscheiden. Erwirbt der Käufer die Anteile in sein Betriebsvermögen, so werden diese zu Anschaffungskosten (inklusive eventueller Beratungs-, Notariatskosten etc.) in das Anlagevermögen der Bilanz eingestellt. Sie gelten als nicht abnutzbares Wirtschaftsgut, womit Abschreibungen im Grundsatz nicht anfallen. Ein eventuell entstehender Veräußerungsgewinn des Verkäufers bei Verkauf aus dem Betriebsvermögen einer Kapitalgesellschaft unterliegt in Deutschland für Geschäftsjahre des

---

[8] Der Begriff des Unternehmens ist im deutschen Recht nicht präzisiert. Hier wird in Anlehnung an Semler 1996, S.480, Rz.1 ein Unternehmen definiert als eine Gesamtheit von Menschen, materiellen und immateriellen Rechtsgütern und Geschäftswerten, die in einer Organisation zusammengefasst sind und einem einheitlichen wirtschaftlichen Zweck dienstbar gemacht werden.

Verkäufers, die nach dem 01.01.2002 beginnen, weder der Körperschaftsteuer noch der Gewerbesteuer. Für den Verkauf aus dem Privatvermögen gilt ab 01.01.2002 das sog. Halb-Einkünfte-Verfahren, sofern Anteile von mehr als einem Prozent des Grundkapitals betroffen sind (Wesentlichkeitsschwelle).

I.1.2.2.2 Vermögenserwerb (Asset Deal)

Der Asset Deal bedeutet, dass ein Unternehmen durch die Übertragung seiner Wirtschaftsgüter erworben wird. Diese Variante stellt einen Sachkauf gemäß § 433 Abs.1 (1) BGB n.F. dar. Die Sachen und Rechte des Unternehmens werden durch Singularsukzession gemäß den jeweils für sie geltenden Vorschriften auf den Käufer übertragen. Dabei ist der Bestimmtheits-Grundsatz zu erfüllen. Das heißt, dass alle zu übertragenden Teile konkret und individuell identifiziert werden müssen. Dazu werden vornehmlich die Bilanz und die Inventarliste genutzt. Auch die einzelnen Vertragsbeziehungen mit Kunden, Lieferanten oder sonstigen Dritten müssen jeweils gesondert benannt und übertragen werden. Hinsichtlich der Arbeitsverhältnisse ist § 613a BGB zu beachten. Danach gehen die Rechte und Pflichten aus den im Zeitpunkt des Übergangs bestehenden Arbeitsverhältnissen auf den neuen Inhaber über. Für eine detaillierte Beschreibung sei hier auf Spezialliteratur verwiesen (z.B. Holzapfel, Pöllath 1994, S.304 ff. oder Beisel, Klumpp 1996, S.143 ff.).

Die Bewertung des Unternehmenskaufs als „normalen" Sachkauf hat zur Folge, dass bezüglich etwaiger Sachmängel die Regelungen des § 434 BGB n.F. zur Haftung bei Mängeln der Beschaffenheit der verkauften Sache Anwendung finden. Der neue Begriff der „vereinbarten Beschaffenheit" der verkauften Sache (vgl. § 434 Abs.1 BGB n.F.) ist tendenziell weiter gefasst als der von der Rechtsprechung zu § 459 Abs.1 BGB a.F. entwickelte Eigenschaftsbegriff (vgl. Wolf, Kaiser 2002, S.412). Nach altem Recht galten z.B. Umsatz und Ertrag nicht als eine dem Unternehmen unmittelbar anhaftende Eigenschaft (vgl. Berens, Schmitting, Strauch 1998, S.95 ff. und Beisel, Klumpp 1996, S.273 ff.). Ob dies auch bei Anwendung des neuen, vom Gesetzgeber aber nicht näher definierten Beschaffenheitsbegriffs gilt, wird die Rechtsprechung zu klären haben.

Steuerlich hat der Asset Deal aus Sicht des Käufers gegenüber dem Share Deal den Vorteil, dass bei Übernahme der einzelnen Wirtschaftsgüter in das Betriebsvermögen der Erwerbers den Bilanzansätzen des Veräußerers hinsichtlich Sache, Höhe und Restnutzungsdauer nicht notwendigerweise gefolgt werden muss. Sollte sich bei Erwerb eine positive Differenz zwischen Kaufpreis und übernommenem Reinvermögen ergeben, so ist diese auf die erworbenen Aktiva und Passiva im Rahmen bestimmter Höchstwerte zu verteilen und abzuschreiben. Der Asset Deal erlaubt somit in der Regel höhere Abschreibungen als der Share Deal. Den steuerlichen Vorteilen des Erwerbers stehen die steuerlichen Nachteile des Veräußerers gegenüber. Sein Veräußerungsgewinn ist der Ertragsteuer einschließlich der Gewerbesteuer voll unterworfen.

In der Praxis hatten sich Modelle herausgebildet, die versuchen, den Share Deal mit der Generierung von Abschreibungspotenzial - analog dem Vorteil des Asset Deals - zu verbinden. Solche Umwandlungs- und Kombinationsmodelle sind auf Grund der aktuellen Rechtslage nunmehr auch in Deutschland in ihrer Anwendung eingeschränkt bzw. ausgeschlossen. Deshalb wird auf eine Darstellung verzichtet und auf Spezialliteratur verwiesen (vgl. Herzig 1997, Eilers 2000 und Otto 1997).

I.1.2.3 Kooperation

Ein wichtiger Teilbereich des erweiterten M&A-Begriffs sind zwischenbetriebliche Kooperationen. Grund für den Einbezug dieser Unternehmensverbindungen ist deren weitgehend analoge Motivation. Der Kern solcher Kooperationen ist die von den Partnern getragene zweckgebundene Zusammenarbeit unterschiedlichen Institutionalisierungsgrades unter Aufrechterhaltung der wirtschaftlichen und rechtlichen Selbständigkeit der beteiligten Unternehmen.

Mittlerweile hat sich eine große Vielfalt an Kooperationsformen und Interorganisationsbeziehungen entwickelt. Die gemeinsame theoretische Basis dieser Formen der Zusammenarbeit zwischen Unternehmen ist die Netzwerkanalyse und -theorie (vgl. Sydow 1992). In dem folgenden Abschnitt werden nur die Strategische Allianz und das Joint Venture genauer betrachtet, da diese beiden Formen in der Praxis am häufigsten anzutreffen sind und eine ausführliche Diskussion der übrigen Kooperationen (wie etwa Interessengemeinschaft, Arbeitsgemeinschaft, Konsortium etc.) den Rahmen dieses Buches sprengen würde. Hierzu sei auf weiterführende Spezialliteratur verwiesen.[9]

I.1.2.3.1 Begriffsdefinition und gesetzliche Grundlage

Die betriebswissenschaftliche Diskussion hat sich umfänglich mit dem Thema Unternehmenskooperation befasst. Wiederkehrende Merkmale der meisten Kooperationen in der Praxis sind: gemeinsame Erfüllung von Aufgaben, rechtliche und wirtschaftliche Selbständigkeit der beteiligten Unternehmen, Existenz eines verbindlichen Vertrags, kein Zwang zur Mitgliedschaft, rechtliche Zulässigkeit, Zielkongruenz unter den Partnern, Verbesserung der Wettbewerbsposition, Zeitvorteile.[10]

Interessant ist die Frage der Selbständigkeit der Partner (vgl. Schaper-Rinkel 1998, S.20 f.). Während die rechtliche Selbständigkeit im Hinblick auf die eigenständige Rechtspersönlichkeit zweifelsfrei gegeben ist, gilt dies für die wirtschaftliche Selbständigkeit nur eingeschränkt, da die beteiligten Unternehmen je nach Bedeutung der Partnerschaft durchaus in Abhängigkeiten geraten können. Die Literatur wertet die beteiligten Unternehmen dann als wirtschaftlich unabhängig, wenn sie über die Entscheidungsfreiheit verfügen, die Kooperationsbeziehung aufzunehmen oder zu beenden (vgl. Jansen 2001, S.111).

Im angelsächsischen Bereich wird die zwischenbetriebliche Kooperation mit „alliance" und „partnership" bezeichnet. „Cooperation" wird vornehmlich in einem volkswirtschaftlichen Zusammenhang benutzt (vgl. die umfangreiche Darstellung zur angel-

---

[9] Vgl. Fikentscher 1966 und Schubert, Küting 1981.

[10] Erläuterungen zum erweiterten Begriff Unternehmenskooperationen finden sich bei Rupprecht-Däullary 1994, Vornhusen 1994 und Schallenberg 1995.

sächsischen Begriffsauffassung von zwischenbetrieblicher Kooperation bei Rupprecht-Däullary 1994, S.11 ff.). Im allgemeinen Sprachgebrauch wird häufig auch das Joint Venture als Dachbegriff für Unternehmenskooperationen verwendet.

Betrachtet aus der Perspektive der Transaktionskostentheorie nimmt die Kooperation auf dem Kontinuum zwischen dem reinen Markt und dem organisierten Unternehmen eine Mittelposition ein.[11] In den USA wird die zwischenbetriebliche Kooperation häufig anhand eines Modells der kontinuierlich verlaufenden Leistungserstellungsformen zwischen der Eigenherstellung und der Fremdfertigung eingeordnet (vgl. Rupprecht-Däullary 1994, S.13 f.).

Kooperationen können in voller Absicht eine Koordinierung des Wettbewerbsverhaltens der an ihm beteiligten Unternehmen mit sich bringen oder auch ohne eine ursprüngliche Absicht in eine solche Koordinierung münden. Da wettbewerbsbeschränkende Absprachen grundsätzlich verboten sind, erscheint es notwendig, dass sich die Kooperationspartner bereits vor Eingehen gegenseitiger Verpflichtungen mit den relevanten Kartellrechtsvorschriften befassen, um die Risiken der Unwirksamkeit ihrer Vereinbarung sowie der Zahlung von Bußgeldern zu vermeiden.

In Deutschland definiert das Gesetz gegen Wettbewerbsbeschränkungen (GWB) den Begriff der Kooperation. Die Kooperation bzw. die „zwischenbetriebliche Zusammenarbeit" wird erlaubt, sofern sie

- dem Zweck der wirtschaftlichen Rationalisierung dient,

- den Wettbewerb auf dem Markt nicht wesentlich beeinträchtigt,

- vertraglich zwischen kleineren und mittleren Unternehmen verabredet wird.

Die Erlaubnis zur Kooperation stellt unter den genannten spezifischen Bedingungen eine Ausnahme zum generellen Kartellverbot des § 1 GWB dar.[12] Kartelle sind horizontale Zusammenschlüsse in unterschiedlicher Rechtsform, welche die rechtliche Selbständigkeit der Unternehmen zwar erhalten, jedoch den Mitgliedern Einschränkungen in ihrer wirtschaftlichen Selbständigkeit vorgeben, um das Ziel der Beschränkung des Wettbewerbs zu erreichen. In der Typisierung des Kartellrechts können sich Absprachen beziehen auf (vgl. Wöhe 1993, S.426 ff.):

- Absatz- und Geschäftskonditionen (Konditionenkartelle, die z.B. Absprachen über die Transport- und Verpackungskosten oder Skonti treffen)

- Absatzpreise (Preiskartelle, die z.B. Mindestpreise, Einheitspreise oder die Gewinnverteilung festlegen)

---

[11] Die Transaktionskostentheorie beruht auf Coase (1937, Artikel „The Nature of the Firm") und erkennt die Parallelität gewisser Koordinationsvorgänge, die sowohl auf Märkten als auch in Unternehmen stattfinden. Während auf Märkten die Allokation durch einen marktimmanenten Preismechanismus erreicht wird, wird dieser Mechanismus bei Unternehmen durch Anweisungen, die auf hierarchischer Autorität beruhen, abgelöst.

[12] Das Bundeswirtschaftsministerium gibt die sog. Kooperationsfibel heraus, die über die „Zwischenbetriebliche Zusammenarbeit im Rahmen des Gesetzes gegen Wettbewerbsbeschränkungen" informiert.

- Produktion (Produktionskartelle, in denen die Mitglieder z.B. Normen, Typen, Kontingente oder Patente und deren Verwertung bestimmen)

- Absatz (Absatzkartelle, die ihren Mitgliedern z.B. Gebiete zuteilen und den Absatz zentralisieren)

Kartelle bedürfen grundsätzlich der Anmeldung und unterliegen der Aufsicht der Kartellbehörde. Für Kooperationsformen, die den Wettbewerb über die Grenzen Deutschlands hinaus innerhalb der Europäischen Gemeinschaft berühren, ist neben den Regeln des GWB auch Art. 85 EWGV zu beachten.

Im Verhältnis zu Fusionen und Akquisitionen, die auch als der „harte Weg" bezeichnet werden können, sind Kooperationen auf vertraglicher Basis als der „weiche Weg" des Restrukturierungsprozesses im globalen Wettbewerbsumfeld anzusehen (vgl. Doz 1992, S.47). Als eigenständige Variante können sie durchaus auch Vorstufe zu einer späteren weitergehenden Unternehmensverbindung sein.

I.1.2.3.2 Strategische Allianz

Seit Mitte der 1980er Jahre erleben Strategische Allianzen einen wahren Boom. Auch große Unternehmen nutzen verstärkt diese Form der Partnerschaft. Speziell Branchen, wie etwa die Elektronik- und Luftfahrtindustrie, aber auch die Telekommunikationsunternehmen und Stromerzeuger begannen, gedrängt durch die zunehmende Liberalisierung in Europa, Strategische Allianzen einzugehen (vgl. Doz[13] 1992, S.49). Eine Vielzahl solcher Allianzen wurde in den Bereichen des Mobilfunk und Internet geschlossen. Beispiele sind die Allianzen zur Bewerbung um die Mobilfunklizenzen der zweiten Generation bei D2 (Mannesmann/Air Touch) und E-Plus (Thyssen/Veba/Bell South/Vodafone)[14] und die gemeinsame Entwicklung von kabellosen Internetzugangsgeräten durch Intel und IBM (vgl. o.V. 2001a).

Der Begriff der Strategischen Allianz ist nicht eindeutig. Die gewählte Begriffsbestimmung lehnt sich an die Definitionen von Jansen (vgl. Jansen 2001, S.125 f.) und Schäfer (vgl. Schäfer 1994, 687 ff.) an. Danach ist eine Strategische Allianz eine Kooperationsform zwischen rechtlich und wirtschaftlich unabhängigen Organisationen, die in bestimmten Geschäftsfeldern durch in gering institutionalisierten Gremien gemeinsam getroffene Entscheidungen koordiniert agieren und dadurch langfristig Wettbewerbsvorteile anstreben. Dabei können die Partner sowohl gleichartige als auch komplementäre Ressourcen einbringen.

Strategische Allianzen finden nicht nur zwischen Unternehmen statt. Auch Verbände, Hochschulen, NGOs etc. schließen entsprechende Verbindungen. Erwähnenswert sind hier z.B. Forschungskooperationen zwischen Hochschulen und Unternehmen.

Die rechtliche und wirtschaftliche Unabhängigkeit zwischen den einzelnen Partnern schließt nicht aus, dass es zu gegenseitigen Minderheitsbeteiligungen kommen kann, welche die Ernsthaftigkeit der Unternehmensverbindung besonders unterstreichen. So

---

[13] Die Untersuchung von Doz unterscheidet nicht zwischen strategischer Allianz und Joint Venture.

[14] Nach Erhalt der Lizenzen wurden diese Allianzen in Joint Ventures umgewandelt.

14

schloss die Commerzbank Strategische Allianzen mit den europäischen Bankpartnern Banco Santander Central Hispano, Mediobanca, Intesa Bci, Erste Bank der österreichischen Sparkassen und Crédit Lyonnais sowie mit Assicurazioni Generali als Allfinanzpartner, die in der Mehrzahl der Fälle durch gegenseitige Minderheitsbeteiligungen untermauert sind.

Die frühere Annahme, Strategische Allianzen würden ausschließlich zwischen Partnern getroffen, die auf der gleichen Stufe der Wertschöpfungskette agieren (vgl. Schäfer 1994, S.688), ist durch die Praxis überholt. Sicherlich ist die horizontale Form der Strategischen Allianz die häufigste. Unternehmen können aber auch über verschiedene Stufen hinweg Strategische Allianzen schließen. Diese vertikale Form wird in der Literatur auch als Value Added Partnership bezeichnet. Eine solche Allianz ging die Ergo-Versicherungsgruppe mit der HypoVereinsbank ein, um die jeweiligen Produkte über die bestehenden Vertriebsnetze anzubieten. Vertikale Kooperationen entstehen auch in der Automobilindustrie. Der Trend, Zulieferer über feste Vertragsbindungen zu Systempartnern zu entwickeln, trägt typische Kennzeichen Strategischer Allianzen.

Die längerfristige Ausrichtung einer Strategischen Allianz bedeutet nicht, dass diese Kooperation unbegrenzt fortgeführt wird. Die meisten dieser Unternehmensverbindungen sind auf einen begrenzten Zeithorizont angelegt. Allerdings muss während des Bestehens der Strategischen Allianz zwischen den Partnern ein geregeltes und stabiles Umfeld der Zusammenarbeit, getragen von vereinbarten Rechten und Pflichten, bestehen (vgl. Henzler 1992, S.436).

Die Verbindung von Motorola und Unisys, die 1992 bekannt gegeben wurde, ist ein typischer Praxisfall der Einbringung komplementärer Ressourcen. Vereinbart wurde eine Kooperation im Bereich des Einsatzes von Halbleitern. Motorola stellte Unisys die neuesten Halbleiter vor Markteinführung zur Verfügung und Unisys leitete die gemachten Erfahrungen während des Einbaus und des Einsatzes an Motorola weiter, um die Entwicklungsphase der nächsten Halbleitergeneration zu verkürzen. Ähnliche Überlegungen führten 1999 zu einer weiteren Allianz zwischen den beiden Firmen. Dabei wird die Unisys-Software mit der VoxGateway-Software von Motorola integriert, um den Internetzugang über Telefon zu erweitern (vgl. o.V. 1999a).

Im Gegensatz zur Begriffsbestimmung besteht bezüglich der Bedeutung Strategischer Allianzen in der Literatur Einigkeit. Die Chance, in schnell wachsenden Branchen den etablierten Unternehmen Zugang zu neuen Entwicklungen Dritter und gleichzeitig den jungen, stark wachsenden Unternehmen Zugang zu etablierten Ressourcen und gewachsener Kompetenz zu ermöglichen, zeigt die besondere Wichtigkeit Strategischer Allianzen für dieses Segment. Deutlich machte sich diese Strömung in der Zeit des Internet-Booms bemerkbar, als vor allem innovative Startups Strategische Allianzen mit etablierten Firmen eingingen. So schloss 12snap (Auktionen über Mobiltelefone) 1999 eine Strategische Allianz mit dem Mobilfunkunternehmen Mannesmann D2 (später Vodafone D2). In den USA sind 55 % der schnell wachsenden Unternehmen in durchschnittlich drei Strategischen Allianzen engagiert (vgl. Chan, Kensinger, Keown u.a. 1997, S.200). Eine Untersuchung von INSEAD Anfang der 1990er Jahre belegt, dass auch in „reifen" Industrien die Strategische Allianz ein Werkzeug ist, um den Herausforderungen im globalen Wettbewerb zu begegnen (vgl. Doz 1992, S.58 f.).

Die starke Verbreitung der Strategischen Allianz beruht offensichtlich auf guten Erfahrungen mit dieser Kooperationsform. Tatsächlich fanden Chan u.a. 1997 in den USA heraus, dass Strategische Allianzen einen positiven Effekt auf den Unternehmenswert der beteiligten Partner haben, ohne dass es zu einseitigen Transfers zwischen den beteiligten Unternehmen gekommen ist. Deutlich wurde weiterhin, dass Strategische Allianzen, die einen Wissenstransfer einschlossen, wertschaffender waren als Allianzen, die lediglich gemeinsame Marketing-Aktivitäten vorsahen (vgl. Chan, Kensinger, Keown, u.a. 1997, S.199 ff.). Das Ergebnis hängt natürlich auch damit zusammen, dass weniger erfolgreiche Partnerschaften nicht fortgesetzt werden. Erwartungsgemäß zeigen sich bei Strategischen Allianzen ähnliche Misserfolgsraten wie bei Fusionen und Akquisitionen. Auf Grund ihrer leichteren Auflösbarkeit sind sie den klassischen M&A-Transaktionen immer dann vorzuziehen, wenn die Konsequenzen der Unternehmensverbindung zum Zeitpunkt des Zusammenschlusses nicht fundiert prognostizierbar sind.

I.1.2.3.3 Joint Venture

Eine ähnlich dynamische Entwicklung wie bei Strategischen Allianzen fand im gleichen Zeitraum bei Joint Ventures statt. Insbesondere im asiatischen, aber auch im südamerikanischen Wirtschaftsraum entstanden zahlreiche Joint Ventures mit deutscher Beteiligung. Allein die Anzahl der in den 1980er Jahren abgeschlossenen Joint Ventures übertraf die Zahl aller zuvor eingegangenen Unternehmensverbindungen dieser Art. In Deutschland wurden dem Bundeskartellamt allein in 1997 und 1998 ca. 450 Gründungen von Gemeinschaftsunternehmen angezeigt (vgl. Tätigkeitsbericht 1997/1998 des Bundeskartellamts 1999, S.182).

Die Kooperationsform kennt prominente Beispiele. So startete Airbus als Joint Venture der jeweiligen nationalen Luftfahrtunternehmen. Die Hauptaufgabe der damaligen Airbus Industries war die Koordinierung der entsprechenden Partnerunternehmen in Deutschland, Frankreich, Spanien, Italien und Großbritannien. Ein weiteres Beispiel ist Adtranz, das als Joint Venture die Schienenverkehrsbereiche von Daimler-Benz und ABB integrierte, um später ganz von DaimlerChrysler übernommen und dann an Bombardier veräußert zu werden. Der britische Automobilhersteller Rover war vor der Veräußerung an BMW in einem Joint Venture mit Honda verbunden (vgl. Fallbeispiel Rover/BMW).

Der Begriff des Joint Venture hat als deutsches Pendant das Gemeinschaftsunternehmen. Unter Joint Venture versteht man „eine Form der betrieblichen Zusammenarbeit zwischen zwei oder mehreren voneinander unabhängigen Unternehmen - den sog. Gesellschafterunternehmen -‚ „die sich darin niederschlägt, dass ein rechtlich selbständiges Unternehmen gemeinsam gegründet oder erworben wird mit dem Ziel, Aufgaben im gemeinsamen Interesse der Gesellschafterunternehmen auszuführen" (Schubert, Küting 1981, S.219). Diese Definition deckt sich weitgehend mit der angelsächsischen Auffassung eines Equity Joint Venture. Die Führung und Aufsicht des Unternehmens wird in den meisten Fällen von den Gesellschafterunternehmen gemeinsam ausgeübt.

In Deutschland gibt es kein spezielles Joint-Venture-Recht. Gemeinschaftsunternehmen finden sich häufig in der Rechtsform einer GmbH oder einer GmbH & Co. KG.

Der Vorzug der GmbH & Co. KG liegt in der erhöhten Flexibilität der Personengesellschaft kombiniert mit dem Vorteil der Haftungsbeschränkungen des Kommanditisten.

Den gesetzlichen Grundlagen entsprechend werden konzentrative, kooperative und strukturelle kooperative Gemeinschaftsunternehmen unterschieden. Konzentrative Gemeinschaftsunternehmen sind Unternehmen, die alle betriebswirtschaftlichen Funktionen in sich vereinen. Solche Vollfunktions-Gemeinschaftsunternehmen fallen regelmäßig unter die Fusionskontrolle. Die beiden anderen Zusammenschlussformen unterliegen sowohl der Zusammenschlusskontrolle als auch dem Kartellverbot. Gemeinschaftsunternehmen zwischen Nichtwettbewerbern sind unabhängig von der Art der Kooperation als kartellrechtlich unproblematisch anzusehen.

Die erfolgreiche Führung eines Joint Venture durch die beteiligten Gesellschaften setzt voraus, dass die zentralen Regelungsbereiche[15] bei Gründung zwischen den Partnern eindeutig festgelegt werden. Es sind folgende Aspekte zu betrachten (vgl. Picot 2000a, S.156 f.):

- Leitungs- und Entscheidungskompetenz: Wegen des systemimmanenten Konfliktpotenzials kommt der Besetzung des Managements hinsichtlich Kompetenz und Flexibilität zentrale Bedeutung zu. Die Gefahr von Patt-Situationen (Deadlocks) ist durch entsprechende Vertragskonstruktion auszuschließen.

- Finanzierung: Es ist zu klären, wer welche Finanzierungslasten trägt, wann vereinbarte (auch interne) Zahlungen zu leisten sind, welche Zahlungsfristen und -modalitäten gelten etc.

- Ausscheiden von Gesellschaftern und Beendigung des Joint Venture: Die Voraussetzungen, unter denen das Joint Venture beendet wird, sind festzulegen. Der zwangsweise Ausschluss ist zu regeln. Die finanziellen Folgen für die Gesellschafterunternehmen sind zu vereinbaren.

- Haftung: Es ist anzuraten, dass die beteiligten Partner nicht nur durch die Wahl der Rechtsform, sondern auch durch interne Verträge ihre jeweilige Haftung definieren.

- Steuerliche Belastungen: Die steuerliche Belastung aus Gesellschaftsform und Vertrag ist für die beteiligten Partner und das Gemeinschaftsunternehmen bereits im Vorfeld der Gründung zu klären.

- Bilanztechnische Behandlung: Die Konsolidierung des Joint Venture in den Bilanzen der Gesellschafterunternehmen ist je nach Einfluss, Beteiligungshöhe und Gestaltungsziel unterschiedlich.[16]

Die Prozessschritte zur Initiierung und Umsetzung eines Joint Venture sind mit denjenigen einer Fusion in mancher Hinsicht vergleichbar. Besonderes Gewicht ist auf die strategische Analyse und Planung der Partnerschaft zu legen (vgl. Kap. IV). Während bei Zusammenschlüssen bereits etablierter Einheiten auch die wertanalytischen Vorarbeiten (Due Diligence und Bewertung) analog zu den klassischen M&A-Transaktionen stattfinden (vgl. Kap. V), entfällt dieser Teilbereich bei Neugründungen weitgehend. An seine Stelle tritt die Erstellung eines einvernehmlichen Geschäfts- und Finanz-

---

[15] Die Regelungsbereiche gelten zum Teil auch für die Strategische Allianz.

[16] Detaillierte Angaben zur Konsolidierung von Joint Ventures machen Heinen, Dietel 1991, S.1495 ff.

plans. Die Planung ist kompatibel mit den vertraglichen Vereinbarungen über den Kooperationsinhalt und -umfang zu erstellen. Integration (vgl. Kap. VIII) und Kommunikation (vgl. Kap. VI) haben die gleiche Bedeutung wie bei Fusionen und sind entsprechend gewissenhaft durchzuführen.

I.1.2.4 Feindliche Übernahme (Hostile Takeover)

Vollendete Kunst der Unternehmensrestrukturierung auf dem Hochseil oder Einzug des „Wilden Westens" in eine durch ausgewogene Verhaltensregeln definierte Rollenverteilung des unternehmerischen Establishments? Ein nüchterner Blick auf das komplexe Geschehen unfreundlicher Übernahmen ist angezeigt.

Die gegen den Willen der Unternehmensorgane vollzogene Übernahme der Kontrollmehrheit eines börsennotierten Unternehmens stellt in vielfacher Hinsicht eine Sonderform der M&A-Transaktion dar. Diese mit martialischen Qualifizierungen wie „feindliche Attacke" auf der einen und „Giftpillen" auf der anderen Seite versehene Transaktionsform wird in der Literatur insbesondere unter dem Gesichtspunkt der Wirksamkeit immer raffinierterer Abwehrmaßnahmen diskutiert (vgl. Comment, Schwert 1995, S.3 ff. und Fleischer, Sussman 1995, S.5 ff.).

Es finden sich auch Veröffentlichungen zur Frage des Einflusses von Abwehrmaßnahmen auf den Unternehmenswert (vgl. Morck, Shliefer, Vishny 1990, S.293 ff.). Dabei werden zwei diametral unterschiedliche Thesen diskutiert: Hypothese (a) geht davon aus, dass die „Einbunkerung" des Managements (Entrenchment) den Unternehmenswert verringert. Danach hat allein schon die Möglichkeit der Blockade spektakulärer Angebote unerwünschter Interessenten negativen Einfluss auf den Aktienkurs. Hypothese (b) unterstellt dagegen einen höheren Wert für ein durch Abwehrmaßnahmen geschütztes Unternehmen. Nach dieser Theorie honorieren die Aktionäre vor allem die in diesem Fall behauptete störungsfreie Konzentration des Managements auf die Geschäfte. Die Untersuchungen lassen keinen eindeutigen Schluss zu Gunsten einer der beiden Hypothesen zu. Da diese sich mit der Wirkung von Präventivmaßnahmen beschäftigen, können sie im Übrigen keine Auskunft über die Folgen eines tatsächlich stattfindenden Übernahmeversuchs auf den Marktwert des Zielunternehmens[17] geben. Ansätze für oder gegen die Legitimation Feindlicher Übernahmen[18] liefern solche Untersuchungen ohnehin nicht. Festzuhalten bleibt an dieser Stelle nur: Unternehmen, die sich mit einem Schutzwall gegen unerwünschte Übernahmen umgeben, stehen der These der Neutralitätspflicht der Unternehmensgremien ablehnend gegenüber. Wer Anteilseigner solcher Unternehmen wird, konzediert folglich diese Einschränkung der Verfügungsgewalt über sein Eigentum. Die mögliche Negativwirkung auf den Wert seiner Anteile nimmt er in Kauf.

---

[17] Der Begriff des Zielunternehmens bzw. Zielobjekts ist in der hier gebrauchten Form wertfrei zu verstehen. Er impliziert nicht notwendigerweise ein Vorgehen im Sinne einer Feindlichen Übernahme. Vielmehr richtet es sich nach der Perspektive des Betrachters.

[18] Die Begriffe Feindliche Übernahme, Hostile Takeover, Unfreundliche Übernahme und Unfriendly Takeover werden in der vorliegenden Abhandlung synonym verwendet.

Die Frage der Legitimation Feindlicher Übernahmen ist unter den Gesichtspunkten ihrer Rechtmäßigkeit und ihres Nutzens zu untersuchen.

Die Rechtmäßigkeit ist durch die für den konkreten Fall gültige Rechtslage definiert. Das ab 2002 gültige Wertpapiererwerbs- und Übernahmegesetz (WpÜG) gibt den Rahmen für öffentliche Übernahmeangebote in Deutschland vor (vgl. Kap. I.3.2.1.3). Sicher spiegeln die historischen Entwicklungen in einzelnen Ländern sowie die regionale Unterschiedlichkeit und kontroverse Beurteilung der gesetzlichen Regelungen die große Entfernung von einem weltweiten Konsens in dieser Frage wider. Das Scheitern der europäischen Übernahmerichtlinie oder auch die widersprüchliche Rechtslage der State Antitakeover Laws in den USA sind Beispiele hierfür (vgl. Gaughan 1999, S.103 ff.).

Der wirtschaftliche Nutzen als weiterer Aspekt einer unerwünschten Übernahme bemisst sich nach dem Ertrag der Transaktion für die Beteiligten. Auf der Ebene der Aktionäre ist zunächst zwischen den Anteilseignern des Zielunternehmens und denen des Angreifers zu unterscheiden. In beiden Fällen ist weiter zu differenzieren zwischen dem kurzfristig und dem langfristig engagierten Aktionär. Unfreundliche Übernahmeangebote beinhalten regelmäßig hohe Prämienaufschläge, die sich meist unmittelbar nach Bekanntgabe des Angebotes im Aktienkurs wiederfinden. Verkaufsbereite Aktionäre der Zielgesellschaft können für begrenzte Zeit eine Wertsteigerung ihrer Anteile in Höhe der Prämie realisieren. Wie empirische Untersuchungen zeigen, ist von einer positiven Kumulierten Abnormalen Rendite (KAR, vgl. Kap. IX.2.2) für den verkaufsbereiten Aktionär der Zielgesellschaft über einen Zeitraum von ein bis zwei Monaten nach Veröffentlichung des Angebots auszugehen (vgl. Asquith 1983, S.70).

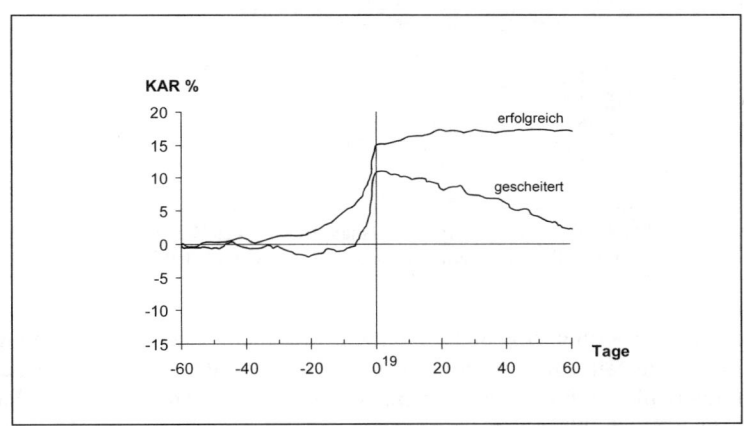

Abbildung 2: Kumulierte Abnormale Rendite des Zielunternehmens nach einem feindlichen Übernahmeversuch (vgl. Asquith 1983, S.70)

Aktionäre, die das Kauf- oder Umtauschangebot nicht annehmen, setzen sich der Unsicherheit der Entwicklung des Kontrolleinflusses des Übernehmers aus. Nehmen sie

---

[19] „0" entspricht dem Tag der erstmaligen Veröffentlichung.

ein Umtauschangebot an, sind sie abhängig von mit der Wertentwicklung des Übernehmers.

Die längerfristige Wertentwicklung des Zielunternehmens nach Abklingen der Angebotseffekte hängt im Falle eines Angebotserfolgs des Bieters von den auch für freundliche Übernahmen geltenden Erfolgskriterien ab (vgl. Kap. X). Dass hier auf Grund des absehbaren Widerstands des Personals der Zielgesellschaft mit einer deutlich erschwerten Integration zu rechnen ist, versteht sich von selbst. Wird die Übernahme erfolglos abgebrochen, entwickelt sich der Wert des Zielunternehmens entsprechend der Einschätzung seines eigenständigen Potenzials durch den Kapitalmarkt weiter. Für diesen Fall ist es keineswegs ausgeschlossen, dass der Aktienkurs den Angebotswert einschließlich Prämie binnen kurzem übersteigt und damit der Markt die Richtigkeit des Scheiterns der Übernahme bestätigt.

Interessant sind auch die empirischen Resultate gescheiterter und erfolgreicher feindlicher Übernahmeversuche auf die Wertentwicklung des Bieters (vgl. Asquith 1983, S.71).

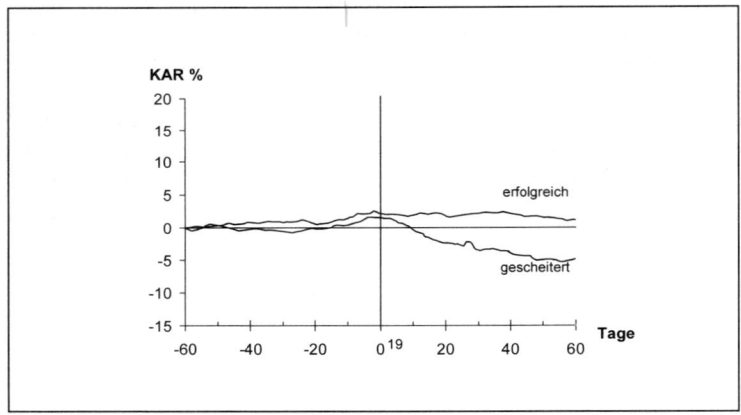

Abbildung 3: Kumulierte Abnormale Rendite des Bieters nach
einem feindlichen Übernahmeversuch (vgl. Asquith 1983, S.71)

Die Börsenkapitalisierung des Bieterunternehmens bleibt nach Untersuchungen von Asquith im Erfolgsfall auf dem Niveau der Normalrendite. Im Falle des Scheiterns zeigt sich innerhalb von 60 Tagen nach Bekanntwerden des Angebots eine relativ hohe negative Abweichung. Nach den Untersuchungen von Bradley u.a. (vgl. Bradley, Desai, Han Kim 1983, S.200) fällt die Kumulierte Abnormale Rendite des erfolglosen Bieters noch weiter ab, wenn es gleichzeitig einem anderen Bieter gelingt, das Zielunternehmen zu erwerben. Offensichtlich interpretiert der Markt den Misserfolg angesichts des Wettbewerbs um das Zielunternehmen noch kritischer.

Untersuchungen aus jüngerer Zeit zeigen, dass sich die Aktienkurse der Bieter bei Feindlichen Übernahmen regelmäßig deutlich schlechter entwickeln als der Gesamtmarkt. Nach Berechnungen von J.P. Morgan lag die Wertentwicklung der von börsennotierten Unternehmen in 1999 in Europa durchgeführten Feindlichen Übernahmen um 18 % unter dem Niveau des Gesamtmarktes (vgl. Picot 2000a, S.138).

Die Diskussion um die ethische Legitimation Feindlicher Übernahmen wird von den Vertretern des Stakeholder-Ansatzes insbesondere unter Hinweis auf Arbeitnehmerinteressen und industriepolitische Aspekte geführt. Die Argumente sind wenig überzeugend. Da Übernahmen mit dem Attribut „feindlich" versehen werden, die gegen die Empfehlung der Organe des Zielunternehmens zu Stande kommen, wäre streng genommen auch der Verkauf eines mittelständischen Unternehmens gegen den Willen der angestellten Geschäftsführer eine Feindliche Übernahme. In der Praxis käme niemand auf die Idee, in einem solchen Fall ernsthaft das Verügungsrecht der Eigentümer über ihr Eigentum in Frage zu stellen. In gleicher Weise steht den Eigentümern börsennotierter Unternehmen grundsätzlich das Dispositionsrecht über ihre Anteile zu. Weder Arbeitnehmerinteressen noch industriepolitische Aspekte - oder gar Interessen der Unternehmensorgane - dürfen daran etwas ändern. Hier betrit das WpÜG in Deutschland eine schwierige Grauzone. Einerseits unterbindet es das Verfügungsrecht des Eigentümers formal nicht, setzt es aber andererseits durch Verlagerung der Entscheidung über Abwehrmaßnahmen auf Vorstand und Aufsichtsrat weitgehend außer Kraft. Dem in Deutschland paritätisch besetzten Aufsichtsrat obliegt nun die Aufgabe, bei einer unerwünschten Übernahmeattacke die Anwendung der vom Vorstand vorgesehenen Abwehrmaßnahmen zu genehmigen. Damit ist nicht auszuschließen, dass auch bei Gesellschaften mit fragmentierter Eigentümerstruktur präventive und spontane Abwehrmaßnahmen dazu führen, dass ein Zielunternehmen uneinnehmbar wird. Das Augenmaß in der Anwendung des WpÜG durch die Organe des Unternehmens wird darüber entscheiden, ob der Finanzplatz Deutschland durch das Gesetz Schaden nimmt.

Die Abwehrmaßnahmen der Unternehmensleitung der Zielgesellschaft haben sich am Wohle des Unternehmens zu orientieren. Ein aus der Sicht der Gremien des Zielunternehmens für die Gesellschaft und ihre Aktionäre nachteiliger Übernahmeversuch gebietet durchaus eine entsprechende Gegenwehr. In der Regel rechtfertigen folgende Gründe - nach gewissenhafter Abwägung - die Einleitung von Abwehrmaßnahmen:

- Zu niedriger Angebotspreis angesichts der zu erwartenden Stand-alone-Wertentwicklung

- Negative Konsequenzen aus einer Übernahme für den Bestand des Unternehmens aus der Sicht der wichtigsten Stakeholder

- Ungesicherte Finanzierung der Übernahme

- Gefährdung des Zielunternehmens bei seiner Übernahme durch einen finanzschwachen Bieter.

Festzuhalten bleibt: Sprechen formale Rechtmäßigkeit und Wertsteigerungspotenziale der Eigentümer beider betroffenen Unternehmen für eine Übernahme, ohne dass Vorstand und Aufsichtsrat des Zielunternehmens dieser zustimmen, hat ein Angebot, auch wenn es gegen den Willen der Organe des Zielunternehmens abgegeben wird, durchaus seine Berechtigung. Abwehrmaßnahmen, die ein solches Angebot zu Fall bringen, sind letztlich gegen die Interessen des Unternehmens und die seiner Anteilseigner gerichtet.

Das Schlagwort „Feindliche Übernahme" löst in Deutschland und Kontinentaleuropa nach wie vor mehrheitlich negative Assoziationen aus. Dagegen weisen insbesondere Finanzdienstleister auf die angeblich positiven Erfahrungen der angloamerikanischen Szene mit Feindlichen Übernahmen hin.

Im angloamerikanischen Umfeld wurden Hostile Takeovers in der Tat lange Zeit emotionslos als Alternative zu einer Freundlichen Übernahme gesehen. In den USA ist diese Transaktionsart seit 1974 begrifflich etabliert. Ihren Höhepunkt erreichten die Unfriendly Takeovers 1988. Im Sog der Junk-Bonds-Krise nahmen die Aktivitäten in den USA merklich ab. Hinzu kamen die eher negativen Erfahrungen mit Feindlichen Übernahmen, die die Zahl solcher Transaktionen seither nicht wieder hat ansteigen lassen. Insgesamt wurden nach einer Untersuchung von Bästlein im Zeitraum von 1984 bis 1993 in den USA 210 Hostile Takeover Tenders gestartet (der weitaus größte Teil davon vor 1990), von denen 110 mit der Übernahme der Zielgesellschaft endeten. Mehr als 50 % der nicht erfolgreichen Übernahmen führten dennoch zum Verlust der Selbständigkeit der betroffenen Firmen. 60 der untersuchten Unternehmen wurden von White Knights erworben (vgl. Bästlein 1997, S.113 ff.).

Im Vergleich zu den amerikanischen Zahlen wurden in Kontinentaleuropa zwischen 1990 und 1998 lediglich 52 feindliche Übernahmeversuche mit einem Wert von 69 Milliarden US $ unternommen. 1999, u.a. bedingt durch die Mannesmann-Übernahme, sprang der Wert auf 408 Milliarden US $ bei 34 feindlichen Übernahmeattacken. In Kontinentaleuropa schlugen 46 % der Übernahmeversuche fehl. Wiederum der Hälfte der angegriffenen Unternehmen, die sich erfolgreich verteidigt hatte, gelang die Erhaltung der Selbständigkeit. Erfolgreiche Feindliche Übernahmen wurden über außergewöhnlich hohe Prämien (im Durchschnitt 44 %) erkauft (Quelle: J.P. Morgan, vgl. Picot 2000a, S.137 f.).[20]

Die Erfahrung mit Feindlichen Übernahmen in Deutschland bis 2001 beschränkt sich auf wenige Fälle[21], die in der Tabelle 2 wiedergegeben sind.

Ob ein Übernahmeangebot als freundlich oder feindlich einzustufen ist, obliegt der Entscheidung des Managements der Zielgesellschaft. Diese Entscheidung ist in jedem Fall durch das Votum des Aufsichtsrates abzusichern. Ein Übernahmeversuch gilt als feindlich, wenn das öffentliche Übernahmeangebot von den Gremien der Zielgesellschaft abgelehnt wurde, weil nach deren Auffassung die Interessen des Unternehmens in seiner Gesamtheit bei Annahme des Angebotes nicht gewahrt werden (vgl. Craven 1992, S.59 und Bästlein 1997, S.34 ff.).

Die höheren Risiken des Erwerbers im Falle einer Feindlichen Übernahme sind evident. Als Hauptproblemkreise sind zu nennen:

---

[20] In dieser Untersuchung wird die Übernahme von Mannesmann durch Vodafone dem Jahr 1999 zugeordnet. Das Closing fand in 2000 statt (vgl. Tabelle 2).

[21] In einigen Veröffentlichungen wird die vom Vorstand KruppHoesch in 1997 erklärte Absicht zur Übernahme von Thyssen als (gescheiterter) Übernahmeversuch aufgeführt. Tatsächlich erfolgte zu keiner Zeit ein Angebot von KruppHoesch an die Aktionäre von Thyssen.

- Die Informationen über die Zielgesellschaft beruhen ausschließlich auf allgemein zugänglichen Quellen. Damit erreichen sie unter keinen Umständen die Qualität, wie sie für eine umfassende Due Diligence (vgl. Kap. V.1) notwendig ist.

- Das Zielunternehmen wird zum aktuellen Börsenwert zuzüglich einer Prämie erworben. Diese Prämie orientiert sich an den Barwerten der erwarteten Synergien (bei strategisch induzierter Übernahme), bzw. den zukünftigen Wertzuwächsen durch Zerschlagung und anschließender Veräußerung der Unternehmensteile (bei finanziell induzierter Übernahme). Die Prämien für Feindliche Übernahmen lagen im langjährigen Durchschnitt zwischen 35 % und 44 %. Die Prämien bei Freundlichen Übernahmen fielen mit durchschnittlich 20 % bis 25 % deutlich niedriger aus (vgl. Kley 2000, S.88 und Picot 2000a, S.138). Dies bedeutet, dass bei Feindlichen Übernahmen ein großer Teil des Synergiepotenzials den Gesellschaftern der Zielgesellschaft zufällt, das Risiko der Synergierealisierung dagegen bei den Aktionären des Bieters verbleibt.

- Die mit einer Feindlichen Übernahme verbundene Demotivation von Management und Mitarbeitern hemmt die Entwicklung der Zielgesellschaft.

- Sollte der Übernahmeversuch scheitern, müssen die Aktionäre des Bieterunternehmens erfahrungsgemäß deutlich negative Kursentwicklungen hinnehmen.[22]

Zeitraum	Käufer	Zielunternehmen	Ergebnis
1988	Flick u.a.	Feldmühle Nobel	Gescheitert
1990	Pirelli	Continental	Gescheitert
1991	Fried. Krupp	Hoesch	Erfolgreich
1994-1998	Hochtief	Holzmann	Gescheitert[23]
1994	Deutsche Post u.a.	Postbank	Gescheitert[24]
1999	Deutsche Telekom	Telecom Italia	Gescheitert[25]
2000	Vodafone	Mannesmann	Erfolgreich
2001	INA	FAG Kugelfischer	Erfolgreich

Tabelle 2: Feindliche Übernahmeversuche in Deutschland bzw. von Deutschland ausgehend (vgl. Bästlein 1997, S.281 ff.; Jansen 2001, S.61)

Im Rahmen der Unfriendly Takeovers haben sich bieterseitig verschiedene offensive Methoden entwickelt. Die in Deutschland seit 01.01.2002 umfassend gesetzlich geregelte Übernahmeform des Tender Offer kann auch gegen den Willen der Organe des Zielunternehmens eingesetzt werden. Sie ist deshalb der Vollständigkeit halber in der folgenden Tabelle, welche die gebräuchlichsten Techniken wiedergibt, mit aufgeführt:

---

[22] Die von Asquith 1983 festgestellten Ergebnisse werden von Kley (2000, S.89) bestätigt.

[23] Aus Kartellgründen.

[24] In 1998 vollständige Übernahme durch Deutsche Post.

[25] Für Olivetti erfolgreich.

Tender Offer	Öffentliches Übernahmeangebot an die Aktionäre der Zielgesellschaft unter Zustimmung des Managements (freundlich) oder unter Ablehnung des Managements (feindlich). Der Angebotspreis enthält eine Prämie zum Börsenkurs. Das Angebot kann sowohl in bar oder in Wertpapieren (auch kombiniert) erfolgen. In Deutschland hat bis 2001 der freiwillige Übernahmekodex die Gestaltung und den Prozess des Tender Offer geregelt. Ab 01.01.2002 bildet das Wertpapiererwerbs- und Übernahmegesetz (WpÜG) die gesetzliche Grundlage.
Dawn Raid	Der Angreifer erwirbt Aktien der Zielgesellschaft ohne deren Wissen, um seine Ausgangsposition für ein Tender Offer zu verbessern. Dies kann über die Börse (unter der Gefahr des Kursanstiegs) oder außerbörslich (über den Kauf von Investoren-Paketen) erfolgen. In Deutschland ist der Beteiligungserwerb gesetzlich geregelt. § 21 Abs.1 WpHG schreibt vor, dass ein Überschreiten der Beteiligungsgrenzen von 5 %, 10 %, 25 %, 50 % und 75 % der Zielgesellschaft binnen sieben Tagen mitzuteilen ist. Die Mitteilung hat zur Folge, dass in der Regel die Aktienkurse steigen, was eine zum Teil deutliche Verteuerung der Übernahme bewirkt. Das Übernahmegesetz schränkt die Möglichkeiten des Dawn Raid weiter ein, indem es ab einer Beteiligung von 30 % ein Pflichtangebot an alle Aktionäre vorschreibt.
Proxy Fight	Ziel ist die Entsendung eigener Vertreter in den Aufsichtsrat, bzw. in das Board of Directors einer Gesellschaft durch Ansammlung umfangreicher Stimmrechte oder Stimmrechtsvollmachten, die dem Bieter personelle Veränderungen erlauben, um eine Übernahme durch „angepasste" Organmitglieder günstiger zu gestalten. Proxy Fights sind im Vorfeld des regulären Ablaufs der Amtszeit der Organmitglieder des Zielunternehmens aussichtsreicher. In Deutschland legt § 122 AktG fest, dass eine Hauptversammlung von Aktionären, deren Anteile den 20. Teil des Grundkapitals erreichen, einberufen werden kann. Zur Abberufung der Aufsichtsratmitglieder ist eine Dreiviertel-Mehrheit der abgegebenen Stimmen notwendig (vgl. § 103 Abs.1 AktG), sofern die Satzung keine andere Schwelle vorsieht. In den USA wacht die Securities and Exchange Commission (SEC) über die Durchführung von Proxy Contests (vgl. Gaughan 1999, S.273 ff.). So muss jeder Text an die Aktionäre der Zielgesellschaft vor Herausgabe der SEC zur Ansicht vorgelegt und bei Beanstandung verändert werden.
Bear Hug	Der Bear Hug ist eine Vorstufe zum Tender Offer. Das Management der Zielgesellschaft und die Öffentlichkeit werden über die Absichten des Bieters (meist einschließlich der geplanten Prämie) informiert. Das Management der Zielgesellschaft muss nun entscheiden, ob es das Angebot annimmt oder Abwehrmaßnahmen einleitet. Um Einfluss auf die Transaktion zu behalten und die ggf. gestiegenen Kurse nicht zu gefährden, sieht sich das Management der Zielgesellschaft nicht selten gezwungen, das Angebot letztlich positiv zu beurteilen.

Tabelle 3: Auswahl offensiver Techniken der Feindlichen Übernahme

Im Gegenzug zu den offensiven Bieter-Techniken haben sich auf Seiten der Zielunternehmen Verteidigungsmaßnahmen herausgebildet.

Neben strategischen Aspekten liegt die Begründung für feindliche Übernahmeversuche meist in einer vermeintlichen Unterbewertung der Zielgesellschaft am Kapitalmarkt. Diese unterstellte Differenz zwischen Angebotspreis und innerem Wert des Unternehmens rechtfertigt aus Sicht des Bieters die höheren Risiken des feindlichen Erwerbs des Zielunternehmens. Die Abwehrtechniken sowohl im Vorfeld wie auch in der aktuellen Phase eines feindlichen Übernahmeversuchs orientieren sich an dieser Ausgangslage. Zum einen soll der Preis des angegriffenen Unternehmens so weit erhöht werden, dass der Bieter dazu gedrängt wird, sein Übernahmevorhaben aufzugeben. Zum anderen soll erreicht werden, dass die Zielgesellschaft die Kontrolle über den Ablauf des Übernahmeversuchs behält.

Die folgenden Tabellen enthalten die in der Praxis am häufigsten benutzten präventiven und Ad-hoc-Abwehrmaßnahmen:

Poison Pills	Giftpillen machen ein Unternehmen für einen Bieter weniger wertvoll. Es handelt sich um bedingte Rechtsgeschäfte, deren Rechtsfolgen bei Vorliegen eines feindlichen Übernahmeangebots automatisch wirksam werden. In den USA wird in diesem Rahmen den Altaktionären der Zielgesellschaft erlaubt, Aktien weit unter Marktpreis zu erwerben. In Deutschland ist es u.a. möglich, preisgünstige Wandelschuldverschreibungen auszugeben oder Kapitalerhöhungen zu niedrigen Bezugskursen durchzuführen. Bei jeder Art von Poison Pills ist in Deutschland § 53 a AktG zu beachten, wonach Aktionäre einer Gesellschaft unter gleichen Voraussetzungen gleich zu behandeln sind.
Vinkulierte Namensaktien	Die freie Übertragung von Wertpapieren kann nach § 68 Abs.2 AktG durch die Vinkulierung eingeschränkt werden. Muss der Vorstand als befugte Instanz der Übertragung zustimmen, so obliegt ihm die Kontrolle des Aktionärkreises. Die Gründe, weshalb die Übertragung untersagt werden kann, kann die Satzung der Gesellschaft frei festlegen (vgl. Herrmann 1993, S.61). Wird die Vinkulierung nachträglich eingeführt, so bedarf dies der Zustimmung aller betroffenen Aktionäre (gemäß § 180 Abs.2 AktG).
Staggered Board	Die Übernahme der Leitungsfunktionen der Zielgesellschaft soll dem Bieter durch die zeitliche Staffelung der Vertragslaufzeiten des Vorstandes und des Aufsichtsrates erschwert werden. In Deutschland ist die Trennung von Aufsichtsrat und Vorstand (Two-tier-board-System) vorgeschrieben. Da eine vorzeitige Entlassung von Organmitgliedern ohne wichtigen Grund nicht möglich ist, ergibt sich bei normaler fünfjähriger Bestellung ein beträchtliches Abwehrpotenzial, das durch gestaffelte Amtszeiten des Aufsichtsrates noch erhöht wird. Die Wirkung mindert sich, wenn nicht von vornherein die gesetzliche Höchstzahl von Aufsichtsratsmitgliedern genutzt wird (vgl. Herrmann 1993, S.78 ff.). In den USA wird die Leitungsfunktion durch ein Board of Directors ausgeübt (One-tier-board-System). Die Abwahl der Mitglieder des Board of Directors kann durch statuarische Regelungen erschwert werden.

Golden Parachutes	Der Bieter soll durch hohe Folgekosten aus Personalentscheidungen im Management abgeschreckt werden Diese Abwehrtechnik steht zunehmend in der Kritik und hat häufig fallende Aktienkurse zur Folge.
	In Deutschland ist das Vorgehen nur eingeschränkt anwendbar, da Vorstände auf maximal 5 Jahre berufen werden können (§ 84 Abs.1 AktG) und ihre Bezüge in einem angemessenen Verhältnis zu ihrer Aufgabe und der Lage der Gesellschaft stehen müssen (§ 87 Abs.1 AktG).
	Vertragsverlängerungen während der Laufzeit von Verträgen (ausgenommen das letzte Vertragsjahr) sind durch das Aktiengesetz nicht gedeckt.
Asset Lockups	Befreundeten Unternehmen wird für den Fall eines feindlichen Übernahmeversuchs ein Vorkaufsrecht auf besonders attraktive Teilbereiche der Zielgesellschaft eingeräumt. Ein solches Vorkaufsrecht ist rechtlich angreifbar, da es die Neutralität des Managements gegenüber den Aktionären verletzt. Gebräuchlich sind jedoch wechselseitige Beteiligungen mit befreundeten Unternehmen, die notwendige Stimmenmehrheiten eines Bieters faktisch ausschließen.
Kauf eigener Aktien[26]	Der Rückkauf stützt den Kurs der eigenen Aktien und erschwert dadurch die Übernahme. In Deutschland ist der Rückkauf eigener, im Umlauf befindlicher Aktien seit In-Kraft-Treten des „Gesetz zur Kontrolle und Transparenz im Unternehmensbereich (KonTraG)" bei Vorliegen eines Beschlusses der Hauptversammlung bis zu 10 % des Grundkapitals erlaubt. Die Möglichkeit zu Rückkäufen auf Gegenseitigkeit mit „befreundeten Unternehmen" außerhalb des Konzernverbunds kann zusätzlich für stabilere Verhältnisse auf den Hauptversammlungen sorgen.
	In den USA agieren u.a. die betrieblichen Pensionsfonds als Vehikel für Rückkaufprogramme.

Tabelle 4: Auswahl präventiver Abwehrmaßnahmen bei feindlichen Übernahmeversuchen

Als Ad-hoc-Abwehrmaßnahmen eines Zielunternehmens kommen zum Einsatz:

Pressearbeit, Investor Relations	Gezielte Informationspolitik in den relevanten Medien kann aktiv als Abwehrmaßnahme genutzt werden. Dabei sind die negativen Implikationen der Feindlichen Übernahme für die Aktionäre und das Unternehmen mit konkreten und eindeutigen betriebswirtschaftlichen Fakten darzulegen.
Zukäufe	Zukäufe des Zielunternehmens sollen kartellrechtliche Hindernisse für eine Feindliche Übernahme schaffen. Angesichts des gegebenen Zeitdrucks erscheint die Anwendbarkeit dieser Maßnahme allerdings fraglich.
Crown Jewels	Besonders wertvolle Bereiche werden an einen alternativen Bieter oder an „befreundete Unternehmen" verkauft. Die Zielgesellschaft kann dadurch allerdings in ihrem Bestand gefährdet werden. Der Zeitaspekt kommt hinzu.
White Knight	Ein dem Zielunternehmen genehmes drittes Unternehmen spricht ein freundliches Übernahmeangebot aus. Da die Prämie, die der White Knight zahlen muss, in der Regel über der des feindlichen Übernahmeangebots liegt, kann es schwierig werden, einen Interessenten zu finden.
	Positiv ist, dass das Management der Zielgesellschaft wenigstens teilweise seinen Einfluss erhält und die Aktionäre des Zielunternehmens meist einen höheren Preis als bei der Alternative der Feindlichen Übernahme erzielen.

---

[26] Auch als Ad-hoc-Abwehrmaßnahme einsetzbar.

Pac Man	Die Zielgesellschaft versucht ihrerseits, den Angreifer zu erwerben, nachdem dieser einen feindlichen Übernahmeversuch gestartet hat. Dieses Vorgehen verändert ausschließlich die Transaktionsrichtung, nicht aber unmittelbar die Sinnfälligkeit des Zusammengehens. Die Strategie scheidet aus, wenn der Gegenangriff auf Grund der Eignerstrukturen des Bieters nicht zum Erwerb der Kontrollmehrheit führen kann (vgl. § 328 AktG).
Greenmail	Das Verfahren wurde insbesondere in den 1980er Jahren in den USA angewandt. Die Zielgesellschaft bietet den Rückkauf bereits erworbener Anteile zuzüglich einer Prämie an, wenn der Angreifer in einer Stillhaltevereinbarung erklärt, keinen Angriff auf die Gesellschaft zu unternehmen. Da dem Aufwand zur Abwehr eines Angreifers keine messbare Gegenleistung gegenübersteht, ist es schwierig, die Aktionäre von der Richtigkeit solcher Zahlungen zu überzeugen. Der Rückkauf eigener Aktien ist in Deutschland nach KonTraG nur begrenzt erlaubt.
Gerichtsverfahren	Durch Einleitung zivil- und strafrechtlicher Verfahren versucht das Management der Zielgesellschaft, den Bieter zu verunsichern (vgl. Gaughan 1999, S.231 ff.).

Tabelle 5: Auswahl von Ad-hoc-Abwehrmaßnahmen bei feindlichen Übernahmeversuchen

I.1.2.5 Verschiedene Formen des Buyout

Das gemeinsame Kennzeichen der verschiedenen Formen des Buyouts ist die überwiegende Finanzierung eines Unternehmenskaufs durch Fremdkapital. Die Grundüberlegung für diese Transaktionsform beruht auf der Hebelwirkung (Leverage) des Fremdkapitals, die eine überproportional ansteigende Eigenkapitalrentabilität bewirkt, wenn die Gesamtkapitalrentabilität einer Investition über dem Zinssatz des Fremdkapitals liegt.

Buyouts eignen sich besonders für M&A-Transaktionen in Verbindung mit nicht börsennotierten mittelständischen Unternehmen. Sie liefern aber auch flexible Antworten auf die Gefahr der Erstarrung großer Unternehmen und deren Tochtergesellschaften, für deren Erwerb sie den Anbieterkreis maßgeblich erweitern. Buyouts bauen neben dem für sie typischen „Financial Engineering" auf Anreiz, Anpassungsfähigkeit und Antriebskraft unternehmerischen Managements. Sie können durch externe Investoren wie auch durch das eigene Management vorgenommen werden. In beiden Fällen hat das Modell häufig nicht nur zu günstigen Verkaufsbedingungen für den Veräusserer, sondern auch zu einer erstaunlichen Entwicklung von vorher wenig erfolgreichen Unternehmen geführt.

Es existieren folgende Buyout-Begriffe:

- Leveraged Buyout (LBO): Eine Gruppe externer Investoren erwirbt das Unternehmen und setzt zur Finanzierung überdurchschnittlich viel Fremdkapital ein. Auf LBO-Finanzierung spezialisierte LBO-Firmen (in der Praxis wird der Begriff Private Equity-Firmen meist synonym verwendet) wickeln den größten Teil dieser Transaktionen ab.

- Interner Leveraged Buyout (ILBO): Hierbei setzen sich die Investoren aus dem vor der Transaktion aktiven Management der zu verkaufenden Gesellschaft und mehreren Co-Investoren zusammen. Typische Minderheitsaktionäre sind die bisherige Muttergesellschaft sowie Kapitalbeteiligungsgesellschaften (vgl. Scherer 1999, S.128).

- Management Buyout (MBO): Das bisherige Management erwirbt mittels eines LBO das Unternehmen. Gesellschaftsrechtlich kann der MBO einstufig (direkter Erwerb) oder zweistufig durch Zwischenschaltung einer Erwerbergesellschaft erfolgen (vgl. Picot 2000a, S.175 ff.).

- Management Buyin (MBI): Ein externes Management-Team erwirbt das Unternehmen nach dem LBO-Modell.

- Employee Buyout (EBO): Die eigene Belegschaft erwirbt die Mehrheit der Gesellschaftsanteile (ggf. unter Nutzung eines ESOP[27]).

- Owner Buyout (OBO): Ein einzelner Anteilseigner erwirbt das Unternehmen im Wege des LBO.

Die Finanzierung mit erheblichem Fremdkapital ist nicht ohne Risiken. Sie stellt insofern besondere Anforderungen an die Zielgesellschaft und die beteiligten Personen. Hinsichtlich der Branche und Marktstellung eines Buyout-geeigneten Unternehmens sollten möglichst viele der folgenden Merkmale erfüllt werden (vgl. Regehr 1999, S.127 f.):

- Branche mit geringer Zyklizität und gut einschätzbarem Wachstum

- Märkte mit einer überschaubaren Anzahl von Konkurrenten

- Keine extrem hohen bzw. sprungfixen Anlageinvestitionen

- Relativer Wettbewerbsvorsprung des Unternehmens als Marktführer einer interessanten Nische

- Unabhängigkeit des Unternehmens im Hinblick auf Lieferanten, Kunden und Know-how

- Stabiler Free Cash Flow zur Bedienung der Zinsverbindlichkeiten und der Tilgung der Kredite

- Nicht betriebsnotwendige Aktiva, die zur schnellen Entschuldung eingesetzt werden können.

Fragen der Finanzierung von Leveraged Buyouts werden in Kap. II.2.1.1 behandelt. Dort wird auch im einzelnen auf die Verbindung von Private Equity- und LBO-Transaktionen eingegangen.

I.1.3 M&A-Marktentwicklung

Das Jahr 2000 markierte den Höhepunkt und Abschluss der M&A-Welle der 1990er Jahre. In 2000 wurden weltweit Transaktionen im Wert von 3.684 Milliarden US $ angekündigt. Die USA (1.752 Milliarden US $) und Europa (1.281 Milliarden US $) trugen mit einem Anteil von insgesamt 82 % zu dieser größten Veränderung der Unternehmenslandschaft in der Geschichte bei. Rekorde gab es auch in der Einzelbetrachtung. Die Übernahme von Mannesmann durch Vodafone (161 Milliarden US $), der Zusammenschluss von Pfizer und Warner Lambert (116 Milliarden US $) und die Fu-

---

[27] Employee Stock Ownership Plan

sion von AOL und Time Warner (106 Milliarden US $) kennzeichnen die bislang größten durchgeführten Einzeltransaktionen (vgl. AP Worldstream vom 12.01.2001).

Trotz der beträchtlichen Ernüchterung aus den Erfahrungen der Vorjahre und der unübersehbaren Warnzeichen unterschiedlichster Studien über die geringe Erfolgsquote von M&A-Transaktionen (vgl. Kap. IX) war der Anstieg des wertmäßigen Transaktionsvolumens in 2000 mit 32 % in USA und 58 % in Europa gegenüber 1999 geradezu atemberaubend. Nicht wenige Experten sagten auch für 2001 ein Anhalten der Serie voraus. Es kam ganz anders. Der Markt schrumpfte in USA mit 1.148 Milliarden US $ (-34% zum Vorjahr) noch unter das Volumen von 1998. In Europa erreichten die Transaktionen mit 563 Milliarden US $ gerade den Wert des Jahres 1998. Der Rückgang von 56 % gegenüber 2000 fiel überraschend drastisch aus. Weltweit ging das Volumen[28] angekündigter Transaktionen in 2001 um 41 % auf 2.170 Milliarden US $ zurück.

Das vierte Quartal 2001 brachte das M&A-Geschäft nach den Terroranschlägen vom 11. September in New York und Washington nahezu zum Stillstand. Die stark rückläufige Geschäftsentwicklung hatte sich im Sog der weltweiten Wirtschaftsflaute aber schon vorher abgezeichnet. Ein wichtiger Grund für die Flaute liegt in der ausgeprägten Börsenschwäche des Jahres 2001, die den Einsatz von Aktien als Transaktionswährung nahezu ausschloss. Die Zurückhaltung Strategischer Investoren angesichts der deutlichen Verschlechterung der Unternehmensergebnisse wirkte sich aber auch auf Cash Deals aus. Inwieweit sich hier ein grundsätzlich vorsichtigeres Vorgehen andeutet, bleibt abzuwarten.

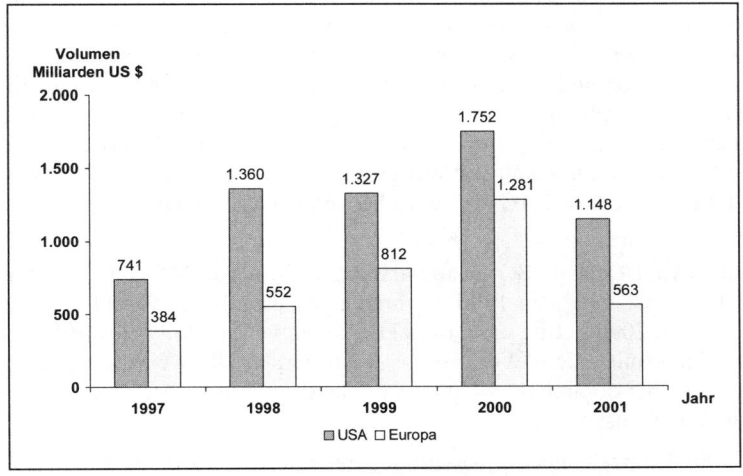

Abbildung 4: M&A-Marktentwicklung in USA und Europa
(Quelle: Thomson Financial)

Der weltweite Rückgang bei Fusionen und Übernahmen hat auch Deutschland sichtbar getroffen. Das wertmäßige Volumen der angekündigten Transaktionen ging in 2001

---

[28] Wertmäßiges Volumen aller im betrachteten Zeitraum angekündigten M&A-Transaktionen (Mehrheits- und Minderheitsbeteiligungen ohne firmeneigene Rückkäufe).

um 60 % auf 110 Milliarden US $ zurück, nachdem das Jahr 2000 das bisherige All-
zeithoch von 278 Milliarden US $ gebracht hatte.

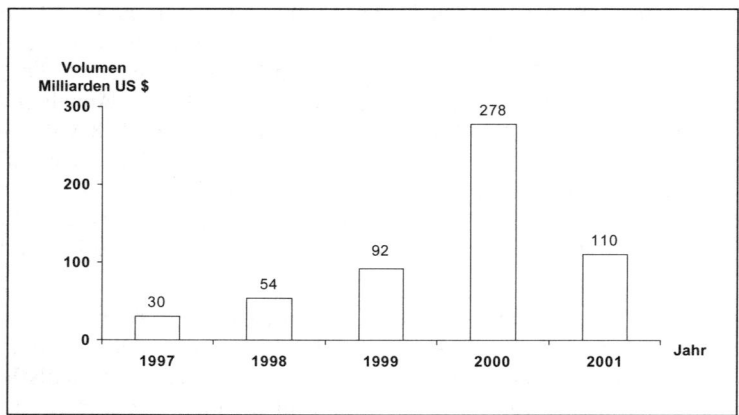

Abbildung 5: M&A-Marktentwicklung in Deutschland
(Quelle: Thomson Financial)

Größte Transaktion in Deutschland in 2001 war die Übernahme der Dresdner Bank
durch die Allianz. Damit endeten die Bemühungen der Dresdner Bank um einen neuen
Eigentümer nach erfolglosen Verhandlungen mit der Deutschen Bank und der Commerzbank. Besonders aktiv waren die deutschen Versorgungsunternehmen. Die aus
der Fusion von Veba und Viag entstandene E.ON übernahm für ca. 15,4 Milliarden €
den britischen Stromproduzenten Powergen und wurde zum größten privaten Energie-
produzenten der Welt. RWE stieg durch die Übernahme der American Water Works
für ca. 9 Milliarden € zum weltweit drittgrößten Wasseranbieter auf. INA-Holding gelang die Übernahme von FAG Kugelfischer trotz massiver Gegenwehr des Managements.

Leveraged Buyout-Deals (LBO-Deals) als Sonderform von M&A-Transaktionen (vgl.
Kap. II.2.1.1.1) haben in den 1990er Jahren eine beachtliche Anzahl und Größenordnung erreicht. In 2000 betrug das Transaktionsvolumen in USA 41,6 Milliarden US $.
Europa erreichte mit einem Wert von 41,0 Milliarden US $ eine vergleichbare Grö-
ßenordnung. Dabei dominierte weiterhin England mit einem Anteil von 57 % des europäischen Volumens.

Das Jahr 2001 kennzeichnet ein vorläufiges Ende des LBO-Booms in USA. Mit einem
Transaktionsvolumen von 15,5 Milliarden US $ (-63 % zum Vorjahr) könnte nur noch
das Niveau von 1997 erreicht werden. In Europa wurde, nicht zuletzt wegen des Anla-
gedrucks der Private Equity-Fonds, mit 47,7 Milliarden US $ 16 % mehr als in 2000
investiert und drei Mal soviel wie in USA.

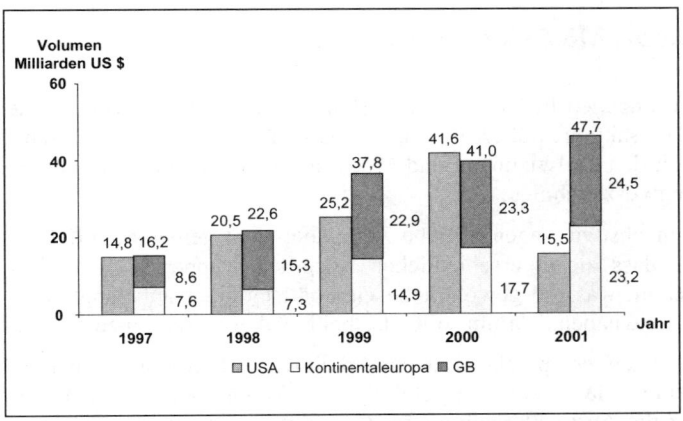

Abbildung 6: Entwicklung der LBO-Transaktionen
(Quelle: Thomson Financial)

Zur Beurteilung der Entwicklung des M&A-Marktes über 2001 hinaus sind unterschiedliche Impulse zu berücksichtigen:

- Anstöße aus der gesamtwirtschaftlichen Entwicklung sind angesichts der weltweit anhaltend rezessiven Tendenzen erst ab 2003/2004 zu erwarten.

- Die Restrukturierung der Unternehmen vor dem Hintergrund der Globalisierung ist keinesfalls beendet. Der Nachholbedarf insbesondere in Europa, und hier vornehmlich in Deutschland, wird weitere M&A-Transaktionen auslösen.

- Der in Deutschland besonders ausgeprägte Mittelstand ändert zunehmend seine Haltung in der Asset-Allocation. Der Wunsch zur zumindest teilweisen Liquidierung von Vermögenswerten, nicht selten verbunden mit Nachfolgeproblemen, ist ebenso Triebfeder für Veräußerungsüberlegungen wie der Kapitalbedarf zur Expansion. Die Affinität des Mittelstandes zu Finanzinvestoren ist angesichts der von diesen erwarteten eigenständigen Fortführung der Unternehmen größer als zu Strategischen Investoren.

- Die veränderte Besteuerung von Beteiligungskäufen in Deutschland wird das M&A-Geschäft beflügeln. Zu berücksichtigen ist allerdings eine durch konjunkturbedingt verringerte Unternehmenswerte gebremste Verkaufsneigung.

- Die hohe Misserfolgsquote der Transaktionen bringt einen sorgfältigeren Umgang mit M&A als strategischer Option mit sich. Dieser Impuls wird dem Wachstum des M&A-Marktes entgegenwirken.

Die Gewichtung der Einflussgrößen lässt eine mittelfristig merklich steigende Anzahl von M&A-Transaktionen erwarten. Das Defizit in der Strukturanpassung der Wirtschaft wird insbesondere in Deutschland für ein überproportionales Wachstum des M&A-Marktes sorgen. Dabei werden Finanzinvestoren ihren Anteil an Übernahmen mit großer Wahrscheinlichkeit ausbauen.

31

I.2 Ziele von M&A-Aktivitäten

Die vorangegangenen Erläuterungen werfen die Frage auf: Warum werden diese aufwendigen Transaktionen überhaupt unternommen? Die folgenden Abschnitte beschäftigen sich mit den Zielsetzungen und Motiven für M&A-Transaktionen und versuchen eine Wertung vorzunehmen.

Dabei ist zunächst zu fragen, welche Ziele überhaupt gemeint sind? Es bedarf keiner Erläuterung, dass die unterschiedlichen Anspruchsgruppen im Umfeld eines Unternehmens schon, was die gewöhnliche Geschäftstätigkeit anbelangt, voneinander abweichende Ziele haben. Warum sollte das bei M&A-Transaktionen anders sein?

Der Interessenlage entsprechend zielen Arbeitnehmer auf einen sicheren Arbeitsplatz, der durch einen M&A-Vorgang gefährdet sein könnte. Kunden und Lieferanten sind besorgt über die Aufrechterhaltung der Geschäftsbeziehungen. Banken orientieren ihr Urteil an der Sicherheit ihrer Finanzierungsprodukte bei den betroffenen Unternehmen. Berater sehen in den alternativen M&A-Strategien eines Unternehmens ihre Geschäftschance. Behörden erkunden die Auswirkung auf die Gesellschaft als Ganzes.

An dieser Stelle sollen Ziele, welche die Unternehmensleitungen mit M&A-Aktivitäten verbinden, untersucht werden. Diese Ziele sind nur dann deckungsgleich mit den Interessen der Anteilseigner, wenn diese selbst das Management darstellen. Die Trennung zwischen dem Eigentum und der Verfügungsgewalt darüber, wie sie bei Aktiengesellschaften regelmäßig gegeben ist, führt zu einer zumindest teilweise gegensätzlichen Interessenlage, wie sie auch im Zusammenhang mit M&A-Transaktionen auftreten kann. Während die Perspektive des Aktionärs für die Wertsteigerung seines Kapitaleinsatzes häufig kürzer angelegt ist, zielt das Management auf eine eher längerfristig orientierte Erhöhung des Unternehmenswertes unter Einbeziehung zukünftiger Herausforderungen. Hinzu kommen, zugegeben oder nicht, persönliche Ziele.

Die Beschäftigung mit den Zielen von M&A-Transaktionen hat aus mehreren Gründen eine besondere Bedeutung. Zum einen sind konkrete Ziele die Voraussetzung für die in Kap. IX beschriebene Erfolgsmessung. Zum anderen stellen die Ziele den Hauptbestimmungsfaktor für das Maß der Integration zwischen den beteiligten Unternehmen dar (vgl. Zwahlen 1994, S.44). Vor allem aber sind sie die unverzichtbare Grundlage für eine rationale Planung, Initiierung und Umsetzung des Transaktionsprozesses. In der Literatur sind umfängliche Untersuchungen über Motive und Ziele von M&A-Aktivitäten zu finden (vgl. Gerpott 1993, S.63). Die Ergebnisse bestätigen die Erwartung. Der Antrieb zu M&A-Transaktionen wird von zwei Kräften gespeist: Ökonomischen Zielen und persönlichen Motiven der beteiligten Manager.

Ökonomische Ziele postulieren eine nachhaltige Steigerung des Wertes der an der Transaktion beteiligten Unternehmen. Deshalb lautet die englische Bezeichnung für diese Zielkategorie „financial or value maximizing motives" (Cartwright, Cooper 1996, S.20). Eine M&A-bedingte Steigerung des Unternehmenswerts bedeutet, dass die Summe der Barwerte der zukünftigen Zahlungsströme an die Investoren nach der M&A-Transaktion größer ist als die Summe der Net Cash Flows der beteiligten Firmen im Alleingang. Diese vereinfachte Zielperspektive des Managements, bzw. der Eigentümer berücksichtigt nicht unmittelbar die Interessenlage anderer Stakeholder.

Eine erweiterte Zieldefinition stellt die nachhaltige Wertsteigerung deshalb in einen größeren Zusammenhang, ohne sie allerdings zu relativieren. Während Effekte aus Maßnahmen, die Mitarbeiter-, Kunden-, Lieferanten- und Kreditgeberinteressen außer Acht lassen, durchaus kurzfristige Wertsteigerungen bzw. Kapitalmarktwirkungen mit sich bringen können, erfordern nachhaltige Verbesserungen die ausgewogene Berücksichtigung der Belange aller Stakeholder. Der Jubelschrei der Analysten (und in der Folge des Kapitalmarktes) über den Abbau von Arbeitsplätzen verklingt schnell, wenn anstelle des erwarteten Produktivitätsfortschritts mangelnde Lieferfähigkeit und Produktqualität zu Marktanteilsverlusten und Sonderaufwand führen. Und Kreditgeber, die zunächst, wie die Börse, den kühnen Vorwärtsschritt begrüßen, reagieren umgehend mit Konditionsverschlechterungen und Forderungen nach Sicherheiten, wenn das Risikoprofil des Akquisitionsobjekts nicht vorhergesehene Negativwirkungen auf Ergebnisse und Marktkapitalisierung des Käuferunternehmens zur Folge hat.

Persönliche Motive beziehen sich auf das aktive Streben der Unternehmensleitung nach „Einkommen, Prestige, Macht oder Reduzierung des Entlassungsrisikos" (Gerpott 1993, S.64). Die angelsächsische Literatur fasst diese Motivkategorie unter „psychological motives" (Cartwright, Cooper 1996, S.21) zusammen. Einige Autoren bezeichnen diese Motive auch als „nicht marktwertsteigernde" (Gut-Villa 1997, S.33). Im Gegensatz zur populären These, persönliche Motive der Manager würden die ökonomischen Ziele dominieren, lassen empirische Untersuchungen eine solche Schlussfolgerung nicht zu (vgl. Kap. I.2.4). Gleichwohl wäre es naiv, die emotionale Seite des M&A-Geschehens zu übersehen, und unklug, ihre Wirkung als wichtige Triebfeder des Managements nicht in geeigneter Weise aktiv werden zu lassen.

I.2.1 Synergien

Der Begriff beflügelt zweifellos die Phantasie der M&A-Szene. Die Ankündigung fast jeder Unternehmensverbindung gipfelt im Hinweis auf die mit der Transaktion verbundenen außerordentlichen Synergien.

Die wörtliche Übersetzung des etymologisch aus dem Altgriechischen stammenden Begriffs Synergie bedeutet Zusammenwirken. Der Begriff impliziert, dass die entstehende Gesamtwirkung eines Vorgangs größer ist als die Addition seiner Teile. Ansoff definiert als einer der Ersten Synergien mit der plakativen Formel „2+2=5" (vgl. Ansoff 1966, S.97 ff.). Wir befinden uns damit in einem Bereich zwischen Realität und Magie. Die Formel verleitet im übrigen fälschlicherweise zu dem Glauben, dass nur positive Synergien existieren. Empirische Analysen wie auch die Praxis zeigen jedoch, dass durchaus negative Synergien entstehen können. Positive und negative Synergien sind im Rahmen von M&A-Transaktionen formal als Veränderung gemeinsamer strategischer Erfolgspotenziale der Beteiligten gegenüber ihren Einzelerfolgspotenzialen zu beschreiben (vgl. Reißner 1992, S.107). Solche ergebniswirksamen Erfolgspotenziale können sowohl auf Kosten- wie auch auf Umsatzvorteilen beruhen, die nur auf die spezifische M&A-Transaktion zurückzuführen sind.

I.2.1.1 Ursachen von Synergien

In der Regel entstehen Synergien aus Größeneffekten, Verbundvorteilen, Rationalisierungen im Ablauf, Know-how-Transfer oder auch der Nutzung zusätzlicher Wachstumspotenziale.

Der Ansatz von Größeneffekten (Economies of Scale) zielte ursprünglich auf den Zusammenhang zwischen dem Produktionsausstoß und der Degression der Stückkosten. Im weiteren Sinn findet der Begriff auch in produktionsfremden Bereichen wie der Absatzorganisation, der Werbung, der Beschaffung, der Forschung, der Finanzierung oder auch der Verwaltung Anwendung. Ob der erwartete Effekt der Economies of Scale bei M&A-Transaktionen tatsächlich zu Wettbewerbsvorteilen führt, ist umstritten. Die Größenvorteile klingen einerseits oberhalb einer kritischen Größe ab und haben andererseits häufig eine Bürokratisierung und Verlangsamung der Entscheidungswege zur Folge (vgl. Kogeler 1992, S.55 f.). Es bedarf keiner Betonung, dass Scale-Effekte auch höhere Risiken, z. B. bei neuen Produkten mit sich bringen. Letztlich kann die Frage nach einem resultierenden positiven Effekt nur am Einzelfall beurteilt werden.

Mit dem Begriff Economies of Scope verbindet sich die Vorstellung, dass Verbundvorteile und Stückkostenverringerungen u.a. durch Modul- oder Plattformkonzepte entstehen. So können bei Akquisitionen von Unternehmen im gleichen Produktsegment Kompetenzzentren für Vorprodukte bzw. Komponenten gebildet werden, die dann in verschiedenen Endprodukten zum Einsatz kommen. Der Ansatz klingt überzeugend und wurde im Automobilbereich mehrfach als Argument für Akquisitionen verwendet. Nachweise für größere Wettbewerbsvorteile aus diesem Konzept sind jedoch bisher ausgeblieben. Zu beachten ist, dass die Erhöhung der Komplexität durch solche Verbundmaßnahmen deutliche Nachteile mit sich bringen kann. Als Verbundeffekte sind auch das One-Stop-Shopping und das Cross-Selling anzusehen.

Die Unterscheidung zwischen Economies of Scale und Economies of Scope ist im übrigen begrifflich und inhaltlich nicht trennscharf (vgl. Gerpott 1993, S.81 f. und Kogeler 1992, S.56 f.). So bedeutet die Steigerung der Transportmenge über die Schiene durch den Zusammenschluss zweier Eisenbahnunternehmen sicherlich, dass Kostendegression auf Grund des Größeneffektes eintritt. Werden hierdurch parallel zu Gütern künftig auch Personen befördert, so liegt gleichzeitig ein Effekt der Economies of Scope vor.

Rationalisierungen im Ablauf treten ein, wenn im Rahmen einer M&A-Transaktion Prozesse analysiert, neu organisiert und implementiert werden. In der Tat können sowohl bei Fusionen wie auch bei Akquisitionen Systemvorteile dadurch optimiert werden, dass die jeweils günstigere Ablauforganisation eines der Prozessbeteiligten übernommen wird.

Der Know-how-Transfer bei M&A-Transaktionen zielt darauf hin, dass Unternehmen das jeweils höhere Know-how-Niveau einer der beteiligten Firmen erreichen und daraus Vorteile, wie etwa die Verringerung der Produktionskosten, realisieren. Anhand des Konzeptes der Erfahrungskurve lässt sich dieser Vorteil darstellen. Die Boston Consulting Group leitete das Konzept aus der Beobachtung der Praxis ab, wonach bei neu eingeführten Produkten jeweils bei Verdoppelung der kumulierten produzierten

Menge eine prozentuale Preissenkung festgestellt wurde. Dieser marktseitige „Beweis" findet sich in einer proportionalen Veränderung auf der Kostenseite wieder. Die Erfahrungskurve bestätigt also, dass bei einer Steigerung der kumulierten Produktionsmenge ein Kostensenkungspotenzial aller zur Wertschöpfung beitragenden Kostenarten vorhanden ist. Dieses Potenzial von häufig 20 % bis 30 % (vgl. Dunst 1979, S.68 ff.) ist jedoch nur aktiv (z. B. durch Reengineeringprojekte, Standardisierung und Kostenmanagement) zu erschließen. Für M&A-Projekte bietet der Know-how-Transfer die günstigste Möglichkeit, Wissensvorsprünge eines der Beteiligten für alle zugänglich zu machen und somit die positiven Effekte der Erfahrungskurve für das Gesamtprojekt zu nutzen.

Akquisitionen und Zusammenschlüsse setzen neben den Kosteneffekten mit mindestens gleicher Priorität auf die schnelle und kostengünstige Umsetzung von Wachstumspotenzialen, die zu Umsatz- und Margenausweitungen führen.

Solche Wachstumspotenziale können entstehen aus:

- der Erweiterung der Produktpalette
- der Erschließung neuer Regionen
- dem Erreichen der Systemfähigkeit
- der Erschließung von Service-Funktionen
- der Öffnung neuer Absatzkanäle
- der Gewinnung eines kompetenteren Managements.

I.2.1.2 Erweiterte Synergietypologie

Auf die Unterscheidung von positiven, also den Gesamtwert des Unternehmens fördernden, Synergien und negativen Synergien mit entsprechend wertmindernder Wirkung wurde bereits hingewiesen. In Ergänzung dazu ist zu beachten, dass sich im Rahmen von M&A-Transaktionen negative Synergien weitgehend von selbst einstellen, positive Synergien dagegen während der Integration des Zielunternehmens erst „erarbeitet" werden müssen. In der Literatur wird bei positiven Synergien zwischen Brutto-Synergien (theoretische Stärke der Synergie, ohne Bezug zu den Integrationsmaßnahmen) und Netto-Synergien (tatsächliche Stärke der Synergie) unterschieden (vgl. Papprottka 1996, S.65). Negative Synergien und (positive) Synergiepotenziale werden im Einzelnen in Abschnitt I.2.1.3 dargelegt.

Die in Kap. I.2.1.1 aufgeführten Synergiequellen lassen sich auch in anderer Form gliedern. Danach ist zwischen Synergien aus der Gleichartigkeit (Größenvorteile, Rationalisierung) und Synergien aus der Komplementarität (Lernkurveneffekte und Wachstum) der ehemals getrennten Unternehmen zu unterscheiden. Erfahrungsgemäß ist gerade bei Komplementarität der Eigenschaften die Umsetzung der jeweilig höherstehenden Objekteigenschaft alles andere als gesichert (vgl. Papprottka 1996, S.69).

Ein weiteres Konzept zur Einteilung von Synergien beruht auf der Porter'schen Wertkette. Porter spricht allerdings von Verflechtungen und unterscheidet im Wesentlichen materielle und immaterielle Verflechtungen. Materielle Verflechtungen beziehen sich auf die gemeinsame Ausführung von Wertschöpfungsstufen, immaterielle Verflechtungen hingegen entstehen durch den Austausch von Know-how zwischen den einzelnen Wertschöpfungsstufen (vgl. Kogeler 1992, S.38 ff.).

Schließlich kann eine Differenzierung von Synergien auch nach der Perspektive des Käufers eines Unternehmens erfolgen. Diese Sichtweise führt zu folgender Gliederung (vgl. Pursche 1989, S.23):

- Universelle Synergien: Jeder Käufer kann diese leicht erzielbaren Synergien realisieren. Meistens treten diese Synergien in Standardbereichen des Unternehmens auf (z.B. in der Verwaltung).

- Endemische Synergien: Solche Synergien können nur von einem Teil der Käufer realisiert werden. Sie beziehen sich häufig auf die Beseitigung von Doppelaktivitäten.

- Einzigartige Synergien: Die Fähigkeiten, diese Synergien zu realisieren, besitzt nur ein einziger Käufer.

In der Praxis hat sich vornehmlich die Kategorisierung von Synergien nach Funktionsbereichen durchgesetzt. Allerdings sind durchaus berechtigte Einwände gegen dieses Konzept vorzubringen. Die Kritik bezieht sich vornehmlich auf die mangelnde Transparenz und Vollständigkeit (vgl. Reißner 1992, S.108 f.). Die Schwierigkeit, Synergieeffekte der Funktionsbereiche von Effekten der beteiligten Unternehmen, die auch im Alleingang erzielt worden wären, zu unterscheiden, ist groß, kann aber durch professionelles Integrationscontrolling (vgl. Kap. VIII.5.3) auf ein akzeptables Maß beschränkt werden.

I.2.1.3 Synergiepotenziale

Eine Auswahl positiver und negativer Synergiepotenziale ist in der folgenden Tabelle, nach Funktionsbereichen gegliedert, stichpunktartig aufgeführt:

Bereich	Positive Synergiepotenziale	Negative Synergiepotenziale
Vertrieb/ Marketing	Imagesteigerung durch Größe bzw. qualitative Verbesserung Niedrigere Kosten bei Verkauf, Marktforschung, Werbung etc. Umsatzausweitung durch Vergrößerung des Sortiments Vorteil der Preisbildung durch Marktmachteffekte Verstärkung der Verhandlungsposition gegenüber Kunden Verbesserter Service durch Ausbau der lokalen Präsenz und Transfer von Vertriebs-Know-how	Imageverlust durch zu große Unterschiede in der Produktqualität und in der Positionierung der Marken Umsatzrückgänge, da die Kunden eine zu große Abhängigkeit befürchten Umsatzverluste auf Grund eines zu großen Sortiments und mangelnder Kompetenz der Vertriebsmitarbeiter Auflagen auf Grund der Verletzung des Wettbewerbsrechts Höhere Kosten durch unterschiedliche Produkteigenschaften in Bezug auf Technik und Servicebedarf

Produktion	Kapazitätsaustausch in der Fertigung, Qualitätsprüfung, Instandhaltung etc. Zusammenlegung gleichartiger Produktionen Verminderter Investitionsbedarf	Gesteigerte Rüstkosten auf Grund suboptimaler Losgrößen Zusätzliche Transportkosten Höhere Mitarbeiterfluktuation im Falle von Verlagerungen
Material-wirtschaft	Senkung der Einkaufskosten Gestiegene Verhandlungsmacht Rationalisierung der Lagerhaltung	Geringere Flexibilität des Einkaufs Gestiegene Transportkosten nach Zentralisierung der Läger Aufwendige IT-Infrastruktur
F&E	Zentralisierung der Abteilungen, Vermeidung von Doppelspurigkeiten Kombinierte Projektplanung und Priorisierung Gegenseitige Nutzung bestehender Lizenzen, Rechte und Patente	Reduzierung der Innovationskraft Effizienzschwäche durch gestiegene Komplexität Wissensverlust durch Fluktuation
Verwaltung	Zusammenlegung von Personalwesen, Öffentlichkeitsarbeit, Rechenzentrum, Rechnungswesen, Controlling, Rechtsabteilung Zentralisation an einem Ort	Verminderung von Flexibilität und Engagement Fluktuation durch Kündigung
Finanzen	Gemeinsames Cash-Management	Gefahr mangelnden Projektbezugs von Finanzierungen

Tabelle 6: Synergiepotenziale nach Funktionsbereichen
(vgl. Kogeler 1992, S.46 ff.)

Der Großteil der kostenwirksamen Synergien führt zur Freisetzung von Personal. Für die Umsetzung entsprechender Maßnahmen ist der arbeitsrechtliche Rahmen zu berücksichtigen (vgl. Kap. VIII.3.3). Den Einsparungen stehen Einmalaufwendungen in Form von Abfindungs- und Sozialkosten gegenüber. Weitere typische negative Synergien sind Transaktionskosten, Abschreibungen auf nicht mehr benötigtes Anlagevermögen und Koordinationskosten für das Synergiemanagement.

Die Einschätzung (vgl. Wissema 1985, S.12), dass eine rein qualitative Beschreibung möglicher Synergien ausreiche, ist zurückzuweisen. Schließlich sind Synergieeffekte im weitesten Sinne insbesondere bei Fusionen das wesentliche quantifizierbare Motiv für das Zusammengehen der beteiligten Unternehmen.

Bei der Berechnung der einzelnen synergetischen Teilwirkungen ist analytisch vorzugehen. Dabei ist auf exakte Trennschärfe zwischen Synergien einerseits und Rationalisierung- wie Wachstumseffekten der Alleingangkonzepte der beteiligten Unternehmen andererseits zu achten. Den Aktionären und dem Aufsichtsrat, deren Zustimmung zu der beabsichtigten Transaktion eingefordert wird, ist eine der Unternehmensplanung entsprechende Synergieplanung vorzulegen. Sie sollte, nach Jahren gegliedert, positive wie negative Synergien getrennt ausweisen und die Zukunft bis zum Erreichen einer nachhaltigen Synergiewirkung abbilden. Darüber hinaus ist zu fordern, dass die entsprechenden Ist-Zahlen jährlich ermittelt, von Wirtschaftsprüfern geprüft, sowie den Aufsichtsgremien und Aktionären erläutert werden.

I.2.2 Kernkompetenzen und Kerngeschäfte

Die Begriffe „Kernkompetenzen" und „Kerngeschäfte" zählen zu den am häufigsten verwendeten Modeworten im Umfeld des Themas M&A. Zweifellos rangieren beide Begriffe in der Skala der tatsächlichen, aber auch der vorgeblichen Motive für M&A-Transaktionen weit vorn. Geplante Akquisitionen werden ebenso mit vorhandenen Kernkompetenzen begründet, wie beabsichtigte Fusionen mit der Verstärkung des Kerngeschäfts gerechtfertigt werden.

Kernkompetenzen werden in der Literatur als dauerhafte und transferierbare Ursachen für Wettbewerbsvorteile eines Unternehmens definiert, die aus der Nutzung von Ressourcen und Fähigkeiten resultieren und durch Anwendungs- sowie Interaktionsprozesse fortlaufend weiterentwickelt werden (vgl. Metzenthin 2000, S.283 und Krüger, Homp 1997, S.27).[29] Solche unternehmensintern oder durch Kauf entwickelte Wettbewerbsvorteile sind gemäss Hamel und Prahalad nicht in einer kurzfristigen Verbesserung der Preis/Leistungs-Relation zu sehen, sondern der nachhaltigen Managementfähigkeit und der „Human Resources" eines Unternehmens (vgl. Hamel, Prahalad 1994, S.81). In Dienstleistungsunternehmen (Beratung, Banken, Handel) definieren diese Elemente die Wettbewerbsvorteile unmittelbar, in Produktionsunternehmen nur mittelbar. Aber auch hier ist ein den Produktionsanlagen oder Produkten des Unternehmens selbst zugeschriebener Wettbewerbsvorteil allenfalls mittelfristig gesichert, wenn er nicht durch Wissen, Fähigkeit und Einstellung der Mitarbeiter und insbesondere der Führungskräfte kontinuierlich weiterentwickelt wird.

Ein Unternehmen verfügt dann über wettbewerbsrelevante Kernkompetenzen - und nur auf diese kommt es an -, wenn die wichtigen Erfolgsvoraussetzungen jeweils durch höhere Kompetenzen, als sie der vergleichbare Wettbewerb hat, abgedeckt sind. Dabei sind die Erfolgsfaktoren in unterschiedlichen Branchen und Geschäftsarten durchaus verschieden. Während die gekonnte Markenführung für einen Zigarettenhersteller an der Spitze der Erfolgsdeterminanten steht, hat sie für einen Stahlproduzenten kaum Bedeutung. Dort stehen die Kostenführerschaft und die Qualität der Produkte an erster Stelle der Skala. Die Analyse der kritischen Erfolgsfaktoren und ihre vergleichende Messung im eigenen Unternehmen zählt zu den verpflichtenden Praktiken der Unternehmensleitung im Rahmen der routinemäßigen Positionierung und Planung. Entsprechend sind bei der Auswahl von Zielunternehmen für eine M&A-Transaktion deren Kompetenzen bei kritischen Erfolgsfaktoren intensiv zu hinterfragen. Eine solche Analyse ist sowohl Teil der M&A-Strategie (vgl. Kap. IV.3.1) wie auch der Due Diligence (vgl. Kap. V.1.2.1). Zweifellos erhöhen sich die Erfolgsaussichten einer Unternehmensverbindung in dem Maße, in dem das Zielunternehmen eigene Kernkompetenzen verstärkt oder ergänzt. Im Gegensatz zur Messbarkeit der auf vorhandenen Daten aufbauenden Synergien ist die Messung der Impulse aus der Addition von Kern-

---

[29] In der Literatur wird der Kernkompetenz-Ansatz als Derivat des „Resource-Based-View" bezeichnet (vgl. Rose 2000, S.10). Dieser Ansatz vertritt die Ansicht, dass ein Unternehmen sich von seinen Konkurrenten nur durch eine einzigartige Kombination von Ressourcen und Fähigkeiten abheben kann. Nach der mikroökonomischen Theorie wird angenommen, dass alle marktorientierten Wettbewerbsvorteile letztlich durch den Eintritt von Konkurrenten erodiert werden.

kompetenzen schwierig. Bezüglich der Methoden zur Identifikation von Kernkompetenzen wird auf die Spezialliteratur verwiesen (vgl. Rose 2000).

Kerngeschäfte bzw. Kernprodukte sind solche, bei denen ein Unternehmen herausragende Kompetenzen besitzt. Die im globalen Wettbewerbsumfeld um sich greifende Fokussierung von Unternehmen auf Kerngeschäfte unter deren gleichzeitiger Verstärkung hat für M&A-Vorgänge eine doppelte Bedeutung: Zum einen stellt sie die Quelle für einen wichtigen Teil des Angebots auf dem M&A-Markt dar (sog. Equity Carveouts), zum anderen unterstreicht sie die tatsächliche Bedeutung von Kernkompetenzen für Unternehmensverbindungen.

In der Praxis hat es sich eingebürgert, dass Unternehmen diejenigen Geschäfte als Kerngeschäfte bezeichnen, die zu den größten bzw. umsatzstärksten in ihrem Portfolio gehören. Eine Bewertung, ob diese Geschäfte mit Kernkompetenzen unterlegt sind, unterbleibt. Auch eine Messung der Geschäftsqualität an den Benchmarks der Branche findet häufig nicht im ausreichenden Umfang statt. Eine derartig oberflächliche Definition mag für Kommunikations- und Werbezwecke ausreichen, für die Beurteilung der strategischen Eignung eines Akquisitions- bzw. Fusionsvorhabens genügt sie nicht. Es ist im Gegenteil zu erwarten, dass die Addition solchermaßen großzügig und integrativ definierter Kerngeschäfte zum Misserfolg einer Transaktion beiträgt. Gelegentlich wird der Missbrauch des „Erfolgsrezepts" einer Ausweitung des Kerngeschäfts durch eine M&A-Transaktion so weit getrieben, dass gleiche Begriffe für höchst unterschiedliche Inhalte gebraucht werden. So wird der Maschinenbau des einen Unternehmens zum Maschinenbau des anderen Unternehmens addiert, obgleich im ersten Falle Werkzeugmaschinen und im zweiten Falle Komponenten hergestellt werden. Ähnlich unzulässig und irreführend ist es, wenn ein Kompetenzzuwachs aus der Zusammenführung zweier Automobilzulieferbereiche abgeleitet wird, von denen einer Automobil-Aussenteile und ein anderer pneumatische Systeme fertigt.

Gelingt es jedoch, durch Akquisition oder Zusammenschluss ein weniger gut platziertes Kerngeschäftsfeld hinsichtlich seiner Wettbewerbsfähigkeit besser zu stellen, kann eine solche Transaktion sehr sinnvoll sein. Die alternative Eigenentwicklung wäre in diesem Falle vermutlich langwieriger und - vertretbare Erwerbskonditionen vorausgesetzt - teurer.

I.2.3 Motive von Finanzinvestoren

Die Literatur fasst die Motive für M&A-Transaktionen, die auf Unterschieden in der Unternehmensbewertung beruhen, in der sog. Bewertungstheorie zusammen. Die Unterschiede werden auf die Economic Disturbance Theory von Gort und Asymmetrien des Informationsstandes zurückgeführt (vgl. Albrecht 1994, S.20 ff.). Dem Motiv der Arbitrage haften die Attribute der Spekulation und Aggression an. Arbitrageure (weniger liebevoll auch Corporate Raider genannt) streben meist nicht nach unternehmerischem Einfluss. Vielmehr verfolgen sie das Ziel einer Gewinnrealisierung aus der für sie offenkundigen Wertdifferenz zwischen dem Einkauf von Anteilen einer Gesellschaft und deren kurzfristig realisierbarer Wiederveräußerung am Markt. Dass private Investoren Anlageentscheidungen auf Grund einer vermeintlichen oder tatsächlichen Unterbewertung eines Anlageobjektes treffen, ist bekannt. Die Einschätzung der Unterbewertung kann aus dem Ungleichgewicht von Angebot und Nachfrage einer betroffenen Aktie abgeleitet werden, aus Informationsvorsprüngen herrühren oder schlicht in der subjektiven Überzeugung des Einzelnen begründet sein. Professionelle Anleger (Vermögensverwalter, Fonds) basieren ihre Investitionsentscheidungen auf eingehenden Kapitalmarkt-, Branchen- und Unternehmensanalysen. Unterbewertungen von Unternehmen werden i.d.R. aus Finanzkennzahlen hergeleitet, die höhere Ertragswerte als Marktpreise ausweisen und ggf. zusätzliche Stille Reserven identifizieren.

Das Arbitrage-Motiv war für Käufer ganzer Unternehmen in der Vergangenheit weniger ausgeprägt. Während der Hausse der Aktienmärkte und speziell der Technologiewerte Ende der 1990er Jahre sind aber auch für solche Transaktionen vermehrt spekulative Ansätze zum Tragen gekommen. Dies hängt einerseits mit dem Informationsgefälle am Käufermarkt zusammen. Die Kenntnisse über die Vermarktbarkeit stiller Reserven, über steuerliche Gestaltungsmöglichkeit oder die Veränderung politischer Rahmenbedingungen (z. B. Deregulierung) sind unter den Käufern ungleichmäßig verteilt. Andererseits förderte die sichtbar wachsende Entfernung der Börsenkapitalisierungen von den Fundamentalbewertungen durch eine weitgehende Orientierung an Zukunftserwartungen ganz grundsätzlich die Neigung zu Spekulationen.

Das Vorliegen spekulativer Aspekte beim Kauf eines Unternehmens durch traditionelle Strategische Investoren ist schwer nachzuweisen. In Aufsichtsratsvorlagen wird es ebenso unterdrückt wie in öffentlichen Erklärungen zu den Motiven eines Erwerbs. Finanzinvestoren dagegen bekennen sich deutlicher dazu. Ihr Einstieg beruht zu einem guten Teil auf der Überzeugung der richtigeren Einschätzung des tatsächlichen Unternehmenswertes als sie der Verkäufer hat. Allerdings häuften sich gerade in der Zeit der Börsenhausse die Beispiele außergewöhnlicher Fehleinschätzungen von Arbitrageuren. So ergab sich anstelle des erwarteten weiteren Anstiegs des Kundenwertes bei Telekommunikations- und Breitbandkabel-Unternehmen, mit dem diese Unternehmen leichtfertig bewertet worden waren, überraschend schnell eine Neubewertung auf deutlich niedrigerem Niveau.

Als eine Sonderform der Arbitrage kann das „Asset Stripping" angesehen werden. Ein Unternehmen wird in diesem Falle erworben, um die Unterbewertung einzelner Aktiva auszunutzen, das Unternehmen zu spalten und den höheren Zerschlagungswert zu realisieren (vgl. Boemle 1995, S.453).

Von Arbitrageuren klar zu unterscheiden sind Finanzinvestoren, deren Motive in der gezielten Wertsteigerung des Übernahmeobjekts liegen. Solche „Principal Investors" treten im Regelfall als Gesellschaften auf, die den Eigenkapitalanteil des Investments über Private Equity-Fonds finanzieren. Das Geschäftsmodell basiert auf der Mobilisierung der unternehmerischen Elemente in der Zielgesellschaft und schließt feindliche Übernahmeattacken ebenso aus wie quasi-feindliche Dawn Raids. Während das Controlling schwerpunktmäßig Cash-Flow-orientiert ausgerichtet ist, konzentriert sich das aktive Management konsequent auf die nachhaltige Wertsteigerung. In Kap. II.2.1.1.1 wird Private Equity ausführlich als Instrument der Außenfinanzierung behandelt.

Bei M&A-Transaktionen spielen steuerliche Gesichtspunkte eine wichtige Rolle. Durch entsprechende Gestaltung können abschreibungsfähige Vermögensgegenstände u.U. höher ausgewiesen werden. Dieser steuerliche Aspekt kann, wie die Nutzung von

Verlustvorträgen, im weiteren Sinn als Arbitrage-Motiv angesehen werden. Beteiligungsgesellschaften wie WCM nutzen Verlustvorträge gezielt aus, um gut rentierende andere Beteiligungen vor einer ungünstigen Steuerpflicht abzuschirmen (vgl. Jensen, Werres 2001, S.64 ff.). Allerdings hat die Steuerreform 2000 in Deutschland sowohl für die Ausweitung des Abschreibungspotenzials wie auch die Nutzung von Verlustvorträgen enge Grenzen gezogen.

I.2.4 Emotionale und persönliche Motive

Neben den ökonomischen Motiven für M&A-Transaktionen, welche alle die Steigerung des Gesamtwertes der beteiligten Unternehmen zum Ziel haben, kann das Vorhandensein persönlicher Motive bei M&A-Vorgängen nicht geleugnet werden. In der Praxis vermischen sich ökonomische und persönliche Motive häufig. In der Literatur werden die Motive des Managements zur Maximierung des eigenen Nutzens unter dem Oberbegriff Managerialismus-Theorien zusammengefasst.

Nicht von der Hand zu weisen ist die „Auszahlungsthese". Auszahlungen eines Unternehmens bedeuten für das Management, dass Ressourcen aus seinem Kontrollbereich heraus an die Eigentümer abgeben werden. Da Auszahlungen mit einem Verlust an Macht gleichgesetzt werden, ist das Management bestrebt, die Ressourcen unter seiner Kontrolle zu behalten. Hierzu können M&A-Transaktionen beitragen. Nach diesem Ansatz gehen insbesondere Manager von Unternehmen, die hohe Netto-Cash-Flows erarbeiten, auch M&A-Transaktionen mit schlechteren Erfolgsaussichten ein, um ihre Macht zu erhalten bzw. auszuweiten (vgl. Stein 1992, S.163 f. und Albrecht 1994, S.24 f.).

Die Hybris-Hypothese von Roll setzt beim Akquisitionspreis, der im Falle von M&A-Transaktionen zumeist eine Prämie enthält, an. Roll geht davon aus, dass die Kapitalmärkte, an denen die Anteile des betrachteten Unternehmens gehandelt werden, effizient sind, der aktuelle Kurs also den Wert des Unternehmens widerspiegelt. Sollte das anbietende Management eine Prämie zahlen, so gibt es vor, dass es über eine bessere Einschätzung verfügt als der Markt. Angesichts der strengen Effizienz der Märkte kann ein solches Vorgehen nur auf einer Selbstüberschätzung (Hybris) des Managements beruhen (vgl. Roll 1986, S.197 ff.).

In der Literatur existieren weitere Erklärungsansätze zu persönlichen Motiven. So seien beispielhaft die ersten Arbeiten im Rahmen der Managerialismus-Theorie von Berle und Means erwähnt, das Modell von Williamson und der Ansatz von Röpke (vgl. ausführliche Darstellungen bei Stein 1992, S.154 ff.). Einige der theoretischen Ansätze finden sich durchaus in der Praxis wieder. Dabei sind die folgenden emotionalen Motive als typisch für die neuere M&A-Welle anzusehen:

- Faszination der Größe: Zu den wichtigen Beweggründen für Unternehmenskäufe zählt zweifellos das Streben nach Größe. Größe wird mit Prestige und Macht gleichgesetzt. Die Größe eines Unternehmens wird anstelle der Marktwertsteigerung zum eigenständigen Ziel. Offenkundig ist dieses Motiv bei eigentümergeführten, mittelständischen Unternehmen weniger entwickelt als in den im allgemeinen unter fremder Leitung stehenden Großunternehmen.

- Phänomen der Selbstüberschätzung: Die Fehleinschätzung der Potenziale aus Fusionen und Akquisitionen sowie die Unfähigkeit der eigenen Organisation zur schnellen Integration der betroffenen Unternehmen ist ein weit verbreitetes Phänomen. Die emotionale Ausgangslage hierfür ist schlicht die Hybris des übernehmenden Managements.

- Fehlallokation von Kapital: Das Management von Unternehmen mit hohem Netto-Cash-Flow ist besonders anfällig für unrentable Akquisitionen auch in fremden Branchen. Ohne ausreichende Kenntnisse der Produkte und Märkte wird das nicht selten aus Monopolgewinnen erzielte überschüssige Kapital fehlgeleitet, anstatt es den Aktionären auszuschütten. Als Motiv darf neben Naivität auch die Abneigung angesehen werden, sich der unmittelbaren Kapitalmarktkontrolle auszusetzen.

- M&A-Transaktionen als Überlebensmaßnahme: Die Endlichkeit der Realisierung eigener Stiller Reserven kann bei anhaltend schlechtem Geschäftsgang schnell zum Strategiewechsel zwingen. Dieser liegt darin, sich unter Aufnahme weiterer Schulden der Stillen Reserven eines anderen Unternehmens zu bemächtigen, um damit das Überleben des eigenen Unternehmens zu sichern. Das Überlebensmotiv geht Hand in Hand mit dem Wunsch des Statuserhalts des beteiligten Managements.

- M&A-Transaktionen als Mittel zur Ergebnisgestaltung: Geschickter Umgang mit den Gestaltungsmöglichkeiten von Jahresabschlüssen kann Übernahmen zum Instrument eines günstigeren Ergebnisausweises machen. Dabei wird überdies häufig auf Ergebnisdarstellungen übergegangen, die die Finanzierungskosten des Erwerbers und die Amortisation des bezahlten Goodwills unberücksichtigt lassen (EBITDA).

- „Point-of-no-return"-Effekt: Fusions- und Akquisitionsverhandlungen verlaufen nicht immer konvergent. Es ist ganz natürlich, dass der Prozess des näheren Kennenlernens des Zielunternehmens zu anderen Einsichten führen kann, als sie sich aus der vorgeschalteten No-Access Due Diligence ergaben. Nicht selten ist den Beteiligten spätestens nach der eigentlichen Due Diligence klar, dass die vordergründig so sinnvoll erscheinende Transaktion im Grunde nicht zu rechtfertigen ist. Trotz des absehbaren Wertverlustes wird dann der Zusammenschluss „durchgezogen", weil der Gesichtsverlust bei einem Abbruch für die am Prozess Beteiligten als zu hoch angesehen wird. Der offenkundige Schaden für die Aktionäre (zumindest einer Seite) wird hingenommen.

Erwartungsgemäß werden in den Veröffentlichungen der an M&A-Transaktionen beteiligten Unternehmen keine Hinweise auf persönliche Motive gegeben. Verschiedene Studien der Managerialismus-Theorie (vgl. Reid 1968 und You u.a. 1986) bestätigen dagegen durchaus konkrete Anhaltspunkte für nicht ökonomische Motive. Sowohl die internationale wie auch die deutsche Presse haben sich im Hinblick auf einzelne Transaktionen ausführlich mit dem Thema der persönlichen Motive befasst (vgl. Bueschemann 2000, S.26).

Nach einer deutschen Studie dominieren die persönlichen Ziele des Managements allerdings nicht grundsätzlich über die ökonomischen Ziele (vgl. Bühner 1990, S.137 ff.). Sicherlich kann das Klischee des selbstgefälligen Topmanagers auch aus der praktischen Erfahrung heraus nicht als Regelfall bestätigt werden. Ob im Einzelfall markt- und produktbezogene Überlegungen oder persönliche Motive überwiegen, ist kaum nachweisbar. Schließlich unterliegen auch andere Unternehmensentscheidungen als M&A-Transaktionen durchaus subjektiven Einschätzungen. Andererseits ist ein

Zusammenhang zwischen sachfremden emotionalen Motiven und der hohen Misserfolgsquote von M&A-Transaktionen wohl nicht von der Hand zu weisen.

I.3 M&A-Aktivitäten und Volkswirtschaft

M&A-Aktivitäten scheinen auf den ersten Blick ausschließlich mikroökonomische Vorgänge zu sein. Aber schon die in vielen Fällen erreichte Größenordnung weist auf die Bedeutung für eine Volkswirtschaft hin. Nicht zuletzt deshalb beschäftigen sich die ökonomische Theorie und empirische Untersuchungen zunehmend mit den Auswirkungen von Fusionen und Akquisitionen auf die Volkswirtschaft. Entsprechend verdichtet sich der ordnungspolitische Rahmen für M&A-Transaktionen.

I.3.1 Volkswirtschaftliche Auswirkungen von M&A-Aktivitäten

Werden Überlegungen zu Auswirkungen von M&A-Transaktionen auf eine Volkswirtschaft angestellt, so fällt sehr schnell das Stichwort „Konzentration". Der Zusammenhang scheint trivial. Beteiligen sich Unternehmen an irgendeiner Form von M&A-Transaktionen, so hat dies in der Regel zur Folge, dass Produktivvermögen und Marktanteile zusammengelegt werden. Hierin liegt noch kein Problem an sich. Schließlich hat sich in Zeiten globaler Märkte auch der Begriff der Größe eines Unternehmens relativiert.

Der Begriff Konzentration[30] leitet sich vom Anteil der größten Firmen an der gesamtwirtschaftlichen Leistung eines Landes ab. Häufig wird der Begriff in der ökonomischen Theorie in Form der „Four-Firm-Concentration-Ratio" gemessen. Die Kennzahl gibt das Verhältnis der Umsätze der vier größten Unternehmen zum Gesamtumsatz eines Marktes an (vgl. Dornbusch, Fischer, Schmalensee 1988, S.215).

Die Wirkung der Konzentration zeigt sich in zwei Konsequenzen:

- Da die nach ihrem Anteil an der gesamtwirtschaftlichen Leistung größten Unternehmen in der Regel einen dominanten Marktanteil in den relevanten Märkten haben (vgl. Hughes, Singh 1980, S.13 f.), ist mit den durch M&A-Transaktionen stattfindenden weiteren Konzentrationen grundsätzlich die inhärente Gefahr monopolistischer oder oligopolistischer Marktstrukturen gegeben. Solche Strukturen können Bedingungen zur Folge haben, in denen Großunternehmen Druck auf Lieferanten und Abnehmer ausüben und eine Monopolrente erwirtschaften.

---

[30] Das Interesse der Wissenschaft am Thema Konzentration ist u.a. auf die Zentralisationstheorie von Marx zurückzuführen. In der Wirtschaftstheorie des Marxismus ist die Zentralisation des Kapitals (weitestgehend synonyme Begriffsbedeutung zur vorigen Definition von Konzentration) ein wesentlicher Bestandteil. Vereinfachend besagt die Theorie, dass größere Unternehmen durch Fusion oder Übernahme die gesetzmäßig sinkende Kapitalrentabilität ausgleichen und dieses Verhalten eine zwangsläufige Monopolisierung zu Folge hat.

- Die Entstehung immer größerer Unternehmen bedeutet eine zunehmende Akkumulation von politischer Macht (vgl. Jacquemin, de Jong 1977). Nachweislich findet der marktwirtschaftliche Ausleseprozess bei Großunternehmen nur eingeschränkt statt, weil der Verlust von Arbeitsplätzen unter bestimmten Konstellationen (z.B. vor Wahlen) und in bestimmten Dimensionen von der Politik nicht hingenommen wird. Der Schutz der Unternehmen durch die Politik korrespondiert mit dem Einfluss der Politik auf unternehmerische Entscheidungen.

Konzentration entsteht in der Praxis nicht nur durch M&A-Transaktionen. Auch Eintritts- und Austrittsbarrieren bestimmen den Umfang der Konzentration. Schließlich ist internes Wachstum für das Fortschreiten der Konzentration von großer Bedeutung (vgl. Mueller 1995, S.32 f.).

Bereits in den 1960er Jahren befassten sich Studien mit den Auswirkungen von M&A-Aktivitäten auf den Grad der Konzentration, wobei meist die übrigen Einflussfaktoren ausgeblendet wurden. Darin wurde festgestellt, dass M&A-Vorgänge der Haupteinflussfaktor der gesamtwirtschaftlichen Konzentration in den USA und Großbritannien waren. Die Entwicklung der Marktanteile der Geschäftssegmente ergibt auf den ersten Blick kein einheitliches Bild für diesen Zeitraum. Tatsächlich veränderten sich die spezifischen Marktanteile der untersuchten Unternehmen in den USA im angesprochenen Zeitraum kaum (vgl. Hughes, Singh 1980, S.17 ff.), was ganz offensichtlich an der damals überwiegenden Anzahl von konglomeraten M&A-Transaktionen liegt. Hingegen nahm die Marktkonzentration (gemessen an der Four-Firm-Concentration-Ratio) in Großbritannien und Deutschland auf Grund der hier überwiegend horizontalen Zusammenschlüsse im betrachteten Zeitraum erheblich zu.

Angesichts der Untersuchungsergebnisse für Europa wäre anzunehmen, dass auf Grund der gestiegenen Konzentration die Gewinne der Unternehmen, die an M&A-Transaktionen beteiligt waren, ebenfalls gestiegen sind. Tatsächlich zeigen verschiedene Studien aber, dass die Gewinne der Unternehmen nicht der These „hohe Konzentration = hohe Gewinne" folgten (vgl. die Untersuchungen von Hart, Morgan 1977, Clarke 1984, Lyons 1981, Cowling, Waterson 1976 und Geroski 1981, die vorgestellt werden bei Fairburn, Geroski 1993, S.218 ff.). Da die angeführten Untersuchungen jeweils unterschiedliche Industrien betreffen, sind sie für eine schlüssige Deutung der Wirkung von Konzentrationen auf den Wettbewerb jedoch nur begrenzt brauchbar.

Neuere Modelle, die auf einer verfeinerten Variante des „Structure-Conduct-Performance-Ansatzes" beruhen, berücksichtigen fokussierte Marktsegmente in den jeweiligen Industrien und untersuchen gezielt Abweichungen zwischen Preis und Grenzertrag. Die Hypothese dieser Untersuchungen ist, dass Unternehmen mit großen Marktanteilen Gewinnmaximierung in zunehmend monopolähnlichen Marktstrukturen betreiben. Danach streben sie einen Preis an, der dem eigenen Grenzertrag entspricht. Die Ergebnisse belegen die praktische Erfahrung, dass tatsächlich ein deutlicher Zusammenhang zwischen Marktanteil und Gewinn besteht (vgl. Geithman, Marvel, Weiss 1981 und Borooah, van der Ploeg 1986, vorgestellt bei Fairburn, Geroski 1993, S.231 ff.).

Der zynische Hinweis, ein ordnungspolitischer Rahmen sei entbehrlich, da Größe angesichts der vielen M&A-Flops doch offensichtlich die Wettbewerbsfähigkeit eher behindere, führt nicht weiter. Vielmehr besteht kein Zweifel, dass die positive Wirkung der Konzentration von Marktanteilen auf den Wert des davon profitierenden Un-

44

ternehmens zulasten des freien Wettbewerbs und letztlich der gesamten Volkswirtschaft gehen kann. Vor diesem Hintergrund sind M&A-Transaktionen ohne Einbezug wettbewerbsrechtlicher Rahmenbedingungen nicht vorstellbar.

I.3.2 Ordnungspolitischer Rahmen für M&A-Aktivitäten

Wie könnte es anders sein: Die wettbewerbsrechtlichen Rahmenbedingungen müssen dem Wandel der Märkte gemäße Antworten geben, um den Wettbewerb zu fördern und schädliche Konzentrationen zu vermeiden. Nicht wenige M&A-Transaktionen resultieren aus der Überlegung, dass die entstandenen größeren Wirtschaftsräume auch größere Unternehmen erfordern. Wenngleich Größe keinen Wert an sich darstellt, ist dieses Argument mit Blick auf das Kartellrecht nicht völlig von der Hand zu weisen. Schließlich erhöht die Öffnung der Märkte im Grundsatz den Wettbewerb. Das Problem liegt in der mangelnden „Waffengleichheit" der Marktteilnehmer. Am Ende besteht die Gefahr, dass die Verstärkung der Wettbewerbsintensität in eine Konzentration neuer Größenordnung mündet. Die Re-Oligopolisierung auf den „liberalisierten" Telekommunikations- und Energiemärkten ist ein Beispiel dafür.

Die für M&A-Transaktionen wichtigen Rahmenbedingungen beschränken sich keineswegs auf das Verhalten der jeweils zuständigen Wettbewerbsbehörden. Da aber eine umfassende Diskussion der politischen, steuerlichen und rechtlichen Einflussgrößen auf M&A-Entscheidungen unter Beleuchtung der Umstände auch nur der wichtigsten Märkte den Rahmen dieses Buches sprengen würde, soll hier nur auf zwei Aspekte eingegangen werden: Das kartellrechtliche Instrumentarium und die Übernahmeregelungen. Ein darüber hinausgehender kurzer Exkurs gilt der Struktur des spezifischen deutschen Umfelds.

I.3.2.1 Rahmenbedingungen in Deutschland

I.3.2.1.1 Wirtschaftspolitisches Umfeld

Im Gegensatz zur angloamerikanischen Szene ist die deutsche Wirtschaft in weiten Bereichen mittelständisch geprägt. Der größte Teil der deutschen Unternehmen, sowohl nach der Anzahl wie auch nach der Wirtschaftsleistung, ist nicht börsennotiert. Eigentum und Führung befinden sich in vielen Fällen nach wie vor in einer Hand. Die wirtschaftskulturelle Bedeutung besteht in der weitverbreiteten emotionalen Bindung der Eigentümer an ihr Unternehmen. Der jahrzehntelange Auf- und Ausbau beruht häufig ausschließlich auf internem Wachstum, dessen Finanzierungsbasis die weitgehende Einbehaltung von Gewinnen (vgl. Kap. II.1.1) darstellt. Zurückhaltung in der Ergebnisausschüttung, Verantwortungsbewusstsein für die Mitarbeiter und hohes persönliches Engagement führen noch heute zu einer Haltung, die ein Unternehmen, und zumal das eigene, nicht als beliebig handelbare Ware ansieht. Entsprechend kritisch ist die Einstellung zu M&A-Transaktionen. Zunehmende Nachfolgeprobleme in Familienunternehmen, die wachsende Neigung zur Risikostreuung des Vermögens und nicht zuletzt der den Selbstfinanzierungsrahmen übersteigende Kapitalbedarf werden allmählich zu einer Veränderung dieser Position führen. Gleichwohl ist auch für die nähere Zukunft mit einer Haltung des großen Teils des Mittelstandes zu rechnen, welche die Veräußerung des eigenen Unternehmens an Bedingungen knüpft, die sich nicht im maximalen Kaufpreis erschöpfen.

Auch Großunternehmen in Deutschland haben Nachholbedarf in der Strukturierung der Kapitalseite ihrer Bilanz. Umso mehr gilt dieses Manko für den Mittelstand. Es ist ein Verdienst der Investmentbanken, für das zunehmende Bewusstsein gesorgt zu haben, dass der Optimierung der Kapitalstruktur eine ähnliche Priorität wie der Produktentwicklung einzuräumen ist. Das für Deutschland typische Universalbanksystem war lange Zeit von der Charakteristik des Commercial Bankings geprägt. Unternehmen wurden vor allem als Kreditnehmer betrachtet. Eigenkapitalengagements resultierten eher aus der kurzfristigen Umwandlung gefährdeter Kredite in Beteiligungen. Die mittlerweile vollzogene „Sortimentsausweitung" deutscher Banken auf die gesamte Passivaseite der Unternehmensbilanzen und die Intensivierung des Beratungsaspektes bringen sichtbare Impulse für die Bereitschaft von Unternehmen zum Wandel, auch und gerade unter Einbeziehung von M&A-Transaktionen.

Der allgemeine Reformstau in Deutschland schließt auch die Regelungen der Corporate Governance für börsennotierte Gesellschaften ein. Der Verhaltenskodex der Regierungskommission ist ein Kompromiss, der die Lage verbessert, den Anforderungen des internationalen Kapitalmarktes aber nicht genügt. Eine wirksame Regelung zur Verminderung von Interessenkollisionen fehlt ebenso wie ein sichtbarer Schritt zur Entflechtung der Aufsichtsratsbesetzungen. Auf Dauer wird es nicht hinzunehmen sein, dass Eigenkapital in Deutschland begrenzter verfügbar und teurer ist als anderswo. Nicht nur M&A-Transaktionen würden davon negativ betroffen.

I.3.2.1.2 Fusionskontrolle

Die Kontrolle über die nationalen M&A-Aktivitäten wird seit 1973 vom Bundeskartellamt wahrgenommen. Die Grundlage der deutschen Fusionskontrolle bildet das Gesetz gegen Wettbewerbsbeschränkungen (GWB), das mit der zum 01.01.1999 in Kraft getretenen sechsten Novelle grundlegend überarbeitet und den europäischen Regelungen angepasst worden ist. Das Gesetz regelt Tatbestände und Schwellen für die Überprüfung und Genehmigung beabsichtigter M&A-Transaktionen.

Aufgabe der Fusionskontrolle ist es, alle Zusammenschlüsse von Unternehmen, die zu einer marktbeherrschenden Stellung führen oder diese verstärken, zu untersagen (§ 36 Abs.1 GWB). Die Untersagung kann nur unterbleiben, wenn die beteiligten Unternehmen den Nachweis erbringen, dass die Nachteile der Marktbeherrschung durch verbesserte Wettbewerbsbedingungen übertroffen werden.

Der deutschen Fusionskontrolle unterliegen inlandsbezogene M&A-Transaktionen, soweit nicht eine Zuständigkeit der Europäischen Kommission gegeben ist. Die Fusionskontrolle bezieht sich auf einen weit gefassten Unternehmensbegriff. „Als Unternehmen werden grundsätzlich alle natürlichen und juristischen Personen verstanden, die Waren oder gewerbliche Leistungen herstellen oder vertreiben und diese Tätigkeit nicht ausschließlich der rein privaten Lebensführung oder der abhängigen Arbeit zuzurechnen ist bzw. hoheitliches Handeln der öffentlichen Hand darstellt" (Bergmann 2000, S.312). Dies bedeutet, dass auch Vereine, BGB-Gesellschaften, Verbände sowie privatisierte, ehemals öffentlich-rechtlich organisierte Unternehmen, und öffentlich-rechtliche Körperschaften, die unternehmerisch tätig werden, der deutschen Fusionskontrolle unterliegen.

Das Gesetz unterscheidet verschiedene Zusammenschlusstatbestände:

- Vermögenserwerb (vgl. § 37 Abs.1 Nr.1 GWB): Der Begriff entspricht dem Asset Deal (vgl. Kap. I.1.2.2.2), bei dem ein Unternehmen das Vermögen eines anderen Unternehmens oder wesentliche Teile davon erwirbt. Als wesentlich sind Vermögenswerte einzustufen, die geeignet sind, Marktpositionen des Erwerbers im Falle der Übertragung nennenswert zu verändern. Erfasst sind hier auch alle Fälle der Unternehmensverschmelzung, in denen das Vermögen ganz oder zu einem wesentlichen Teil ohne Abwicklung auf ein anderes Unternehmen übertragen wird.

- Kontrollerwerb (vgl. § 37 Abs.1 Nr.2 GWB): Dieser Zusammenschlusstatbestand betrifft diejenigen Fälle, in denen Unternehmen durch den Erwerb von Rechten, Vermögen oder anderen Mitteln in die Lage versetzt werden, bestimmenden Einfluss auf die Tätigkeiten anderer Unternehmen auszuüben.

- Kapitalanteils- oder Stimmrechtserwerb (vgl. § 37 Abs.1 Nr.3 GWB): Ein Zusammenschluss liegt vor, wenn der Erwerber die Beteiligungsschwellen von 50 % oder 25 % erreicht. Dabei werden zu den erworbenen Anteilen die bereits gehaltenen Anteile und die treuhänderisch von Dritten auf Rechnung des Erwerbers gehaltenen Anteile hinzugerechnet. Erwerben mehrere Unternehmen Beteiligungen von > 25 % an dem Zielunternehmen, so wird dies auch als ein Zusammenschluss der sich beteiligenden Unternehmen angesehen.

- Erwerb eines wettbewerblich erheblichen Einflusses (vgl. § 37 Abs.1 Nr.4 GWB): Ein wettbewerblich erheblicher Einfluss liegt vor, wenn bei Beteiligungen auch unter 25 % ein Beziehungsgeflecht zwischen den verbundenen Unternehmen deren unabhängiges Auftreten auf dem Markt erheblich einschränkt. Auch der wettbewerblich erhebliche Einfluss aus der Einräumung bestimmter Rechte für den Minderheitsgesellschafter kann entsprechende Wirkung haben. Dabei handelt es sich z.B. um spezielle Entsendungsrechte, Mitwirkungsrechte bei wichtigen geschäftspolitischen Entscheidungen oder um die Übertragung der Leitung bestimmter Unternehmensteile (vgl. Bergmann 2000, S.314 f.).

Neben den vier beschriebenen Formen des Zusammenschlusses gibt es auch Ausnahmen, die keinen Zusammenschluss im Sinne des GWB darstellen. Hierzu gehören interne Umstrukturierungen oder konzerninterne Transaktionen. Waren Unternehmen bereits verbunden und führt der Zusammenschluss nicht zu einer wesentlichen Verstärkung der Unternehmensverbindung (vgl. § 37 Abs.2 GWB), so liegt ebenfalls kein kontrollpflichtiger Zusammenschluss vor. Dies gilt z. B. bei Anteilsaufstockungen, welche die Einflussmöglichkeiten auf das betroffene Unternehmen nicht wesentlich verändern. Schließlich gelten auch Anteilserwerbe von Kredit- und Finanzunternehmen sowie Versicherungsunternehmen zum Zwecke der Veräußerung in der Regel nicht als Zusammenschluss (vgl. § 37 Abs.3 GWB).

Liegt gemäss GWB ein kontrollpflichtiger Vorgang vor, finden Kontrolle und Genehmigung bzw. Zurückweisung durch das Bundeskartellamt nur statt, wenn die beteiligten Unternehmen bestimmte Umsatzschwellen erreichen (vgl. § 35 GWB). Die Zusammenschlusskontrolle findet Anwendung, wenn die beteiligten Unternehmen im letzten Geschäftsjahr vor dem Zusammenschluss weltweit einen Umsatz von mehr als

500 Millionen € erzielt haben und mindestens ein beteiligtes Unternehmen in der Bundesrepublik Deutschland Umsatzerlöse von mehr als 25 Millionen € erwirtschaft hat. Einbezogen werden jeweils die Konzernumsätze der beteiligten Unternehmen (vgl. § 38 Abs.1 GWB). Außer Betracht bleiben Innenumsätze (Umsatzerlöse aus Lieferungen und Leistungen zwischen verbundenen Unternehmen) sowie Umsatz- und Verbrauchssteuern. Bei Handelsumsätzen sind drei Viertel der Umsatzerlöse anzusetzen (vgl. § 38 Abs.2 GWB). Bei Medienunternehmen ist der tatsächliche Umsatzerlös mit dem Faktor 20 zu multiplizieren (vgl. § 38 Abs.3 GWB). Bei Kreditinstituten, Finanzinstituten und Bausparkassen sind Zinserträge, laufende Erträge aus Aktien und anderen nicht festverzinslichen Wertpapieren, Beteiligungen (inkl. Anteile an verbundenen Unternehmen), Provisionserträge, Nettoerträge aus dem Finanzgeschäft sowie sonstige Erträge zu berücksichtigen (vgl. § 38 Abs.4 S.1 GWB). Bei Versicherungsunternehmen sind die Prämieneinnahmen (Einnahmen aus dem Erst- und Rückversicherungsgeschäft einschließlich der in Rückdeckung gegebenen Anteile) des letzten abgeschlossenen Geschäftsjahres anzusetzen (vgl. § 38 Abs.4 S.2 GWB). Handelt es sich um einen Vermögenserwerb, so ist für die Berechnung der Marktanteile und der Umsatzerlöse des Veräußerers nur der veräußerte Vermögensteil einzubeziehen. Im Falle des Kontrollerwerbs sind Erwerber und Veräußerer zu berücksichtigen. Bei Anteilserwerb ist der Veräußerer dann einzurechnen, wenn bei ihm nach der Transaktion mindestens eine Anteilsquote von 25 % an der veräußerten Gesellschaft verbleibt. Bei Erwerb eines wettbewerblich erheblichen Einflusses sind an der Umsatzberechnung alle Unternehmen zu beteiligen, die den Einfluss erwerben, sowie das Unternehmen, an dem der Einfluss begründet wird.

Zusammenschlüsse oberhalb der Umsatzschwelle unterliegen vor Vollzug der Anmelde- und Anzeigepflicht beim Bundeskartellamt. Im Rahmen der Prüfung spielt die Frage, ob durch den Zusammenschluss eine marktbeherrschende Stellung entsteht, die zentrale Rolle. Die entscheidende Bezugsgröße für die Beurteilung einer möglichen Marktbeherrschung ist der sachlich und räumlich relevante Markt. Die Ermittlung des sachlich relevanten Marktes orientiert sich bei einem angebotsseitigen Zusammenschluss an dem Bedarfsmarktkonzept und grenzt den Markt gemäss der Austauschbarkeit der Produkte aus der Sicht der Abnehmer ab. „Sämtliche Erzeugnisse, die sich nach ihren Eigenschaften, ihrem wirtschaftlichen Verwendungszweck und ihrer Preislage so nahe stehen, dass der verständige Verbraucher sie für die Deckung eines bestimmten Bedarfs geeignet in berechtigter Weise miteinander vergleicht und als gegeneinander austauschbar ansieht, sind marktgleichwertig" (zitiert bei Sedemund 1996, S.601). Ausschlaggebend für die sachliche Marktabgrenzung sind somit insbesondere der Verwendungszweck, der Preis und die Qualitätsklasse. Seit einigen Jahren wird in Anlehnung an die Praxis der EU auch die Produktions-, bzw. die Angebotsumstellungsflexibilität beachtet (vgl. Sedemund 1996, S.601 und Bergmann 2000, S.319) Die Beurteilung des Nachfragemarktes erfolgt nach ähnlichem Muster, allerdings sind Einzelfragen in Bezug auf die Beschaffungsmärkte noch in der Praxis zu klären (vgl. Bergmann 2000, S.320). Die Abgrenzung des räumlich relevanten Marktes geht vom Tätigkeitsbereich der betroffenen Unternehmen aus. Die Obergrenze dieses Marktes stellt gemäß des „Backofenmarkt-Beschlusses" des BGH von 1998 (vgl. BGH WuW/E 3026, 3029) das Staatsgebiet der Bundesrepublik Deutschland dar. Eine regionale oder sogar lokale Marktgröße kann sich auf Grund der tatsächlichen Umstände oder wegen gesetzlicher Vorschriften ergeben. Tatsächliche Umstände können etwa die begrenzten

Transportradien von Zement oder auch Verbrauchergewohnheiten sein. Die räumlichen Tätigkeitsbereiche der Technischen Überwachungsvereine sind in einem eigenen Gesetz festgeschrieben.

Mit der Feststellung der sachlich und räumlich relevanten Märkte ist die Grundlage zur Beurteilung der Marktbeherrschung gegeben. Nach § 19 GWB ist ein Unternehmen auf abgegrenzten Märkten marktbeherrschend, wenn einer oder mehrere der folgenden Punkte erfüllt sind:

- Auf den Märkten existieren keine oder zumindest keine relevanten Wettbewerber. Das Unternehmen verfügt also über eine faktische Monopolstellung (vgl. § 19 Abs.2 Nr.1 GWB).

- Das Unternehmen besitzt gegenüber seinen Wettbewerbern einen überragende Marktstellung. Diese Stellung kann im Marktanteil, der Finanzkraft, dem Zugang zu den Beschaffungs- oder Absatzmärkten, der Verflechtung mit anderen Unternehmen, dem Vorhandensein rechtlicher oder tatsächlicher Eintrittsbarrieren, dem herrschenden oder potenziellen Wettbewerb, der Angebotsflexibilität oder auch der Möglichkeit der Abnehmer, auf andere Unternehmen auszuweichen, bestehen (vgl. §19 Abs.2 Nr.2 GWB).

- Zwischen zwei oder mehreren Unternehmen besteht für eine bestimmte Art von Waren oder gewerblichen Leistungen kein wesentlicher Wettbewerb (vgl. § 19 Abs.2 S.2 GWB).

Die Beurteilung der Marktbeherrschung im einzelnen erfolgt in Form einer Gesamtbetrachtung des Falles, wobei dem Marktanteil der am Zusammenschlussvorhaben beteiligten Unternehmen besondere Aussagekraft zukommt. Ein hoher Marktanteil spricht nicht zwangsläufig für eine Marktbeherrschung. So kann z.B. der relevante Markt nur niedrige Zutrittsschwellen haben. Umgekehrt schließt ein relativ niedriger Marktanteil eine marktbeherrschende Stellung nicht aus. Ein Unternehmen, das mit Abstand über die größten Ressourcen verfügt und dessen Wettbewerber stark zersplittert sind, kann auch mit einem niedrigen Marktanteil eine marktbeherrschende Stellung erreichen. In § 19 Abs.3 Nr.1 und Nr.2 sind die sog. Marktbeherrschungsvermutungen wiedergegeben. Demnach gilt ein Unternehmen als marktbeherrschend, wenn es einen Marktanteil von mindestens einem Drittel hat (Einzelmarktbeherrschung). Sollten mehrere Unternehmen in einem Markt aktiv sein, so wird eine Marktbeherrschung vermutet, wenn drei oder weniger Unternehmen zusammen einen Marktanteil von 50 % erreichen oder wenn fünf oder weniger Unternehmen zusammen einen Marktanteil von zwei Dritteln haben (Oligopolmarktbeherrschung). Den Anmeldenden steht es frei, die Vermutung der Marktbeherrschung ggf. durch den Nachweis vorhandener Überkapazitäten, Nachfragemacht der Abnehmer oder den technologischen Wandel zu entkräften.

Die Begründung oder Verstärkung einer Marktbeherrschung durch den Zusammenschluss wird anhand einer Zukunftsprognose beurteilt. Die aktuellen Wettbewerbsbedingungen auf den relevanten Märkten werden mit der prognostizierten zusammenschlussbedingten Wettbewerbssituation verglichen. Eine Verstärkung der Marktbeherrschung wird vor allem bei einem deutlichen Marktanteilsgewinn vermutet. So ist es etwa gängige Praxis des Bundeskartellamts, Zusammenschlüsse von Unternehmen mit erheblichen Marktanteilen zurückzuweisen, selbst wenn der Zusammenschluss nur zu einer geringfügigen Marktanteilserhöhung führt. Zur Analyse der Begründung oder

Verstärkung der Marktbeherrschung ist auch die Betrachtung der Richtung der Zusammenschlüsse hilfreich (vgl. Bergmann 2000, S.323):

- Horizontale Zusammenschlüsse führen zu einer Addition der Marktanteile der beteiligten Unternehmen. Bei der dabei an sich eintretenden Verringerung der Wettbewerbsintensität müssen allerdings auch Abschmelzungseffekte und Marktreaktionen berücksichtigt werden.

- Vertikale Zusammenschlüsse haben Veränderungen des Zugangs zu den Beschaffungs- und Absatzmärkten zur Folge. Die Verstärkung einer marktbeherrschenden Stellung träfe zu, wenn dadurch auch andere Wettbewerber vom Zugang zu den Märkten ausgeschlossen würden.

- Obwohl die Bedeutung von konglomeraten Zusammenschlüssen in der Praxis des Bundeskartellamtes bisher gering war, ist auch für diese Unternehmensverbindungen eine Marktbeherrschung durch Einsatz wirtschaftlicher Macht und Finanzkraft vorstellbar.

Die sog. Abwägungsklausel (vgl. § 36 Abs.1 GWB) erlaubt die Genehmigung eines Zusammenschlusses trotz Begründung oder Verstärkung einer marktbeherrschenden Stellung, wenn die Nachteile der Marktbeherrschung durch bedeutendere Verbesserungen der Wettbewerbsbedingungen übertroffen werden. Die beteiligten Unternehmen tragen hierfür die Beweislast. Bislang hat das Bundeskartellamt die Abwägungsklausel eher restriktiv gehandhabt. In Ausnahmefällen sieht das Gesetz die Erlaubnis eines Zusammenschlusses durch den Bundeswirtschaftsminister trotz Ablehnung des Bundeskartellamtes vor. Die Ministererlaubnis setzt ein überragendes Interesse der Allgemeinheit für den Zusammenschluss voraus (vgl. § 42 GWB).

Das Verfahren der Zusammenschlussprüfung durch das Bundeskartellamt vollzieht sich in drei Stufen. Die Anmeldung wird in der Praxis von einem Beteiligten für alle am Zusammenschluss beteiligte Unternehmen abgegeben. Im sich anschließenden Vorverfahren (erste Stufe der kartellrechtlichen Prüfung) wird erwogen, ob die Einleitung der zweiten Stufe notwendig ist. Sollten sich dafür keine Anzeichen finden, so gibt das Bundeskartellamt den Zusammenschluss durch eine formlose Mitteilung, die nicht mit Auflagen oder Bedingungen verbunden werden kann, frei. Ergeben sich allerdings Bedenken gegen den Zusammenschluss, so ist das Bundeskartellamt verpflichtet, innerhalb eines Monats nach der vollständigen Anmeldung das Hauptprüfverfahren einzuleiten und dies den beteiligten Unternehmen im sog. „Monatsbrief" mitzuteilen. In diesem Fall erfolgt innerhalb von vier Monaten eine detaillierte Prüfung des Zusammenschlusses. Mit Zustimmung der beteiligten Unternehmen kann die Frist verlängert werden.

Die Behörde kann Ermittlungen durchführen, Beweise erheben, Zeugen vernehmen sowie Beschlagnahmungen und Durchsuchungen durchführen (vgl. §§ 57-59 GWB). Während des Hauptprüfverfahrens bzw. bis zum Ablauf der gesetzlichen Fristen oder der Freigabe durch das Bundeskartellamt gilt ein Vollzugsverbot (vgl. § 41 GWB). Es sind alle sog. Vollzugangshandlungen zu unterlassen. Darunter fallen z.B. die endgültige Übertragung des Vermögens bzw. der Anteile und jede Einflussnahme auf das Wettbewerbsverhalten der anderen Beteiligten. Vorbereitungsmaßnahmen können jedoch durchgeführt werden. Um die getroffenen Maßnahmen deutlich abzugrenzen, nimmt die Praxis jeweils Klauseln in die Verträge auf, die den Vollzug von der Genehmigung bzw. dem Verstreichen der gesetzlichen Untersagungsfrist abhängig machen. Sollten trotzdem Rechtsgeschäfte, die gegen das Vollzugsverbot verstoßen, unternommen werden, so sind diese gemäß § 41 Abs.1 GWB unwirksam. Des Weiteren werden der Verstoß und die Mitwirkung mit einem Bußgeld bis zu 500.000 €, über diesen Betrag hinaus bis zur dreifachen Höhe des durch die Zuwiderhandlung erlangten Mehrerlöses belegt (vgl. § 81 Abs.2 GWB).

Den Abschluss des Hauptprüfverfahrens bildet die Entscheidung des Bundeskartellamts. Die Genehmigung des Zusammenschlusses kann mit Auflagen oder Bedingungen verbunden werden. Werden Bedingungen ausgesprochen, hat dies zur Folge, dass der Zusammenschluss erst mit der Erfüllung der Bedingungen genehmigt wird. Die Auflagen bzw. Bedingungen können z.B. den Verkauf von Unternehmen und Unternehmensteilen oder die Vergabe von Lizenzen zum Inhalt haben. Wird der Zusammenschluss untersagt, so haben die Beteiligten die Möglichkeit, Rechtsmittel einzulegen. Allerdings hat die Beschwerde, die ausschließlich beim OLG in Düsseldorf eingereicht werden kann, keine aufschiebende Wirkung. Die Beschwerdemöglichkeit besteht grundsätzlich auch für Unternehmen, deren Interessen durch den Zusammenschluss erheblich berührt sind. In der Praxis nutzen Konkurrenten der beteiligten Unternehmen zumeist die informelle Intervention beim Bundeskartellamt. Dies hat den Vorteil, dass den Unternehmen, die einen Zusammenschluss beantragt haben, die Identität der Beschwerdeführer verborgen bleibt (vgl. Bergmann 2000, S.329).

I.3.2.1.3 Wertpapiererwerbs- und Übernahmegesetz (WpÜG)

Die langjährigen Forderungen, gesetzliche Vorschriften für öffentliche Angebote zum Erwerb von Wertpapieren und zu Unternehmensübernahmen zu erlassen, wurden durch das Inkrafttreten des Wertpapiererwerbs- und Übernahmegesetzes (WpÜG) zum 01.01.2002 erfüllt. Das Gesetz betrifft in Deutschland ansässige, an einer Börse im europäischen Wirtschaftsraum notierte Unternehmen, die Ziel eines Erwerbs- bzw. Übernahmeangebots sind. Es ersetzt den unverbindlichen Übernahmekodex der Börsensachverständigenkommission von 1995, der von der Mehrzahl der börsennotierten Unternehmen nicht anerkannt worden ist. Eine einheitliche europäische Regelung ist 2001 gescheitert (vgl. Kap. I.3.2.2.2).

Das längst überfällige Gesetz trägt dazu bei, dass die Wertpapierinhaber und die Organe der Zielgesellschaft ausreichende Informationen für eine sachgerechte Entscheidung über das Angebot des Bieters erhalten und ein geregeltes Verfahren die Rechte und Pflichten der Beteiligten eindeutig festlegt. Weniger überzeugend sind die Regelungen der Ermächtigung des Vorstands zu Abwehrhandlungen bei feindlichen Übernahmeversuchen ausgefallen. Bei allen Bedenken hinsichtlich der Zweckmäßigkeit Feindlicher Übernahmen ist nicht zu übersehen, dass im Gesetz dem Schutz der Organe zu Lasten des Interesses der Aktionäre und nicht zuletzt des Unternehmens selbst Vorrang eingeräumt wird.

Das Angebot ist einschließlich ergänzender Angaben im Internet und in einem überregionalen Börsenpflichtblatt zu veröffentlichen. Diesem Schritt gehen die Veröffentlichung der Entscheidung zur Abgabe eines Angebots und die Prüfung der Angebotsunterlagen durch das Bundesaufsichtsamt voraus. Die Frist für eine mögliche Untersagung des Angebots durch das Bundesaufsichtsamt beträgt zehn Werktage (vgl. §§ 10 und 14 WpÜG).

Die Unterlagen müssen neben den notwendigen Angaben zu Bieter und Zielunternehmen die von dem Angebot betroffenen Wertpapiere, die Art und Höhe der gebotenen Gegenleistung einschließlich möglicher Wirksamkeitsbedingungen sowie den Beginn und das Ende der Annahmefrist ausweisen. Hinzu kommen Angaben zur Finanzierung des Angebots und zu den Auswirkungen eines erfolgreichen Angebots auf die Finanzlage des Bieters. Darüber hinaus sind Aussagen über die künftige Geschäftspolitik des Bieters bzgl. des Zielunternehmens, ggf. geplante Sitz- und Standortverlagerungen sowie Auswirkungen auf die Arbeitnehmer, die Geschäftsführungsorgane und die Beschäftigungsbedingungen zu machen (vgl. § 11 WpÜG). Die Forderung, dass alle Angaben richtig und vollständig sein müssen, wird in der Praxis vor allem hinsichtlich der geschäftlichen Absichten des Bieters wenig Wirkung haben, da die Haftung für die Angebotsunterlage nach § 12 Abs.2 WpÜG nur bei Kenntnis der Unrichtigkeit und grober Fahrlässigkeit wirksam wird.

Die Frist für die Annahme des Angebots liegt bei mindestens vier und höchstens zehn Wochen nach Veröffentlichung der Unterlagen. Unter Einhaltung einer Frist von zwei Wochen kann eine Hauptversammlung des Zielunternehmens einberufen werden, ohne dass sich dadurch die Annahmefrist verlängern würde. Unbeschadet der auf einer solchen Hauptversammlung zu diskutierenden Fragen im Zusammenhang mit dem Angebot sind der Vorstand und der Aufsichtsrat verpflichtet, eine begründete Stellungnahme zu veröffentlichen (vgl. § 27 WpÜG). Diese Stellungnahme wird stets hinsichtlich der voraussichtlichen Folgen eines Angebotserfolgs, der Kommentierung der Ziele des Bieters und nicht zuletzt der Bewertung der Gegenleistung des Bieters auch subjektive Wertungen enthalten. Andererseits besteht die Vorschrift des § 33 Abs.1 WpÜG, wonach der Vorstand nach Abgabe eines Angebots keine Handlungen vornehmen darf, die den Erfolg des Angebots verhindern könnten. Die schwierige Balance zwischen Neigung und Pflicht für den Fall eines feindlichen Übernahmeangebots wird durch die Ermächtigungsregelung nach § 33 Abs.2 WpÜG überraschend aufgelöst: Hat die Hauptversammlung in einem Vorratsbeschluss den Vorstand zu Abwehrmaßnahmen ermächtigt, kann dieser das gesamte Abwehrinstrumentarium mit Zustimmung des Aufsichtsrates einsetzen. Die Beschränkung der Ermächtigung auf jeweils 18 Monate und die erforderliche Mehrheit von drei Viertel des bei der Beschlussfassung vertretenen Grundkapitals stellen keine ernsthaften Hindernisse für entschlossene Verteidiger der Interessen der Verwaltung dar.

Der M&A-Bereich betrifft Angebote, die letztlich auf den Erwerb der Kontrollmehrheit ausgerichtet sind. Im Sinne des Gesetzes wird unter Kontrolle bereits das Halten von 30 %[31] der Stimmrechte an der Zielgesellschaft verstanden. Mit dem Erreichen der Kontrollschwelle ist die unverzügliche Verpflichtung zur Abgabe eines Angebots an alle Aktionäre zur Übernahme ihrer Wertpapiere verbunden. Diese Verpflichtung entfällt, wenn die Kontrolle durch ein Übernahmeangebot erreicht wurde (vgl. § 35 WpÜG) oder bereits vor Inkrafttreten des Gesetzes bestand.

---

[31] Diese Schwelle sieht auch der Code of Takeovers and Mergers für Großbritannien vor.

Wenngleich die Aktionäre der Zielgesellschaft frei entscheiden können, hat der Gesetzgeber für die Ermittlung der Gegenleistung des Bieters bei Übernahmeangeboten Grenzen nach unten gesetzt. Die Gegenleistung hat in Barmitteln (Euro) oder in liquiden Aktien der gleichen Gattung zu erfolgen. Ihr Wert hat sich am durchschnittlichen Börsenkurs der Zielgesellschaft zu orientieren. Sofern der Bieter in den letzten drei Monaten vor Eintreten der Angebotspflicht mindestens fünf Prozent oder innerhalb der Angebotsfrist mindestens ein Prozent der Aktien gegen Barzahlung erworben hat, scheidet eine Gegenleistung in Wertpapieren aus. Erwirbt der Bieter Aktien während der Angebotsfrist oder (außerbörslich) innerhalb eines Jahres nach Veröffentlichung des Angebots, so wird die Abfindung an die Aktionäre, die das Angebot angenommen haben, nachträglich entsprechend erhöht.

In Verbindung mit dem Erlass des WpÜG erfolgte auch eine Änderung des Aktiengesetzes, die den Ausschluss von Minderheitsaktionären erlaubt. Diese aus dem anglo-amerikanischen Umfeld bekannte Squeeze-out-Regelung ermöglicht es dominanten Mehrheitsaktionären (Eigentum von mehr als 95 % des Grundkapitals), über einen Hauptversammlungsbeschluss die übrigen Aktionäre gegen angemessene Barabfindung zur Hingabe ihrer Aktien zu veranlassen (vgl. § 327a Abs.1 AktG). Die Höhe der Barabfindung legt der Hauptaktionär fest (vgl. § 327b Abs.1 AktG). Die mit der Ausgleichszahlung unzufriedenen Aktionäre können die Angemessenheit der Abfindung im Spruchverfahren gerichtlich überprüfen lassen. Gemessen an der statistischen Erfolgsquote der Spruchverfahren in der Vergangenheit besteht eine gute Chance zu einer nachträglichen Aufbesserung der Abfindung. Die Verfahrensdauer von oft mehreren Jahren erfordert jedoch ein hohes Maß an Geduld und Stehvermögen der Kläger. Die Klage verhindert nicht den Vollzug des Squeeze-out.

I.3.2.2 Rahmenbedingungen in der Europäischen Union

Da M&A-Transaktionen häufig grenzüberschreitende Auswirkungen haben, ist eine zusammenfassende Betrachtung der Rahmenbedingungen wichtiger Wirtschaftszonen angezeigt. Die größte Bedeutung hat die Europäische Union. Während die europäische Fusionskontrolle seit ihrer Einführung in 1989 Zusammenschlüsse von gemeinschaftsweiter Bedeutung effizient regelt, ist bisher keine Einigung über einen europäischen Übernahmekodex erfolgt.

I.3.2.2.1 Fusionskontrolle

Die Öffnung des europäischen Binnenmarktes trug zweifellos zur Verschärfung des Wettbewerbs in diesem Wirtschaftsraum bei, zum Nutzen der Verbraucher. Auf der Anbieterseite hat der gewachsene Konkurrenzdruck die Chancen der wettbewerbsstarken Unternehmen weiter erhöht und diejenigen der wettbewerbsschwachen weiter vermindert. Ähnlich zur reinen Inlandsbetrachtung kommt auch die europäische Analyse zu dem Schluss, dass gerade Unternehmen mittlerer Größe zu den Gewinnern der Markterweiterung gehören, soweit es um internes Wachstum geht. Die Schutzbedürftigkeit des Wettbewerbs ist deshalb weniger auf die erfolgreiche Entwicklung der großen marktstarken Unternehmen aus eigener Kraft zurückzuführen. Sie liegt vielmehr in der Vermachtung der erweiterten Märkte durch wettbewerbsschädliche M&A-

Transaktionen, die meist von großen, finanzstarken Marktteilnehmern durchgeführt werden.

Vor diesem Hintergrund hat die Europäische Fusionskontrolle die Aufgabe, europaweit die Wettbewerbssituation zu überwachen. Bei Zusammenschlüssen von gemeinschaftsweiter Bedeutung entfällt das Fusionskontrollrecht der Mitgliedsstaaten. Grundlage für die Tätigkeit der Europäischen Kommission als Hüter des Wettbewerbs ist die Fusionskontrollverordnung (FKVO). Diese Verordnung gilt im gesamten Gebiet der Europäischen Union und hat Vorrang vor den jeweiligen nationalen Fusionsvorschriften.

Die FKVO beschränkt sich im Gegensatz zum vollständigen Katalog des GWB auf zwei Zusammenschlusstatbestände:

- Fusion: Zuvor unabhängige Unternehmen legen ihre wirtschaftlichen Aktivitäten zusammen und begeben sich dauerhaft unter eine gemeinsame Leitung. Dieser Vorgang kann sich auf dem Weg der Neugründung oder der Aufnahme vollziehen (vgl. Bergmann 2000, S.291). Die Kommission nimmt zusätzlich das Vorliegen von internen Gewinn- und Verlustausgleichen zwischen den beteiligten Unternehmen, eine gesamtschuldnerische Haftung nach außen oder Kapitalverflechtungen als Kriterien für eine faktische Verschmelzung an.

- Kontrollerwerb: Die Kontrolle des jeweiligen Unternehmens wird durch Rechte, Verträge oder andere Mittel begründet, die es ermöglichen, einen bestimmenden Einfluss auf die Tätigkeit der Zielgesellschaft auszuüben. Es wird zwischen einer alleinigen und einer gemeinsamen Kontrolle unterschieden. Für eine alleinige Kontrolle ist das Vorliegen einer Mehrheitsbeteiligung typisch. Minderheitsbeteiligungen werden nur betrachtet, wenn weitere faktische oder rechtliche Umstände hinzukommen, die einen bestimmten Einfluss vermuten lassen. Eine gemeinsame Kontrolle liegt vor, wenn mehrere Gesellschafter bei wichtigen Entscheidungen vereinbarungsgemäß einen Konsens erzielen müssen oder über Vetorechte wichtige Entscheidungen blockieren können. Ein typischer Fall des Erwerbs der gemeinsamen Kontrolle ist die Gründung eines Gemeinschaftsunternehmens sowie der nachfolgende Erwerb von Anteilen an diesem. Als Zusammenschluss wird ein Gemeinschaftsunternehmen allerdings nur dann gewertet, wenn es auf Dauer angelegt ist und eine eigenständig funktionstüchtige Einheit darstellt.

Beteiligungen, die zum Zwecke der Weiterveräußerung durch Banken oder Versicherungsinstitute erworben werden, gelten nicht als Zusammenschluss, wenn sie innerhalb eines Jahres weiterveräußert werden. Auch die Übernahme eines Unternehmens durch einen Insolvenzverwalter und konzerninterne Unternehmenstransaktionen werden nicht als Zusammenschluss im Sinne der FKVO angesehen.

Die Fusionskontrolle beschränkt sich auf Transaktionen von gemeinschaftsweiter Bedeutung im Sinne der Art.1 Abs.2 und 3 FKVO. Die Messung erfolgt anhand verschiedener Umsatzkriterien. Ein Zusammenschluss hat nach Art.1 Abs.2 FKVO eine gemeinschaftsweite Bedeutung, wenn der weltweite Umsatz der beteiligten Unternehmen zusammen mehr als fünf Milliarden € beträgt und mindestens zwei der beteiligten Unternehmen jeweils mehr als 250 Millionen € in der Europäischen Union erwirtschaften. Allerdings legt Art.1 Abs.3 FKVO fest, dass die europäische Fusionskontrolle trotz Verfehlens der Umsatzschwellen des Art.1 Abs.2 FKVO zuständig ist, wenn die beteiligten Unternehmen in mehreren Mitgliedstaaten der Europäischen Union aktiv sind und folgende Umsatzschwellen erreichen:

- Weltweiter Umsatz aller beteiligten Unternehmen mehr als 2,5 Milliarden €

- Umsatz aller beteiligten Unternehmen in mindestens drei Mitgliedstaaten mehr als 100 Millionen €

- Umsatz von mindestens zwei der beteiligten Unternehmen in den drei zuvor erfassten Mitgliedsstaaten jeweils mehr als 25 Millionen €

- Gemeinschaftsweiter Umsatz von mindestens zwei der beteiligten Unternehmen jeweils mehr als 100 Millionen €.

Nach der Zwei-Drittel-Regel unterliegt ein Zusammenschluss auch bei Erfüllung der obigen Kriterien nicht der europäischen Fusionskontrolle, wenn die am Zusammenschluss beteiligten Unternehmen jeweils mehr als zwei Drittel ihres gemeinschaftsweiten Umsatzes in nur ein und demselben Mitgliedstaat tätigen.

Die Umsätze werden aus den Erlösen aus Lieferung und Leistung des letzten Geschäftsjahrs abzüglich der Erlösschmälerungen sowie aller direkt auf den Umsatz bezogenen Steuern berechnet. Die beteiligten Unternehmen sind jedoch nicht isoliert zu betrachten. Vielmehr ist (analog zur Verbundsklausel des GWB) der Umsatz verbundener Unternehmen hinzuzurechnen. Bei Erwerb von Unternehmensteilen ist auf Seiten des Veräußerers nur der Umsatz des betroffenen Tätigkeitsbereiches zuzurechnen (vgl. Art.5 Abs.2 FKVO). Die Umsatzbetrachtung nach Regionen hat aus der Perspektive der Abnehmer zu geschehen. Somit ist nicht die länderspezifische Herkunft des Umsatzes relevant, sondern der Verbleib des Umsatzes in den jeweiligen Mitgliedsstaaten.

Erreichen die beteiligten Unternehmen die aufgeführten Umsatzschwellen und erfüllen gleichzeitig die Zusammenschlusstatbestände, unterliegt der beabsichtigte Zusammenschluss dem Gültigkeitsbereich der europäischen Fusionskontrollverordnung. Andernfalls gilt das nationale Fusionskontrollrecht.

Das Prüfungsverfahren beantwortet die Frage, ob der Wettbewerb im Gemeinsamen Markt der Europäischen Union oder in wesentlichen Teilbereichen durch den Vollzug des Zusammenschlusses und die eventuell daraus entstehende beherrschende Marktstellung behindert oder eingeschränkt wird (vgl. Art.2 FKVO). Die Frage wird über die Abgrenzung des relevanten sachlichen und räumlichen Marktes auf Basis der vorliegenden Marktdaten beurteilt. Wie auch in der deutschen Praxis wird der sachliche relevante Markt insbesondere anhand der Substituierbarkeit der Produkte aus der Sicht der Abnehmer definiert. Sind die Anbieter jedoch keinen hohen Kosten oder Restriktionen im Falle einer Angebotsumstellung ausgesetzt, so wird der Marktbegriff ggf. entsprechend erweitert. Andere wichtige Kriterien zur Überprüfung der Marktmacht sind die allgemeinen Wettbewerbsbedingungen, der Preis und die Reaktivität auf Preisveränderungen (vgl. Bergmann 2000, S.298). Art.9 Abs.7 FKVO enthält die Vorschriften zum räumlichen Markt. Dieser ist auf das Gebiet begrenzt, in dem die beteiligten Unternehmen als Anbieter oder Nachfrager auftreten und die Wettbewerbsbedingungen hinreichend homogen sind. Die Kommission berücksichtigt bei der Ermittlung des räumlich relevanten Marktes folgende Kriterien (vgl. Sedemund 1996, 643 f. und Bergmann 2000, S.299):

- Eigenschaften der jeweiligen Waren und Dienstleistungen

- Verbrauchergewohnheiten

- Existenz von Markteintrittsschranken

- Gebietsbezogene erhebliche Unterschiede der Marktanteile

- Gebietsabhängige wesentliche Preisunterschiede.

Nach diesen Kriterien kann ein nationaler Markt, eine Region, der europäische Binnenmarkt, aber auch der Weltmarkt insgesamt für hinreichend homogene Wettbewerbsbedingungen stehen.

Nach der Rechtsprechung des Europäischen Gerichtshofes „ist unter Marktbeherrschung eine wirtschaftliche Machtstellung zu verstehen, die es den beteiligten Unternehmen ermöglicht, sich ihren Wettbewerbern, Abnehmern und den Verbrauchern gegenüber in einem nennenswerten Umfang unabhängig zu verhalten" (Bergmann 2000, S.300). Die Prüfung der Kommission hinsichtlich der Begründung oder Verstärkung einer marktbeherrschenden Stellung durch einen Zusammenschluss orientiert sich an folgenden Aspekten:

- Marktanteil: Die Marktstellung der beteiligten Unternehmen am relevanten Markt ist der Ausgangspunkt zur Klärung der Marktbeherrschung. Bei Marktanteilen von unter 25% bestehen in der Regel keine Bedenken bzgl. einer Marktbeherrschung durch die beteiligten Unternehmen. Höhere Marktanteile untermauern jedoch keineswegs in jedem Fall den Tatbestand der Marktbeherrschung. Die Beurteilung muss vielmehr die Strukturen des relevanten Marktes und deren Entwicklung berücksichtigen.

- Stellung der Wettbewerber: Die Prüfung geht der Frage des wirksamen Wettbewerbs der verbleibenden Marktteilnehmer nach. Kriterien sind u.a. die Anzahl der Wettbewerber, ihre Marktposition und ihre Finanzkraft.

- Struktur der Nachfrageseite: Untersucht wird die Frage der Substitutionsmöglichkeiten der Lieferanten und Abnehmer sowie möglicher Zugangsbeschränkungen zu Beschaffungs- und Absatzmärkten.

- Potenzieller Wettbewerb: Eine marktbeherrschende Stellung durch Zusammenschluss wird relativiert, wenn innerhalb kurzer Frist das Hinzutreten neuer Wettbewerber zu erwarten ist. Entscheidend ist die Einschätzung des Ausmaßes dieses Wettbewerbs durch neue Marktteilnehmer oder durch die Kapazitätsausweitung bisheriger Marktteilnehmer.

- Aufrechterhaltung wirksamen Wettbewerbs: Die Begründung oder Verstärkung einer marktbeherrschenden Stellung ist nur dann wettbewerbswidrig, wenn sie tatsächlich eine erhebliche Behinderung eines wirksamen Wettbewerbs mit sich bringt.

- Auswirkungen auf die Fortschrittsentwicklung: Die Förderung des technischen und wirtschaftlichen Fortschritts kann im Ausnahmefall trotz wettbewerbsrechtlicher Bedenken ein Genehmigungsgrund für einen Zusammenschluss sein, wenn die Vorteile nachweislich an den Verbraucher weitergegeben werden.

Die Entscheidung, ob ein Zusammenschluss eine Marktbeherrschung durch die beteiligten Unternehmen begründet oder verstärkt, erfolgt sowohl auf der Grundlage einer Analyse der bestehenden Wettbewerbsverhältnisse als auch der Prognose der Wettbewerbssituation auf den relevanten Märkten. Eine Marktbeherrschung liegt dann vor, wenn der Verhaltensspielraum der beteiligten Unternehmen nicht mehr hinreichend vom Wettbewerb kontrolliert wird. Die Beurteilungsschwerpunkte richten sich nach der Klassifizierung der Zusammenschlüsse. Horizontale Zusammenschlüsse werden anhand des Marktanteils beurteilt, bei vertikalen Zusammenschlüssen geben hingegen sog. Marktausschlusseffekte den Ausschlag. Konglomerate Zusammenschlüsse spielten auch auf europäischer Ebene bislang in der Praxis keine große Rolle. Hierbei wird besonders auf eine Ressourcenverstärkung der Beteiligten geachtet, die eventuell andere Unternehmen abschrecken kann.

Die europäische Fusionskontrolle prüft neben der Frage der Marktbeherrschung auch alle mit dem Zusammenschluss in unmittelbarem Zusammenhang stehenden Nebenabreden. Häufige Nebenabreden sind befristete Wettbewerbsverbote, Liefer- und Abnahmeverpflichtungen zwischen Käufer und Verkäufer und Lizenzen. Nebenabreden fallen nicht selten in den Bereich des Kartellverbotes. Die gleichzeitige Prüfung solcher vertraglicher Regelungen durch die Kommission vermeidet eine umständliche Doppelkontrolle durch getrennte Instanzen. Die Genehmigung der Nebenabreden hängt von der Dauer, dem Gegenstand und der räumlichen Geltung der gegenseitigen Verpflichtungen ab.

Der Verfahrensablauf ist dem deutschen Vorgehen ähnlich. Die Anmeldung, die für alle Beteiligten gemeinsam erfolgen kann, ist innerhalb einer Woche nach der Veröffentlichung des Kaufangebots, der Unterzeichnung der bindenden Verträge oder des Erwerbs der Kontrolle bei der Merger Task Force der Generaldirektion Wettbewerb der Europäischen Kommission in Brüssel anzumelden. Die Anmeldung wird daraufhin im Amtsblatt veröffentlicht. Interessierte Dritte erhalten die Möglichkeit einer Stellungnahme. Die Anmeldung besteht aus dem umfangreichen Fragenkatalog, der im „Formblatt CO" niedergelegt ist. Das folgende Vorprüfungsverfahren ist im Regelfall auf eine Frist von einem Monat begrenzt. Die Kommission prüft in dieser Phase, ob der Zusammenschluss in den Anwendungsbereich des FKVO fällt (Gemeinschaftsweite Bedeutung, Erfüllung des Zusammenschlusstatbestandes). Ergeht keine Entscheidung, so ist das Vorhaben gebilligt.

Sollten nach Abschluss der Vorprüfung ernste Bedenken gegen den beabsichtigten Zusammenschluss bestehen, leitet die Kommission das Hauptprüfungsverfahren gemäß Art.6 Abs.1 (c) FKVO ein. Dritte erhalten wiederum die Möglichkeit, Stellungnahmen zum Zusammenschluss abzugeben. In der Hauptprüfung verfügt die Merger Task Force über umfangreiche Ermittlungsbefugnisse. Die Kommission kann zur Prüfung des Zusammenschlusses formelle und informelle Auskunftsverlangen an Behörden richten. Sie hat während der Ermittlungen das Recht, Bücher und Geschäftsunterlagen einzusehen und mündliche Erklärungen auch an Ort und Stelle zu verlangen. Den beteiligten Unternehmen steht ebenfalls das Recht der Stellungnahme und Akteneinsicht zu. Die Entscheidung über den Zusammenschluss fällt die Kommission als Kollegialorgan auf der Basis der von der Generaldirektion Wettbewerb vorbereiteten Entscheidungsvorlage. In einer zunehmenden Anzahl von Fällen werden Zusammenschlüsse gemäß Art.8 Abs.2 FKVO unter Auflagen oder Bedingungen genehmigt.[32] Geeignete Maßnahmen der beteiligten Unternehmen können u.a. Veräußerungen von

---

[32] Die Freigabe von Zusammenschlüssen unter Auflagen und Bedingungen kann auch bereits in der Vorprüfung erfolgen.

Unternehmensteilen in wettbewerbskritischen Märkten oder Lizenzen an Konkurrenten für Schlüsseltechnologien sein. Die Entscheidung der Kommission fällt innerhalb einer Frist von vier Monaten (vgl. Art.10 Abs.3 FKVO). Nach der Entscheidung steht den beteiligten Unternehmen und den wirtschaftlich betroffenen Dritten binnen zwei Monaten die Möglichkeit zu, eine Nichtigkeitsklage zu erheben (vgl. Bergmann 2000, S.307).

I.3.2.2.2 Übernahmeregelungen

Nachdem der Kommissionsvorschlag für einheitliche europäische Übernahmerichtlinien Mitte 2001 nach 12-jähriger Beratung gescheitert war, ist geplant, 2002 eine neue Version vorzulegen. Der bisherige Vorschlag war auf den Widerstand der deutschen Regierung gestoßen, weil er u.a. Höchststimmrechte, Mehrfach-Stimmrechte und sog. Golden Shares unangetastet ließ, mit denen in einigen europäischen Staaten Feindliche Übernahmen verhindert werden können.

Es ist dringend erforderlich, dass es kurzfristig zu einer gemeinschaftsweiten Gleichbehandlung der Aktionäre kommt. Höchst- und Mehrfachstimmrechte passen ebenso wenig in unsere Zeit wie die Möglichkeit des Vorstandes, mit Zustimmung des Aufsichtsrates, Feindliche Übernahmen faktisch zu verhindern. Eine solche Verhinderung darf im Grunde ohne Zustimmung der Anteilseigner nicht stattfinden. Unbeschadet davon verbleibt dem Vorstand jedes Recht, in geeigneter Weise die Nachteile einer Feindlichen Übernahme für die verkaufswilligen und nicht verkaufswilligen Aktionäre sowie das Unternehmen selbst den Betroffenen und der Öffentlichkeit zu vermitteln. Zieht der Angreifer angesichts solcher argumentativer Gegenwehr sein Angebot zurück oder lehnt die befragte Hauptversammlung das Angebot unter Würdigung der Argumente des Vorstandes ab, besteht kein Einwand gegen das Vorgehen des Vorstands. Im Gegenteil: Der Vorstand hat seiner Verpflichtung gegenüber den Anteilseignern und dem Unternehmen genügt.

I.3.2.3 Rahmenbedingungen in den Vereinigten Staaten von Amerika

Die gesetzlichen Regelungen zu M&A-Aktionen liegen in den USA zum Teil in der Hand der Einzelstaaten, zum Teil im Kompetenzbereich des Bundes. Die teilweise widersprüchlichen Vorschriften erfordern bereits in der Frühphase von M&A-Projekten eine kompetente rechtliche Beratung. Im Rahmen dieses Buches kann nur ein einführender Überblick über die wichtigsten Rahmenbedingungen für M&A-Transaktionen gegeben werden.

Die Rechte der von einer M&A-Transaktion betroffenen Anteilseigner werden durch gesellschaftsrechtliche Vorschriften geregelt, die vornehmlich in der Kompetenz der jeweiligen Einzelstaaten liegen. Handelt es sich bei den beteiligten Unternehmen um börsennotierte Gesellschaften, so sind die kapitalmarktrechtlichen Vorschriften des Bundes zu beachten. Ergeben sich Auswirkungen im Hinblick auf Konzentration und Behinderung des Wettbewerbs nach einem Zusammenschluss oder einem Unternehmenskauf, so sind die wettbewerbsrechtlichen Vorschriften des Bundes maßgeblich.

Darüber hinaus ist jedoch auch das Wettbewerbsrecht der Einzelstaaten zu berücksichtigen.

Wichtige Gesetze zur Reglementierung von M&A-Transaktionen wurden als Folge der verschiedenen Übernahmewellen erlassen. Der Kern der Anti-Trust Laws resultiert aus der ersten Übernahmewelle am Ende des 19. Jahrhunderts und sollte eine Einschränkung des Wettbewerbs durch Konzentration in Folge von Übernahmen verhindern. Im Anschluss an die Übernahmewelle der 1920er Jahre wurden erstmals kapitalmarktrechtliche Vorschriften erlassen, die den besseren Schutz und die Information der Anteilseigner vorsahen. Nach dem zweiten Weltkrieg führten die folgenden Übernahmewellen zum Erlass von Gesetzen, die hauptsächlich Tender Offers regeln.

I.3.2.3.1 Wettbewerbsrecht

Ziel der US-amerikanischen Kartellgesetzgebung ist - wie in Europa - die Verhinderung einer den Wettbewerb behindernden Konzentration von Marktmacht durch einzelne Unternehmen. Die Überwachung der gesetzlichen Regelungen und der zugehörigen Richtlinien obliegt zwei staatlichen Behörden: Der Federal Trade Commission (FTC), die dem Kongress unterstellt ist, und der Antitrust Division des Justice Departments. Die wichtigsten Regelungen sind:

- Sherman Antitrust Act: Der Sherman Antitrust Act wurde 1890 erlassen und richtete sich vor allem gegen die Trusts, die sich in verschiedenen Industrien mit dem Ziel gebildet hatten, den Wettbewerb zu beschränken, die Preise stabil zu halten oder Monopole zu errichten. Nach dem Wortlaut verbietet dieses Gesetz alle Verträge, Verabredungen oder Zusammenschlüsse, die darauf angelegt sind, den Wettbewerb zu hemmen oder eine spezielle Industrie zu monopolisieren. Ein Nachteil des Sherman Antitrust Acts ist seine allgemeine Formulierung, die es Gerichten schwer macht, zwischen legalen und illegalen Verträgen zu unterscheiden.

- Clayton Act: In Reaktion auf die breiten Spielräume des Sherman Antitrust Act wurde 1914 der Clayton Act erlassen. Dieses Gesetz verbietet den Kauf von Anteilen an anderen Unternehmen, wenn dadurch der Wettbewerb zwischen den Unternehmen beeinträchtigt oder eine Monopolbildung gefördert würde. Es bezieht sich auf Share Deals und horizontale Zusammenschlüsse und präzisiert die Verbotstatbestände.

- Celler-Kefauver Act: Das Gesetz von 1950 strebte an, die Schlupflöcher in der Sektion 7 des Clayton Acts zu schließen. Es wurden jetzt auch wettbewerbsschädliche Asset Deals sowie entsprechende horizontale und konglomerate Merger verboten.

- Hart-Scott-Rodino Antitrust Improvement Act: Dieses Gesetz aus dem Jahre 1976 gibt den zuständigen Behörden die Möglichkeit, eine M&A-Transaktion vor ihrem Vollzug zu prüfen. Die beteiligten Unternehmen müssen den Zusammenschluss bei der FTC und der Antitrust Division anmelden. Handelt es sich um einen Bar-Angebot, so haben beide Behörden 15 Tage (eine Verlängerung um 10 Tage ist möglich) Zeit, sich ein Urteil über die Rechtmäßigkeit zu machen. Handelt es sich um Zusammenschlüsse, die auch die Übertragung von Wertpapieren einschließen, so verbleibt den Behörden 30 Tage Zeit (eine Verlängerung um 20 Tage ist möglich), um zu entscheiden, ob sie das Vorhaben verbieten.

- Merger Guidelines: Die Richtlinien wurden erstmals 1960 von der Antitrust Division herausgegeben und seither mehrfach verfeinert. Sie stellen einen Leitfaden zur Interpretation des Sherman Acts und des Clayton Acts dar. Die Richtlinien haben keine bindende Wirkung für die Kartellbehörden und die Gerichte, stellen allerdings in der Praxis die Grundlage zur Beurteilung von Zusammenschlüssen dar. Die Guidelines enthalten Kriterien zur Definition des relevanten Marktes in sachlicher und räumlicher Hinsicht, sowie die verwendeten Maßstäbe zur Ermittlung der Konzentrationswirkungen und Wettbewerbseffekte (zu Einzelheiten vgl. Gaughan 1999, S.99 ff.).

I.3.2.3.2 Kapitalmarktrecht

Kapitalmarktrechtliche Vorschriften regeln M&A-Transaktionen, in die börsennotierte Gesellschaften einbezogen sind. Die Kompetenz liegt dabei zum überwiegenden Teil in den Händen des Bundes. Allerdings erließen in den 1980er Jahren auch einzelne Bundesstaaten Gesetze in der Folge der großen Übernahmeschlachten der vierten Merger-Welle.

Auf Bundesebene sind der Securities Act von 1933, der Securities Exchange Act von 1934 und der Williams Act von 1968 von besonderer Relevanz für M&A-Transaktionen.

Der Securities Act und der Securities Exchange Act waren Reaktionen auf die teilweise missbräuchliche Anwendung von Kapitalmarkttransaktionen der 1920er Jahre. Ziel beider Gesetze ist der Schutz der Anleger am organisierten Kapitalmarkt durch umfangreiche Transparenzvorschriften und Betrugsverbote:

- Der Securities Act regelt sämtliche Belange in Zusammenhang mit der Ausgabe neuer Aktien. Er legt „form, content and requirements of financial statements" im Rahmen von Emissionen fest (vgl. Pack 2000, S.223). Eine Bedeutung für M&A-Transaktionen hat der Securities Act bei Kapitalerhöhungen und IPOs.

- Der Securities Exchange Act reguliert den Sekundärhandel mit bereits emittierten Aktien und Wertpapieren (vgl. Lehnert 1997, S.27). Der Exchange Act ist bei M&A-Transaktionen zu beachten, bei denen Anteile über die Börse erworben werden.

Die Einhaltung der beiden Gesetze wird durch die Securities Exchange Commission (SEC) überwacht, deren Zuständigkeit sich auf die Einhaltung der begleitenden Verordnungen und auf Untersuchungen, wie etwa bei Insider-Verdacht, erstreckt.

Die fehlende Regelung für Cash Tender Offers hatte zur Folge, dass Aktionäre z.B. durch sehr kurze Fristen oder First-Come-First-Serve-Verfahren unter Druck gesetzt wurden und keine rationale Verkaufsentscheidung treffen konnten. Diesen Mangel beseitigte der Williams Act in 1968, der jedoch im Grunde kein eigenes Gesetz, sondern eine Erweiterung des Securities Exchange Act um die Sektionen 13(d), 13(e), 14(d), 14(e) und 14(f) darstellt.

Sektion 13(d) regelt Anmeldungs- und Offenlegungspflichten für den Kauf größerer Aktienpakete über die Börse. Der Erwerber von mehr als 5 % des Grundkapitals muss innerhalb von zehn Tagen nach dem Beteiligungserwerb in einer Pflichtmitteilung an die SEC Angaben zu seiner Identität, zur Höhe seiner Beteiligung und zum Zweck der Transaktion machen. Faktisch erlaubt **das** sog. Ten-Day Window dem Erwerber, einen wesentlich höheren Anteil an der Zielgesellschaft zu erwerben. Sollte eine Gruppe von Käufern Anteile in einer abgestimmten Aktion erwerben, so wird die Gruppe gesamthaft betrachtet und hat Sektion 13 (d) ebenfalls zu erfüllen (vgl. Lehnert 1997, S.29 ff.).

Tender Offers werden in den folgenden Sektionen (insbesondere Sektion 14(d)) geregelt. Der Bieter hat neben den üblichen Informationen zu seiner Identität detaillierte Angaben zur Herkunft seiner finanziellen Mittel und zu seinen bisherigen Beziehungen zur Zielgesellschaft zu machen. Strebt der Bieter die Kontrolle der Zielgesellschaft an, so hat er über seine strukturellen Absichten mit der Zielgesellschaft (Liquidation, Restrukturierungen, Fusion etc.) zu informieren. Andere Vorschriften regeln das eigentliche Verfahren im Rahmen von Tender Offers. Der Williams Act legt eine Mindestlaufzeit von 20 Tagen für ein Angebot fest. Die Zielgesellschaft hat ihrerseits innerhalb von zehn Tagen mitzuteilen, ob sie die Annahme oder Ablehnung des Angebots empfiehlt. Des weiteren wird vorgeschrieben, dass alle Aktionäre, die ein bestehendes Angebot nutzen wollen, gleich behandelt werden müssen. So muss der Bieter bei Überzeichnung seines Angebotes alle Aktionäre, die in den ersten zehn Tagen das Angebot annehmen, auf einer Pro-rata-Basis berücksichtigen. Der Bieter hat keine besonderen Regelungen hinsichtlich der Strukturierung und Ausgestaltung seines Angebotes zu beachten. In der Konsequenz führte der Williams Act zu einer Steigerung des Bieterwettbewerbs und erreichte nach empirischen Untersuchungen eine Zunahme der durchschnittlich gezahlten Prämien um 20 % (vgl. Lehnert 1997, S.31 f.).

Neben den kapitalmarktrechtlichen Regelungen auf Bundesebene haben viele Einzelstaaten noch eigene Kapitalmarktgesetze erlassen. Diese werden Blue Sky Laws genannt und regeln im wesentlichen die Registrierung von Emissionen und Wertpapierhändlern innerhalb der Staaten. Für M&A-Transaktionen besitzen diese Gesetze kaum Bedeutung, da diese meist zwischenstaatlicher Natur sind und somit auf Grund der Commerce Clause Bundesrecht angewendet wird.

In der Boomphase der Hostile Takeovers haben viele Einzelstaaten Regelungen zu Tender Offers erlassen. Hintergrund war einerseits der Aktionärsschutz, andererseits standen regionale wirtschaftspolitische Aspekte, wie der Schutz der Kommunen vor einem Arbeitsplatzabbau in der Folge einer Feindlichen Übernahme, im Mittelpunkt. Da sich die Regelungen zu den Tender Offers ausschließlich mit Hostile Takeovers befassen, werden diese einzelstaatlichen Gesetze als Antitakeover Statutes bezeichnet. Sie beinhalten eine weitreichende Offenlegungspflicht sowie längere Angebotsfristen und gewähren dem Management der Zielgesellschaft größere Freiheiten bei der Ergreifung von Abwehrmaßnahmen (vgl. Lehnert 1997, S.33).

Die jeweiligen Antitakeover Statutes finden nur auf Unternehmen Anwendung, die ihren Sitz in dem jeweiligen Bundesstaat haben oder deren Mittelpunkt der Geschäftstätigkeit in dem betreffenden Staat liegt (vgl. Gaughan 1999, S.104).

I.3.2.3.3 Gesellschaftsrecht

Die Gesetzgebungskompetenz im Gesellschaftsrecht liegt bei den einzelnen Bundesstaaten. Die Regelungen weichen häufig voneinander ab. Die Frage, welches Gesellschaftsrecht bei welchem Unternehmen anzuwenden ist, klärt die Gründungstheorie. Danach gilt das Gesellschaftsrecht des Staates, in dem das Unternehmen gegründet worden ist. Deshalb wählen Firmen häufig Bundesstaaten mit einem unternehmensfreundlichen Gesellschaftsrecht. Der Bundesstaat Delaware nimmt in dieser Hinsicht eine Vormachtstellung ein. In Delaware sind über die Hälfte aller Unternehmen, die an der New York Stock Exchange (NYSE) gehandelt werden, eingetragen. 56 % der Fortune-500-Unternehmen haben ihren gesellschaftsrechtlichen Sitz in Delaware (vgl. Gaughan 1999, S.106).

Im Rahmen von M&A-Aktivitäten ist das im Einzelfall geltende Gesellschaftsrecht durchaus von Bedeutung. So ist für die Abwehr feindlicher Übernahmeversuche die Möglichkeit zur Einführung von Aktienkategorien mit unterschiedlichen Stimmrechten oder die Form der Wahl und Ernennung des Board of Directors von großer Wichtigkeit.

I.3.2.4 Weltweite Rahmenbedingungen

Die Globalisierung der Wirtschaft hat einerseits die Zahl der Handelsschranken verringert, neue Märkte geöffnet und den unternehmerischen Spielraum erhöht. M&A-Transaktionen haben dabei eine wichtige Rolle gespielt und werden dies weiter tun. Diese Entwicklung hat in vielen Bereichen zu einer Erhöhung der Wettbewerbsintensität geführt und kommt dem Verbraucher zu Gute.

Andererseits sind durch die Globalisierung Unternehmenseinheiten neuer Größenordnungen entstanden, deren Finanzkraft in Verbindung mit ihrer weltweiten Produktion und Marktabdeckung Wettbewerbsvorteile auch in Wirtschaftszonen mit wirksamem Kartellrecht, wie die Europäische Union und die USA, mit sich bringt. M&A-Transaktionen in weniger überwachten Regionen können die Konzentration weiter verstärken und damit die Gefahr eines Missbrauches der Marktmacht erhöhen.

Es erscheint deshalb dringend geboten, die Mechanismen der multilateralen Abstimmung der Fusionskontrollverfahren weiterzuentwickeln. Am Ende der Entwicklung müssen globale Rahmenbedingungen als verlässliche Richtschnur für Unternehmensverbindungen stehen. Es muss betont werden, dass nicht nur die Verbraucher, sondern auch die an M&A-Transaktionen beteiligten Unternehmen von verlässlichen Rahmenbedingungen profitieren.

I.4 M&A-Entwicklungsphasen

Unternehmenskäufe und -zusammenschlüsse in nennenswerter Anzahl und beträchtlicher Wertdimension finden seit Beginn der Industrialisierung statt. M&A-Transaktionen boten zu allen Zeiten die Chance zur kreativen Zerstörung von Verkrustungen, zur schnellen Markterschließung, aber auch zum Verdecken von Problemen, zu wettbewerbswidriger Konzentration und zum Ausleben von persönlichen Machtansprüchen.

Die fünf Fusionsschübe seit dem Ende des 19. Jahrhunderts sind nicht unabhängig von der Zyklizität der jeweils beteiligten Hauptbranchen, von technologischen Entwicklungen und politischen Ereignissen erfolgt. Die Anlässe für Transaktionen und die mit ihnen verfolgten Strategien sind jedoch immer auch ein Spiegelbild des phasentypischen Denkens und Handelns von Unternehmern und Managern. Die folgende Analyse setzt zu Beginn der 1970er Jahre ein, zu einem Zeitpunkt also, an dem die weitgehend von Pioniereigenschaften und begrenztem Wettbewerb gekennzeichnete Nachkriegswirtschaft in Deutschland zu Ende ging.

I.4.1 Produktivitätsphase

Diese Phase kann man vereinfachend an den Positionen der Gewinn- und Verlustrechnung festmachen. Die Vermögensbetrachtung spielte in dieser Zeitspanne eine untergeordnete Rolle und beschränkte sich weitgehend auf die Prüfung der Kassenlage.

Wichtig waren Maßnahmen zur Erhöhung der Gesamtleistung, also im Wesentlichen des Umsatzes, durch

- die Entwicklung neuer Produkte,

- die Verfeinerung des Marketings,

- die Intensivierung des Vertriebs,

- die Expansion in neue Märkte,

und - mit gleicher Gewichtung - die systematische und tägliche Arbeit an der Verminderung der spezifischen Kosten:

- des Materialaufwandes, durch entsprechende einkaufsbezogene, aber auch innerbetriebliche Aktionen

- des Personalaufwandes, durch Erhöhung der Personalproduktivität, häufig mittels Personalreduzierung

- des Kapitalaufwandes, insbesondere der Zinsbelastung.

In dieser Phase, die in Deutschland ihren Schwerpunkt zu Beginn der 1980er Jahre hatte und mit der Wiedervereinigung endete (in den USA ca. fünf bis acht Jahre früher), waren besonders die traditionellen Fähigkeiten qualifizierten Unternehmertums gefragt: Großer persönlicher Einsatz, erstklassiges „Handwerk", großes Detailwissen und Führungseigenschaften, die Entscheidungsstärke und Sozialkompetenz miteinander verbinden. Es war eine „schweißtreibende" Phase. Erfolgreich waren diejenigen, die nach Fähigkeit und Leistung diesen Ansprüchen genügten. Der Erfolg wurde gemessen an der Erhöhung des Jahresüberschusses und der Verringerung der Schulden. Der Aktienkurs eines Unternehmens orientierte sich weitgehend an fundamentalen Kriterien und weit weniger an spekulativen Erwartungen.

Im Bereich der Akquisitionen spielte - neben der Konzentration - die Diversifikation eine wichtige Rolle. Für Manager war die Diversifikation eine neue Dimension. Man sah sich gleichzeitig neuen Produkten und Märkten gegenüber. Die Aktionen hatten zwei Triebfedern. Die erste war die Befürchtung, das damals noch ertragreiche Stammgeschäft könnte mittelfristig gefährdet sein. So lag der Schluss nahe, den Cash Flow in Produkte und Märkte mit vermuteten hohen Wachstums- und Ertragschancen zu investieren und damit gleichzeitig das Risiko zu verteilen. Die andere wichtige Triebfeder war die Überzeugung, erstklassige Manager könnten alles erfolgreich managen, selbst wenn sie von den Geschäften an sich nichts verstehen. Harold Geneen und ITT galten als Beweis dafür. Die Palette war bunt: Verlage, Bäckereien, Hotels (wie die Sheraton-Kette), der Avis-Autoverleih, Zulieferer für die Automobilindustrie, Telekommunikationsunternehmen, Lebensversicherungen, Taxi-Unternehmen, Hersteller von Pumpen und Klimageräten und so weiter und so fort. Der Erfolg basierte auf strikter Finanzkontrolle und -steuerung sowie einer sehr starken persönlichen Einbindung der wichtigsten Verantwortlichen des Konzerns. Ein anderes markantes Beispiel aus dem internationalen Umfeld ist BAT Ind., ein weltweit agierender englischer Konzern. Die Produktpalette von BAT wurde ab Mitte der 1970er Jahre über das traditionelle Tabak- und Zigarettengeschäft hinaus stark diversifiziert. British American Cosmetics umfasste als einer der größten Kosmetikanbieter Marken wie Marbert und Juvena. Im Einzelhandelssektor wurden u.a. Saks Fifth Avenue, Marshall Fields und Horten erworben. Appelton Papers und Wiggins Teape waren Basis des umfangreichen Geschäftssegments Spezialpapiere. Eagle Star und Farmers Trust repräsentierten ein bedeutendes Versicherungsgeschäft. Pegulan wurde innerhalb weniger Jahre ein marktführendes Unternehmen in „Home Improvements" (Bodenbeläge, Folien, keramische Fliesen, Sonnenschutz und Duschabtrennungen) und Peguform etablierte sich als ein führender europäischer Hersteller von Kunststoff-Formteilen für die Automobilindustrie. Auch in Deutschland entstanden breit aufgestellte Konglomerate. Von Siemens bis Thyssen und Mannesmann, und von Veba oder RWE bis Hoechst, um nur einige Beispiele zu nennen. Während BAT sein Zigarettengeschäft gefährdet sah, betraf die Sorge bei Siemens das klassische Elektrogeschäft, bei Thyssen (jetzt ThyssenKrupp) das Stahlgeschäft, bei Mannesmann (jetzt Vodafone) das Röhrengeschäft und bei Hoechst (jetzt Aventis) das Chemiegeschäft. Die Einschätzungen erwiesen sich weitgehend als richtig. Bei allen genannten Beispielen haben die alten Stammgeschäfte stark an Bedeutung verloren oder sind von den Gesellschaften abgetrennt worden. Die Diversifikation bei Veba (jetzt E.ON) und RWE war eher Cash-Flow-getrieben, aber ebenfalls auf den Risikoausgleich ausgerichtet.

Kein Zweifel, dass die Expansion in neue Produkte und Märkte in vielen Fällen letztlich zu breit geraten war. Aber ihre Vorteile erwiesen sich in zweierlei Hinsicht als segensreich: Die Diversifikation schuf die Basis für die in einer späteren Phase erzielten Erträge aus Unternehmensverkäufen der Konglomerate, die manches schlechte Ergebnis aus dem laufenden Geschäft überdeckten. Vor allem aber entstanden aus der Diversifikation interessante neue Geschäftsfelder, die teilweise heute anstelle der traditionellen Geschäfte den Kern solcher Unternehmen darstellen. So konzentrierte sich BAT neben dem Tabakgeschäft in den Folgejahren zunehmend auf den Bereich Finanzdienstleistungen mit dem Schwerpunkt Versicherungen. Die finanziellen Mittel dazu stammten zu einem guten Teil aus den Veräußerungserlösen der breiten Beteiligungspalette. 1998 trennte BAT sein Tabak- und Versicherungsgeschäft in zwei eigenständige Aktiengesellschaften auf: British American Tobacco und Allied Zürich. Allied Zürich wiederum fusionierte dann mit der schweizerischen Zürich-Versicherung zur ZF-Group.

Die Produktivitätsphase war die Pionierzeit des Portfolio-Managements auf der Ebene der Konzernleitung, in der bereits Ansätze der modernen Portfolio-Strategie sichtbar wurden: Die Risikostreuung, die Cash-Flow-Allokation nach strikten Finanzkriterien, das strategische Denken in Alternativen. Aber letztlich hat sich der Stil der dezentralen Führung sehr vieler Bereiche unter Beschränkung auf finanzielle Kontrolle als nicht ausreichend multiplizierbar erwiesen. Der Versuch, stattdessen die Konzernzentralen zu unternehmerischen Hütern umfänglicher Portfolios zu machen, misslang allerorten. Die Overheads der Zentralen wuchsen in dem Maß, wie die Frustration der Bereichsleiter zunahm. Einen Beitrag zur Wertschöpfung lieferten sie nicht.

I.4.2 Vermögensaktivierungsphase

Mit dem Ende der Produktivitätsphase wurde die Bilanz als Management-Instrument entdeckt. Das Vermögen auf der Aktivseite und seine Finanzierung auf der Passivseite wurden verstärkt unter die Lupe genommen. Insbesondere die in der Bilanz verborgenen „Stillen Reserven" und die „nicht betriebsnotwendigen Teile des Anlagevermögens" wurden Ziele unternehmerischer Aktivität.

„Asset Productivity" hieß das Stichwort dieser Zeitspanne, die auf der Produktivitätsphase aufsetzend Mitte der 1980er Jahre entstand. Auch hier liefen die USA der Entwicklung fünf bis acht Jahre voraus. Die Vermögensaktivierungsphase erreichte in der ersten Hälfte der 1990er Jahre ihre volle Blüte, bevor dann zur Mitte des Jahrzehnts eine dritte Phase, die Phase der Vermögensumschichtung, hinzutrat.

Die zweite Phase war getrieben von der Erkenntnis, dass ein Wettbewerbsvorsprung durch produktivitätsfördernde Maßnahmen immer schwieriger zu erzielen sein würde. Produktivitätsimpulse aus der Automatisierung oder der Produktentwicklung waren nicht mehr lange proprietär. Auf der Personalkostenseite waren gängige Praktiken weitgehend ausgeschöpft. Jeder hatte die frühzeitige Pensionierung mit staatlicher Hilfe sattsam angewendet und Relikte aus der Pionierphase vom Jubiläumsgeld bis zur betriebsärztlichen Rundumbetreuung längst gestrichen. Anstatt sich weiter der harten Arbeit an operativen Verbesserungen und den aus diesen resultierenden Konflikten mit den Arbeitnehmervertretungen zu widmen, begann man, den Bilanzpositionen „an den Kragen" zu gehen. Das war weniger mühsam als die Arbeit am Produkt. Hier war kein Betriebsrat zu befragen und der Betriebsfrieden geriet nicht in Gefahr. Die Auflösung Stiller Reserven durch Veräußerungen aus dem Anlagevermögen brachte „schnelle" Gewinne. Der Verkauf von nicht betriebsnotwendigen Grundstücken, von Patenten und Rechten kam ebenso in Mode wie die Veräußerung von gewinnbringenden Beteiligungen zur Steuerung des Ergebnisses. Kaum jemand reflektierte, dass solche Gewinne Einmalgewinne und damit nichts anderes als Substanzverzehr waren. Der an sich sinnvolle und richtige Blickwinkel, Bilanzpositionen wie das Working Capital aktiv zu gestalten, geriet teilweise völlig aus dem Fokus.

Neben Unternehmern und Managern, die weiterhin intensive Strukturarbeit verrichteten und ihren relativen Wettbewerbsvorsprung unter Einsatz der gesamten unternehmerischen Palette ausbauten, entstand hier und da eine neue Spezies von Unternehmensführern, insbesondere in Großunternehmen. Diese Spezies zeichnete sich mehr durch Cleverness als durch Können und Leistung aus und verstand es, das von früheren Manager-Generationen aufgebaute, traditionell niedrig bewertete Anlagevermögen schnell zu Geld zu machen.

Um nicht missverstanden zu werden: Der Ansatz des aktiveren Umgangs mit Vermögenspositionen war und ist richtig. Abgesehen von der geschilderten Vorgehensweise des Verkaufs des Tafelsilbers ist die kontinuierliche Arbeit an jeder einzelnen Bilanzposition eine durchaus wünschenswerte Tätigkeit. Vor allem das Bewusstsein von der Wertigkeit und Knappheit des Kapitals und in besonderem Maße des Eigenkapitals bedurfte einer Auffrischung. Es war, insbesondere in Großbetrieben, zu lange zu sorglos mit dieser Ressource umgegangen worden.

Eine Reihe der damals üblichen Maßnahmen gehört weiterhin zum Standard-Repertoire des Wertmanagements:

- Mobilisierung von Stillen Reserven aus dem Anlagevermögen: Veräußerung von betriebsnotwendigem und nicht betriebsnotwendigem Grundvermögen, Veräußerung von Rechten und Patenten, Output-Deals, Veräußerung von Beteiligungen.

- Mobilisierung von Liquidität aus dem Umlaufvermögen: Bestandsminderungen, Factoring von Forderungen aus Lieferungen und Leistungen.

- Verminderung der Verbindlichkeiten: Ausgliederung der Pensionsrückstellungen, Konsignationsläger.

- Optimierung des Eigenkapitaleinsatzes: Aktienrückkauf, Kapitalerhöhungen mit Aufpreis, Leveraged Transactions.

Kein Zweifel, dass die Veräußerung nicht betriebsnotwendiger Aktiva im richtigen Maße und zur richtigen Zeit empfehlenswert ist; insbesondere dann, wenn die Erlöse daraus für strategische Investitionen verwendet werden. Das gilt auch, wenn Rechte oder Patente, d.h. immaterielle Vermögensgegenstände, veräußert werden. Ein Sonderfall sind sog. Output-Deals, wie sie in der Filmbranche üblich sind. Es handelt sich um Verkäufe von Rechten an zukünftig erst entstehenden Produktionen, ohne dass diese schon substantiiert wären. Gegen keine der vorbeschriebenen Transaktionen bestehen Bedenken. Allerdings: Der Verkauf und die Rückmietung betriebsnotwendigen Vermögens (Sale and Lease Back) gehört sicherlich zu den legitimen Methoden der Kapitalfreisetzung, nicht aber zu den bewundernswerten Management-Leistungen. Für das Abstoßen von Minderheitsbeteiligungen gilt das für nicht betriebsnotwendiges Anlagevermögen Gesagte: Ein solches Vorgehen empfiehlt sich, sofern der Aufbau einer Mehrheitsposition ausgeschlossen erscheint und die erzielten Erlöse anderweitig besser verwendet werden können.

Das Management des Umlaufvermögens bedarf keiner besonderen Kommentierung. Es macht immer Sinn, sieht man von übertriebenen Forderungsverkäufen ab, die nur kosmetisch wirken und künstlich Ratios verbessern.

Beispiele durchaus sinnvoller Steuerung der Passiva-Seite sind die Ausgliederung von Pensionsrückstellungen, die Minderung des Kreditorenbestandes durch Konsignationsläger, der Aktienrückerwerb sowie die klassische Maßnahme der Kapitalerhöhung unter Einschluss eines Agios zu einem für die Ausgabe neuer Aktien günstigen Zeitpunkt.

Die M&A-Aktivitäten dieser Phase konzentrierten sich neben den Desinvestments im Beteiligungsbereich auf Zukäufe, die andere Charakteristika aufwiesen als in der Zeitspanne der Diversifikation. Übernahmen wurden gezielter und weniger opportunistisch vorgenommen. Die professionelle Beratung von Investmentbanken breitete sich aus. Die Verwendung von Fremdkapital als Übernahmewährung ging einher mit dem Einsatz von Finanzierungsinstrumenten wie etwa Junk Bonds. Im Rahmen der sichtbar wachsenden Globalisierung der Geschäfte waren internationale Zieladressen besonders gefragt.

Bertelsmann kaufte in dieser Phase die Verlage und Buchclubs von Bantam, Double-day und Dell in USA sowie die Musikdivision von RCA und machte damit seinen ersten großen Schritt zu einem der führenden Medienunternehmen der Welt. RWE erweiterte seine laut damaligem Werbeslogan „Schönen Töchter" u.a. um Akquisitionen im Umweltbereich in Deutschland und den USA. BMW erwarb Rover (vgl. Fallbeispiel Rover/BMW), Siemens kaufte Nixdorf. Schon diese kleine Auswahl zeigt, dass gezieltere Suche und professionellere Beratung Misserfolge keineswegs ausschlossen. Im Gegenteil, die Misserfolgsquote nahm zu, je höher die Erwerbspreise und je komplexer die Erwerbsstrukturen wurden. Die Einsicht, dass ein Unternehmenskauf nur dann Sinn macht, wenn man selbst dem entsprechenden Geschäft solch maßgebliche Impulse geben kann, dass eine Werterhöhung über den bezahlten Wert hinaus entsteht, verbreitete sich nur sehr langsam.

Die Liberalisierung der Märkte und die damit einhergehende Privatisierung von Staatsunternehmen stellte einen ganz neuen Zweig für dynamisches Wachstum dar. So wurden in dieser Phase insbesondere die Lizenzen im Bereich der mobilen Telekommunikation zu wahren Goldadern für die ersten privaten Betreiber, aber auch für die Reseller von Telefon- und Datendiensten.

I.4.3 Vermögensumschichtungsphase

Die Frage nach den Potenzialen für den alles entscheidenden Wettbewerbsvorteil war in der Produktivitätsphase weitgehend innerbetrieblich beantwortet worden. Akquisitionen sollten vor allem Diversifikation in neue Geschäftsfelder und Märkte schaffen und so vorhandene oder vermeintliche Branchenrisiken mindern. In der Vermögensaktivierungsphase war der Wettbewerb um den geschicktesten Umgang mit dem eingesetzten Kapital dazugekommen, teilweise zu Lasten der langfristigen Sicherung des Unternehmens. Die dritte Phase, beginnend Mitte der 1990er Jahre, ist deutlich stärker strategisch geprägt. Natürlich reflektiert sie besonders den früher eher akademisch, mittlerweile aber längst real existierenden globalen Wettbewerb.

Der globale Wettbewerb bietet keine Schutzzäune mehr, weder inhaltlich noch zeitlich. Ihn zu bestehen setzt voraus, im jeweiligen Geschäftsfeld besser positioniert zu sein als die weltweiten Mitbewerber um die Kunden. Globale marktführende Positionen können Wettbewerbsüberlegenheit mit sich bringen, müssen dies aber nicht. Schon gar nicht, wenn Marktführerschaft ausschließlich über die Umsatzgröße definiert wird.

Im Laufe der 1990er Jahre machten sich besonders bei breit aufgestellten Konzernen mit hohem Diversifikationsgrad die Wirkungen des rasant wachsenden globalen Wettbewerbs zunehmend negativ bemerkbar. Den häufig überforderten Holding-Vorständen fehlte das notwendige Detailwissen über die vielfältigen, sich zudem schnell verändernden Geschäftssegmente. Erschwerend kam hinzu, dass der Finanzbedarf auf Grund des als notwendig erachteten weltweiten Auftritts jeder Geschäftseinheit bedrohliche Ausmaße annahm. Kein Wunder also, dass die Optimierung der Konzernportfolios zum „Muss" wurde.

Die Durchforstung des vorhandenen Unternehmensportfolios orientierte sich an den folgenden Fragen (vgl. Kap IV.1.3.1):

- Welches sind die sog. Kerngeschäfte des Unternehmens, in denen man Wettbewerbsvorteile sieht und die Bestand im Soll-Portfolio haben (vgl. Kap. I.2.2)?

- Welches sind sog. potenzielle Kerngeschäfte, die u.a. hinsichtlich Rentabilität und Wachstum noch Restrukturierungsbedarf aufweisen? Für diese Kategorie ist zu klären, ob eine solche Restrukturierung innerhalb der Unternehmensgruppe gelingen wird und ob der zeitliche und finanzielle Aufwand eine solche Restrukturierung rechtfertigt.

- Die dritte Kategorie betrifft die Desinvestitionsgeschäfte. Hierunter werden in der Regel Geschäfte verstanden, die weder zum Kernbereich des Unternehmens gehören, noch durch ihre Wachstums- und Ergebnischarakteristik zum Verbleib geeignet sind.

- Von den Desinvestitionsgeschäften zu unterscheiden sind die sog. Best-Owner-Geschäfte. Sie weisen eine gute Performance auf, haben aber keine strategische Bedeutung für das Unternehmen. Ihr Verbleib im Konzernverbund ist nur dann angezeigt, wenn sich kein Käufer findet, der einen höheren Kaufpreis zahlt, als ihn der Firmenwert unter eigener Fortführung darstellt.

In der Phase der Vermögensumschichtung hat sich der Schwerpunkt der Unternehmensstrategie weiter zu Lasten der Eigenentwicklung (und gelegentlich auch der operativen Qualität) in Richtung von M&A-Transaktionen verschoben. Viele Portfoliooptimierungen der Vermögensumschichtungsphase erfolgen horizontal, um gemeinsam höhere Marktanteile zu erzielen. Der vollzogene Merger von Veba und Viag zu E.ON (vgl. Fallbeispiel E.ON) ist ein Beispiel hierfür. Die Motive für diese Art der Unternehmenszusammenschlüsse liegen in der Vorstellung, dass Größe Kostenvorteile und Wettbewerbsvorsprung bedeutet. Der Ausbau der Marktstellung durch Erwerbe bzw. Kooperationen komplementärer Charakteristik stellt eine andere Variante des Bemühens um vorteilhafte Wettbewerbspositionen dar. Als Beispiel hierfür ist der Kauf von STN-Atlas durch Rheinmetall zu nennen, der die vorhandene Elektronik-Sparte des Konzerns um militärische Anwendungen ergänzt. Auch der stufenweise Erwerb der RTL-Fernsehgruppe durch Bertelsmann, das damit sein Verlags- und Musikprogramm um das Medium Fernsehen erweiterte, gehört in diese Kategorie. Eine weitere Begründung für M&A-Maßnahmen liegt in der schnellen regionalen Expansion. Der DaimlerChrysler-Deal (vgl. Fallbeispiel DaimlerChrysler) basiert u.a. auf dieser Argumentation; ebenso wie der Griff von VW nach Skoda und Seat oder die Übernahme von Mannesmann durch Vodafone.

Die Vermögensumschichtungsphase wird aus guten Gründen anhalten. Dabei sind dynamische Anpassungsprozesse an das sich ständig verändernde Bedarfs- und Wettbewerbsumfeld zu erwarten, die stets M&A-Transaktionen einschließen. Die Fokussierung nach wie vor zu breiter Konzernportfolios ist keineswegs abgeschlossen. Aber so komisch es klingen mag: Auch der erkennbar einsetzende Defokussierungsprozess auf Grund der in manchen Fällen übertriebenen Kerngeschäftskonzentration lässt ein anhaltendes M&A-Geschäft prognostizieren.

II Finanzierung von M&A-Transaktionen

M&A-Transaktionen hängen direkt mit einer Vielzahl von Finanzierungsfragen zusammen. Fast trivial mutet die Aussage an, dass jede M&A-Aktivität ohne eine solide Finanzierung der beabsichtigten Maßnahme bereits den Keim des Misserfolgs in sich trägt. Nicht zuletzt deshalb fordert auch das WpÜG den Nachweis der gesicherten Finanzierung bei öffentlichen Übernahmeangeboten (vgl. Kap. I.3.2.1.2). Während Finanzinvestoren grundsätzlich projektbezogene, maßgeschneiderte Finanzierungen vornehmen, ist dies bei sog. Strategischen Investoren, insbesondere bei größeren Unternehmen, keineswegs die Regel. Dabei unterscheidet sich der Finanzierungsbedarf einer M&A-Transaktion grundlegend von den Routineangelegenheiten der alltäglichen Finanzierungsfragen eines Unternehmens, die über den Cash-Pool unter Nutzung der klassischen Kreditfazilitäten oder unbesicherte Schuldtitel abgewickelt werden. M&A-Transaktionen im hier verstandenen Sinne stellen langfristige, strategische Aktivitäten der beteiligten Unternehmen dar, die entsprechend eine Fokussierung auf langfristige Finanzierungsalternativen als sinnvoll erscheinen lassen. Der Kauf eines Unternehmens erfordert aber auch eine der Risikostruktur des Erwerbs angepasste Finanzierung. Schließlich stehen Finanzierung und Rentabilität einer Akquisition in unmittelbarem Zusammenhang, was ebenfalls für eine projektbezogen strukturierte Finanzierung spricht. Auch der steuerliche Optimierungsbedarf unterstreicht die Vorteile eines solchen Vorgehens.

Die Finanzierung eines Unternehmens lässt sich nach der Mittelherkunft in Außen- und Innenfinanzierung einschließlich Vermögensabgängen unterteilen. Die Außenfinanzierung schließt sämtliche Finanzierungsalternativen ein, durch die dem Unternehmen Kapital von außen, also über den Kapital- oder Kreditmarkt zur Verfügung gestellt wird. Hierbei ist zwischen der Beteiligungsfinanzierung und der Fremdfinanzierung zu unterscheiden. Die aus der internen Leistungserbringung des Unternehmens stammenden finanziellen Mittel werden unter dem Begriff Innenfinanzierung zusammengefasst. Das zusätzliche Kapital kann hierbei aus einbehaltenen Gewinnen (Selbstfinanzierung oder interne Kapitalbildung) oder aus dem Rückfluss von Finanzmitteln (Finanzierung durch Abschreibungen und Rückstellungen) entstehen. Die Veräußerung nicht betriebsnotwendiger Aktiva führt ebenfalls zur Generierung von Kapital. Diese Mittel können gezielt für M&A-Aktivitäten eingesetzt werden, ggf. in Verbindung mit der Ausweitung von Krediten (Leverage).

II.1 Instrumente der Innenfinanzierung

Die Innenfinanzierung bezeichnet den Zufluss an finanziellen Mitteln im Zuge des betrieblichen Leistungs- und Umsatzprozesses. Ein positiver Saldo zwischen den Erlösen einerseits und dem Betriebsaufwand einschließlich Steuerzahlungen sowie den Ausschüttungen des Unternehmens andererseits trägt zur Innenfinanzierung ebenso bei wie die Mittel aus der Kapitalfreisetzung. Die Innenfinanzierung schließt begrifflich auch alle Mittel aus Abschreibungen und Rückstellungen ein. Da Abschreibungen weitgehend zur Finanzierung der Substanzerhaltung benötigt werden, stehen sie für die Finanzierung der externen Expansion eines Unternehmens in aller Regel ebenso wenig zur Verfügung wie Rückstellungen, denen entsprechende Abgänge gegenüberstehen. Lediglich bestimmte langfristige Rückstellungen wie Pensionsrückstellungen, bei denen die Zuführungen die Abgänge deutlich übersteigen, tragen zur Beschaffung längerfristig verfügbarer Mittel bei.

II.1.1 Selbstfinanzierung

Die Selbstfinanzierung führt zur Kapitalbeschaffung aus dem teilweisen oder vollen Verzicht auf Ausschüttung der Gewinne. Ihre Verfügbarkeit setzt insofern Ertragsüberschüsse voraus. Es werden zwei Formen der Selbstfinanzierung unterschieden. Von offener Selbstfinanzierung wird gesprochen, wenn der in der Handelsbilanz ausgewiesene Jahresüberschuss im Unternehmen verbleibt. Durch die Bildung Stiller Reserven entsteht eine Stille Selbstfinanzierung. Stille Reserven resultieren aus der Unterbewertung von Aktiva oder der Überbewertung von Passiva in der Bilanz. Das entsprechende Pendant in der Gewinn- und Verlustrechnung ist zum einen die Nichtverrechnung von Erträgen, die betrieblich und steuerlich angefallen sind, zum anderen eine Verrechnung von Aufwand, der entsprechend der betrieblichen und steuerlichen Kriterien nicht angefallen ist (vgl. Bierich 1988, S.196 f.). Ein realer Finanzierungseffekt der Selbstfinanzierung ergibt sich allerdings nur bei Verfügbarkeit zusätzlicher Liquidität. Buchgewinne aus Aufwertungen von Aktiva führen nicht zu einer Erhöhung der liquiden Mittel.

Die Selbstfinanzierung trägt dazu bei, externe Einflüsse auf das Unternehmen in Grenzen zu halten. Sie stellt aber nicht nur deshalb die ideale Finanzierungsform dar. Selbstfinanzierung fängt Marktrisiken ab. So kann die Sicherung des Unternehmenswachstums durch Fortsetzung der Investitionstätigkeit auch in Zeiten geringen Marktwachstums entscheidend für die Erhaltung der Wettbewerbsfähigkeit sein (vgl. Bierich 1988, S.210 ff. und Boemle 1995, S.343 f.).

Das folgende Beispiel (vgl. Abbildung 7) verdeutlicht den Zusammenhang zwischen der Thesaurierung von Gewinnen und der Verfügbarkeit freier Mittel für Akquisitionen. Angenommen wird ein Unternehmen mit einem normierten Umsatz von 100, einer Umsatzrendite nach Steuern (NE/U) von 5 %, einem Eigenkapital von 10 und einem Fremdkapital von 30. Unter der vereinfachten Annahme einer jährlich konstanten Umsatzausweitung von 10 % unter Beibehaltung der Netto-Umsatzrendite von 5 % zeigen die Kurven den Aufbau von Akquisitionspotenzial in Abhängigkeit von der Ausschüttung. Nimmt man das Ausgangs-Gearing (FK/EK) von 300 % als Grenze für das Verschuldungspotenzial, so ergibt sich: Das Unternehmen schafft sich aus eigener Kraft in fünf Jahren Mittel von 110, d.h. in Höhe ihres Ausgangs-Umsatzes, wenn es auf Ausschüttung verzichtet. Bei einer Ausschüttung von 50 % des Gewinns verbleiben nur noch Mittel von 44 % für die externe Expansion.

Das Beispiel zeigt, dass Unternehmen mit nachhaltig günstiger Ertragslage und zurückhaltender Ausschüttung über Selbstfinanzierung nicht nur ausreichendes internes Wachstumspotenzial, sondern auch beträchtliche freie Mittel für Akquisitionen generieren können. Viele mittelständische Unternehmen in Deutschland verdanken ihren Bewegungsspielraum auch über Zeiten schwächerer Konjunktur hinweg ihrer disziplinierten Ausschüttungspolitik. Aber auch Großunternehmen mit bemerkenswertem

70

Wachstumsprofil setzen für ihre interne und externe Expansion in hohem Maße auf die Kapitalbeschaffung durch Verzicht auf Ausschüttungen. Zu diesen Unternehmen zählt etwa Bertelsmann. Es konnte von Anfang der 1970er Jahre bis zum Jahr 2000 nahezu ausschließlich über Selbstfinanzierung sein Geschäftsvolumen von ca. 500 Millionen € auf ca. 15 Milliarden € verdreißigfachen.[33] Als internationales Beispiel ist Nestlé anzuführen, das von 1985 bis 1994 eine durchschnittliche Payout-Ratio von nur 30,9 % aufweist (vgl. Boemle 1995, S.345).

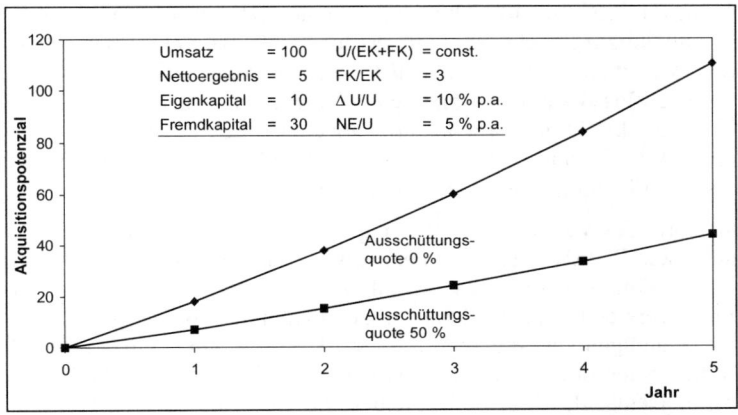

Abbildung 7: Finanzierungspotenzial aus Selbstfinanzierung (Beispielfall)

II.1.2 Kapitalfreisetzung

Ziel der Kapitalfreisetzung (auch Vermögensumschichtung) ist die Umwandlung von Anlage- und Umlaufvermögen in Geldvermögen. Der Finanzmittelrückfluss wird vornehmlich durch den Verkauf von Aktiva erreicht, die nicht betriebsnotwendig sind. Im Einzelnen kommen folgende Aktiva aus dem Bestand an Sachanlage- und Umlaufvermögen für eine Kapitalfreisetzung in Frage (vgl. Weiss 1996, S.201):

- Anlagen und Maschinen, die bereits stillgelegt sind oder werden
- Grundstücke, die nicht genutzt werden
- Sonstige Betriebsmittel, die entbehrlich sind
- Patente, Lizenzen und Verfahrensrechte
- Markennamen
- Entbehrliche Lagerbestände

---

[33] Die Zuführung von eigenkapitalähnlichem Genusskapital aus der Gewinnbeteiligung von Mitarbeitern von insgesamt ca. 500 Millionen € ergänzte den Finanzierungsrahmen.

71

Die Klärung der Frage, inwieweit ein Vermögensgegenstand entbehrlich und fungibel ist sowie darüber hinaus über Stille Reserven verfügt, bedarf im Grunde einer laufenden Verfolgung. Insbesondere in Unternehmen, denen knappe Finanzmittel zur Verfügung stehen, sollte die Veräußerung solcher Vermögensgegenstände - unabhängig von anstehenden M&A-Transaktionen - zum Zeitpunkt der Erzielbarkeit des höchsten Ertrags erfolgen.

Eine Alternative zum Verkauf, die auch betriebsnotwendige Aktiva als Finanzierungsmittel einschließt, ist das „Sale and Lease Back"-Verfahren. Der Veräußerer least das verkaufte Objekt langfristig zurück. Das Unternehmen erhält liquide Mittel aus dem Verkauf, die z.B. für eine Akquisition eingesetzt werden können, während sich die Besitz- und Nutzungsrechte an dem verkauften Objekt nicht ändern. Das „Sale and Lease Back"-Verfahren ist u.U. auch für Gegenstände des Umlaufvermögens einsetzbar. Der Mittelzufluss kann insbesondere bei Vorhandensein Stiller Reserven beträchtlich sein. Zu berücksichtigen ist jedoch die gegenüber der Veräußerung nicht betriebsnotwendiger Aktiva geringere Qualität dieser Mittelbeschaffung auf Grund der übernommenen Verpflichtungen aus dem Leasingvertrag.

Eine Sonderform des Verkaufs von Vermögensgegenständen ist die Veräußerung ganzer Tochtergesellschaften oder Unternehmensteile. Der Muttergesellschaft fließen im Rahmen sog. Equity Carve-outs Mittel zu, die zur Finanzierung von M&A-Transaktionen verwendet werden können. Die Aktien der Tochtergesellschaft bzw. des rechtlich selbständigen Unternehmensteils werden im Rahmen eines IPO auf dem Kapitalmarkt angeboten oder unmittelbar an einen Käufer veräußert. Auf Grund der Gesetzgebung in Deutschland ab 2002 bleiben die Gewinne solcher Transaktionen für Kapitalgesellschaften steuerfrei.

II.2 Instrumente der Außenfinanzierung

Die Außenfinanzierung bezieht sich im Rahmen von M&A-Aktivitäten vornehmlich auf die Beschaffung von langfristigen, der Natur der Projekte entsprechenden Mitteln. Nach der Stellung der Kapitalgeber werden zwei Formen unterschieden. Übernimmt der Kapitalgeber die Rolle des Eigentümers von Gesellschaftsanteilen, spricht man von Beteiligungsfinanzierung. Tritt der Kapitalgeber als Gläubiger auf, so liegt Fremdfinanzierung vor. In Analogie dazu werden die Kapitalmärkte in „Equity Capital Markets" und „Debt Capital Markets" unterteilt.

II.2.1 Beteiligungsfinanzierung

Unter Beteiligungsfinanzierung sind die verschiedenen Formen der Zuteilung von Eigenkapital in ein Unternehmen durch dessen Gesellschafter zu verstehen. Diese Art der Finanzierung liefert dem Unternehmen langfristiges haftendes Kapital, das keinen periodischen Zins- und Tilgungszahlungen unterliegt, wohl aber Anspruch auf Dividende und Wertsteigerung erhebt. Im Gegensatz hierzu unterliegt die Selbstfinanzierung keinen Ausschüttungsbelastungen. Insofern ist die Beteiligungsfinanzierung eher als Ergänzung denn als Ersatz der Selbstfinanzierung anzusehen. Da eine angemessene

Eigenkapitalbasis eine Voraussetzung für die Gewährung von Fremdkapital darstellt, können beide Finanzierungsformen nicht unabhängig voneinander behandelt werden.

Die Beteiligungsfinanzierung ist nicht ohne weiteres für alle Rechtsformen von Unternehmen verfügbar. Zu unterscheiden ist zwischen Unternehmen ohne Börsenzugang und Unternehmen, die emissionsfähig sind, also Zugang zum geregelten Kapitalmarkt haben.

II.2.1.1 Unternehmen ohne Börsenzugang

Nach ihrer Rechtsform nicht emissionsfähige Unternehmen sind typischerweise die insbesondere in Deutschland häufig vertretenen mittelständischen Gesellschaften, die sich zumeist im Familieneigentum befinden. Internes Wachstum und M&A-Transaktionen solcher Unternehmen erfordern oft einen erheblichen Finanzierungsbedarf, der die interne Finanzierungskraft übersteigt. Das Schließen der Finanzierungslücke über Beteiligungskapital, ggf. in Kombination mit einer zusätzlichen Fremdfinanzierung, erweist sich dabei nicht immer als einfach. Vor allem die mangelnde Fungibilität der Beteiligung und die Informationsasymmetrie der Parteien erschweren eine private Platzierung.

Der Gesetzgeber hat versucht, dem Mangel an verfügbarem Beteiligungskapital für Unternehmen ohne Börsenzugang durch das Konzept der Unternehmensbeteiligungsgesellschaft (UBG) zu begegnen. Das Gesetz über Unternehmensbeteiligungsgesellschaften (UBGG) verfolgt das Ziel, einerseits durch steuerliche Anreize, andererseits durch Förderung des Zugangs der Beteiligungsgesellschaften zur Börse die Bedarfslage für Eigenkapital insbesondere kleiner und mittlerer Unternehmen zu verbessern (vgl. Otto 1997, S.1133). Nicht zuletzt auf Grund der erheblichen regulativen Beschränkungen bei nur geringfügigen steuerlichen Vorteilen ist die gesetzgeberische Konzeption des UBGG bislang weitgehend ins Leere gelaufen. Während das dritte Finanzmarktförderungsgesetz von 1998 die bestehenden Restriktionen hinsichtlich der Eigenkapitalstruktur und des Tätigkeitsrahmens der UBG beseitigte und weitere steuerliche Erleichterungen schuf, hoben die Regelungen des Steuerentlastungsgesetzes 1999/2000/2002 sowie des Steuersenkungsgesetzes von 2000 die Existenzberechtigung des UBGG sowie der Rechtsform der UBG praktisch auf (vgl. Otto 2001, § 27 S.1). Die Steuerfreiheit von Veräußerungsgewinnen und Beteiligungserträgen bei Kapitalgesellschaften entzieht zwar dem UBGG die Grundlage, verbessert aber insgesamt die Möglichkeiten der Beteiligungsfinanzierung auch von Kapitalgesellschaften ohne Börsenzugang.

Die verschiedenen Möglichkeiten zur Beteiligung an einer Gesellschaft werden u.a. durch die Rechtsform des kapitalsuchenden Unternehmens determiniert. Im Falle der offenen Handelsgesellschaft (OHG) kann neues Kapital durch neue Gesellschafter aufgenommen werden, wobei eine solche Aufnahme wegen der Leitungsbefugnis aller Gesellschafter jedoch nicht unbeschränkt erfolgen kann. Zu berücksichtigen ist auch, dass die neuen Gesellschafter im Falle der Auseinandersetzung ein Anrecht auf den Vermögenszuwachs auch der Stillen Reserven haben. Die Kommanditgesellschaft (KG) kann ebenfalls aus Gründen der Leitungsbefugnis nur beschränkt Komplementäre aufnehmen. Die Zulassung neuer Kommanditisten ist unbeschränkt möglich, auf

Grund der niedrigen Fungibilität dieser Anlageform und der Einschränkung der Mitsprache allerdings wenig attraktiv. Die geltenden Haftungsbeschränkungen und die steuerlichen Regelungen erleichtern zwar die Aufbringung neuen Eigenkapitals bei der Gesellschaft mit beschränkter Haftung (GmbH). Aber auch hier mindern mangelnde Fungibilität und Transparenz der Anlage die Attraktivität. Auch Aktiengesellschaften, die nicht an einer Börse notiert sind, bieten ihren Gesellschaftern keinen liquiden Markt für die Unternehmensanteile.

Unter den gegebenen Umständen sind der Beteiligungsfinanzierung nicht emissionsfähiger Unternehmen sowohl unter Nutzung von Mitteln aus Unternehmensbeteiligungsgesellschaften wie auch darüber hinaus aus der Sicht des Anlegers enge Grenzen gesetzt. Auch aus der Perspektive des Unternehmens, das Kapital sucht, ist eine Ausweitung des Gesellschafterkreis nicht unproblematisch. Die Erweiterung der Kapitalbasis hat zur Folge, dass sich häufig die Unternehmenskultur wandelt. Unternehmen verlieren durch diesen Schritt gleichsam den privaten Charakter. Neue Gesellschafter erhöhen nicht selten den Druck, den Gewinn kurzfristig zu steigern, die Ausschüttung zu anzuheben und die Stillen Reserven aufzulösen. Das Unternehmen erleidet insgesamt einen Verlust an unternehmerischer Selbständigkeit.

II.2.1.1.1 Private Equity

Während der passive Beteiligungsansatz für nicht emissionsfähige Unternehmen ohne großen Erfolg geblieben ist, hat sich Private Equity als eigenständiges Konzept für die aktive Wertsteigerung von haftendem Kapital von Unternehmen ohne Börsenzugang entwickelt und eine beachtliche Größenordnung erreicht (vgl. Kap. I.1.3).

Private-Equity-Transaktionen, die in der Regel über das Leveraged-Buyout-Modell finanziert werden, weisen - verglichen mit anderen Ländern - in den USA den relativ größten Anteil am Bruttoinlandsprodukt (BIP) auf. Die Dominanz der USA hat sich auf Grund des außergewöhnlich hohen Abschlussvolumens von europäischen Transaktionen in 2001 vermindert. Dennoch verbleibt für viele europäische Länder, insbesondere Deutschland, ein beträchtliches Expansionspotenzial, nicht zuletzt zur Finanzierung mittelständischer Unternehmen.

Die finanziellen Mittel, die in Beteiligungen angelegt werden, stammen zumeist aus Private-Equity-Fonds[34], in selteneren Fällen unmittelbar von Privatinvestoren. Die Anlageentscheidungen werden vom Fondsmanagement getroffen. Entsprechend der Veränderung der Erfolgskriterien setzt sich das Fondsmanagement zunehmend nicht mehr nur aus Finanzspezialisten sondern auch aus Know-how-Trägern der Zielbranchen zusammen.

---

[34] Der Begriff von Fonds und Fund wird inhaltsgleich verwendet.

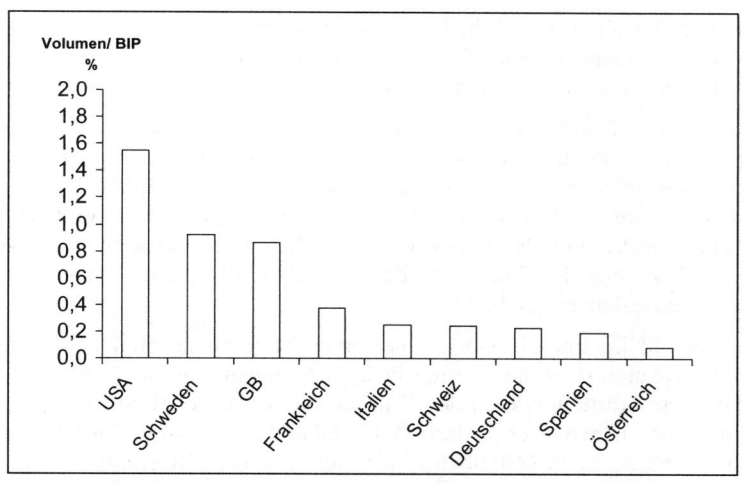

Abbildung 8: Private-Equity-Transaktionen in Prozent des BIP 2000
(Quelle: EVCA und Altassets Research)

Als Fonds-Investoren kommen institutionelle Anleger, wie Banken, Versicherungen, Pensionsfonds und Industriekonzerne in Frage, aber auch vermögende Privatpersonen (High-Networth Individuals). Mittlerweile ist das Investment in Private-Equity-Fonds zu einer etablierten Anlageform geworden, die in Vermögens-Portfolios mit bis zu 10 % des Gesamtwertes vertreten sein kann. Im Gegenzug zu den mittelfristigen Fungibilitätseinschränkungen dieser Anlageform haben Private-Equity-Investoren den Anspruch auf deutlich höhere Renditen, als sie am Aktienmarkt im Durchschnitt erwartet werden können.

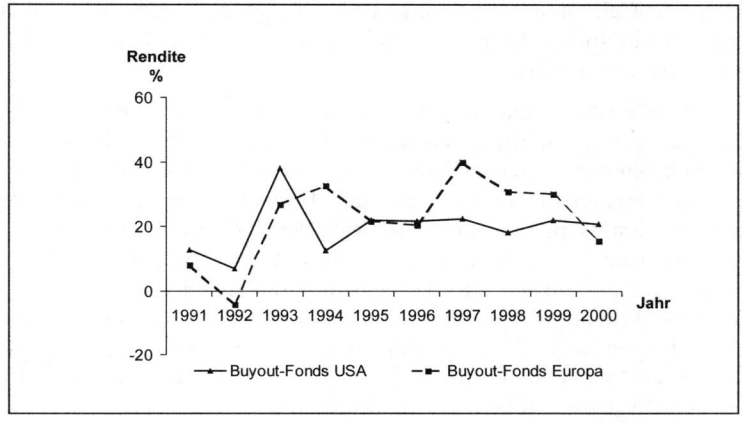

Abbildung 9: Durchschnittliche Rendite von Buyout-Fonds
(Quelle: Thomson Financial)

Buyout-Fonds mit Kontrollmehrheiten im Unternehmen erreichten im Jahrzehnt von 1990 bis 2000 eine relativ stabile Rendite von durchschnittlich 19,7 % in den USA und 22,2 % in Europa (jeweils im arithmetischen Mittel).

Da Private-Equity-Transaktionen eine dynamische Wertsteigerung des eingesetzten Eigenkapitals in Verbindung mit dem Einsatz hoher Fremdmittel anstreben, ist im Regelfall ein Kontrollerwerb, meist sogar die vollständige Übernahme des Unternehmens, Ziel der Transaktion. Hierdurch wird der notwendige Zugriff auf den Cash Flow gesichert, der zur Zahlung der Zinsen und zur Tilgung der Finanzschulden verwendet wird. Die Besicherung der Finanzschulden geht ebenfalls Hand in Hand mit dem Eigentum an dem Besicherungsobjekt.

Im Ausnahmefall kommt die Übernahme eines Minderheitsanteils vor dem Hintergrund eines größeren Restrukturierungsbedarfs in einem Unternehmen in Frage. Eine finanzielle Restrukturierung kann den Wunsch von Gesellschaftern, Anteile zu veräußern, zum Anlass haben. Der Bedarf an Eigenkapital kann aber auch in Liquiditätsengpässen begründet sein. Mittelbedarf für eine operative Restrukturierung liegt vor, wenn Sanierungsmaßnahmen ergriffen werden müssen, neue Produkte zu entwickeln sind oder neue Fertigungsstätten errichtet werden sollen. Gelegentlich ist auch die Absicht eines Unternehmens, durch eine Akquisition zu expandieren, Anlass zum vorübergehenden Einstieg einer Private-Equity-Firma in eine Minderheitsposition.

Minderheitsanteile an Personengesellschaften oder nicht börsennotierten Kapitalgesellschaften unterliegen der Problematik mangelnder Fungibilität (vgl. Kap. II.2.1.1). Es bedarf insofern klarer Regelungen gegenüber den Mehrheitsgesellschaftern über die Liquidierungsmöglichkeit der Anteile nach einer angemessenen Zeitspanne. So kann den Minderheitsgesellschaftern von den Mehrheitsgesellschaftern zugesagt werden, dass zum gegebenen Zeitpunkt ein Börsengang erfolgt oder der Investor nach einer bestimmten Zeit eine Put-Option zu vorab festgelegten Konditionen ausüben kann. Eine weitere Alternative liegt im Recht des Investors, während eines bestimmten Zeitfensters über eine Call-Option die Mehrheit oder das ganze Unternehmen zu erwerben. Im letzteren Fall bestimmt der Investor seinen Ausstieg (Exit bzw. Liquidity Event) und dessen Konditionen selbst.

Während Minderheitsbeteiligungen nur sehr begrenzte Möglichkeiten der Beleihung des Kaufpreises aufweisen, ermöglichen vollständige Übernahmen insbesondere etablierter Unternehmen mit ausreichendem Free Cash Flow die Finanzierung des Erwerbs mit einem hohen Fremdkapitalanteil. Leveraged Buyouts erreichten in den 1980er Jahren in den USA Fremdkapital-Eigenkapital-Relationen (Gearings) von 10 : 1. Die nach einigen Fehlschlägen einsetzende konservativere Betrachtung hat seither zu einer Schwankungsbreite zwischen 4 : 1 und 2 : 1 geführt. Der im Einzelfall tatsächlich erreichte Wert hängt nicht nur von den Parametern des Zielunternehmens, sondern auch von der Marktbeschaffenheit der zur Anwendung kommenden Fremdfinanzierungsinstrumente zum Zeitpunkt ihrer Begebung ab. Damit wird auch deutlich, dass LBO-Transaktionen neben dem Risiko des Zielobjektes selbst zusätzlich das Risiko des Fremdkapitalmarktes und seiner Konditionen tragen.

Die LBO-Technik als solche besteht vornehmlich in der Nutzung der Hebelwirkung (Leverage) des Fremdkapitals für die Eigenkapitalrendite. Der Leverage-Effekt tritt ein, sofern die Rendite der Investition nachhaltig höher ist als der Zins auf das einge-setzte Fremdkapital (Z).

Die Eigenkapitalrendite (Return on Equity, ROE) nimmt exponentiell mit der Abnah-me des Eigenkapitalanteils zu. Der Effekt zeigt sich umso deutlicher, je höher die In-vestitionsrendite (Return on Investment, ROI) ist. Es bedarf keiner Betonung, dass sich der Leverage-Effekt umkehrt, sobald die Investitionsrendite unter den Zinssatz des Fremdkapitals fällt.

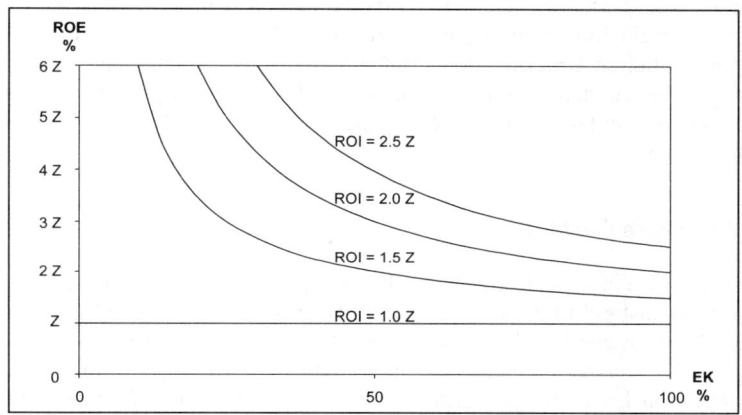

Abbildung 10: Leverage-Effekt

Die Fremdkapitalstrukturierung von LBOs erfolgt in der Regel über eine Kombination aus vorrangigen und nachrangigen Krediten, ggf. ergänzt um sog. Mezzanine-Kredite, die nicht über Gesellschaftsaktiva gesichert sind (vgl. Kap. II.2.2). Das mit der LBO-Technik verbundene „Financial Engineering" spielt als Erfolgsfaktor dieser Transakti-onsform eine wichtige Rolle. Keinesfalls stellt es jedoch ein magisches Instrument zur Renditemaximierung dar, geschweige denn eine Erfolgsgarantie. Der überdurch-schnittliche Erfolg von Private-Equity-Transaktionen ist vielmehr in einer geschickten Kombination und Abstimmung einer Reihe von Parametern begründet. Die wichtigs-ten Erfolgsfaktoren sind:

- Auswahl eines LBO-geeigneten Zielunternehmens (vgl. Kap. I.1.2.5)

- Belastbares Konzept zur Wertsteigerung des Zielunternehmens nach der Übernahme

- Frühzeitige Formulierung von Exit-Szenarien (Börse, Strategische Käufer, Finanzin-vestoren)

- Optimales Finanzierungspaket aus Eigenkapital und Fremdfinanzierungsinstrumenten

- Sicherung des Zugriffs auf den Cash Flow des Zielunternehmens, meist durch Ver-schmelzung desselben mit dem Kauf-Vehikel (Newco)

- Optimierung der Steuerlast durch entsprechende Zins- und Abschreibungsgestaltung

- Einsetzung eines „unternehmerischen" Managements und dessen Beteiligung als Eigentümer

- Stringente Unternehmensführung nach Best Practise-Gesichtspunkten unter starker Cash Flow-Orientierung

- Aktives Controlling durch den Investor

- Laufende Optimierung zwischen den Zielgrößen Unternehmenswert, Cash Flow und Exit

Übernahmen von Unternehmen durch Private-Equity-Firmen beschränken sich mittlerweile nicht mehr auf nicht börsennotierte Gesellschaften. Auch die „Reprivatisierung" börsennotierter Unternehmen (Delisting, Taking Private oder Going Private) zählt zunehmend zu den Geschäftsfeldern von Private-Equity-Firmen. Insbesondere am Aktienmarkt unterbewertete Titel bieten sich für diese Art von M&A-Transaktionen an.

II.2.1.1.2 Venture Capital

Wagniskapital ist eine Sonderform von Eigenkapital für junge, innovative Unternehmen (Startups) insbesondere aus High-Tech-Branchen. Als Sammelstelle für das Eigenkapital dienen meist Fonds, in denen sowohl institutionelle Investoren als auch Privatpersonen Risikokapital anlegen. Dem Gesichtspunkt der Risikostreuung entsprechend investieren Fonds in eine große Zahl von Startups. Dem beträchtlichen Risiko der Investition steht die hohe Ertragserwartung bei späterer Veräußerung der Beteiligung gegenüber. Die gleiche Zielsetzung verfolgen Einzelinvestoren.

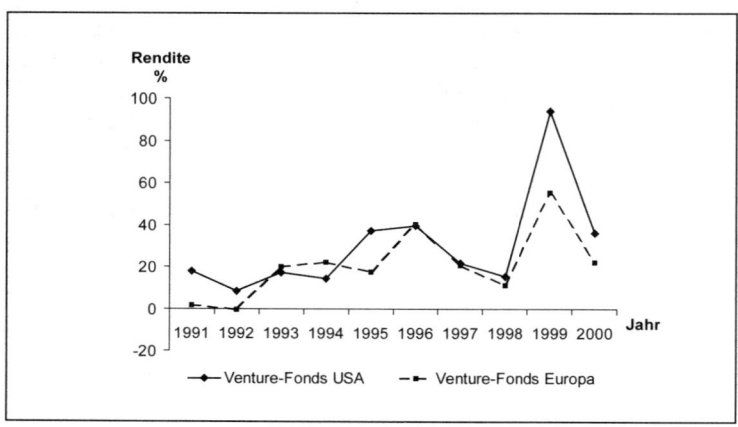

Abbildung 11: Durchschnittliche Rendite von Venture-Fonds
(Quelle: Thomson Financial)

Die Anlagekonzepte von Venture-Capital-Fonds beruhen auf dem Portfolioansatz (vgl. Kap. IV.1.3.1), sind aber durchaus unterschiedlich. Neben Fonds, die sich auf Minder-

78

heitsbeteiligungen beschränken, existieren solche, die ausschließlich Mehrheitsbeteiligungen erwerben. Branchenbezogene Fonds bestehen neben eher opportunistisch investierenden Fonds. Das Risiko der Vollabschreibung des Venture-Capital-Investments ist trotz eines klaren Konzeptes des Fonds und des Managements des betroffenen Startup-Unternehmens im Einzelfall auf Grund der Kumulation von Mangement-, Markt-, Produkt- und Finanzrisiken unvermeidbar. Gleichwohl haben, zumindest in den 1990er Jahren, professionelle Venture-Capital-Fonds in den USA und Europa eine bemerkenswert hohe, wenn auch stärker fluktuierende Rendite erzielt.

Startups sind in allen Phasen ihrer Entwicklung Ziel und Ausgangspunkt von M&A-Transaktionen. Gerade in dynamisch expansiven Märkten kann eine Beschränkung auf internes Wachstum das vorhandene Potenzial nicht ausschöpfen. Die noch mangelnde Etablierung der Geschäftsmodelle und der betrieblichen Organisation trägt dazu bei, dass auch der sprunghaften technologischen Entwicklung aus eigener Kraft nicht gefolgt werden kann. Akquisitionen und Kooperationen ermöglichen es, die Wettbewerbsposition schnell zu verbessern, kurzfristig die kritische Unternehmensgröße zu erreichen, und sich neuen Marktentwicklungen durch einen entsprechenden Erwerb umgehend zu stellen. Eine Reihe von Internet-Unternehmen belegen diese Ansätze: Wachstums-, Technologie- und Geschäftsmodell-Aspekte prägen die Akquisitionen von Compuserve, Netscape und ICQ durch AOL, von GeoCities durch Yahoo, von Planet Intercom durch Tiscali, von Freeserve durch Wanadoo, von Atrada durch T-Online, von Spray.net durch Lycos und von Life-Medien durch freenet.

Die typischen Entwicklungsphasen junger Unternehmen sind:

- Early Stage
- Expansion Stage
- Divestment Stage.

Die besonders kritische Early-Stage-Phase lässt sich nochmals unterteilen in:

- Seed Stage
- Startup Stage
- First Stage.

Finanzierungen von jungen Unternehmen orientieren sich an dem jeweils erreichten Status der Unternehmensentwicklung. Voraussetzung für eine Unternehmensgründung ist eine vermarktbare Produktidee. Ein einzelner oder mehrere Inhaber dieser Produktidee entschließen sich dazu, die Vermarktungsfähigkeit des Produkts näher zu untersuchen. Wir befinden uns in der Frühphase einer Unternehmensgründung (Seed Stage). In dieser Phase erfolgen zunächst Investitionen in die Entwicklung von Prototypen und in Marktanalysen. Außerdem wird eine erste, grobe Unternehmenskonzeption erstellt. Es hat sich bewährt, dass in diesem frühen Stadium Inkubatoren oder Business Angels den meist unerfahrenen Gründern mit Rat und finanzieller Hilfe zur Seite stehen. Naturgemäß ist das Risiko in dieser Phase besonders hoch. Entsprechend setzt sich das Seed Financing meist ausschließlich aus Eigenkapital zusammen. Geldgeber sind die Gründer und die Business Angels. Gelegentlich stehen auch öffentliche Fördermittel zur Verfügung. Dem besonderen Risiko entsprechend ist der Aufpreis (Agio) für die außenstehenden Kapitalgeber in dieser ersten Finanzierungsrunde noch relativ niedrig.

Den Kosten dieser Phase stehen keine Einnahmen gegenüber. Mit der „Burn Rate" wird das Timing des Verbrauchs der vorhandenen Mittel beschrieben. Diese Verbrauchsquote ist so einzurichten, dass bis zum Erreichen der nächsten Stufe genügend Liquidität erhalten bleibt.

Die Startup-Phase setzt in der Regel mit der formalen Gründung des Unternehmens ein. Aus den Marktanalysen wird ein Vermarktungskonzept erstellt. Die Unternehmenskonzeption wird in einen Business-Plan überführt. Das Produkt wird bis zur Marktreife entwickelt. Die Vorbereitungen zur Produktion werden getroffen. Die Finanzierung dieser Phase beruht weiterhin auf Eigenkapital. Die Geldgeber der Seed-Phase erhöhen in diesem Stadium meist ihren Kapitaleinsatz bei einem nunmehr höheren Agio als in der ersten Frühphase. Je nach Qualität des Unternehmens stehen nunmehr auch Venture-Capital-Fonds als Finanzierungsquellen zur Verfügung.

In der dritten Stufe der Frühphase (First Stage) steht der Aufbau des Unternehmens im Vordergrund. Das Produkt wird am Markt eingeführt, die (Serien-)Produktion wird aufgenommen. Vertriebs- und Produktionskapazitäten werden entsprechend der Marktakzeptanz ausgebaut. Die First-Stage-Phase liefert die erste realistische Bewertung des Potenzials des neuen Unternehmens. Gelingt es in dieser Phase nicht, dynamisches Wachstum und entsprechend zunehmende Einnahmen zu generieren, ist die Zukunft des Unternehmens stark gefährdet. Wird hingegen durch erste Markterfolge eine klare Trendwende bei der Burn Rate erzielt, besteht berechtigte Hoffnung auf eine weitere günstige Entwicklung. Die First-Stage-Finanzierung ist die Domäne für Venture-Capital-Fonds. Das Risiko in dieser Phase ist weiterhin bedeutend, aber geringer als in den früheren Phasen. Gleichwohl sind die „Preise" für das Eigenkapital auch in dieser Finanzierungsrunde noch vertretbar niedrig.

In der folgenden Phase der idealtypischen Unternehmensentwicklung (Expansion Stage) erfolgt der Ausbau der operativen Kapazitäten in der Produktion und Vermarktung sowie im kaufmännischen Bereich. Das Unternehmen nähert sich einem gewissen Reifegrad. Das Marktrisiko vermindert sich zunehmend. Die Finanzierung dieser Expansionsstufe schließt erstmals die Fremdfinanzierung ein. Je nach Unternehmenserfolg und Verfügbarkeit von Sicherheiten werden verstärkt Bankkredite eingesetzt.

Am Ende dieser Phase hat ein beispielhaftes Startup-Unternehmen den Reifegrad erreicht, der einen Börsengang ermöglicht. Wir bewegen uns auf die Divestment-Stufe zu. Am institutionalisierten Kapitalmarkt steht die Geldmenge zur Verfügung, die für die Ausschöpfung des Marktpotenzials notwendig ist. Durch die Preisstellung bei einem IPO (vgl. Kap. II.2.1.2.2) wird erstmals auch der Marktwert eines Unternehmens festgelegt. Wenngleich regelmäßig Sperrzeiten (Lockup Periods) die Aktienveräußerung von Investoren der Frühphase zunächst ausschließen, zeichnet sich mit der Akzeptanz der nach dem IPO am Sekundärmarkt gehandelten Aktien relativ schnell der Kapitalwert für die Venture-Capital-Investoren ab. Neben der Börseneinführung kommt auch die Veräußerung an Dritte (Trade Sale) oder der Kauf durch andere Gesellschafter in Betracht.

Ein Startup „nach Lehrbuch" erzielt spätestens beim Übergang von Phase 1 (Early Stage) der Unternehmensentwicklung in Phase 2 (Expansion Stage) positive Ergebnisse. In der Seed-Phase und zumindest in einem Teil der Startup-Phase ist noch kein nennenswerter Umsatz vorhanden. Es ist deshalb wichtig, das Finanzpolster dieser

Entwicklungsphase ausreichend zu bemessen. Der Hebel hierfür ist eine attraktive Bewertung des Unternehmens für die Seed-Investoren. Zum zweiten ist der Burn Rate, die den Verbrauch der vorhandenen Liquidität beschreibt, in dieser Phase höchste Aufmerksamkeit zu widmen. Je vorsichtiger hier mit den Finanzmitteln umgegangen wird, desto eher sind regelmäßige Verzögerungen in der Produktentwicklung oder der Vermarktung zu überstehen. Der erste große Test für die Überlebensfähigkeit eines Startup-Unternehmens findet während des Übergangs zur First-Stage-Phase statt. Nach der kritischen Beschleunigung der Burn Rate in der Startup-Phase müssen jetzt zunehmende Einnahmen die Tragfähigkeit des unternehmerischen Konzepts unter Beweis stellen. Darüber hinaus muss es in der First-Stage-Finanzierungsrunde gelingen, genügend neues Eigenkapital zu generieren, um - ggf. in Verbindung mit Fremdkapital - ausreichende Investitionen in den Markt und die Produkte zu finanzieren. Nicht selten findet dabei eine zu hohe Bewertung des Unternehmens durch die Gründer statt, die auf der Fehleinschätzung der Risiken und der Überschätzung der eigenen Stärken beruht. Monatelange Verhandlungen mit potenziellen Venture-Capital-Investoren lenken die Kräfte der Gründer von dem gerade in dieser Phase erfolgskritischen unternehmerischen Einsatz ab. Es ist deshalb nicht verwunderlich, dass eine Mehrzahl von Startup-Unternehmen gerade in dieser Entwicklungsphase scheitert. Verfolgt man die idealtypische Gewinnentwicklung in der Expansionsstufe, so ist an deren Ende ein Reifegrad erreicht, welcher die Börsenfähigkeit nicht mehr ausschließt. Die Ergebnisse sind auf gutem Niveau, hinreichend stabil und lassen auf eine Kontinuität ihres Wachstums schließen.

Den idealtypischen Ergebnisverlauf eines jungen Unternehmens zeigt die folgende Grafik:

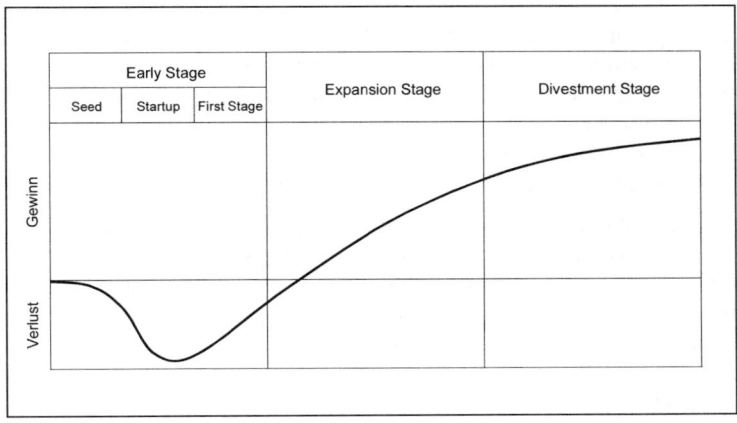

Abbildung 12: Ergebnisverlauf junger Unternehmen (Prinzipskizze)

In der am Neuen Markt (vgl. Kap. II.2.1.2.2) in der Zeit von 1998 bis zum ersten Quartal 2000 aufgekommenen Euphorie wurden häufig bereits in der First-Stage-Phase, oder früh in der Expansion-Stage-Phase Aktien an der Börse platziert und dies teilweise zu Bewertungen aus dem Reich der Phantasie. Die Folgen sind an den Kursentwicklungen dieser Werte nachvollziehbar. Junge Unternehmen dagegen, die ihren Börsengang davon abhängig gemacht haben, dass ihr Wert durch Ertragssubstanz untermauert war, konnten sich auch in den turbulenten Kapitalmarkt-Phasen der Jahre 2000 und 2001 vertretbar behaupten.

II.2.1.2 Unternehmen mit Börsenzugang

Die Aktienbörse als organisierter Handelsplatz für Eigenkapital bietet für Kapitalgesellschaften in den Rechtsformen der Aktiengesellschaft (AG) und der Kommanditgesellschaft auf Aktien (KGaA) einen einfachen und vorteilhaften Zugang zur Beschaffung von Finanzmitteln, die im Gegensatz zu Krediten keine Schuldposten sind. Dabei hebt die Börse den Charakter des Eigenkapitals als gebundenes Dauerkapital eines Unternehmens teilweise wieder auf, indem sie den Anteilseignern die jederzeitige Realisierung ihrer Wertpapiere ermöglicht, sofern dem Angebot eine entsprechende Nachfrage gegenübersteht. Diese Eigenschaften machen die Börse auch zum bevorzugten Medium für die Beschaffung von Eigenkapital bei M&A-Transaktionen. Andererseits ist nicht zu verkennen, dass die Börse in Analogie zum Auktions- und Wettgeschäft spekulatives Verhalten fördert. Die Erwartungshaltung der zukünftigen Entwicklung eines Unternehmens hat höheren Stellenwert als seine Fundamentaldaten, ganz abgesehen von der Wirkung gezielt gestreuter oder auch zufällig auftauchender Gerüchte auf den Börsenkurs. Timing und Konditionen der Eigenkapitalbeschaffung an der Börse geraten so nicht selten zum Glücksspiel.

II.2.1.2.1 Börsennotierte Gesellschaften

Börsennotierte Gesellschaften können im Grunde jederzeit in geregelter Weise Eigenkapital im Wege einer Kapitalerhöhung über die Börse aufnehmen. Eigenkapital ist haftendes, unbesichertes Kapital. Anleger an der Börse müssen deshalb bereit sein, diese Mittel unter dem Gesichtspunkt des unternehmerischen Risikos bis hin zu einem totalen Wertverlust zu investieren. Die Kursstürze und Konkurse unter anderem am Neuen Markt unterstreichen die Realität dieser Aussage. Dem Risiko steht die Erwartung einer entsprechenden Rendite der Anlage gegenüber.

Für Unternehmen ausreichender Substanz, Ertragskraft und Zukunftsfähigkeit besteht die Möglichkeit, über die Börse auch große Eigenkapitalbeträge, wie sie für M&A-Transaktionen benötigt werden, zu beschaffen. Hierzu trägt nicht nur die hohe Verkehrsfähigkeit bei, sondern auch die Breite der anzusprechenden Zielgruppe vom Kleinaktionär bis zum institutionellen Großinvestor. Des Weiteren bieten gesetzliche Regelungen des Aktien- und Börsenrechts den Anlegern eine gewisse Sicherheit für ihre Kapitalanlage.

Die Vorteile einer Erhöhung des Kapitals liegen auf der Hand (vgl. Weiss 1996, S.203):

- Eigenkapital unterliegt keinen Zins- und Tilgungsverpflichtungen.

- Das Agio wird nicht mit einer Dividende bedient.

- Das erhöhte Eigenkapital gibt Raum für die Ausweitung des Kreditrahmens.

- Die Bereitstellung von Sicherheiten entfällt.

- Eigenkapital ist unkündbar.

Aber auch Nachteile sind zu berücksichtigen. So treten u.U. neue mitspracheberechtigte Anteilseigner auf, deren Rechte von der ausgegebenen Aktiengattung abhängen. Den fehlenden Zinsverpflichtungen stehen Dividenden- und Wertsteigerungserwartungen gegenüber, die deutlich über den spezifischen Kosten des Fremdkapitals liegen. Darüber hinaus sind die Kosten der Kapitalbeschaffung zu beachten, die bis zu 7 % des Emissionswertes betragen können (vgl. Weiss 1996, S.209).

Eine bereits an der Börse notierte Aktiengesellschaft hat mehrere Möglichkeiten, den Bedarf an Eigenmitteln für M&A-Transaktionen über die Ausgabe neuer Aktien zu decken. Für die Kapitalerhöhung gegen Bareinlage stehen als Alternativen die ordentliche (§§ 182 bis 191 AktG), die bedingte (§§ 192 bis 201 AktG) und die genehmigte (§§ 202 bis 206 AktG) Kapitalerhöhung zur Verfügung. Anstelle von Bareinlagen können grundsätzlich auch Sacheinlagen eingebracht werden. Diese häufige Form der nicht liquiditätswirksamen Finanzierung von M&A-Transaktionen wird in Kap. II.3.1.1 behandelt.

Die *ordentliche Kapitalerhöhung* (Kapitalerhöhung gegen Einlagen) wird durch Ausgabe neuer Aktien ausgeführt. Sie hat einen sofortigen Finanzierungseffekt. Die Ausgabe von neuen Aktien bedarf einer Drei-Viertel-Mehrheit des auf der Hauptversammlung vertretenen Grundkapitals in den jeweiligen Aktiengattungen. Die Satzung kann andere, für Vorzugsaktien allerdings nur größere Kapitalmehrheiten bestimmen. Das bisherige Grundkapital soll vollständig einbezahlt sein. Die Kapitalerhöhung wird mit der Eintragung ihrer Durchführung in das Handelsregister wirksam.

Bei einer Erhöhung des Grundkapitals steht den bisherigen Aktionären ein Bezugsrecht zu. Das Bezugsrecht schützt die Altaktionäre vor der Verwässerung ihres Vermögens und ihres Stimmrechts. Aktionären, die das Bezugsrecht nicht ausüben, gibt der Verkauf des Bezugsrechts die Möglichkeit, einen ggf. mit der Kapitalerhöhung einhergehenden Kursverlust zu kompensieren. Groß- und Kleinaktionäre nehmen ihre Bezugsrechte unterschiedlich wahr. Da der Einfluss von Kleinaktionären auf Unternehmensentscheidungen marginal ist, ziehen sie eher den Verkauf ihrer Bezugsrechte in Betracht. Großaktionäre hingegen betrachten sich häufig als „strategische" Investoren, die ihren geschäftspolitischen Einfluss durch die Ausgabe neuer Aktien an neue Gesellschafter nicht verlieren wollen. Allerdings setzt ihre Teilnahme an einer Kapitalerhöhung voraus, dass sie von der Sinnfälligkeit dieser Maßnahme durch das Management überzeugt werden. Dies geschieht u.a. in „Road Shows" im Vorfeld der Kapitalerhöhung (vgl. Kap. II.2.1.2.2). Die Information größerer institutioneller oder privater Investoren erweist sich in der Vorbereitung der Eigenkapitalbeschaffung für M&A-Transaktionen als besonders wichtig. Dabei ist jedoch sorgfältig darauf zu achten, dass der Gleichbehandlungsgrundsatz aller Aktionäre nicht verletzt wird.

Das Bezugsrecht kann im Hauptversammlungsbeschluss unter bestimmten Bedingungen ausgeschlossen werden. Das Ziel der Kapitalerhöhung ist in diesem Fall bewusst auf eine Erweiterung des Aktionärkreises angelegt. Der Bezugsrechtsausschluss bedarf einer Mehrheit von mindestens drei Viertel des bei der Beschlussfassung vertretenen Grundkapitals. Der Ausschluss des Bezugsrechts muss im Interesse der Gesellschaft liegen und ist vom Vorstand im Rahmen seines unternehmerischen Ermessens sorgfältig zu prüfen. Einen Sonderfall der Kapitalerhöhung ohne Bezugsrecht der Altaktionäre stellt die Vorschrift nach § 186 Abs.3 S.4 AktG dar. Hierdurch erhalten börsennotierte Unternehmen die Möglichkeit, bis zu 10 % ihres Grundkapitals in Form neuer Aktien ohne Bezugsrecht der Altaktionäre auszugeben. Dabei darf der Ausgabepreis den aktuellen Börsenkurs nur unwesentlich unterschreiten. Die Vorschrift wird zur schnellen und flexiblen Reaktion auf vorteilhafte M&A-Angebote häufig genutzt.

Grundsätzlich haben Unternehmen die Wahl, die neuen Aktien selbst auszugeben oder sie einem Emissionskonsortium zu übertragen. Letzteres entspricht - ausgenommen bei Kreditinstituten - der Regel. Die Emissionsbanken übernehmen die Verpflichtung, die neuen Aktien den Altaktionären im Verhältnis ihrer Beteiligungsquote anzubieten. Die Emission neuer Aktien erfolgt zu einem Kurs, der regelmäßig unterhalb des aktuellen Kurswerts der Altaktien liegt. Der Abschlag wird nach Ermessen festgelegt, wobei einerseits das Ziel eines möglichst hohen Agios, andererseits die Notwendigkeit einer reibungslosen Durchführung der Platzierung abzuwägen ist.

Die *bedingte Kapitalerhöhung* stellt eine Form der Kapitalerhöhung dar, die kein gesetzliches Bezugsrecht auf neue Aktien beinhaltet. Sie ist auf 50 % des Grundkapitals begrenzt und nur in drei Fällen zulässig:

* Zur Gewährung von Umtausch- und Bezugsrechten an Gläubiger von Wandelschuldverschreibungen

* Zur Vorbereitung von Unternehmenszusammenschlüssen

* Zur Gewährung von Bezugsrechten an Arbeitnehmer und Mitglieder der Geschäftsführung

Die bedingte Kapitalerhöhung kommt insbesondere für die Gewährung von Umtausch- und Bezugsrechten bei Wandelschuldverschreibungen und Optionsanleihen zur Anwendung. Wandelanleihen sind ebenso wie Optionsanleihen langfristige Finanzierungsinstrumente. Dabei sind Wandelanleihen mit dem Recht ausgestattet, sie während der Wandlungsfrist in Aktien des Emittenten umzutauschen. Anders als bei Optionsleihen ist das Bezugsrecht der Aktien untrennbar mit der Anleihe verbunden. Bei der Wandlung geht die Anleihe unter und es entsteht im Maße der Wandlungsbedingungen Eigenkapital. Die Beteiligungsfinanzierung durch Wandelanleihen ist insofern nicht kalkulierbar. Entsprechend verhält es sich mit Optionsanleihen, die eine Kombination aus einer verzinslichen Anleihe und einer Aktienoption als Anteilsrecht darstellen.

Wenngleich § 192 Abs.2 AktG Unternehmenszusammenschlüsse als Anwendungsfall ausdrücklich aufnimmt, bleibt die Bedeutung dieser Kapitalerhöhungsform für M&A-Transaktionen in der Praxis relativ gering. Dies liegt insbesondere an der weitaus höheren Flexibilität sowohl der ordentlichen wie auch der genehmigten Kapitalerhöhung in Verbindung mit dem auch dort realisierbaren Bezugsrechtsausschluss.

Der Hauptversammlungsbeschluss über eine bedingte Kapitalerhöhung bedarf einer Mehrheit von mindestens drei Viertel des vertretenen Grundkapitals. Der Beschluss muss den Zweck, den Kreis der Bezugsberechtigten sowie den Ausgabebetrag oder die Kriterien, nach denen der Betrag ermittelt wird, festlegen. Im Verlauf der Einlösung sind nur so viele Aktien auszugeben, wie Umtausch- und Bezugsrechte tatsächlich benötigt bzw. geltend gemacht werden.

Der Beschluss über eine bedingte Kapitalerhöhung ist zur Eintragung in das Handelsregister anzumelden. Der Vorstand hat innerhalb eines Monats nach Ablauf jedes Geschäftsjahrs im Handelsregister den Umfang der Ausgabe der Bezugsaktien zur Eintragung anzumelden. Außerdem ist die Ausgabe im Anhang des Geschäftsberichts aufzuführen.

Die *genehmigte Kapitalerhöhung* (genehmigtes Kapital) stellt die flexibelste Form der Aufstockung des Grundkapitals dar. Sie ist an keinen konkreten, aktuellen Finanzierungsanlass gebunden. Vielmehr ermächtigt eine entsprechende Satzungsänderung durch die Hauptversammlung den Vorstand, das Grundkapital bis zur Höhe des genehmigten Kapitals, das die Hälfte des bisherigen Grundkapitals nicht übersteigen darf, durch Ausgabe neuer Aktien gegen Einlagen zu erhöhen. Der Vorstand kann damit, unter Zustimmung des Aufsichtsrates, situationsgerecht und ohne weitere Hauptversammlung im Rahmen der Ermächtigung die benötigten Finanzmittel schaffen. Die Ermächtigung des Vorstands erfolgt mit mindestens drei Viertel des vertretenen Grundkapitals für längstens fünf Jahre. Das Bezugsrecht der Aktionäre kann bereits bei der Ermächtigung zur Kapitalerhöhung durch die Hauptversammlung ausgeschlossen werden. Die mit dem Ausschluss verfolgte Maßnahme muss im Interesse der Gesellschaft liegen.

Sonstige im Rahmen einer Kapitalerhöhung zu berücksichtigende Aspekte werden in Kap. II.2.1.2.2 behandelt.

II.2.1.2.2 Börseneinführung (IPO)

Der Gang an die Börse ist oftmals mit dem Wunsch der Stärkung der Eigenkapitalbasis im Vorfeld eines aktuellen oder auch mittelfristig gegebenen Expansionsschritts durch Zukauf eines Unternehmens verbunden.

Die Börseneinführung (Going Public bzw. Initial Public Offering) kann in Form der Platzierung alter Aktien, neuer Aktien oder in einer Mischung aus beidem erfolgen.

Die Platzierung alter Aktien im Rahmen der Börseneinführung ist gleichbedeutend mit einem (Teil-)Verkauf des Unternehmens. Da das Aktienkapital des Unternehmens selbst dabei unverändert bleibt, wird diese Art der Platzierung auch „Secondary Placement"[35] genannt. Die Erlöse der Emission fließen den Altaktionären zu, die sich an der Veräußerung beteiligen. Der Aktionärskreis ändert sich entsprechend. Das Unternehmen selbst bleibt jedoch von dieser Transaktion unberührt. Das Grundkapital verändert sich ebenso wenig wie das Eigenkapital und die Bilanzsumme. Für die Altaktionäre tritt keine Verwässerung ihrer Gewinnanteile ein.

Die Erlöse aus der Platzierung alter Aktien können seitens der Alteigentümer als Finanzierungsinstrument für M&A-Transaktionen eingesetzt werden. Insbesondere diversifizierte Konzerne verwenden den Börsengang von Tochterunternehmen zur Schöpfung neuen Eigenkapitals für die Muttergesellschaft, die damit ihre Kern-

---

[35] Gelegentlich wird der Begriff „Secondary Placement" auch zur Kennzeichnung der Ausgabe neuer Aktien bereits börsennotierter Gesellschaften (im Gegensatz zur erstmaligen Ausgabe anlässlich eines IPO) verwendet.

geschäfte ausbauen kann. Beispiele für diesen sog. Equity Carve-out sind der Börsengang von Stinnes im früheren Veba-Konzern (jetzt E.ON) oder von Infineon bei Siemens.

Alternativ kann die Börseneinführung auch über die Platzierung neuer Aktien erfolgen. Die Emissionserlöse fließen dem Unternehmen zu. Für die Ausgabe neuer Aktien im Primary Placement muss entweder über eine Kapitalerhöhung neues Grundkapital geschaffen oder auf bereits vorhandenes genehmigtes Kapital zurückgegriffen werden. Eigenkapital und Bilanzsumme verändern sich entsprechend den Emissionserlösen. Die erhöhten Eigenmittel wiederum ermöglichen die Ausweitung des Fremdfinanzierungsrahmens, ohne die Finanzkennziffern zu verschlechtern.

Das Primary Placement stellt ein besonders geeignetes Instrument für die Finanzierung von Übernahmen dar. Einerseits können die Erlöse unmittelbar zur Finanzierung des Kaufpreises verwendet werden. Andererseits können die neuen Aktien auch als Übernahmewährung anstelle von Bargeld verwendet werden. Insbesondere bei guter Börsenverfassung und günstigen eigenen Kursen wird hiermit ohne den Einsatz liquider Mittel beträchtliches Expansionspotenzial geschaffen.

Die Notierung an der Börse rückt die Gesellschaften und ihre Produkte oder Dienstleistungen durch die verstärkte Aufmerksamkeit der Medien und Analysten in das Licht der Öffentlichkeit. Die Unternehmen können eine deutliche Steigerung ihres Bekanntheitsgrads erreichen. Des Weiteren führen positive Unternehmensnachrichten im Rahmen der gesetzlich vorgeschriebenen Informationspflichten zu einer erhöhten Glaubwürdigkeit bei Lieferanten und Kunden. Im globalen Wirtschaftsverkehr wird börsennotierten Unternehmen ein Vertrauensvorsprung gewährt, da diese Unternehmen für die internationalen Partner berechenbarer erscheinen als nicht börsennotierte Unternehmen.

Börsennotierte Unternehmen unterstellen sich der ständigen Kontrolle und darüber hinaus den Erfolgserwartungen des organisierten Kapitalmarkts. Für qualifizierte Führungskräfte bieten sie attraktivere Managementpositionen und besitzen dadurch einen Vorteil bei der Rekrutierung. Dies liegt zum einen an den interessanteren Vergütungsmöglichkeiten durch Beteiligung an der Wertentwicklung des Unternehmens, zum anderen aber auch an der gesetzlich geregelten Kompetenzabgrenzung zwischen Management und Eigentümer. Das professionelle Management hat bei der Geschäftsführung eine größere Unabhängigkeit als in Personengesellschaften oder Kapitalgesellschaften ohne Börsenzugang. Nicht zu verkennen sind auch Prestigeaspekte, die in der vermeintlich höheren öffentlichen Wertschätzung von Vorständen börsennotierter Unternehmen gegenüber Geschäftsführern begründet sind. Schließlich erlaubt die Trennung von Eigentum und Management in Verbindung mit der hohen Fungibilität der Anteile das Ausscheiden von Gesellschaftern, ohne dass, wie etwa bei Personengesellschaften vorstellbar, der Bestand des Unternehmens gefährdet wäre.

Natürlich hat der Börsengang nicht nur positive Aspekte. Gesellschaften, die vorher sehr sparsam mit der Preisgabe von Informationen waren, müssen bestimmte Publizitätspflichten und ggf. die Umstellung auf eine kapitalmarktkonforme Rechnungslegung akzeptieren. Die gewonnene Öffentlichkeit ist mit zusätzlichen Kosten, u.a. für Analysten- und Pressekonferenzen, Geschäfts- und Quartalsberichte sowie die Durchführung der Hauptversammlung, verbunden. Hinzu kommt, dass die steuerliche Stellung der Anteilseigner eines börsennotierten Unternehmens in Bezug auf Erbschafts- und Schenkungssteuer schlechter sein kann (vgl. Blättchen, Jasper 1999, S.20).

Unternehmen, die den Börsenzugang anstreben, haben die Möglichkeit, ihre Aktien in unterschiedlichen Börsensegmenten notieren zu lassen. Die Deutsche Börse in Frankfurt unterscheidet drei Marktsegmente:

Die Voraussetzungen für die Zulassung zum Segment *Amtlicher Handel* sind: Mindestens 1,25 Millionen € voraussichtlicher Kurswert, bei Stückaktien mindestens 10.000 Stück sowie ein freies Handelsvolumen (Free Float) von mindestens 25 % des Grundkapitals. Von Ausnahmen abgesehen muss das Unternehmen mindestens drei Jahre bestehen, über diesen Zeitraum geprüfte Jahresabschlüsse vorlegen und einen Zulassungsantrag einschließlich Börsenprospekt zusammen mit einem Kreditinstitut erstellen. Der Emittent haftet für unrichtige und unvollständige Angaben im Prospekt. Der Zulassungsantrag wird von der Zulassungsstelle veröffentlicht. Die Zulassung ist in die Veröffentlichung des Prospekts aufzunehmen.

Innerhalb des Amtlichen Handels und des Geregelten Marktes (siehe Abschnitt Geregelter Markt) beschreibt der deutsche Aktienindex DAX seit 1988[36] die Entwicklung des kapitalgewichteten Durchschnitts der gehandelten Preise der 30 bedeutendsten deutschen Unternehmen. Diese Unternehmen machen ca. 80 % des gesamten Handelsvolumens an der Frankfurter Aktienbörse aus.

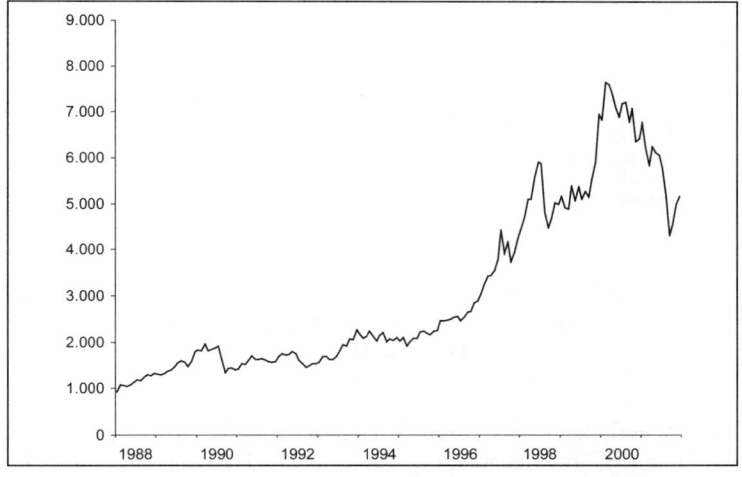

Abbildung 13: DAX-Verlauf (Quelle: Deutsche Börse)

Die Zugehörigkeit zu diesem Segment der deutschen Blue Chips hat nicht nur Prestigegründe. Sie garantiert den Aktionären hohe Liquidität und wirkt in der Regel wegen

---

[36] Der DAX wurde am 1988 eingeführt und führt den Index der Börsen-Zeitung fort. Die historischen Kurse dieses Index reichen bis 1959 zurück.

der Konzentration institutioneller Anleger auf dieses Segment kurssteigernd. Aufnahme und Verbleib im DAX sind an die Erfüllung zusätzlicher Kriterien gebunden: Mindestens 20 % Free Float, ein Rang unter den größten 35 Unternehmen hinsichtlich des Handelsvolumens der letzten zwölf Monate und der Börsenkapitalisierung. Mit Ausnahme von besonderen Ereignissen (z.B. der Fusion von Veba und Viag zu E.ON, die zur Aufnahme von Infineon führte) oder angesichts außergewöhnlich großer Emissionen wird über die Zugehörigkeit einmal pro Jahr mit Wirkung zum September vom Vorstand der Deutschen Börse entschieden. Dessen Entscheidung basiert auf Empfehlungen des Arbeitskreises Aktienindizes, der auch geeignete Nachfolgekandidaten vorschlägt. Neben der obligatorischen Veröffentlichung von Quartalsberichten (innerhalb von zwei Monaten nach dem Ende der Berichtsperiode) sowie Jahresabschlüssen (innerhalb von vier Monaten nach Abschluss des Geschäftsjahrs) müssen DAX-Unternehmen mindestens ein Analystentreffen pro Jahr abhalten. Hinsichtlich der Marktkapitalisierung bilden Deutsche Telekom, Allianz, Siemens, DaimlerChrysler, Münchener Rück und SAP die Schwergewichte des DAX (Stand 05.04.2002).

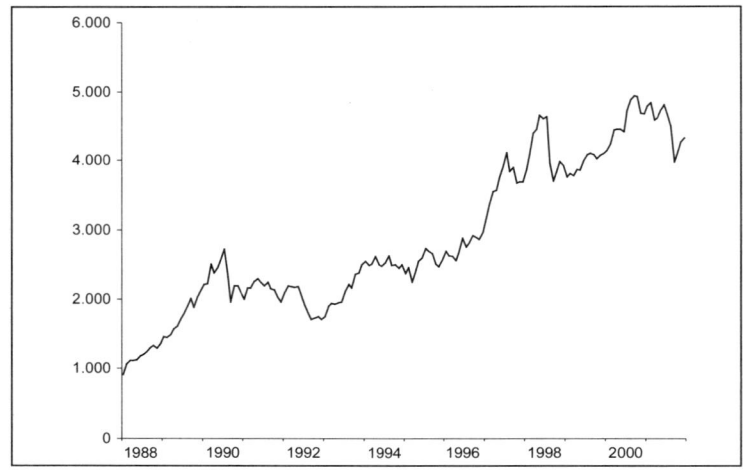

Abbildung 14: MDAX-Verlauf seit Erstnotierung
(Quelle: Deutsche Börse)

Im sog. MDAX befinden sich weitere 70 Unternehmen in einer gegenüber den DAX-Werten verminderten, aber dennoch hervorgehobenen Position. Die Zutrittskriterien zu diesem Midcap-Segment erfüllt derjenige, der hinsichtlich Handelsvolumen und Marktkapitalisierung zu den 110 größten Unternehmen des Amtlichen Handels oder des Geregelten Marktes gehört. Hier entscheidet der Vorstand der Frankfurter Börse zweimal pro Jahr (März und September) über Neuaufnahmen bzw. Streichungen. Als Free Float werden auch hier mindestens 20 % der Anteile gefordert. Die Transparenzerfordernisse entsprechen denjenigen der DAX-Unternehmen. So wurde Porsche in 2001 aus dem Index ausgeschlossen, da das Unternehmen nicht die Verpflichtung zur Veröffentlichung von Quartalsberichten erfüllen wollte. In der Folge des Tender Offer im Rahmen der Übernahme von FAG Kugelfischer schied dieses Unternehmen Ende

2001 aus dem MDAX aus. Die Schwergewichte des MDAX sind die Chemieunter-nehmen Beiersdorf und Altana, die Versicherungsgruppe AMB Generali, die Deutsche Börse, der Gesundheitskonzern Fresenius und der Handelskonzern KarstadtQuelle (Stand 05.04.2002).

Die 30 Werte des DAX und die 70 Werte des MDAX bilden zusammen das Indexport-folio DAX 100. Zusätzlich zum Hauptindex gibt die Deutsche Börse neun Branchen-indizes heraus, die für die Unternehmenswertermittlung wie auch für die Messung des Erfolgs von M&A-Transaktionen von großer Bedeutung sind (vgl. Kap. V.2.2.1 und Kap. IX.2.2).

Im Gegensatz zu den öffentlich-rechtlichen Segmenten des Amtlichen Handels und des Geregelten Markts ist der SMAX ein privatrechtlich organisiertes Segment für Smallcaps. Die Teilnahme am Handel setzt die Zulassung und Notierung der Aktien zum Amtlichen Handel oder zum Geregelten Markt voraus.

Der SMAX-All-Share-Index beschreibt den Kursverlauf der kleineren Unternehmen. Die Aufnahme in den SMAX ist nicht an Größenkriterien, wohl aber an erhöhte Transparenzvoraussetzungen gebunden. Der Free Float sollte größer als 20 % sein.

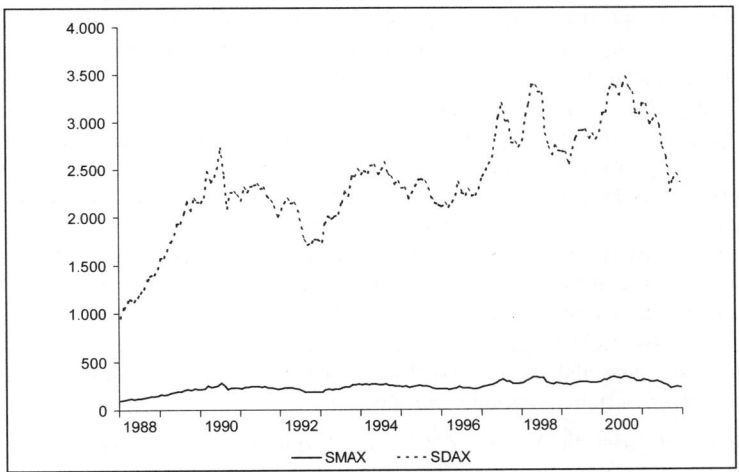

Abbildung 15: SMAX- und SDAX-Verlauf seit Erstnotierung
(Quelle: Deutsche Börse)

Die größten 110 deutschen Unternehmen nach Handelsvolumen und Börsenkapitalisie-rung aus dem SMAX sind Kandidaten für den SDAX (100). Im Juni 2002 wird der SDAX auf 50 Unternehmen verkleinert. Gemäß der Marktkapitalisierung sind die Schwergewichte des SMAX die Versicherungsunternehmen Nürnberger und Mann-heimer und der Versorger MVV Energie (Stand 05.04.2002).

Das Segment des *Geregelten Markts* ist für mittlere und kleinere Unternehmen geeig-net. Der Gesamtnennbetrag ist auf mindestens 0,25 Millionen € festgelegt. Der Free Float muss 25 % betragen und das Unternehmen sollte, abgesehen von Ausnahmen, nicht jünger als drei Jahre sein. Die Anforderungen hinsichtlich des Börseneinführungsprospekts sowie an die laufende Berichterstattung sind geringer als diejenigen des Amtlichen Handels (vgl. Blättchen, Jasper 1999, S.27). Die Pflichten zur Veröffentlichung von Jahresabschlüssen und Zwischenberichten sowie die Erfüllung der Ad-hoc-Publizität dagegen entsprechen den Vorschriften des Amtlichen Handels.

Das Segment weist nur ein geringes Handelsvolumen auf und eignet sich insofern als Mittel zur Beschaffung von Eigenkapital nur in kleinerem Rahmen.

Der *Neue Markt* wurde 1997 als privatrechtlich organisiertes Handelssegment nach den Kriterien des Geregelten Markts eingeführt. Er hat sich als Plattform vor allem für junge Unternehmen der „New Economy" erwiesen.

Dem Neuen Markt wurden gegenüber dem Geregelten Markt eine Reihe von strengeren Regeln auferlegt. Hierzu gehören eine Erhöhung des Emissionsvolumens auf mindestens fünf Millionen €, sowie ein Free Float von mindestens 100.000 Aktien bzw. 20 % des Grundkapitals, wobei nur Stammaktien mit vollem Stimmrecht ausgegeben werden dürfen. Mindestens 50 % der Aktien müssen aus einer Kapitalerhöhung stammen. Das Alter der zuzulassenden Unternehmen sollte mindestens drei Jahre betragen. Nur in Ausnahmefällen wird ein niedrigeres Alter akzeptiert. Hinzu kommt eine sechsmonatige Halteverpflichtung der Altaktionäre (Lockup). Die Jahresabschlüsse sind nach US-GAAP (Generally Accepted Accounting Principles) oder IAS (International Accounting Standards) aufzustellen. Seit 01.03.2001 sind in Angleichung an anglo-amerikanische Regeln Wertpapiergeschäfte des Vorstands und Aufsichtsrats meldepflichtig. Jahresabschlüsse und Quartalsberichte müssen den Aktienbestand der Organmitglieder offenlegen (vgl. Berninghaus 2001, S.37 ff.). Im Zuge der verspäteten Berichterstattung von am Neuen Markt notierten Unternehmen wurden strenge Vorschriften bzgl. des Jahresabschlusses und der Quartalsberichte erlassen. Der Jahresabschluss muss sofort nach Fertigstellung, spätestens drei Monate nach Ende des Geschäftsjahres veröffentlicht werden. Darauf ist in einem überregionalen Börsenpflichtblatt hinzuweisen. Der Quartalsbericht muss spätestens zwei Monate nach Beendigung des Berichtszeitraums veröffentlicht werden. Die Deutsche Börse hat 2001 den strukturierten Quartalsbericht eingeführt. In der Anleitung hierzu sind die Mindestanforderungen an einen Quartalsbericht hinsichtlich der Erläuterung der aktuellen Finanzsituation und weiterer Berichtspositionen aufgeführt.

Der NEMAX 50 fasst die 50 nach Größe und Liquidität wichtigsten Unternehmen am Neuen Markt zusammen. In Frage kommende Kandidaten gehören zu den 60 bedeutendsten Unternehmen des Segments bezüglich Handelsvolumen und Börsenkapitalisierung. Der Börsenvorstand entscheidet hier vierteljährlich über die Zusammensetzung. Zusätzlich zu beiden Indizes NEMAX 50 und NEMAX-All-Share werden zur besseren Transparenz zehn Branchenindizes des Neuen Markts berechnet (Biotechnology, Industrials & Industrial Services, Financial Services, Internet, IT-Services, Media & Entertainment, MedTech & Health Care, Software, Technology, Telecommunications). Die höchste Marktkapitalisierung am Neuen Markt erreichen Unternehmen wie T-Online, Medion, das italienische Finanzinstitut Bipop-Carire und die Biotechnologieunternehmen Qiagen und BB Biotech (Stand 05.04.2002).

Der in Anlehnung an die bereits seit 1971 bestehende NASDAQ (National Association of Securities Dealers Automated Quotation) geschaffene Neue Markt schien sich zunächst als Börsenplatz für junge Unternehmen in Deutschland erfolgreich zu etablieren. Die Euphorie der Anfangsphase trieb den NEMAX auf unrealistisch hohe Werte, denen ein Wertverlust von ca. 90 % folgte. Der tiefe Sturz ist mehr als eine Gegenbewegung auf dem Wege zur Normalisierung. Leichtfertige Prognosen, nicht substantiierter Optimismus hinsichtlich der Zukunftserwartungen, manchmal aber auch Irreführung der Anleger trugen seitens der Emittenten zum Verfall dieses Marktsegments bei. Die Ursachen hierfür liegen aber auch auf der Anlegerseite. Die Gier nach dem „schnellen Geld" hatte für geraume Zeit die gesunde Skepsis völlig ausgeschaltet. Es erscheint fraglich, ob der Neue Markt in der gegenwärtigen Form zukunftsfähig ist.

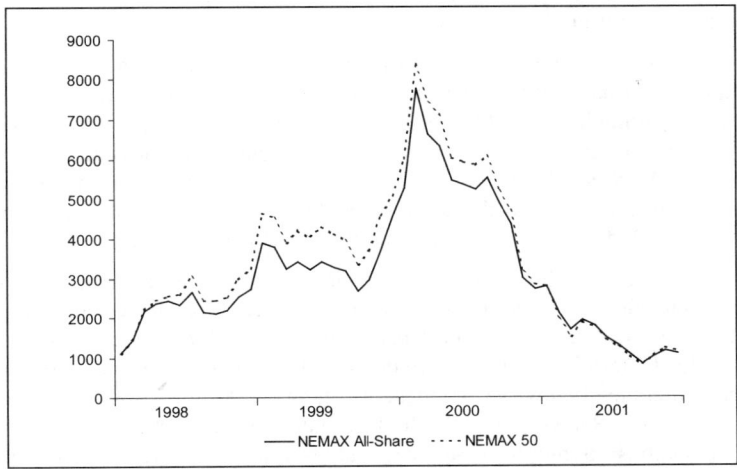

Abbildung 16: NEMAX-All-Share- und NEMAX-50-Verlauf
(Quelle: Deutsche Börse)

Für das Segment *Freiverkehr* bedarf es lediglich eines vom Bundesaufsichtsamt für den Wertpapierhandel genehmigten Verkaufsprospekts. Die niedrige Eintrittsschwelle und die geringeren Qualitätsanforderungen führen zu einem sehr begrenzten Interesse freier Aktionäre an Emissionen im Freiverkehr. Neben einigen deutschen Aktien werden hier überwiegend ausländische Aktien gehandelt.

Die *Börsen-* bzw. *Kapitalmarktfähigkeit* eines Unternehmens definiert sich aus der Rechtsform (AG oder KGaA), den formellen Anforderungen des organisierten Kapitalmarkts und der Erwartungshaltung der potenziellen Anleger.

Im Bereich der klassischen Unternehmen gilt als quantitative Voraussetzung für einen Börsengang zunächst die Unternehmensgröße, gemessen am Umsatz, an der Bilanzsumme und damit indirekt auch am Grundkapital. Die daraus abzuleitende Anzahl der handelbaren Aktien bestimmt wesentlich die Fungibilität des Kapitals der Investoren. Ein eingeschränktes Handelsvolumen führt in der Regel zu niedrigeren Aktienkursen - von spekulativen Ausschlägen bei besonders geringem Free Float einmal abgesehen. Darüber hinaus ist die Unternehmensgröße zu Recht oder zu Unrecht ein wichtiges Kriterium für die Wahrnehmung eines Unternehmens unter der Vielzahl der Teilnehmer am organisierten Kapitalmarkt. In Verbindung mit der Unternehmensgröße spielen natürlich die absolute und die relative Profitabilität des Börsenkandidaten eine große Rolle.

Als dynamische Kriterien sind das Umsatz- und Ergebniswachstum sowie deren Nachhaltigkeit wichtig. Dabei ist eine überzeugende Entwicklung in der Vergangenheit Basis für die Glaubwürdigkeit der Zukunftsplanung. Ein positiver aktueller und auch zukünftig zu erwartender Cash Flow unterstreicht die Ausschüttungsfähigkeit des Unternehmens.

Da Börsenfähigkeit letztlich Verkaufsfähigkeit der betreffenden Aktie an interessierte Anleger bedeutet, unterliegt sie wie alle Verkaufsvorgänge neben quantitativen auch qualitativen und emotionalen Kriterien.

Hierzu gehören die relative Wettbewerbsposition eines Unternehmens, seine Innovationskraft und sein Image. Aber auch die Transparenz des Unternehmens, wie sie sich aus der Übersichtlichkeit der Organisation, einem umfassenden Berichtswesen und einer offenen Informationspolitik ergibt, ist eine wichtige Voraussetzung für die Akzeptanz seiner Aktie an der Börse. Schließlich kommt auch der nachgewiesenen Fähigkeit des Managements und der daraus abgeleiteten Erwartungshaltung für die Zukunft eine große Bedeutung bei der Beurteilung der Börsenreife zu.

Bei Wachstums- und Technologiewerten junger Unternehmen entfallen bei der Beurteilung der Börsenreife einige der genannten Kriterien. Die Bewertung dieser Unternehmen basiert vor allem auf Zukunftserwartungen, die durch eine glaubwürdige Beschreibung der Unternehmensperspektiven (Equity Story) zu untermauern sind. Auch wenn sich zunehmend gewisse Mindest-Ausgangswerte für Umsatz und Liquidität einbürgern, liegt der Schwerpunkt für die Einschätzung der Börsenreife im subjektiven Bereich. Deshalb sind hier - neben der Schlüssigkeit der Geschäftsstrategie - die Qualitäten des Managements besonders wichtig.

Die Wahl des *Zeitpunkts des Börsengangs* sollte die allgemeine Kapitalmarktlage berücksichtigen, aber auch die spezifische Einschätzung der Branche. Niedrige und weiter fallende Indizes der Börsen und insbesondere der vergleichbaren Branchen weisen deutlich auf eine verminderte Aufnahmefähigkeit des relevanten Markts für Eigenkapital und damit auf unbefriedigende Ausgabekurse hin. Entsprechend ungünstig wirken sich auch größere parallele Transaktionen Dritter aus.

Der Ausgabewert der Aktien basiert auf einer Unternehmensbewertung, die in der Regel von einer höheren nachhaltigen Ertragslage als der aktuellen ausgeht. Die daraus resultierende, gewollte Überbezahlung der Aktie, gemessen am Ist-Ertrag, macht es erforderlich, dass das betroffene Unternehmen zum Zeitpunkt der Börseneinführung - unabhängig von der Marktlage - für die überschaubare Zukunft besonders günstige Ertragsaussichten hat und in der Lage ist, potenziellen Anlegern diese Einschätzung glaubwürdig zu vermitteln.

Falsches Timing führt zu wenig erfolgreichen Platzierungen mit deutlich verschlechterten Ausgabewerten, wie im Fall von T-Online. Bei einer Bookbuilding-Spanne von 27 € - 32 € lag der Ausgabepreis im April 2000 am unteren Ende. Bei einer sich bereits abzeichnenden allgemeinen Marktschwäche der Online-Dienste musste wenige Tage vor der Aktienausgabe ein Gewinneinbruch für die ersten beiden Monate des Jahres gegenüber dem gleichen Zeitraum des Vorjahres bekannt gegeben werden. Somit waren weder eine günstige Marktlage noch günstige Ertragsaussichten gegeben. Die Ausgabe am unteren Ende der Bookbuilding-Spanne bedeutete eine Mindereinnahme für T-Online von ca. 570 Millionen €. Kostspielig und imageschädigend sind Absagen angekündigter Emissionen wie im Juli 2000 im Fall von ThyssenKrupp-Stahl. Hier hatte die sich schneller als erwartet abzeichnende Abschwächung der weltweiten Stahlkonjunktur dem Unternehmen den Abbruch der Transaktion nahegelegt.

Vor der eigentlichen Platzierung von Aktien an der Börse ist ein *Emissionskonzept* zu entwickeln, um den Erfolg der Emission so weit als möglich zu sichern.

Aktionäre sind Kunden des Unternehmens für das Produkt Eigenkapital. So gesehen kommt als Zielgruppe für eine Emission eine Investorenstruktur in Frage, die dem Unternehmensprofil hinsichtlich solcher Kriterien wie Branche, Risiko, Rendite, Zyklizität und Internationalität nahe steht. Schließlich ist festzulegen, welcher Anteil der Emission bei institutionellen Anlegern und sonstigen Großanlegern (Wholesale) untergebracht und wie viele Aktien breit platziert werden sollen (Retail). Institutionelle Investoren sind nicht nur wegen ihres größeren Einkaufspotenzials interessant. Als professionelle Anleger sind sie in der Lage, detailliertere Analysen über das Unternehmen und sein Umfeld anzustellen und tragen mit ihrem Engagement zur Vertrauensbildung auf dem Retail-Markt und zur Optimierung der Bewertung bei.

Die Ansprache der institutionellen Investoren geschieht meist in „Road Shows" über Gruppenpräsentationen durch das Management. Besonders wichtige Investoren erhalten in „One-on-One Meetings" Gelegenheit zur Befragung des Managements.

Privatanleger werden in der Regel über die Wirtschaftspresse informiert, über Anzeigen geworben oder über ihre Hausbanken angesprochen. Da sie erfahrungsgemäß weniger schnell auf Marktbewegungen reagieren als institutionelle Anleger, sollten sie in angemessener Weise an einer Emission beteiligt werden. Eine Sonderrolle spielen Kleinanleger bei Privatisierungen, wo für diese politisch gewollte Zielgruppe ein größerer Platzierungsrahmen vorgesehen wird.

Die sorgfältige Auswahl des *Emissionskonsortiums* ist ein weiterer Meilenstein für eine erfolgreiche Platzierung. Erfahrung mit Transaktionen ähnlicher Charakteristik, in der gleichen oder einer verwandten Branche spielen dabei ebenso eine Rolle wie die Gebührenfrage. An der Spitze des Konsortiums steht eine Investmentbank als Lead Manager oder (bei internationaler Platzierung) als Global Coordinator. Der Lead Manager (auch Bookrunner) ist verantwortlich für die Koordinierung des Platzierungsvorgangs sowie die zentrale Buchführung. Die aus den eingehenden Bestellungen ablesbaren Mengen und Preise sind Grundlagen des Bookbuilding-Verfahrens, in dem schließlich der Ausgabepreis fixiert wird.

Der *Platzierungsrahmen* ist nach unten durch die Mindestanforderungen des Börsenplatzes definiert. Darüber hinaus bestimmt sich das Volumen am konkreten Kapitalbedarf des Emittenten und an der notwendigen Handelsmenge für den Sekundärmarkt (Free Float). Nach oben hin wird das Ausgabevolumen durch die Aufnahmefähigkeit des Kapitalmarkts und die gewünschte Mindestbeteiligungs-Quote der Altaktionäre nach der Platzierung begrenzt.

Um hinsichtlich der Kursentwicklung im Anschluss an die Platzierung eine gewisse Flexibilität zu wahren, vereinbart der Emittent meist mit dem Bankenkonsortium eine Mehrzuteilungsoption (Green Shoe). Dabei kann das Konsortium in Abstimmung mit dem Emittenten marktüblich bis zu 15 % über das vorgesehene Volumen hinaus bei Investoren platzieren. Im Maße der Ausübung des Green Shoe werden dem Konsortium weitere Aktien zur Verfügung gestellt, die von Altaktionären oder aus einer Kapitalerhöhung stammen. Bei schwacher Kursentwicklung deckt das Konsortium die Short Position über den Markt und stützt damit den Aktienkurs.

Die Festlegung des Handelsplatzes (*Börsenauswahl*) richtet sich nach der Unternehmensgröße und seiner Internationalität. Für ein Unternehmen mit Sitz in Deutschland kommt im Regelfall die Frankfurter Börse in Betracht. Die regionalen Börsen in Deutschland haben stark an Bedeutung verloren. Eine zusätzliche Platzierung an einer ausländischen Börse kann dann Sinn machen, wenn der Emittent in dem betroffenen Land ein ausreichendes Geschäftsvolumen und einen hohen Bekanntheitsgrad aufweist. Beispiele sind die Platzierungen von DaimlerChrysler, der Deutschen Telekom, Bayer und Schering an der New York Stock Exchange.

Der *Emissionsprospekt* wird auf der Basis der Ergebnisse einer Due Diligence erstellt. Der Prospekt enthält neben der Dokumentation der Emissionsdaten und den Angaben zur Geschäftsentwicklung eine möglichst konkrete Darstellung der Unternehmensstrategie und der im Zusammenhang mit der Emission vorgesehenen Maßnahmen (Equity Story).

Die Festlegung des Emissionskonzepts schließt auch die Erarbeitung einer *Kommunikationsstrategie* ein. Ziel ist die Vermittlung der Equity Story über Road Shows, Analysten-Meetings, Veranstaltungen mit der Wirtschaftspresse und geeignete Werbemaßnahmen.

II.2.2 Fremdfinanzierung

Fremdfinanzierung bedeutet die Finanzierung des Unternehmens mit nicht unternehmerisch haftendem Kapital, das von Kapitalgebern als Kredit oder als handelbares Wertpapier auf Zeit zur Verfügung gestellt wird. Da Fusionen und Akquisitionen von den beteiligten Unternehmen mit einer längerfristigen Perspektive durchgeführt werden, konzentriert sich dieser Abschnitt auf die Darstellung der Möglichkeit zur Finanzierung von M&A-Transaktionen mit langfristigem Fremdkapital. Die Entscheidung, in welcher Höhe und Form Instrumente der externen Fremdfinanzierung für M&A-Transaktionen eingesetzt werden sollen, richtet sich nach ihrer Eignung für die Deckung des konkreten Mittelbedarfs und ihren Kosten.

Die Debt Capital Markets zeichnen sich durch eine Vielzahl von Fremdfinanzierungsinstrumenten aus, von denen hier nur die Standardprodukte behandelt werden. Nur am Rande sei erwähnt, dass auch der Commercial Paper Market längerfristige Fremdfinanzierungen ermöglicht, auf die hier allerdings nicht gesondert eingegangen wird.

II.2.2.1 Unternehmensanleihen

Unternehmensanleihen sind traditionelle Instrumente der langfristigen Fremdfinanzierung. Sie werden auch als Schuldverschreibungen oder Industrieobligationen bezeichnet. Im Gegensatz zu der insbesondere in Deutschland dominierenden Kreditfinanzierung durch Banken richtet sich die Unternehmensanleihe direkt an den Kapitalmarkt. Die Gesamtsumme wird in Teilschuldverschreibungen gestückelt. Die über die Börse gewährleistete Fungibilität ermöglicht es dem Emittenten, den erforderlichen Gesamtbetrag bei einer Vielzahl von Anleihegebern zu mobilisieren (vgl. Weiss 1996, S.235 ff.). Alternativ zur Börsenemission kann auch eine Privatplazierung bei ausgewählten Investoren erfolgen. Der Emittent verpflichtet sich zur Rückzahlung der Schuldverschreibung und zu Zinszahlungen. Der Inhaber der Schuldverschreibung erhält keine Gesellschafterrechte, sondern ist gegenüber der Gesellschaft Gläubiger. Er trägt als Inhaber des Wertpapiers auch das Kursrisiko während der Laufzeit.

Unternehmensanleihen werden meist nur von Großunternehmen als Inlands- oder Auslandsanleihen aufgelegt. Die Emissionsbedingungen sind variabel gestaltbar. Die wesentlichen Merkmale einer Anleihe sind in einem Emissionsprospekt zu veröffentlichen:

- Nennbetrag der Anleihe: Dieser ist abhängig vom Mittelbedarf des Emittenten, von der allgemeinen Kapitalmarktverfassung und einer kostenbedingten Untergrenze. Gewöhnlich wird eine Anleihe unter oder über pari ausgegeben und zu pari (=100 %) zurückbezahlt.

- Verzinsung der Anleihe: Relevant ist die Effektivverzinsung der Anleihe. Diese ergibt sich aus dem Nominalzins, der Laufzeit und dem Emissionskurs.

- Laufzeit und Tilgungsmodalitäten: Die Laufzeiten liegen zwischen 5 und 15 Jahren. Die Tilgung erfolgt meistens in Jahresraten und beginnt häufig erst nach einigen tilgungsfreien Jahren. Weitere Formen sind die einmalige Tilgung zum Endfälligkeitstermin und die Rückzahlung in Annuitäten (konstanter Betrag aus Zins und Tilgung, wobei der Zinsanteil im Zeitablauf abnimmt).

- Vorzeitige Rückzahlung: Die Rückzahlungen werden meist durch Los ermittelt. Zum Teil bildet der Emittent auch einen Tilgungsfond. Aus diesem Fonds werden Teilschuldverschreibungen über die Börse zurückgekauft, wenn der Kurs unter dem Tilgungskurs liegt.

- Kündigungsrecht: Der Emittent kann sich das Recht zur Kündigung vorbehalten. Er sichert sich dadurch Flexibilität in Bezug auf die Entwicklung des Kapitalmarkts und auf Veränderungen des Kapitalbedarfs des Unternehmens.

- Besicherung: Diese erfolgt für besicherte Anleihen durch dingliche Sicherheiten (z.B. Grundschulden), Bürgschaften (z.B. Landesbürgschaften oder Bürgschaften der Muttergesellschaft) oder sonstige Sicherungsklauseln (z.B. Einhaltung bestimmter Finanzkennziffern). Ungesicherte Anleihen (Unsecured, Subordinated Loans) tragen naturgemäß höhere Zinskosten.

Die Anleihe wird von dem emittierenden Unternehmen in der Regel einem Bankenkonsortium übertragen. Die Kosten einer Anleihe sind in laufende und einmalige Kosten zu unterteilen. Einmalige Kosten entstehen bei Ausgabe und Einführung der Anleihe an der Börse oder bei einer entsprechenden Privatplazierung in Form von Börseneinführungsprovisionen, Börsenzulassungsgebühr, Druckkosten, Kosten der Sicherheitenbestellung etc. Die laufenden Kosten bestehen u.a. aus Abwicklungsgebühren, Kosten der Auslosung und Kupon-Einlöseprovisionen.

Die klassische Industrieobligation ist eine Festzinsanleihe (Straight Bond). Floating Rate Notes weisen periodische Zinsanpassungen auf, die sich an der Entwicklung marktüblicher Referenzsätze orientieren. Nullkuponanleihen (Zero Bonds) sind Wertpapiere ohne laufende Zinsausschüttung. Sie werden in der Regel mit einem Diskontabschlag ausgegeben, der Zins und Zinseszins enthält, und zum Nominalkurs zurückgezahlt. Wandelanleihen (Convertibles) gewähren das Recht, die Anleihe in Aktien umzutauschen. Das Umtauschrecht kann meist nach einer Sperrfrist ausgeübt werden. Neben dem Anleihezins sind für Wandelanleihen das Wandelverhältnis, die Zuzahlungen und die Umtauschfrist von Bedeutung. Optionsanleihen (Warrants) bestehen aus einer gewöhnlichen Unternehmensanleihe und einer handelbaren Option, die dem Inhaber das Recht gibt, zusätzlich zur bestehenden Anleiheforderung Aktien oder Anleihen zu im Voraus festgelegten Bedingungen während einer bestimmten Frist zu beziehen. Neben diesen Anleiharten existiert noch eine Vielzahl weiterer Formen. Hierzu wird auf Spezialliteratur, wie etwa Brealey, Myers 2000, verwiesen.

Anleihen von Unternehmen niedrigerer Bonität stellten in den 1980er Jahren die Finanzierungsgrundlage für zahlreiche M&A-Transaktionen in den USA dar. Die sog. Junk Bonds (Low-Grade bzw. High-Yield Bonds) wurden insbesondere herausgegeben, um LBOs oder Hostile Takeovers zu finanzieren. Dem hohen Renditeniveau dieser Anleihen steht ein hohes Ausfallrisiko gegenüber. Da für Anleihen dieser Art letztlich nur die zukünftigen Erträge der Zielgesellschaft als „Sicherheiten" dienen, sind High-Yield Bonds für LBO-Firmen als Instrument der Fremdfinanzierung über die Besicherungsgrenzen hinaus weiterhin interessant (vgl. Gaughan 1999, S.330 ff.).

II.2.2.2 Schuldscheindarlehen

Schuldscheindarlehen stellen ein sehr flexibles und kurzfristig einsetzbares Instrument der mittel- und langfristigen Fremdfinanzierung dar. Kreditgeber sind Kapitalsammelstellen, wie Versicherungsunternehmen, Pensionskassen oder andere institutionelle Anleger. Der Schuldschein ist nicht notwendigerweise das konstituierende Merkmal eines Schuldscheindarlehens. Häufig wird auf die Ausstellung sogar verzichtet, da der abgeschlossene Darlehensvertrag die Rechte und Pflichten der Beteiligten hinlänglich definiert. Die Laufzeit von Schuldscheindarlehen beträgt meist zwischen 10 und 15 Jahren. Der übliche Darlehensvertrag sieht drei bis fünf tilgungsfreie Jahre vor und eine anschließende Tilgung in gleichen Halbjahresraten oder Jahresraten. Emissionsdarlehen durch Versicherungen unterliegen besonders strengen Anforderungen hinsichtlich der Bonität des Kreditnehmers. Entsprechend bleibt diese Finanzierungsquelle erstklassigen Adressen vorbehalten.

Die langfristige Fremdfinanzierung über ein Schuldscheindarlehen hat für Kreditnehmer und Gläubiger im Vergleich zur Unternehmensanleihe Vor- und Nachteile. Da Schuldscheindarlehen keine börsenfähigen Wertpapiere sind, entfallen der kostspielige und aufwendige Prozess der Zulassung und die weitreichenden Publizitätspflichten. Die Nebenkosten eines Schuldscheindarlehens beschränken sich im Wesentlichen auf

Makler- und Vermittlungsgebühr sowie Kosten der Sicherheitenstellung. Anderseits hat die mangelnde Fungibilität des Schuldscheindarlehens zur Folge, dass der Zinssatz im Durchschnitt um ein viertel bis ein halbes Prozent über dem jeweiligen Anleihezinssatz liegt.

II.2.2.3 Einzelkredite

Trotz der Zunahme des Emissionsgeschäfts hat der langfristige Anlagekredit von Geschäftsbanken nach wie vor eine große Bedeutung. Der Einzelkredit kann dem Unternehmen entweder von einer Bank oder von mehreren Banken gewährt werden. In letzterem Falle spricht man von einem Konsortialkredit (Syndicated Loan). Die Kreditverhandlungen des Unternehmens erfolgen nur mit dem Konsortialführer (Lead Manager). Die Zusage des Kreditvolumens durch den Arrangeur kann entweder zu Festkonditionen oder in Form des „Bemühens" (Best Effort) erfolgen.

Die Kreditaufnahme folgt einem typisierten Ablauf. Die kreditgebende Finanzinstitution prüft zunächst das den Kredit beantragende Unternehmen auf Kreditfähigkeit, Kreditwürdigkeit und vorhandene Sicherheiten. Die Prüfung der Kreditfähigkeit bezieht sich auf die Frage, ob der Antragsteller auf Grund gesetzlicher oder vertraglicher Vollmachten Kredite aufnehmen darf.

Im Rahmen der Prüfung der Kreditwürdigkeit ist zu klären, ob die wirschaftlichen Verhältnisse des Kreditnehmers dafür sprechen, dass das Darlehen den Vereinbarungen gemäß verzinst und getilgt werden kann. Die Intensität dieser Prüfung korreliert mit Kredithöhe, Laufzeit und den gestellten Sicherheiten. Die Prüfung ist laut § 18 Kreditwesengesetz (KWG) bei Krediten mit einer Höhe von mehr als 250.000 € (500.000 DM) vorgeschrieben, so dass nahezu alle M&A-Transaktionen diesem Prüfverfahren unterliegen.

Anhand von Unterlagen wie Jahresabschlüssen, Zwischenbilanzen, Wirtschaftsprüfungsberichten, Vermögensverzeichnis, Finanzplan, Liste verfügbarer Sicherheiten, Angaben über bestehende Darlehen und Kredite etc. wird das Unternehmen einer der Due Diligence ähnlichen Prüfung unterzogen (vgl. Kap. V.1). Bei einem objektbezogenen Kredit, wie er zum Kauf einer Beteiligung beantragt werden kann, wird auch das Zielobjekt in die Prüfung einbezogen. Da die Kredite aus den laufenden Erträgen verzinst und getilgt werden sollten, wird ein dynamischer Bewertungsmaßstab angelegt, der großes Gewicht auf die künftige Ertragslage des Kreditnehmers unter Einbeziehung des Zielobjekts legt. Im Rahmen der Prüfung sind folgende Untersuchungsbereiche von Bedeutung: Vermögensstruktur, Kapitalstruktur, Liquiditätslage, Finanzplan und Ertragslage.

Einen wesentlichen Aspekt der Kreditwürdigkeit stellen die Sicherheiten dar, die im Fall einer Zahlungsunfähigkeit des Kreditnehmers den Gläubiger gegen einen Verlust seiner Forderung absichern sollen. Es wird zwischen sachlichen und persönlichen Sicherheiten unterschieden. Die wesentlichen praxisrelevanten sachlichen Sicherheiten sind:

*   Grundpfandrechte: Sie spielen bei der Wahl der zu stellenden Sicherheiten eine bedeutende Rolle, weil sie für den Kreditgeber gut einschätzbar, überwachbar und verwertbar sind.

- Pfandrechte: Zur Anwendung kommen Pfandrechte an Wertpapieren, Guthaben an Termingeldern und Sparguthaben.

- Zessionen: Zessionen bestehen in der Abtretung entweder von Forderungen oder sonstiger Rechte an den Kreditgeber. Das Kreditinstitut wird Gläubiger an Stelle des Kreditnehmers.

- Sicherungsübereignung: Der Kreditnehmer überträgt das Eigentum am Sicherungsgut auf den Gläubiger, wobei dieser dem Kreditnehmer das Gut wiederum zur Nutzung überlässt.

Persönliche Sicherheiten bestehen aus:

- Bürgschaften: Die verschiedenen Bürgschaftsformen, die im Rahmen der Sicherheitenstellung bei Krediten vorkommen, werden nach der unterschiedlichen Haftung des Bürgen unterschieden. Die Gläubiger bevorzugen zumeist die selbstschuldnerische Bürgschaft. Im Fall des Zahlungsverzugs des Schuldners hat der Gläubiger das Recht, den Bürgen sofort in Anspruch zu nehmen, ohne zuvor eine Zwangsvollstreckung in das Vermögen des Kreditnehmers vollziehen zu müssen. Die Ausfallbürgschaft verpflichtet hingegen den Bürgen nur im Fall eines nachgewiesenen Verlusts, der aus der verbürgten Kreditgewährung stammt, einzutreten.

- Sonstige Garantien: Patronatserklärungen stellen eine „weiche" Form der Bürgschaft dar. Meistens werden Patronatserklärungen von Konzernen für eine Tochtergesellschaft ausgesprochen. Die Muttergesellschaft erklärt, die Tochtergesellschaft entweder zu unterstützen oder für die eingegangenen Verbindlichkeiten einzustehen.

Im Rahmen der Sicherheiten sind die Negativklauseln ebenfalls zu erwähnen. Negativklauseln werden im Zusammenhang mit dem Abschluss von objektbezogenen Darlehensverträgen vereinbart und sind insbesondere bei der Finanzierung von LBOs gebräuchlich. Die Kreditnehmer geben dabei rechtsverbindliche Erklärungen (Covenants) ab, in denen versichert wird, bestimmte Handlungen zu unterlassen oder bestimmten Vorgaben zu entsprechen. In der Praxis hat sich eine Vielzahl an unterschiedlichen Formen gebildet. Kreditnehmer versichern, gewisse Bilanzrelationen über die Laufzeit des Kredits einzuhalten oder Teile des Unternehmensvermögens nur mit Zustimmung des Gläubigers zu veräußern. Häufig erklärt der Kreditnehmer auch, andere Gläubiger nicht besser zu stellen.

Für die Finanzierung von M&A-Transaktionen unter Einsatz größerer Darlehenssummen kommen als Sicherheiten neben dem Grundpfand vor allem die Sicherungsübereignung des Anlage- und Umlaufvermögens, die Abtretung oder Verpfändung von Wertpapieren und Gesellschaftsrechten, Bürgschaftserklärungen, Patronatserklärungen der Muttergesellschaft und rechtsverbindliche Erklärungen in Frage.

II.3 Nicht liquiditätswirksame Finanzierungsformen

M&A-Transaktionen erfordern nicht selten ein Finanzierungsvolumen, das Unternehmen weder durch Instrumente der Innenfinanzierung noch im Wege der Außenfinanzierung darstellen können. Als Alternative oder Ergänzung kommen liquiditätsschonende Finanzierungsformen in Frage, die ansonsten nicht realisierbare, strategisch aber wichtige Transaktionen erst möglich machen.

II.3.1.1 Kapitalerhöhung gegen Sacheinlagen

Der Erwerb eines Unternehmens kann teilweise oder vollständig im Wege der Kapitalerhöhung gegen Sacheinlagen erfolgen. In diesem Falle verzichten die Gesellschafter des Zielunternehmens im Gegenwert zur Sacheinlage auf eine Bezahlung mit liquiden Mitteln und treten stattdessen in den Eigentümerkreis des übernehmenden Unternehmens ein. Die übernehmende Gesellschaft führt dazu eine Kapitalerhöhung unter Ausschluss des Bezugsrechts durch. Die neuen Aktien werden nicht im Rahmen eines Primary Offering an der Börse platziert (vgl. Kap. II.2.1.2.2), sondern von den Gesellschaftern des übernommenen bzw. untergehenden Unternehmens im Gegenzug zu ihrer Sacheinlage bezogen. Die Sacheinbringung selbst kann bei Aktiengesellschaften sowohl auf der Grundlage der ordentlichen als auch der bedingten oder der genehmigten Kapitalerhöhung erfolgen (vgl. Kap. II.2.1.2.1). Die Ermittlung des Werts der Sacheinlage hat nach einem anerkannten Verfahren der Unternehmensbewertung zu erfolgen (vgl. Kap. V.2.2) und bedarf einer umfassenden Dokumentation in Form eines Prüfungsberichts durch Wirtschaftsprüfer. Der Vorgang ist in der Wirkung weitgehend identisch mit einer Verschmelzung durch Aufnahme (vgl. Kap. I.1.2.1).

Die übernehmende Gesellschaft hat den Vorteil, flüssige Mittel zu schonen. Eine Verwässerung des Vermögens der Altaktionäre der übernehmenden Gesellschaft findet nicht statt, wenn den neuen Aktien eine werthaltige Sacheinlage, die zusätzliche Synergien verspricht, gegenübersteht. Ein großer Teil der Megafusionen der 1990er Jahre, wie etwa AOL/Time Warner, Vodafone/Mannesmann oder Deutsche Telekom/Voice Stream, war nur im Wege eines solchen „Paper Deal" möglich.

II.3.1.2 Vermögenstransfer

Der Vermögenstransfer ist ein Tauschhandel, in dem der Käufer den Verkäufer durch die Übergabe von Vermögensteilen „bezahlt". Das Verfahren vermeidet im Gegensatz zur Kapitalfreisetzung (vgl. Kap. II.1.2) den Verkauf von Vermögensteilen zur Gewinnung liquider Mittel. Die Möglichkeit, Stille Reserven nicht aufzulösen, kann zudem steuerliche Vorteile mit sich bringen. Anwendbar erscheint der Vermögenstransfer bei Immobilien oder auch bei der Produktionsbereinigung zwischen zwei Unternehmen, z.B. durch Tausch von Anlagen, Rohstoffen und Fertigprodukten. In der Praxis spielt diese Form der Finanzierung einer M&A-Transaktion auf Grund der sehr spezifischen Voraussetzungen, die für ihre Anwendung erfüllt sein müssen, eine eher untergeordnete Rolle. Sie wird aber gelegentlich als Ergänzung zur übrigen Finanzierung angewendet.

II.3.1.3 Kaufpreisstundung

In gewissen Verkaufssituationen kann der Verkäufer bereit sein, dem Käufer eine Stundung des Kaufpreises zu gewähren. Finanzwirtschaftlich ist die Stundung mit einem langfristigen Darlehen zu vergleichen. Sie kann z.B. dem Kalkül entspringen, dass sich der Kaufpreis aus dem zukünftigen Netto-Cash-Flow des erworbenen Unternehmens bzw. Unternehmensteils finanziert. Eine partielle Stundung liegt in der Vereinbarung eines niedrigeren Ausgangs-Kaufpreises, der um eine Earn-out-Regelung ergänzt wird.

Vorstellbar ist auch, dass der Verkäufer einer Stundung zustimmt, wenn sich das Unternehmen in einer schwierigen Situation befindet, die durch die Erzielung von Synergieeffekten im Rahmen einer M&A-Transaktion zu lösen ist. Ein anderer denkbarer Fall ist ein Familienunternehmen mit Nachfolgeproblemen, bei dem es das Ziel der Alt-Gesellschafter ist, die Kontinuität der Firma zu sichern. Deshalb wird an einen Bewerber verkauft, der diese Kontinuität zusichert. Da dieser aber zum Zeitpunkt des Kaufs nicht über die notwendige Finanzkraft verfügt, wird ihm eine Stundung des Kaufpreises gewährt.

II.4 Auswahlkriterien der Finanzierungsinstrumente

Die richtige Auswahl der Finanzierungsinstrumente für eine M&A-Transaktion zählt zu den erfolgskritischen Faktoren. Die Festlegung orientiert sich an den spezifischen Bedingungen der konkreten M&A-Transaktion, der Finanzlage des Käufers und der Verfassung der Finanzmärkte. Die vorgestellten Kriterien stellen somit nur einen Rahmen zur Strukturierung der Entscheidung in der Praxis dar.

Der Finanzbedarf einer M&A-Transaktion setzt sich grundsätzlich aus dem Kaufpreis für das Eigenkapital der Anteilseigner des Übernahmeobjekts und dessen Netto-Finanzschulden zusammen (Transaction Value). Hinzu kommen Transaktionskosten als Einmalaufwendungen. Es versteht sich von selbst, dass dieser Gesamtbedarf in einem angemessenen Verhältnis zur Finanzkraft und zur Management-Substanz des Käufers stehen sollte. In der Praxis begrenzen z.B. Fondsbedingungen (bei Finanzinvestoren) oder vom Aufsichtsrat festgelegte Finanzkennzahlen (bei strategischen Investoren) die Größenordnung von Transaktionen. Private-Equity-Fonds limitieren häufig einzelne Projekte auf 10 % ihres Fondsvolumens. Treten Unternehmen als Käufer auf, unterliegen sie bestimmten Bilanzrelationen, die ihr Rating und damit ihre Finanzkonditionen definieren. Genehmigte und bedingte Kapitalerhöhungen börsennotierter Gesellschaften sind auf die Hälfte des Grundkapitals beschränkt, erlauben aber in der Regel eine zusätzliche Fremdverschuldung in ähnlicher Größenordnung. Wenngleich einheitliche oder gar formale Kriterien für Eigenkapitalquoten und Verschuldungsgrad nicht vorliegen, gelten doch ein Eigenkapitalanteil von mehr als 25 % an der Bilanzsumme (für reife Industrieunternehmen und unter dem Gesichtspunkt der Bilanzierung von Pensionsrückstellungen) bzw. ein Verhältnis von Netto-Finanzschulden zu Cash Flow von weniger als drei jeweils unter (Pro Forma-)Einschluss der Transaktion als angemessen. Da M&A-Transaktionen für Unternehmen nichts anderes als Investitionen sind, ist neben ihrer Rentabilität insbesondere ihre Refinanzierung zu beachten. Konservative Investoren sehen eine Abdeckung des Transaktionswerts durch den kumulierten Free Cash Flow von maximal sieben Jahren als Grenze für ein Engagement an.

Auf der Fremdfinanzierungsseite kommen weitere Begrenzungen hinzu, die sich auf den Wert der als Sicherheiten dienenden Vermögensgegenstände beziehen. So sind Grundstücke je nach Verwendbarkeit mit einem geringen Abschlag auf ihren Verkehrswert beleihbar. Bei der Beleihung gegen Sicherheiten in Form von Sachanlagevermögen und Umlaufvermögen ist i.d.R. mit deutlichen Abschlägen zu rechnen. Ähnliches gilt bei der Hingabe von Aktien als Sicherheiten.

Ein wichtiges Auswahlkriterium sind die Kosten der jeweiligen Finanzierungsalternativen. In der Praxis können die folgenden Kostenkategorien unterschieden werden:

- Beschaffungskosten: Hierzu zählen einmalige Kosten wie Bankenprovisionen, Kosten der Sicherheitenstellung, Börseneinführungsgebühr und Kosten für den Druck der Wertpapiere. Laufende Fremdleistungskosten umfassen u.a. die Kosten aus laufender Tilgung sowie Kosten der treuhänderischen Verwaltung der Sicherheiten.

- Nutzungskosten: Hierbei handelt es sich um Kosten, die aus der Gewährung des Kapitals für das nutzende Unternehmen entstehen, wie etwa Zinsen und Dividenden.

- Steuern: Da die Finanzierungsalternativen unterschiedliche steuerliche Auswirkungen haben, ist die Betrachtung der Belastung durch Steuern (Einkommen-, Körperschaft- und Gewerbesteuer) wichtig.

Die Beurteilung der Kosten muss angesichts der laufenden Veränderungen in der Verfügbarkeit und in den spezifischen Preisen der Finanzierungsinstrumente konkret zum Zeitpunkt der Finanzierung vorgenommen werden. Dennoch können einige allgemeingültige Tendenzaussagen hinsichtlich der Kosten der verschiedenen Finanzierungsformen gemacht werden (vgl. Weiss 1996, S.264 ff.):

- Die Selbstfinanzierung ist mit keinerlei Beschaffungs- und Nutzungskosten verbunden.

- Nicht liquiditätswirksame Finanzierungen stellen unter der Voraussetzung einer optimalen Bewertung bzw. eines günstigen Umtauschverhältnisses eine vergleichsweise kostengünstige Finanzierung dar.

- Kredite mit staatlichen Beihilfen (oder Bürgschaften) ermöglichen eine Fremdfinanzierung zu Konditionen, die unterhalb der marktüblichen Sätze liegen.

- Wandelschuldverschreibungen und Optionsanleihen sind Fremdfinanzierungsformen mit Eigenkapitalkomponenten (Mezzanine-Kapital). Der relativ niedrige Nominalzins macht sie zu einer kostengünstigen Finanzierungsalternative, sofern die Wandlungskonditionen den Vorteil nicht aufheben.

- Unternehmensanleihen, besicherte Kredite (Senior Debt) und Schuldscheindarlehen sind je nach Kapitalmarktverfassung und Bonität des Schuldners mit einem vertretbaren Aufschlag zum Basiszinssatz versehen.

- High-Yield-Anleihen und nachrangige Darlehen sind relativ teure Fremdfinanzierungsalternativen.

- Die Zuführung von Eigenkapital ist i.d.R. die „teuerste" Finanzierungsalternative. Dies liegt neben den Beschaffungskosten und steuerlichen Aspekten vor allem an der Erwartungshaltung der Anteilseigner hinsichtlich Ausschüttung und Wertsteigerung. Andererseits ist diese Art der Finanzierung Grundlage für die Nutzung anderer Finanzierungsinstrumente.

Da Finanzierungen bei M&A-Transaktionen ein beachtliches Volumen erreichen können, benötigen fast alle Alternativen eine Vorbereitung von mehreren Wochen. Insbesondere Maßnahmen der Eigenkapitalbeschaffung haben eine verhältnismäßig lange Vorlaufzeit. Hinzu kommt, dass Aktien auf dem Kapitalmarkt vorzugsweise in Zeiten einer günstigen Marktkonstellation (niedrige Zinsen, hohe Aktienkurse) stattfinden sollten. Hierzu gehört auch eine gute Ertragslage des Nachfragers sowie eine positive Einschätzung seiner zukünftigen Entwicklung. Sind beide Bedingungen nicht erfüllt, ist nicht nur mit einer Verringerung des Finanzierungsrahmens, sondern auch mit einer Verschlechterung der Konditionen zu rechnen.

Auch die Größe des Unternehmens determiniert die Freiheitsgrade bei der Wahl unter den einzelnen Finanzierungsalternativen. So können z.B. nur größere Unternehmen mit entsprechendem Bekanntheitsgrad Anleihen emittieren. Auch die Eigenkapitalaufnahme setzt bestimmte Größenordnungen voraus. Bei der Börseneinführung einer Aktiengesellschaft sind die Zulassungsbestimmungen zu beachten, die ein Mindestvolumen für die Platzierung vorschreiben, das kleinere Unternehmen nicht aufbringen können. Diesen Unternehmen steht allerdings der Private-Equity-Markt zur Verfügung.

Die Strukturierung von LBO-Finanzierungen weist Besonderheiten auf: Da der Käufer des Zielunternehmens über den Einsatz des vereinbarten Eigenkapitalanteils am Kaufpreis hinaus keine Sicherheiten einbringt, ist das Beleihungsobjekt ausschließlich das gekaufte Unternehmen. Dabei ist ein Kreditvolumen zu finanzieren, das sich aus der Summe des Fremdmittelbedarfs sowohl des Zielunternehmens wie auch der Kaufpreisfinanzierung zusammensetzt.

Typischerweise kommt bei LBO-Finanzierungen eine Kombination aus besicherten und unbesicherten syndizierten Bankkrediten zum Einsatz. Der besicherte Teil gliedert sich in die Kategorien Senior Debt (erstrangig) und Intermediate-Term Debt (nachrangig). Das Sicherheitspaket des Senior-Debt-Anteils besteht üblicherweise aus dem Anlagevermögen, den Kundenforderungen und dem Lagerbestand. Im Falle einer verbleibenden Finanzierungslücke kommen auch unbesicherte Kredite bzw. Kredite niedrigerer Sicherungsstufe zum Einsatz (Unsecured, Subordinated Debt). Während die Zinsaufwendungen für den Senior-Debt-Anteil einen Prime-Rate-Aufschlag von 2 % bis 5 % aufweisen, steigen die Zinskosten im Maße der Verringerung des Sicherungsrangs deutlich an (vgl. Gaughan 1999, S.300 ff.).

III M&A-Management

Der Begriff Management hat zwei Bedeutungsvarianten. Im funktionalen Sinn wird Management als Beschreibung von Prozessen in arbeitsteiligen Organisationen verstanden. Andererseits ist mit dem Begriff Management auch eine institutionelle Bedeutung verbunden. Entsprechend wird unter M&A-Management die Planung, Steuerung und Kontrolle sämtlicher Phasen der M&A-Transaktionen verstanden, aber auch der organisatorische Rahmen hierfür.

Die Frage nach dem „richtigen" M&A-Management ist demnach mit der Feststellung des geeigneten Formats für die Aufbau- und Ablauforganisation des Einzelfalls zu beantworten. Die Fähigkeit, das Verhalten der beteiligten Mitarbeiter auf das Zielsystem der Transaktion ausrichten, spielt dabei eine wichtige Rolle (vgl. Kübler 1994, S.143).

In der Durchführung von M&A-Transaktionen in Deutschland ist ein erheblicher Wandel feststellbar. In der Produktivitätsphase (vgl. Kap. I.4.1) wurden die an der Transaktion beteiligten Unternehmen kaum durch externe Spezialisten unterstützt. Die Fusionen und Akquisitionen wurden weitgehend in sog. „Boardroom Agreements" ausgehandelt und dann meist durch die Unternehmensleitung in Abstimmung mit dem Aufsichtsrat umgesetzt. Das Fehlen spezifischen Transaktions-Know-hows und die zeitlich beschränkte Verfügbarkeit des Topmanagements führte Mitte der 1980er Jahre zu einer Kehrtwende. M&A-Transaktionen wurden zunehmend wie „Turn-Key-Projekte" vergeben. Investmentbanken wickelten nicht selten gesamte Transaktionen als Generalunternehmer ab. Kein Wunder, dass bei dieser Vorgehensweise die strategischen und kulturellen Aspekte der beteiligten Unternehmen nicht immer ausreichend berücksichtigt wurden. Aktuelle empirische Untersuchungen zeigen, dass mittlerweile anstelle dieser Extrempositionen eine gemischte Organisationsform angestrebt wird, die als situationsgerechte, ganzheitliche Lösung anzusehen ist (vgl. Thommen, Sauermann 1999, S.318).

III.1 Bedeutung der Organisationsform

M&A-Transaktionen sind hinsichtlich ihrer Ausgangslage, Zielsetzung und Durchführung komplexe Vorgänge. Auf Grund der vielen Variablen und Störgrößen treten regelmäßig Abweichungen gegenüber dem Standard auf. Ohne im Einzelnen auf die verschiedenen wissenschaftlichen Spezifitätsbegriffe, wie Sachkapitalspezifität, Standortspezifität und Humankapitalspezifität (zur näheren Erläuterung vgl. Erlei, Leschke, Sauerland 1999, S.189 f.) einzugehen, bleibt festzuhalten, dass in den einzelnen Phasen einer Transaktion unterschiedliches Know-how in hoher Quantität und Qualität kurzfristig zur Verfügung zu stellen ist. Dies setzt eine leistungsfähige und gleichzeitig flexible Organisation voraus.

Ein wesentliches Kennzeichen von M&A-Transaktionen ist, dass Entscheidungen unter beträchtlicher Unsicherheit zu treffen sind. Diese Unsicherheit ist zunächst sachlich begründet. Die Informations- und Analysequalität ist - zumindest in der Anfangsphase - begrenzt. Hinzu kommt, dass die Gesamtheit aller Einflussfaktoren auf den Transaktionsprozess nicht erfasst werden kann. Wirkungsrichtung und Stärke der Variablen sowie deren Auswirkung auf andere Umfeldvariablen können ebenso wenig eindeutig bestimmt werden. Zur situationsspezifischen Unsicherheit kommt die verhaltensbezogene Unsicherheit im Verlauf des Prozesses hinzu. Darunter wird das opportunistische, wechselseitig eigennützige Verhalten der Transaktionsparteien verstanden. Umso wichtiger erscheint es, dass die Beteiligten in ihren Überlegungen die für ihren Fall wesentlichen Variablen beachten und organisatorische Vorsorge für deren Überwachung und Steuerung treffen.

III.2 Mögliche Organisationskonzepte

Im folgenden Abschnitt werden vier Alternativen der organisatorischen Gestaltung des M&A-Managements vorgestellt. Diese Konzepte beziehen sich auf die Aufbauorganisation[37] der M&A-Transaktion, behandeln also die Frage, welchem Verantwortungsbereich im Unternehmen das M&A-Management zugewiesen werden soll. Bezüglich des Ablaufs einer M&A-Transaktion wird auf Kap. IV und Kap. VII verwiesen. Dort wird im Einzelnen auf die Strategieermittlung, die Planung der Transaktion, ihre Durchführung sowie die Integration der beteiligten Unternehmen eingegangen.

Im Rahmen des Managements von M&A-Projekten wird in der Literatur auch auf den Organisationsansatz des Projektmanagements hingewiesen (vgl. Kübler 1994, S.121). Die projektbezogene Organisation ist durchaus geeignet für M&A-Transaktionen. Es gibt jedoch auch kritische Anmerkungen, wonach der eher technische Führungsansatz bei nicht klar abgrenzbaren Projekten sehr schnell an seine Grenzen stößt (vgl. Kraus, Westermann 1998, S.187 ff.). Unabhängig davon sind verschiedene Methoden des Projektmanagements, wie die Netzplantechnik, im M&A-Prozess gut einsetzbar. Eine Beschreibung dieser Techniken ist etwa bei Burghardt 1995 und Litke 1995 zu finden.

Auf die Voraussetzungen einer immer wieder diskutierten vollständigen Vergabe des M&A-Managements an externe Unternehmensberatungen, Investmentbanken oder Wirtschaftsprüfungsgesellschaften wird nicht gesondert eingegangen. Die strategische Ausrichtung eines Unternehmens ist nicht delegierbar. Das gilt auch für maßgebliche Einzelentscheidungen der Umsetzung der Unternehmensstrategie, wozu zweifellos größere M&A-Transaktionen gehören. Die Initiierung, Organisation und Steuerung von solchen Transaktionen muss als originäre Aufgabe des Managements angesehen werden, die durch entsprechende Dienstleister zwar unterstützt, aber nicht ersetzt werden kann. Der Bedeutung der Transaktion entsprechend können dabei verschiedene Hierarchiestufen Verantwortung übernehmen (vgl. Haspeslagh, Jemison 1992, S.99 ff. und Sauermann 2000, S.31 ff.). Jedes Unternehmen sollte hierfür Regeln aufstellen.

---

[37] Der Begriff der Aufbauorganisation wird im Sinne Grochlas verstanden (vgl. Grochla 1982, S.24). Danach regelt die Aufbauorganisation die Zuständigkeit für die arbeitsteilige Erfüllung der Unternehmensaufgabe. Zwischen den einzelnen Organisationseinheiten bestehen Leitungs-, Informations- und Kommunikationsbeziehungen, die eine Koordinierung gewährleisten.

III.2.1 M&A-Management durch die Unternehmensleitung

Das Management von M&A-Transaktionen, die für den Bestand und die Weiterentwicklung eines Unternehmens von großer Bedeutung sind, liegt regelmäßig in den Händen der Unternehmensleitung. Die Unternehmensleitung besteht je nach der Rechtsform aus dem Eigentümer, dem Geschäftsführer oder dem Vorstand. Dabei kann die oberste Leitungsebene eine Singular- oder eine Pluralinstanz sein. Der Unternehmensleitung im weiteren Sinne sind hinzuzurechnen: der Aufsichtsrat sowie ggf. Stabstellen, die zwar keine Weisungsbefugnis gegenüber den Linienabteilungen haben, aber wesentlich in die Entscheidungsvorbereitung und Koordinierung des Transaktionsprozesses eingeschaltet sind. Zusätzlich werden externe Berater zur Bearbeitung von speziellen Problemen und zur Erweiterung der Kapazität eingesetzt.

Die unmittelbare Leitung der M&A-Transaktion durch das Topmanagement führt zu einer Zentralisation der Prozessdurchführung. Natürlich bringt sich das Topmanagement in die einzelnen Phasen einer M&A-Transaktion unterschiedlich stark ein. Zu berücksichtigen ist, dass die oberste Führung eines Unternehmens nicht ihre gesamte Arbeitszeit für M&A-Projekte zur Verfügung stellen kann und zudem nicht über das fachspezifische Wissen für alle Teile des Prozesses verfügt. Der Unternehmensleitung verbleibt aber in jedem Fall die Strategieformulierung sowie die Verantwortung für Planung, Entscheidung, Durchführung und Kontrolle des M&A-Prozesses. Für die einzelnen Phasen einer Transaktion bedeutet dies:

- Strategieermittlung: Die Erarbeitung und kontinuierliche Weiterentwicklung der Unternehmensstrategie mit den daraus resultierenden Implikationen für das Geschäftsportfolio ist Aufgabe der obersten Führungsebene. Die Unternehmensleitung bestimmt den Rahmen und die konkreten Schritte für M&A-Transaktionen im Abgleich mit der Unternehmensstrategie.

- Planung der Transaktion: Die wesentlichen vorbereitenden Entscheidungen, wie etwa die Suche und Auswahl der möglichen Kandidaten, der einzuschlagende Transaktionsweg sowie die Festlegung einer Verhandlungsstrategie, sind vom Topmanagement zu treffen. Für die Erarbeitung der Maßnahmen im Einzelnen ist ein überschaubares, sachkundiges Projektteam einzusetzen.

- Durchführung der Transaktion: Die Kontaktaufnahme und Leitung der Verhandlungen durch das Topmanagement signalisiert den Gesprächspartnern die Ernsthaftigkeit des Vorgehens. Auf Grund der Aufgabenvielfalt und des Zeitdrucks muss in dieser Phase ein überwiegender Teil der zu erfüllenden Tätigkeiten delegiert werden, u.a. an externe Spezialisten.

- Integration: Das Topmanagement übernimmt in dieser Phase die aktive Steuerung. Die notwendigen Integrationsmaßnahmen selbst werden meist von speziellen Projektteams, die mit den betroffenen Unternehmensbereichen zusammen agieren, umgesetzt. In jedem Fall muss die Unternehmensleitung die Rolle des „Promoters" zur Überwindung der zumindest vorübergehend unvermeidbaren negativen Auswirkungen einer Fusion oder Akquisition übernehmen.

- Erfolgskontrolle: Die Unternehmensleitung steht gegenüber den Anteilseignern hinsichtlich der Effekte und Prognosen der Transaktion in unmittelbarer Verantwortung.

Bei der Steuerung einer M&A-Transaktion durch das Topmanagement entsprechen sich Entscheidungskompetenz und Verantwortung unmittelbar. Der Prozess wird nicht durch interne Rückfragen und langwierige Abstimmung der Entscheidungen verlängert. Zum anderen hat die aktive Mitwirkung der Vorstände oder Geschäftsführer eine positive Signalwirkung sowohl in die beteiligten Unternehmen hinein wie auch auf die relevanten externen Zielgruppen. Es versteht sich von selbst, dass die oberste Leitungsebene bei dieser Organisationsform der M&A-Transaktion ausreichende Aufmerksamkeit und Zeit widmet und sich das erforderliche Detailwissen zur Beurteilung der teilweise äußerst komplexen Fragestellungen aneignet: ein Lernprozess, der zumindest den Erfolg künftiger M&A-Vorgänge beflügelt.

III.2.2 M&A-Management durch Fachabteilungen

Bei diesem eher für Projekte mittlerer und kleinerer Größenordnung geeigneten Organisationskonzept übernehmen Fachabteilungen das M&A-Management. Betroffen sind typischerweise die Abteilungen Unternehmensentwicklung, Finanz- und Rechnungswesen, Controlling, Personal, Recht und Steuern. Weniger umfangreiche Vorgänge werden in der Praxis unter der Federführung nur einer Fachabteilung durchgeführt. In Fällen größerer Komplexität und Dauer übernimmt ein Leitungsteam die verantwortliche Führung.

Bezogen auf die einzelnen Phasen einer M&A-Transaktion haben die Fachabteilungen unterschiedliche Kompetenzen:

- Strategieermittlung: Die wesentliche Unterstützung für die durch die Unternehmensleitung definierte Strategie liefert die Abteilung Unternehmensentwicklung.

- Planung der Transaktion: Die Abteilung Unternehmensentwicklung sowie die Abteilungen Finanzen, Controlling und Recht legen gemeinsam die Schritte auf dem Weg zur Transaktion fest.

- Durchführung der Transaktion: Die quantitative Bewertung und Berechnung der M&A-Transaktion führen die Finanz- und Controllingabteilungen durch. Sie bilden zusammen mit der Abteilung Unternehmensentwicklung auch das Verhandlungsteam. Rechts- und Steuerabteilung werden zur Festlegung der Transaktionsstruktur und für die Ausarbeitung der Verträge hinzugezogen.

- Integration: Die Integration wird vorwiegend von der Personalabteilung betreut, da regelmäßig Maßnahmen der Personalentwicklung und u.U. der Personalfreisetzung durchgeführt werden müssen. Entsprechend den Synergieplanungen werden weitere Abteilungen einbezogen

- Erfolgskontrolle: Die Beurteilung des Integrationsfortschritts ist Aufgabe des Controllings. Diese Abteilung überwacht periodisch den Fortgang der Integrationsprojekte, analysiert die Geschäftsentwicklung und schlägt Maßnahmen bei Abweichungen vor.

Die erfolgreiche Durchführung des M&A-Managements durch die Fachabteilungen setzt voraus, dass diese die notwendige Kompetenz zur Durchführung von M&A-Transaktionen haben. Dies kann durch entsprechende Besetzung und rechtzeitige Qualifizierung erreicht werden. Darüber hinaus muss die Unternehmensleitung der Projektleitung entsprechende Entscheidungsvollmachten auch gegenüber den möglicherweise von der Transaktion betroffenen Linienverantwortlichen, externen Sachverständigen sowie den Verhandlungspartnern gewähren. Die Unternehmensleitung selbst beschränkt sich auf Überwachung und ggf. Schlichtung.

III.2.3 M&A-Management durch operative Bereiche

M&A-Transaktionen, die vorwiegend einzelne Bereiche eines Unternehmen betreffen, können für alle Phasen des Prozesses in die Verantwortung der jeweiligen operativen Einheiten gelegt werden. Ein solcher Bereich kann entweder eine selbständige Tochtergesellschaft eines Konzerns oder eine Strategische Geschäftseinheit (SGE)[38] sein. In der Praxis führt die Geschäftsleitung des Bereichs das M&A-Management in Zusammenarbeit mit den zuständigen Fachabteilungen des Konzerns und des Bereichs durch. Die Weitergabe von Informationen an die Muttergesellschaft erfolgt durch die Geschäftsleitung.

Das Organisationskonzept ist nur selektiv verwendbar. Es eignet sich insbesondere für Transaktionen, die der mit der Unternehmensleitung abgestimmten Wachstumsstrategie entsprechen. Probleme entstehen, wenn der Kauf des Zielunternehmens gegen den Willen der Bereichsleitung erfolgt. Auch bei Desinvestitionen kann die Übertragung der Verantwortung in den zu veräußernden operativen Bereich Schwierigkeiten mit sich bringen. So bleibt der Widerstand der betroffenen Mitarbeiter häufig nicht ohne Wirkung auf das Verhalten der Bereichsleitung. Veräußerungen sollten deshalb nur im Ausnahmefall dezentral organisiert werden.

Das Organisationskonzept hat andererseits den Vorteil, dass derjenige Bereich des Unternehmens tätig wird, in dem die Synergien aus der Transaktion erzielt werden sollen und der gleichzeitig die Integrationsarbeit zu leisten hat.

III.2.4 Spezielle M&A-Abteilung

Bei dieser nur für größere Unternehmen geeigneten Organisationsform führt ein eigenständiger Bereich des Unternehmens die M&A-Prozesse. Die Abteilung erfüllt neben der Betreuung von M&A-Transaktionen häufig noch Aufgaben im Bereich des Beteiligungscontrollings. Die Abteilung kann unterschiedlich organisiert werden:

- Stabsstelle: Die M&A-Abteilung ist eine Stabsstelle und berät die Unternehmensleitung im Rahmen von M&A-Transaktionen. Positiv ist sicherlich die Nähe zur Unternehmensspitze, wodurch eine schnelle Abstimmung möglich ist. Andererseits haben Stabsstellen gegenüber den Linienstellen keine Weisungsbefugnis und gelten dort meist als praxisfern. Die von Stabsstellen vorbereiteten Maßnahmen stoßen deshalb häufig bei den operativen Geschäftsbereichen auf Ablehnung.

---

[38] Als Strategische Geschäftseinheiten (SGE) werden eigenständige Aktivitätsfelder eines Unternehmens definiert, die in einer organisatorischen Abgrenzung abgebildet werden. Es handelt sich um Produkt-Markt-Technologie-Kombinationen, die Gegenstand strategischer Entscheidungen sind und sich anhand der Kriterien Marktaufgabe, Eigenständigkeit und Erfolgspotenzial abgrenzen lassen (vgl. Welge, Al-Laham 1999, S.325 ff., Hax, Majluf 1988, S.32 f. und Kap. IV.1.3.1).

- Zentralbereich: Das M&A-Management kann einer M&A-Abteilung, die als Zentralbereich organisiert ist, zugeordnet werden. Zentralbereiche übernehmen die vollständige Abwicklung von M&A-Vorgängen. Entsprechende Aufgaben werden aus den Unternehmensbereichen ausgegliedert (vgl. Grochla 1982, S.144). Eine als Zentralbereich organisierte M&A-Abteilung entscheidet in dem von der Unternehmensleitung vorgegebenen Rahmen weitgehend selbständig. Das Akzeptanzproblem bei den operativen Unternehmensbereichen gilt hier analog wie im Falle der Stabsstelle.

- Geschäftsbereich: Es besteht auch die Möglichkeit, die M&A-Abteilung auszugründen und in einen rechtlich selbständigen Geschäftsbereich zu überführen, der seine Dienstleistung nicht nur dem Unternehmen, sondern auch Dritten zur Verfügung stellt.

Die spezialisierte M&A-Abteilung kann bei entsprechender quantitativer und qualitativer Ausstattung grundsätzlich die gesamten Leistungen rund um eine M&A-Transaktion erbringen:

- Strategieermittlung: Die Abteilung formuliert in enger Abstimmung mit der Unternehmensleitung die M&A-Strategie.

- Planung der Transaktion: Die M&A-Abteilung verfügt über genügende Kenntnisse, um die Suche nach potenziellen Kandidaten durchzuführen und die Abschätzung der Auswirkungen einer M&A-Transaktion vorzunehmen. Sollten externe Berater diese Prozessphase unterstützen, stellt die M&A-Abteilung den Ansprechpartner im Unternehmen dar.

- Durchführung der Transaktion: Bei der Kontaktaufnahme im Rahmen von größeren Transaktionen ist ein Mitwirken des Topmanagements unverzichtbar, um die Ernsthaftigkeit der M&A-Absichten zu unterstreichen. Die Durchführung der Due Diligence, die Unternehmensbewertung und die Verhandlung des Kaufvertrags sind wiederum Aufgaben der M&A-Abteilung, die je nach Kapazität ohne Rückgriff auf weitere interne oder externe Ressourcen durchgeführt werden können.

- Integration: In dieser Phase steuert die M&A-Abteilung das gesamte Integrationsprojekt. Einzelne Teilprojekte werden in die operativen Bereiche oder in andere betroffene Fachabteilungen delegiert.

- Erfolgskontrolle: Das Controlling durch die M&A-Abteilung setzt bereits in der Integrationsphase ein und verfolgt die Realisierung der Maßnahmen (insbesondere der Synergieprojekte) bis zu ihrer vollständigen Umsetzung. Hierfür hat die M&A-Abteilung Zugriff auf alle notwendigen Informationen aus den betroffenen Unternehmensbereichen. Auch die Erfolgskontrolle nach Abschluss der Integration liegt in der Hand der M&A-Abteilung.

Im Gegensatz zu den zuvor erläuterten Organisationskonzepten werden die Mitarbeiter nicht mit einer Doppelbelastung aus M&A-Management und laufender operativer Tätigkeit belastet. Die Einrichtung einer eigenen Abteilung setzt allerdings eine entsprechende Häufigkeit an M&A-Transaktionen voraus, die in dynamischen Wachstumsbranchen oder in Unternehmen mit hohem Restrukturierungsbedarf durchaus gegeben sein kann.

III.2.5 Mischformen

In der Praxis überwiegen im Rahmen der Organisation von M&A-Transaktionen Mischformen aus den vorgestellten Konzepten. Die Gründe sind sehr vielfältig. Selbst wenn eine spezialisierte M&A-Abteilung eingesetzt wird, ist ihre Kapazität, schon wegen der Unregelmäßigkeit des Arbeitsanfalls, in der Regel begrenzt. Unternehmensleitung, Fachabteilungen und die von der Transaktion betroffenen operativen Bereiche sind dagegen weitgehend mit der Steuerung der laufenden Geschäfte ausgefüllt. Schließlich sind die notwendigen Fachkenntnisse und Erfahrungen in Verbindung mit ihrer Umsetzung im M&A-Prozess ein knappes Gut.

Von sehr großen Einheiten mit institutionalisierten M&A-Abteilungen abgesehen ist letztlich eine situationsgerechte Mischung von Organisationselementen zu finden, die einerseits eine klare Verantwortung des M&A-Managements sicherstellt, andererseits aber auch der Delegation fachspezifischer Fragen gerecht wird. Eine solche Organisation kommt dem im Anlagenbau üblichen Projektmanagement sehr nahe, geht aber hinsichtlich der Anforderungen an Kreativität, Flexibilität und Durchsetzungsvermögen der Projektleitung deutlich darüber hinaus. Unabhängig von der gewählten Organisationsform empfiehlt sich im Einzelfall die Ernennung eines „Merger-Managers" als Koordinator und Anlaufstelle.

III.3 Rolle externer Berater

Im Umfeld von M&A-Transaktionen spielen spezialisierte Beratungsdienstleistungen eine wichtige Rolle. Von Beratern wird Fach-, Methoden-, System- und Sozialkompetenz sowie umfangreiche Erfahrung in der Durchführung von M&A-Transaktionen verlangt. Kompetente Berater sind mit dem Transaktionsprozess insgesamt vertraut und verfügen über spezielles Wissen in Teilbereichen. Da die Durchführung von M&A-Prozessen durch inhomogene Teams erfolgt, werden auch von externen Teammitgliedern soziale Fähigkeiten wie Kooperationsbereitschaft, Anpassungsfähigkeit und Toleranz erwartet. Die Beratung hat dort ihre Grenzen, wo die Leitungsverantwortung von Vorstand bzw. Geschäftsführung beginnt. Der Einsatz von Beratern empfiehlt sich in den folgenden Fällen:

- Kapazitätsengpässe: Eine M&A-Transaktion kann zu personellen Engpässen führen, die u.a. aus der Doppelbelastung von operativer Tätigkeit und M&A-Management entstehen. Kapazitätsengpässe bringen stets eine Verringerung der Sorgfalt und häufig eine Verzögerung der Transaktion mit sich. Im Fall der Kapazitätserweiterng durch externe Berater ist zu beachten, dass die Aufgabe und der Zeitrahmen genau festgelegt werden und die Integration in das interne M&A-Management reibungslos erfolgt.

- Fehlendes Spezialwissen: Sollte relevantes Spezialwissen nicht im Unternehmen vorhanden sein, sind Berater zu engagieren, die über die notwendige Sachkunde verfügen. Dies ist regelmäßig bei Rechts-, Steuer- und Umweltfragen, häufig in der Wertanalyse und gelegentlich auch bei der Steuerung des M&A-Prozesses selbst der Fall.

- Objektivität: Betriebsblindheit kann zu Fehlentscheidungen führen. Externe Berater können die Analyse und Entscheidungsvorbereitung versachlichen.

Der Beratungsmarkt ist gekennzeichnet durch einen hohen Spezialisierungsgrad und einen intensiven Wettbewerb um Kunden und Mandate. Die folgende Tabelle gliedert die Dienstleistungsangebote nach den jeweiligen Kernkompetenzen:

Beratungsfeld / Berater	Strategie	Screening	Due Diligence	Bewertung	Verhandlung	Vertrag	Finanzierung	Integration	Erfolgs-kontrolle
Investmentbanken	□	■	■	■	■	■	■	□	□
Wirtschaftsprüfer	□	□	■	■	□	■	□	□	■
Rechtsanwälte	□	□	■	□	■	■	□	□	□
Strategieberater	■	■	□	■	□	□	□	■	■
Unternehmensmakler	□	■	□	□	□	□	□	□	□

Kernkompetenz ■ Erweiterte Kompetenz □

Tabelle 7: Beratungsschwerpunkte externer Berater
(vgl. Achleitner 2001, S.156)

Es ergeben sich unterschiedliche Leistungsschwerpunkte der Beratungsfirmen:

- Investmentbanken: Das Feld der Investmentbanken decken in bestimmtem Rahmen auch die M&A-Abteilungen der Universalbanken sowie sog. M&A-Boutiquen (spezialisierte Beratungsunternehmen ohne eigenen Zugang zum Kapitalmarkt) ab. M&A-Berater betreuen insbesondere die Phasen der Planung und Durchführung einer Transaktion. In vielen Fällen leisten Investmentbanken auch umfangreiche Vorarbeiten (Marktanalyse und Konzeptvorschläge).

Investmentbanken	Anzahl Transaktionen	Volumen
Goldman Sachs	213	1.054,50
Morgan Stanley Dean Witter	232	903,99
Merrill Lynch	158	837,39
Credit Suisse First Boston	212	514,51
UBS Warburg	128	444,54
J.P. Morgan	135	385,86
Schroders Salomon Smith Barney	199	350,84
Rothschild	109	337,03
Chase Manhattan[39]	168	291,21
Deutsche Bank	123	255,58

Tabelle 8: M&A-Transaktionsvolumen[40] (2000, Milliarden US $) der größten Investmentbanken (Quelle: Thomson Financial)

---

[39] Seit Beginn 2001 mit J.P. Morgan fusioniert.

[40] Angekündigte Transaktionen

- Wirtschaftsprüfer und Steuerberater: Die Kernaufgabe der Wirtschaftsprüfer stellt die Durchführung der finanzwirtschaftlichen Due Diligence und der Unternehmensbewertung dar. Steuerberater unterstützen die Durchführung der steuerlichen Due Diligence und die Gestaltung der Verträge durch Einbringung der steuerlich relevanten Aspekte. Die großen Wirtschaftsprüfungsgesellschaften, die in den letzten Jahren selbst aktiv fusioniert und akquiriert haben, treten zunehmend mit speziellen Transaktionsteams auch als M&A-Berater im engeren Sinne auf.

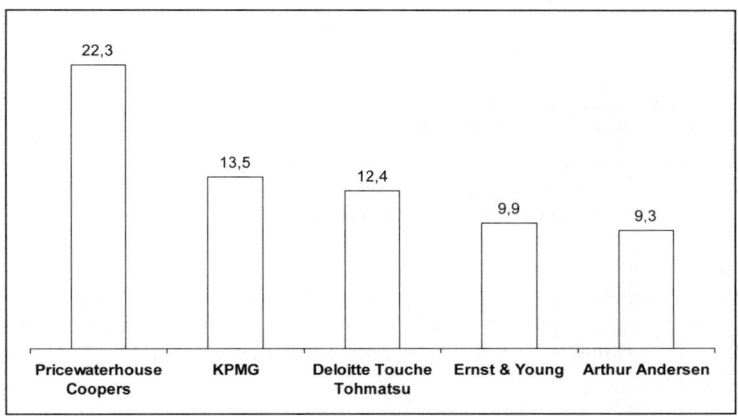

Abbildung 17: Weltweiter Umsatz (2000, Milliarden US $) der größten Wirtschaftsprüfungsgesellschaften (Quellen: Angaben der Unternehmen)[41]

- Rechtsanwaltskanzleien: Sie unterstützen den Auftraggeber bei der Durchführung der rechtlichen Due Diligence, der Ausarbeitung der Absichtserklärungen und Verträge (Letter of Intent, MoU, abschließender Vertrag), der Einhaltung der gesellschafts-, börsen- und kartellrechtlichen Bestimmungen und treten als Mitglieder des Verhandlungsteams, in Einzelfällen auch als Verhandlungsbevollmächtigte, für ihre Auftraggeber auf. Mit zunehmender Internationalisierung der M&A-Transaktionen wird die internationale Expertise der beauftragten Kanzleien immer wichtiger.

---

[41] Umsätze schließen z.T. Beratungshonorare ein (PwC 6,7 Milliarden US $, KPMG 3,9 Milliarden US $ und Deloitte Touche Tohmatsu 5,9 Milliarden US $).

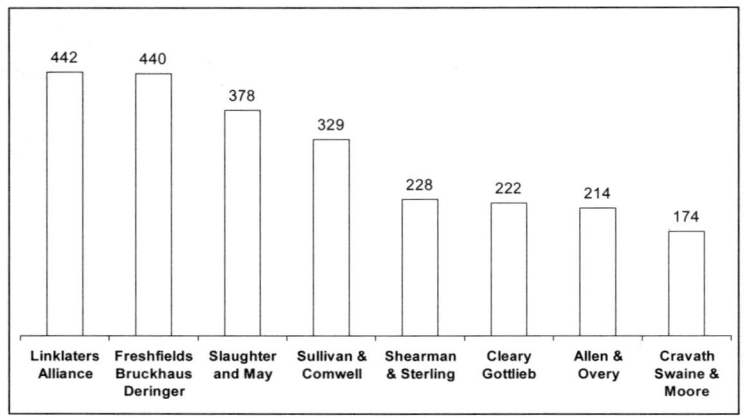

Abbildung 18: Betreute Fusionsvolumina (2000, Milliarden €) der größten
M&A-Kanzleien (Quelle: mergermarket.com)

- Strategieberater: Kerngeschäft der Strategieberatung ist die Identifikation und Evalua-
tion strategischer Optionen für den Auftraggeber einschließlich daraus resultierender
M&A-Transaktionen. Zunehmend werden Berater auch mit der Post-Merger Integration beauftragt.

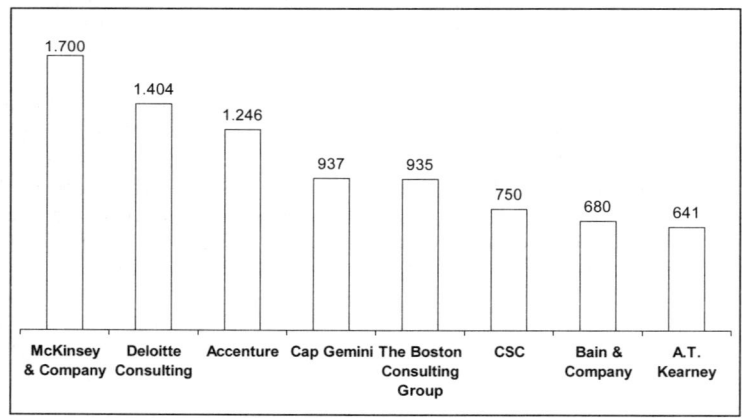

Abbildung 19: Honorarvolumen (2000, Millionen US $) der größten
Strategieberatungen (Quelle: Consultants News, June 2001)

- Unternehmensmakler: Dieser sehr fokussierten M&A-Dienstleistung obliegt es, Angebot und Nachfrage auf dem Markt für Unternehmenskontrolle zusammenzuführen.
Insbesondere mittelständische Unternehmen nehmen diese Dienstleistung in Anspruch.

IV Konzeptionsphase

Fusionen und Akquisitionen werden stets mit großem Optimismus und äußerst vorteilhaften Zukunftsaussichten verkündet. Die Erfahrungswerte der Praxis zeigen jedoch, dass weniger als die Hälfte der M&A-Transaktionen, gemessen an ihrer Zielsetzung, erfolgreich sind. Viele Unternehmensverbindungen erfüllen nicht einmal den deutlich bescheideneren Wertmaßstab der Erhaltung der Ertragskraft und der Wettbewerbsposition der beteiligten Unternehmen zum Zeitpunkt der Transaktion. Ein Grund für die ungünstige Entwicklung nicht weniger Unternehmen nach einem Zusammenschluss ist sicherlich die mangelnde Planung der Transaktion und das unstrukturierte Vorgehen während des M&A-Prozesses. Fast scheint es, dass M&A-Prozesse das Schicksal vieler unternehmerischer Großprojekte zu teilen und die u.a. von Jung beschriebenen Phasen zu durchlaufen (vgl. Jung 1993, S.1):

- Phase der Fehlplanung

- Phase der Begeisterung

- Phase der Ernüchterung

- Phase der Verwirrung

- Phase der Suche nach den Schuldigen

- Phase der Bestrafung der Unschuldigen

- Phase der Auszeichnung der Nichtbeteiligten.

Zum Glück kann bei ernsthafter Betrachtung festgestellt werden, dass M&A-Transaktionen keineswegs zwangsläufig dieser humoristischen Heuristik folgen. Voraussetzung ist allerdings die Beachtung einer einfachen Regel des täglichen Lebens: Erst denken, dann planen und schließlich beherzt handeln! Da größere Unternehmenszusammenschlüsse nahezu zwangsläufig zunächst zur Destabilisierung der beteiligten Unternehmen führen, ist der Bau eines soliden Fundaments im Vorfeld externer Expansionsschritte unverzichtbar. Ein solches Fundament ist ein auf solider Logik und begründetem Anspruch aufgebauter Masterplan für M&A-Transaktionen, an dem jedes einzelne Vorhaben gespiegelt wird.

Die Konzeptionsphase ist Teil eines dreiteiligen, strukturierten Gesamtprozesses, der in der Praxis genügend genau dem in der Abbildung 20 dargestellten Ablaufschema entspricht.

Dieser Ordnungsrahmen gibt eine M&A-Transaktion nur begrenzt chronologisch wieder. Häufig verläuft der Prozess iterativ. Auch lassen sich die einzelnen Phasen in der Praxis nicht immer klar voneinander trennen. Zeitliche Restriktionen, Aktionen von Mitbewerbern oder Verhaltensänderungen des Veräußerers können zu Überlappungen und Wiederholungen führen.

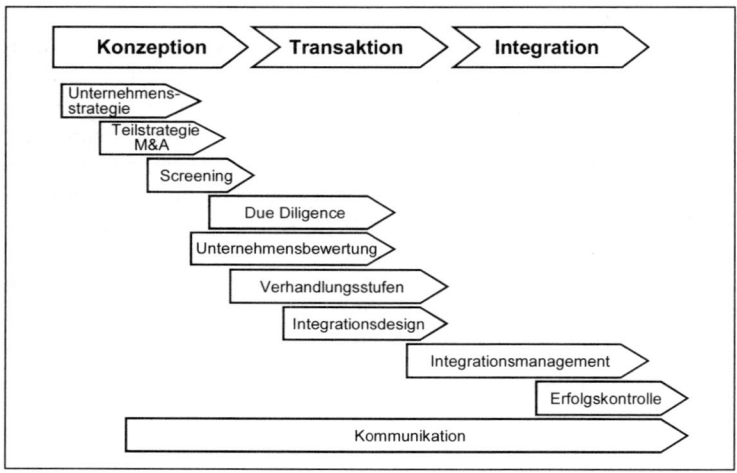

Abbildung 20: Prozessübersicht über eine M&A-Transaktion

Ausgangspunkt eines M&A-Konzepts ist eine stringente, maßnahmenbasierte Unternehmensstrategie. Erfordert das Erreichen angestrebter Marktpositionen und Wettbewerbsvorteile externes Wachstum, folgt der Formulierung der Unternehmensstrategie notwendigerweise die Entwicklung einer M&A-Strategie. Sie gibt Auskunft über die Art und den Größenrahmen möglicher Transaktionen und liefert für das Screening die Kriterien zur Bestimmung der potenziellen Kandidaten. In der Transaktionsphase verläuft die Wertanalyse, bestehend aus Due Diligence und Unternehmensbewertung, weitgehend parallel zu den verschiedenen Stufen der Angebots- und Vertragsverhandlungen. Die Integration selbst beginnt nach dem Closing, wird aber durch Erstellung eines Integrationsdesigns bereits vor dem Abschluss der Vertragsverhandlungen vorbereitet. Die Integration der beteiligten Unternehmen wird durch das Integrationscontrolling überwacht und gesteuert. Bei der Betrachtung des Gesamterfolgs der M&A-Maßnahme steht nicht, wie im Falle des Integrationscontrollings, ein aktives Eingreifen bei Abweichungen von Planwerten im Vordergrund, sondern die Beantwortung der Frage, ob die strategischen und operativen Ziele der Transaktion erreicht wurden. Als Querschnittsfunktion begleitet die Kommunikation den vollständigen Transaktionsprozess.

IV.1 Ermittlung der Unternehmensstrategie

IV.1.1 Einleitende Bemerkungen

Die für einen definierten Zeitraum festgelegte Unternehmensstrategie stellt den Ausgangspunkt für jede bedeutende Aktion eines Unternehmens dar. Strategische Überlegungen bilden somit auch das Fundament jeder M&A-Transaktion. Die folgenden Ausführungen zur Unternehmensstrategie konzentrieren sich auf die notwendigen Grundlagen und Aspekte, die für M&A-Transaktionen von Bedeutung sind.

Der Begriff „Strategie" stammt aus dem Altgriechischen. Seine etymologischen Wurzeln gehen auf das Nomen „Stratos" (das Heer) und das Verb „Agein" (führen) zurück. Ausgehend von seiner militärischen Verwendung, die von Clausewitz im deutschen Sprachraum mit seinen Ausführungen zur Kriegsführung prägte, fand der Begriff über die Spieltheorie Eingang in die Wirtschaftswissenschaften und wurde in den 1960er Jahren durch die Arbeiten von Ansoff in die angloamerikanische Managementlehre eingeführt. Heerführung und Spiele haben in der Tat einiges mit strategischer Unternehmensführung im Allgemeinen und M&A-Strategie im Besonderen zu tun. Die überlegte, kraftvolle Vorwärtsentwicklung einerseits und die kreativ-spielerische Experimentierfreude andererseits sind, in richtiger Dosierung, wichtige Pfeiler der dynamischen Wertentwicklung von Unternehmen.

Der Strategiebegriff erlebte daraufhin eine nahezu inflationäre Verwendung, die zu einer großen Begriffsvielfalt und abnehmender konzeptioneller Klarheit führte. Für die unternehmerische Praxis kann der Begriff Unternehmensstrategie in Anlehnung an Steinmann, Schreyögg (2000, S.154) mit folgenden Merkmalen verbunden werden:

- Strategien bauen auf der Vision des Unternehmens auf.

- Strategien sind zukunftsorientiert.

- Strategien legen die Aktivitätsfelder des Unternehmens fest.

- Strategien sind immer konkurrenzbezogen und bestimmen das Handlungsprogramm im Vergleich zum Wettbewerb.

- Strategien werden beeinflusst durch Umfeldsituationen und -entwicklungen. Sie versuchen, diese proaktiv zu berücksichtigen und - soweit möglich - im eigenen Interesse zu beeinflussen.

- Strategien nehmen Rücksicht auf die internen Ressourcen.

- Strategien sind auf das gesamte Geschäft gerichtet und nicht auf einzelne Funktionsbereiche des Unternehmens.

- Strategien haben immer eine bestimmte Ressourcenbindung zur Folge und somit eine hohe Bedeutung für die Vermögens- und Ertragslage eines Unternehmens.

Unternehmensstrategien geben Antworten auf Fragen, die für das Unternehmen wesentlich sind:

- In welchen Geschäftsfeldern beabsichtigt das Unternehmen tätig zu sein?

- Wie wird der Wettbewerb in den ausgesuchten Geschäftsfeldern bestritten?

- Worin besteht die längerfristige Erfolgsbasis des Unternehmens?

Die Ermittlung der Unternehmensstrategie ist in Theorie und Praxis als Prozess konzipiert. Dabei umfassen die Aufgaben des Strategischen Managements die Zielbildung (Entwicklung der Unternehmenspolitik, des Leitbilds, strategischer Zielsetzungen im Einzelnen), die strategische Analyse (Unternehmens- und Umfeldanalyse durch Betrachtung vergangenheitsbezogener Daten, Früherkennung und Prognose), die Strategieformulierung (Gesamt- und Teilstrategie, Bewertung und Auswahl) und letztlich die Implementierung einschließlich eines kompletten Maßnahmenkatalogs (vgl. Welge, Al-Laham 1999). Die Umsetzung der Strategie hat ihre Hierarchie: Strategien sind auf der Ebene des Gesamtunternehmens (Corporate Strategies) zu entwerfen, um dann in Form von Teilstrategien (Business Strategies) auf die Ebene der Teilbereiche (Geschäftsfeld, Sparte etc.) übertragen zu werden.

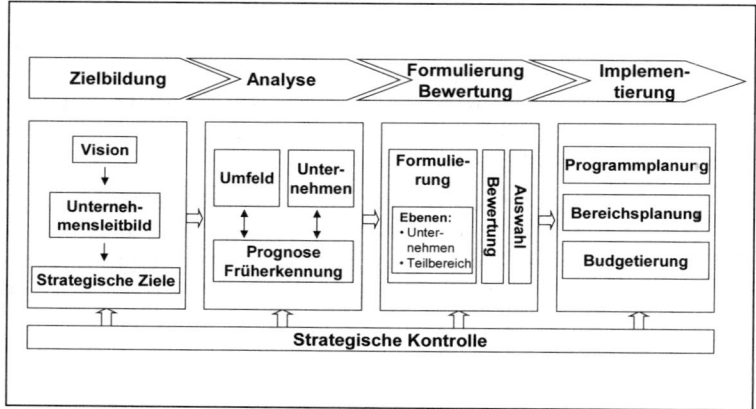

Abbildung 21: Prozess des Strategischen Managements (vgl. Welge, Al-Laham 1999; S.101 ff. und Steinmann, Schreyögg 2000, S.157 ff.)

In den Prozess des Strategischen Managements kann die Ermittlung einer M&A-Strategie als ein Spezialfall eingeordnet werden, der - ebenso wie die Unternehmensstrategie - aus der Analyse der Ausgangssituation zu entwickeln ist (vgl. Kap. IV.2.1).

IV.1.2 Analyse

Die ungeschminkte Analyse des eigenen Unternehmens und des relevanten Umfelds ist die Basis für alle strategischen Überlegungen.

Der Analyse wiederum ist die Zielbildung des Unternehmens vorgeschaltet. Das aus der übergeordneten Vision[42] des Unternehmens abgeleitete Unternehmensleitbild stellt die längerfristig gültige Aussage zur Positionierung des Unternehmens und zum Verhältnis des Unternehmens gegenüber seinen Stakeholdern dar.

Die Aussagen des Unternehmensleitbilds bestimmen die Freiheitsgrade des Unternehmens und sind somit eine wichtige Vorgabe für die folgenden Schritte der Strategieermittlung. Darüber hinaus erfüllt das Leitbild zusätzliche Funktionen:

- Grundauffassung: Leitbilder gestalten eine Gesamtorientierung, eine „unité de doctrine", und verhindern damit die Bildung von divergierenden Grundsätzen innerhalb der einzelnen Teilbereiche. Die unternehmensweite Beachtung von Leitbildern macht sie zu einem wesentlichen Instrument der Unternehmenskultur.

- Koordination: Leitbilder koordinieren durch die in ihnen enthaltene Positionierung des Unternehmens die unterschiedlichen Interessenlagen der Entscheidungsträger des Unternehmens. Sie dienen zugleich als Rahmen und Orientierungshilfe für Entscheidungen und erhöhen durch die Einschränkung der Alternativen sowie die Vorgabe von Entscheidungsgrundsätzen die Effizienz von Einzelentscheidungen.

- Motivation: Identifizieren sich die Mitarbeiter von Unternehmen mit den Leitbildern, so entsteht aus den internalisierten Grundsätzen Motivation, da die Fragen der Mitarbeiter hinsichtlich Orientierung und Sicherheit durch die Aussagen zur Positionierung des Unternehmens gegenüber allen wichtigen Interessengruppen beantwortet werden.

- Image: Die über Leitbilder vermittelte Corporate Identity ist ein wesentlicher Beitrag zum Image des Unternehmens in der Öffentlichkeit.

Die Analyse eines Unternehmens im Vorfeld der Bestimmung seiner strategischen Ziele findet also nicht im „luftleeren" Raum statt, sondern orientiert sich an dessen Leitbild. Die strategischen Ziele hinsichtlich Wettbewerbsfähigkeit, Marktanteil, Gewinn und Sicherung des Unternehmensbestands (vgl. Voigt 1993, S.79 ff. und Macharzina 1999, S.172) oder Existenzsicherung, Erhaltung der Unabhängigkeit und Steigerung des Shareholder Value (vgl. Welge, Al-Laham 1999, S.119) können nur dann glaubwürdig ausgefüllt werden, wenn sie dem Unternehmensleitbild entsprechen und nach der Analyse des Unternehmensstatus als erreichbar erscheinen.

IV.1.2.1 Umfeldanalyse

Die Umfeldbeziehungen eines Unternehmens sind ein konstituierendes Merkmal der Strategie. Deshalb beginnt die Ermittlung einer Unternehmensstrategie mit der Analyse des Umfelds. Die Analyse wird in verschiedenen Stufen durchgeführt.

Zunächst ist der allgemeine Handlungsspielraum des Unternehmens in einem definierten geographischen Gebiet zu erfassen. Die Analyse schließt die zukünftigen Veränderungen dieses Rahmens und die daraus erwachsenden Implikationen ein. Für die Gliederung bietet sich die Konzeption von Welge und Al-Laham an, wie sie in Abbildung 22 wiedergegeben ist.

---

[42] Der hier gewählte Begriff der Vision wird synonym zu den Begriffen Unternehmenspolitik, -philosophie und -grundsätze verstanden.

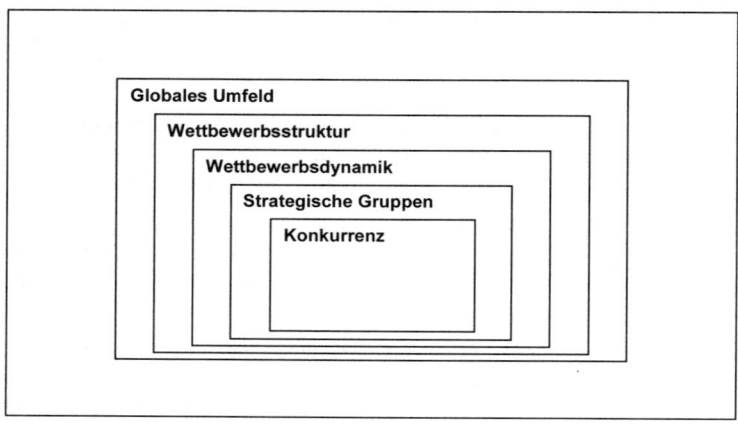

Abbildung 22: Konzeption der Umfeldanalyse
(Welge, Al-Laham 1999, S.185)

Die Untersuchung betrachtet dabei u.a. die in der folgenden Tabelle aufgeführten Segmente und Kriterien:

Politisch	Ökonomisch	Sozio-kulturell	Ökologisch	Technologisch
Rechtliche Rahmenbedingungen	Wirtschaftliche Entwicklung	Kulturelle Werte und Normen	Bestimmungen im Umweltschutz	Technologischer Stand
Politische Ideologie	Höhe der Steuern	Demographie der Bevölkerung	Zugang zu Rohstoffen und Energie	Stand der wissenschaftlichen Forschung
Wirtschaftspolitische Tendenzen	Entwicklung der Einkommen	Religion		Ausbildung
Bedeutung der Gewerkschaften	Konsumneigung	Sozial-psychologische Entwicklungen		
Politische Stabilität	Wechselkurs			
	Bedeutung der Kapitalmärkte			
	Entwicklung der Zinssätze			

Tabelle 9: Segmente der globalen Umfeldanalyse (vgl. Welge, Al-Laham 1999, S.186 und Voigt 1994, S.88)

Zur Analyse der Wettbewerbsstruktur eignet sich das Konzept der fünf Wettbewerbskräfte. Das Modell[43] von Porter (1998a) ermöglicht die Beschreibung der strukturellen Merkmale einer Branche.

---

[43] Porters Modell basiert auf dem Ansatz der Industrial-Organization-Forschung und baut auf dem Structure-Conduct-Performance-Paradigma auf. Danach beeinflusst die Branchenstruktur (Structure) das Verhalten (Conduct) des Unternehmens. Das Ergebnis des Unternehmens (Performance) wird wiederum durch dieses abhängige Verhalten bestimmt.

118

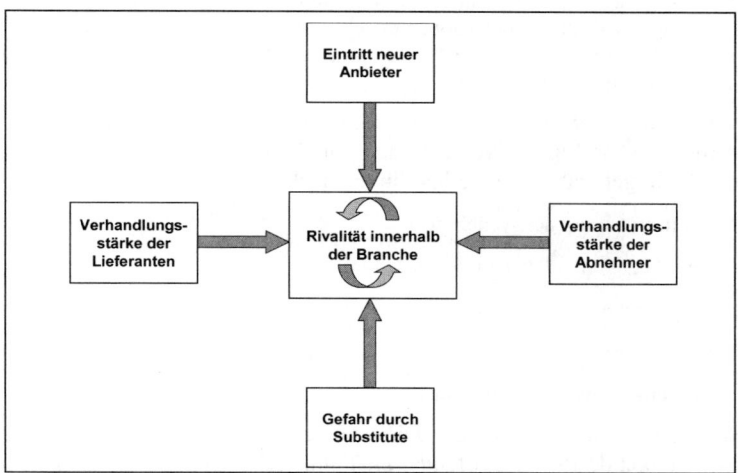

Abbildung 23: Modell der Wettbewerbskräfte (Porter 1998a, S.4)

Eintritt neuer Anbieter: Treten neue Anbieter in eine Branche ein, so hat die gestiegene Kapazität zur Folge, dass der Preis fällt und die Rentabilität der Branche sinkt. Der Eintritt neuer Konkurrenten hängt von der Höhe der Eintrittsbarrieren in Verbindung mit der Reaktion der etablierten Unternehmen ab. Sind die Eintrittsbarrieren hoch und ist die wahrscheinliche Vergeltung der Marktteilnehmer schwerwiegend, so ist die Gefahr des Eintritts neuer Unternehmen gering. Sollten Unternehmen durch eine horizontale M&A-Transaktion versuchen, den Marktanteil zu steigern, so ist dies gemäß Porter wie der Eintritt eines neuen Anbieters anzusehen (vgl. Porter 1998a, S.7 ff.). Die Höhe der Eintrittsbarrieren bestimmt sich nach folgenden Faktoren:

- Economies of Scale: Betriebsgrößenvorteile bedeuten, dass der Markteintritt unterhalb der optimalen Betriebsgröße Kostennachteile zur Folge hat. Erfolgt der Eintritt bei einer optimalen Betriebsgröße, so ist wiederum die notwendige Produktionsmenge durch den Neueinsteiger nur schwer zu realisieren.

- Produktdifferenzierung: Etablierte Unternehmen verfügen über eine loyale Kundenbasis und einen signifikanten Bekanntheitsgrad ihrer Produkte. Eintretende Unternehmen erreichen diese Position erst durch den Einsatz hoher Mittel.

- Kapitalbedarf: Ein hoher spezifischer Kapitalbedarf, wie in der Stahl- und Luftfahrtindustrie, stellt eine kaum zu überwindende Eintrittsbarriere dar.

- Umstellungskosten: Entstehen den Abnehmern bei einem Produktwechsel hohe Kosten, so ist der Neuanbieter zu einem niedrigeren Preis und höherem Service gezwungen.

- Zugang zu Vertriebskanälen: Etablierte Unternehmen besetzen meist die Vertriebskanäle, was den neuen Wettbewerber zu aufwendigen Marketingaktivitäten zwingt.

- Politische Rahmenbedingungen: Der rechtliche Rahmen eines Staates (Lizenzzwang, Testnormen für Produkte, Umweltschutz) und Subventionen können für Neueinsteiger große Hindernisse darstellen.

- Absolute Kostenvorteile: Sind die Durchschnittskosten der etablierten Marktteilnehmer (unabhängig von den Produktionsmengen) auf Grund von Lernkurveneffekten, Technologie, Zugang zu Rohstoffen etc. geringer als die des neuen Wettbewerbers, wirken sie wie eine Eintrittsbarriere.

Verhandlungsstärke der Abnehmer: Gleichsam mit naturgesetzlicher Regelmäßigkeit fordern Abnehmer niedrigere Preise, höhere Qualität und verstärkten Service. Folgende Faktoren bedingen dabei die Verhandlungsmacht der Abnehmer:

- Konzentrationsgrad der Abnehmer

- Wert der bezogenen Produkte

- Standardisierung der Produkte

- Markttransparenz

- Gefahr der Rückwärtsintegration.

Verhandlungsstärke der Lieferanten: Die Lieferanten versuchen im Gegenzug zu den Abnehmern, steigende Preise bei tendenziell sinkender Qualität und einer gleichzeitigen Verknappung durchzusetzen. Ergänzend dazu bemühen sich die Lieferanten, ihre Abnehmer durch produktimmanente, hohe Umstellungskosten in eine Abhängigkeit zu bringen. Dass sie dabei die Schwelle zur Gefährdung der Kundenbeziehung nicht überschreiten, versteht sich von selbst.

Gefahr durch Substitute: Ersatzprodukte begründen eine Preisobergrenze für die Produkte einer Branche. Der Wettbewerb nimmt zu, wenn sich das Preis-Leistungs-Verhältnis der Substitute im Zeitablauf im Vergleich zu den Produkten der Branche verbessert.

Rivalität innerhalb der Branche: Werbeschlachten, Preiskämpfe und modifizierte Produkte sind aggressive Taktiken, die Branchen mit einer hohen Rivalität kennzeichnen. Der Grad der Rivalität hängt dabei von zahlreichen Faktoren ab, z.B.: Anzahl der Wettbewerber, Wachstum der Branche, hohe Fix- und Lagerkosten, fehlende Produktdifferenzierung, vorhandene Überkapazitäten, heterogene Wettbewerber und hohe Austrittsbarrieren.

Der umfassende Bezugsrahmen Porters erlaubt es, die Branchenstruktur in relativ einfacher Weise zu qualifizieren. Um die Positionierung eines Unternehmens wirklichkeitsnah zu bestimmen, ist jedoch eine weitere Differenzierung angebracht.

Die Umfeldanalyse betrachtet vereinfacht die gesamte Branche als relevantes Umfeld. Es ist aber eine Binsenweisheit, dass einzelne Unternehmen in einer Branche von den ermittelten Wettbewerbskräften weniger berührt werden als andere und relativ höhere Renditen erwirtschaften. Die Notwendigkeit, innerhalb der Branchenstruktur verschiedene Gruppen zu unterscheiden, um ein detaillierteres Analyseergebnis zu erhalten, lässt sich daraus unmittelbar ableiten. Die Methode der branchinternen Strukturierung ist bei Porter (1998a, S.126 ff.) beschrieben. Diese vertiefende Analyse erlaubt durch die genauere Bestimmung der Wettbewerbsintensität einen Rückschluss auf das jeweilige Gewinnpotenzial sowie auf die Aktionen und Reaktionen der verschiedenen Unternehmen dieser Gruppe. Unternehmen, die auf Grund ihrer strategischen Homogenität von den Wettbewerbskräften gleich getroffen werden, reagieren erfahrungsgemäß in ähnlicher Weise. Um die Branchenanalyse zum geeigneten Werkzeug für die

Strategieentwicklung zu machen, muss die Untersuchung des Ist-Zustands um die Prognose der Wettbewerbskräfte ergänzt werden.

Zur Abrundung der Umfeldanalyse ist eine über die Untersuchung der Wettbewerbsstruktur hinausgehende Konkurrenzanalyse vorzunehmen. Diese Analyse differenziert den relevanten Wettbewerb weiter und liefert Grundlagen für die Portfolioanalyse (vgl. Kap. IV.1.3.1) und die Due Diligence (vgl. Kap. V.1). Dabei sollten nicht nur die größten Konkurrenten, sondern auch herausragende kleinere Anbieter beachtet werden. Die Praxis greift hierzu auf zahlreich vorhandene Kriterienkataloge und Checklisten zurück, die eine strukturierte Bestandsaufnahme ermöglichen. Im Rahmen der Analyse werden insbesondere Daten zu den Ressourcen in den Bereichen Marketing, Produktion, Finanzen und Personal erhoben (vgl. Aeberhard 1996, S.14).

Die Beschaffung der Informationen für die Konkurrenzanalyse kann ein Problem sein. Deshalb sollte der Prozess der Informationssammlung institutionalisiert und die Auswertung der möglichen Quellen systematisch und kontinuierlich durchgeführt werden. Ein derartiges Vorgehen ist allerdings nur für größere Unternehmen vorstellbar. Kleinere Unternehmen beschränken sich häufig auf Verbandszahlen oder Analysen privater Institute, die sie um eigene Schätzungen aus ihrer Markterfahrung ergänzen. Neuere Ansätze, wie die Ermittlung strategischer Gruppen und die Bestimmung der Branchendynamik, finden in der Praxis bislang nur wenig Anwendung (vgl. Welge, Al-Laham 1999, S.303 ff.).

IV.1.2.2 Unternehmensanalyse

Die Unternehmensanalyse stellt den zweiten zentralen Bereich innerhalb der strategischen Standortbestimmung dar. Ihre Aufgabe besteht in der möglichst objektiven Darstellung der Stärken und Schwächen des Unternehmens. Diese Eigenschaften sind in der Relation zu Konkurrenten oder Branchenbesten zu bewerten. Somit besteht zwischen den Analysen des Umfelds und des Unternehmens eine wichtige Verbindung.

Das erste Hauptproblem der Datenanalyse ist die Strukturierung und Aufbereitung der großen Datenmengen. Quantitative Informationen werden überwiegend den vorhandenen Unternehmensinformationssystemen und dem Rechnungswesen entnommen. Die Bilanzen sowie die Kosten- und Erlösbetrachtungen, gegliedert nach Produktgruppen, Regionen, Tochtergesellschaften etc., stellen das Basisgerüst für die Analyse dar. Zusätzlich sind aber auch qualitative Daten, wie Produktqualität, Leistungsfähigkeit und Flexibilität der Teilbereiche, von Bedeutung.

Die Analyse erfolgt zweckmäßigerweise aus zwei Perspektiven:

- Intern-extern: Die Unternehmensressourcen und -potenziale werden im Vergleich zur Konkurrenz analysiert. In diesen Bereich fällt auch die Untersuchung vorhandener Kernkompetenzen, die gerade im Hinblick auf M&A-Transaktionen besonders zu beachten sind.

- Extern-intern: Das Unternehmen wird hinsichtlich der Erfüllung der marktseitig relevanten Erfolgsfaktoren beurteilt. Besonders wertvoll ist dabei das Urteil von Kunden des Unternehmens.

Eine rein statische Auflistung vorhandener Ressourcen ist nicht ausreichend. Als brauchbarer Analyserahmen kann das Konzept der Wertkette herangezogen werden, welches von Porter zum Ende der 1980er Jahre in die Theorie des Strategischen Managements eingeführt wurde. Der Kerngedanke der Wertkettenanalyse (Value Chain Analysis) ist die Annahme, dass sich Unternehmen marktseitige Wettbewerbsvorteile aus der Ausführung der verschiedenen wertschaffenden Unternehmensfunktionen und der Konfiguration des Geschäftssystems erarbeiten können. Solche Wettbewerbsvorteile entstehen entweder aus Kostenvorteilen oder aus Differenzierungen gegenüber dem Wettbewerb, die der Abnehmer positiv wahrnimmt. Bei der Analyse der Wertkette handelt es sich um ein „offenes Modell der Unternehmensanalyse" (Macharzina 1999, S.223), das versucht, die unternehmensinternen Voraussetzungen für marktseitige Wettbewerbsvorteile zu ermitteln.

Die Wertkettenanalyse betrachtet die einzelnen strategisch relevanten Wertaktivitäten eines Unternehmens, um das Kostenverhalten und die Ursachen für bereits vorhandene oder zukünftige Differenzierungsmöglichkeiten zu bestimmen. Porter unterteilt die Wertkette eines Unternehmens in primäre und unterstützende Aktivitäten (vgl. Abbildung 24).

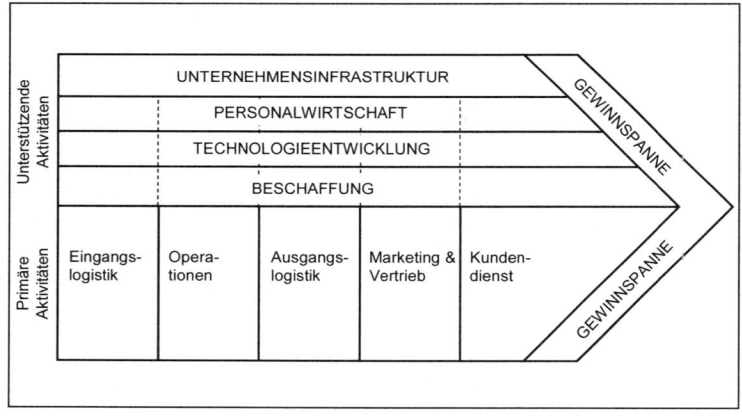

Abbildung 24: Wertkette und Wertaktivitäten (Porter 1998b, S.37)

Die primären Wertaktivitäten befassen sich mit der Herstellung des Produkts (vgl. Porter 1998b, S.39 f.):

- Eingangslogistik: Empfang, Lagerung und Distribution von Roh-, Hilfs- und Betriebsstoffen für die Produktherstellung

- Operationen: Transformation des Inputs in das Produkt (Output)

- Ausgangslogistik: Lagerung und Distribution des Endprodukts

- Marketing und Vertrieb: Vermarktung des Endprodukts

- Kundendienst: Dienstleistungen zur Werterhaltung des Endprodukts.

122

Die unterstützenden Aktivitäten umfassen die folgenden Bereiche:

- Unternehmensinfrastruktur: Im weiteren Sinne ist darunter das Führungssystem eines Unternehmens zu verstehen. Es umfasst Funktionen wie die Unternehmensleitung, -entwicklung und -finanzierung, das Rechnungswesen und das Qualitätsmanagement.

- Personalwirtschaft: Alle personalbezogenen Tätigkeiten, wie Rekrutierung, Personalentwicklung, -einsatz, -verwaltung und -entlohnung, werden unter dieser Aktivität zusammengefasst.

- Technologieentwicklung: Produkt- oder Verfahrensverbesserungen; der Wettbewerbsvorteil kann sowohl aus dem technisch überlegenen Endprodukt als auch aus der technologischen Gestaltung der Wertkette entstehen.

- Beschaffung: Diese Tätigkeit umfasst den Einkauf aller in der Wertkette verwendeten Inputs (sämtliche Stoffe, Gebäude, Maschinen, Beratungshonorare etc.). Strategisch wichtig ist die Beschaffung auf Grund der möglichen Kostenvorteile und des erheblichen Differenzierungspotenzials.

Für die Umsetzung in die Praxis empfiehlt sich ein strukturiertes Vorgehen (vgl. Volck 1997, S.31 ff. und Esser 1994, S.134 ff.). In einem ersten Schritt werden die Wertaktivitäten eines Unternehmens nach den folgenden Kriterien untersucht und abgegrenzt:

- Spezifische wirtschaftliche Zusammenhänge

- Erhebliches Differenzierungspotenzial

- Erheblicher bzw. steigender Kostenanteil.

Die Analyse bewegt sich entlang des aufbau- und ablauforganisatorischen Rahmens des Unternehmens. Dabei sind die Wertaktivitäten weiter aufzugliedern (vgl. Abbildung 25). Je detaillierter die Betrachtung wird, desto deutlicher treten Abweichungen zwischen der Organisationsstruktur und der Wertkette zu Tage. Organisationseinheiten können mehrere Wertaktivitäten ausführen und dies zum Teil mit anderen Organisationseinheiten gemeinsam. Die Abgrenzung von Wertkette und Organisationsstruktur macht zum einen die Beteiligung der unterschiedlichen Abteilungen bei den verschiedenen Wertaktivitäten sichtbar, zum anderen wird notwendiger Koordinationsbedarf angezeigt.

Im folgenden Schritt sind die Schwerpunkte der Wertkette zu ermitteln. Esser schlägt hierzu zwei Ansätze vor: den qualifizierenden und quantitativen. Der qualifizierende Ansatz versucht, das Ausmaß der Aufmerksamkeit jeder Wertaktivität im Unternehmen festzustellen. Dies wird von Indikatoren, wie etwa der hierarchischen Ebene der Wertaktivität oder auch der Anzahl von Projekten zu einer Wertaktivität, abgeleitet. Der quantitative Ansatz versucht hingegen, die Bedeutung einer Wertaktivität anhand des Ressourcenbedarfs zu messen.

Der Kern der Wertkettenanalyse ist die Ermittlung der bestehenden und der möglichen positiven Verknüpfungen[44] zwischen den Wertaktivitäten und den Verflechtungen der Wertketten. Durch die Optimierung der Verknüpfungen innerhalb der Wertkette kön-

---

[44] Verknüpfungen bedeuten Interdependenzen zwischen einzelnen Wertaktivitäten. Entscheidungen der einen Wertaktivität haben Einfluss auf das Entscheidungsfeld der mit dieser verknüpften anderen Wertaktivität.

nen Wettbewerbsvorteile erreicht werden. So senkt z.B. eine intensivere Wareneingangskontrolle die Kosten der Qualitätssicherung und den Ausschuss in der Produktion. Porter unterscheidet hinsichtlich der Verknüpfungen der Wertketten der Geschäftsbereiche materielle und immaterielle Verflechtungen sowie Konkurrenzverflechtungen. Die genaue Analyse und Abgrenzung ist aufwendig (vgl. Porter 1998b, S.323 ff.) und wird hier nicht vertieft. Im Rahmen der Bestimmung des Integrationsdesigns einer M&A-Transaktion sind bestehende Verknüpfungen oder Verflechtungen wichtige Informationen zur Festlegung der Maßnahmen für den Integrationsprozess der beteiligten Unternehmen.

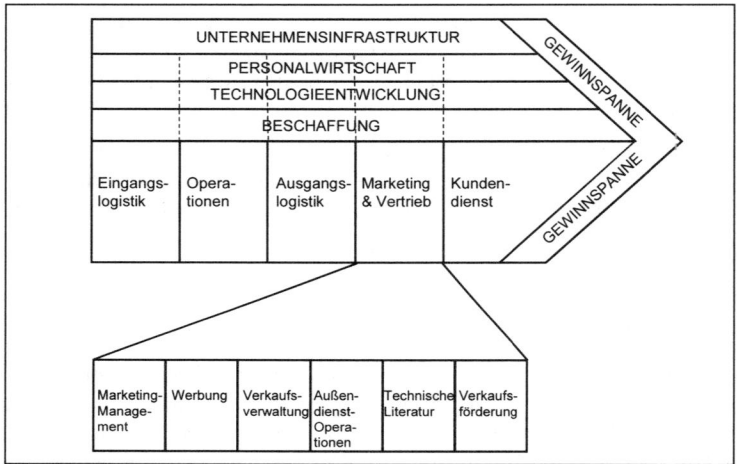

Abbildung 25: Detaillierung der Wertkette (Porter 1998b, S.46)

Unternehmen haben grundsätzlich zwei Möglichkeiten, einen Wettbewerbsvorteil zu erzielen. Entweder produzieren sie kostengünstiger und sind damit am Markt preiswerter als die Konkurrenz oder sie differenzieren sich gegenüber dem Wettbewerb mit Produkten, mit denen der Abnehmer ein höheres tatsächliches oder vermeintliches Nutzenniveau erreicht. Die abschließenden Schritte der Wertkettenanalyse haben deshalb zum Ziel, das Kostenverhalten entlang der Wertkette zu analysieren sowie mögliche Differenzierungsmöglichkeiten zu ermitteln. Diese Informationen sind für die Strategieformulierung von besonderer Bedeutung.

Für die Analyse der Kostenschwerpunkte ist jede Wertaktivität gesondert zu betrachten. Der Prozess der strategischen Kostenanalyse ist in folgende Schritte gegliedert (vgl. Porter 1998b, S.64 ff.):

- Ermittlung der Kosten und Zuweisung des Vermögens: Ausgehend von der bereits ermittelten Wertkette werden den einzelnen Wertaktivitäten die verursachten Kosten und das dazu benötigte Vermögen zugewiesen.

- Diagnose der Kostentreiber pro Wertaktivität: Kostentreiber sind strukturelle Ursachen für die anfallenden Kosten einer Wertaktivität. Porter unterscheidet u.a. Econo-

124

mies of Scale, Lernkurveneffekte und Kapazitätsnutzung (vgl. Porter 1998, S.70 ff.). Erst die Ermittlung der Kostentreiber erlaubt eine Prognose der Kostenentwicklung.

- Ermittlung, Implementierung und Kontrolle einer Strategie zur spezifischen Kosten-senkung: Die Steuerung der Kostentreiber oder die Umstrukturierung der Wertkette kann die Kostenposition des Unternehmens verbessern.

Für die Ermittlung möglicher Differenzierungsquellen wird die Perspektive gewechselt und das Unternehmen aus der Sicht der Abnehmer betrachtet. Der Prozess der Diffe-renzierungsanalyse umfasst folgende Hauptschritte, die ausführlich bei Porter (1998b, S.119 ff.) erläutert werden:

- Durchführung einer Kundenanalyse: Ermittlung der Kundenbasis (Kundenstruktur, Kaufverhalten) und der Kundenzufriedenheit.

- Ermittlung der Differenzierungsquellen: Jede Wertaktivität wird hinsichtlich ihrer Auswirkungen auf das Kaufverhalten der Kunden untersucht. Hierbei ergeben sich Aufschlüsse über bereits bestehende und zukünftig mögliche Differenzierungsquellen. Die Messung erfolgt dabei relativ zum Wettbewerb.

- Bestimmung der Differenzierungskosten: Die Kosten der Differenzierung sind ver-knüpft mit den ermittelten Kostentreibern der jeweiligen Wertaktivität. Differenzie-rungskosten sind nur in soweit gerechtfertigt, als der Abnehmer sie „bezahlt".

Die Unternehmensanalyse sollte durch eine zusätzliche Betrachtungsebene ergänzt werden: die Analyse bestehender Kernkompetenzen. Besondere Relevanz hat diese Betrachtung im Hinblick auf M&A-Transaktionen, da Kernkompetenzen einen wichti-gen Ausgangspunkt für die Einschätzung des Erfolgs einer Unternehmensverbindung darstellen (vgl. Kap. I.2.2). Auch hierzu bietet sich ein prozessuales Vorgehen an (vgl. Welge, Al-Laham 1999, S.261 ff. und Hamel, Prahalad 1994, S.224 ff.):

- Identifikation: Kernkompetenzen begründen strategische Wettbewerbsvorteile. Im Idealfall sind diese nicht imitierbar, spezifisch im Unternehmen begründet und führen in Verbindung mit einer nicht vorhandenen Substituierbarkeit zu einem nachvollzieh-baren Kundennutzen. Kernkompetenzen entfalten voll ihre Wirkung, wenn sie auf neue Produkte oder Problemlösungen transferierbar sind. In der Literatur finden sich unterschiedliche Methoden zur Identifikation von Kernkompetenzen, z.B. das VRIO-Schema (vgl. Barney 1997, S.145 ff.). Weitere Methoden sind Rose (2000) zu ent-nehmen.

- Einordnung: Die identifizierten Kernkompetenzen werden u.a. zur Systematisierung der Analyse in die Wertkette eingeordnet. Dies erlaubt es, die eigenen Kernkompeten-zen in der Wertkette von den Kompetenzen der Zulieferer zu trennen und bestimmte Kernkompetenzen festzustellen, die ihre Wirkung über die gesamte Wertkette entfal-ten, z.B. das Prozessmanagement. Durch die Einordnung von Kernkompetenzen in die Wertkette werden die Quellen der Wettbewerbsvorteile offengelegt (vgl. Krüger, Homp 1997, S.29 ff.).

- Extern-interne Perspektive: Die rein interne Ermittlung der Kernkompetenzen ist ana-log zum vorgestellten Vorgehen bei der Wertkettenanalyse durch die marktseitige Be-trachtung zu ergänzen. Einen hilfreichen Analyserahmen liefert die Kompetenz-Produkt-Matrix von Hamel und Prahalad:

125

Kernkompetenz	Markt: Bestehend	Markt: Neu
Neu	**Herausragende Position:** Welche Kernkompetenzen müssen aufgebaut werden, damit die Position in den bestehenden Märkten gehalten und ausgebaut werden kann?	**Mega-Chance:** Welche neuen Kompetenzen müssen aufgebaut werden, um an den interessantesten, neuen Märkten teilnehmen zu können?
Bestehend	**Lücken füllen:** Wie kann die bestehende Position am Markt durch Nutzung der bestehenden Kernkompetenzen verbessert werden?	**Weiße Flecken:** Welche neuen Produkte und Dienstleistungen können entwickelt werden, indem die bestehenden Kernkompetenzen neu eingesetzt und kombiniert werden?

Abbildung 26: Kompetenz-Produkt-Matrix (Hamel, Prahalad 1994, S.227)

Die erhobenen Daten werden in ein Stärken- Schwächen-Profil überführt (vgl. Welge, Al-Laham 1999, S.284):

- Strategische Stärken: Sie begründen einen Wettbewerbsvorteil, der Basis für die Ausbau-Strategie sein sollte.
- Strategische Schwächen: Diese Defizite des Unternehmens in bestimmten Bereichen sollten durch geeignete Strategien überwunden werden.
- Basisanforderungen: Die Anforderungen stellen für das Unternehmen die Grundlagen für seine Leistungserstellung dar. Die Basisanforderungen zeichnen sich weder durch positive noch durch negative Ausprägungen aus.

IV.1.3 Erstellung einer strategischen Bilanz

Vereinfacht kann die Strategieformulierung als ein Ausfüllen der Lücken zwischen der analysierten Ausgangslage und den strategischen Zielsetzungen eines Unternehmens angesehen werden. Sog. Strategischen Investoren (branchenverwandte Unternehmen) leuchtet dies unmittelbar ein. Aber auch Finanzinvestoren investieren letztlich strategisch. Wenngleich sie in ein erworbenes Unternehmen keine produkt- und marktseitigen Synergien einbringen können, wird die von ihnen angestrebte Wertsteigerung des Kaufobjekts in vielen Fällen auch durch strategische Schritte erreicht. Hierzu gehören u.a. weitere M&A-Transaktionen (sog. Add-ons) in artverwandten Geschäftsfeldern.

Das klassische Instrument der Strategischen Planung ist die Gap-Analyse. Die Lücken ergeben sich aus der Gegenüberstellung der Zielwerte (z.B. Soll-Größen für Umsatz, Gewinn oder ROI) und der Extrapolation der ermittelten Vergangenheitswerte (Basisgeschäft). Den Hintergrund der Gap-Analyse stellt der Marktlebenszyklus dar, wonach die Erfolgsgrößen in der Reifephase von Produkten kontinuierlich abnehmen. Die operative Lücke entsteht zwischen dem Basisgeschäft und dem durch Rationalisierungsmaßnahmen veränderten Geschäftsverlauf. Die Schließung der strategischen Lücke bedarf zusätzlicher Aktivitäten. Diese können u.a. M&A-Transaktionen sein.

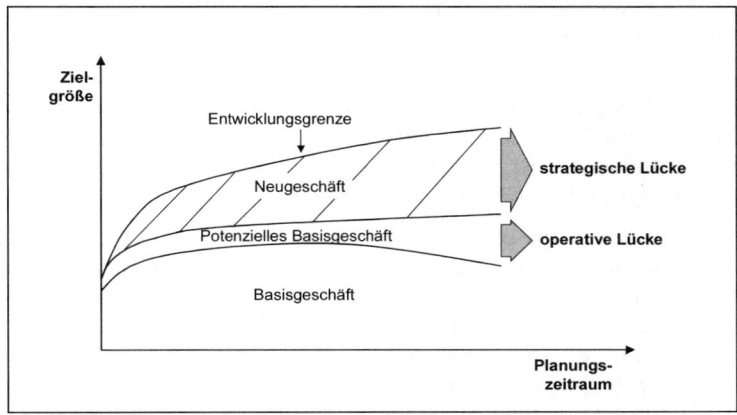

Abbildung 27: Gap-Analyse (vgl. Kreikebaum 1997, S.134)

Die Bewertung der Gap-Analyse ist in der Literatur nicht einheitlich. Positiv wird vermerkt, dass die Methode dazu zwingt, Zielvorstellungen exakt zu bestimmen und in quantitativer Form zu konkretisieren. Als negativ wird angesehen, dass das Konzept dazu verleiten kann, die strategischen Überlegungen nur innerhalb des betrachteten Geschäftssegments anzustellen und die Gesamtbetrachtung des Unternehmens, einschließlich der Berücksichtigung der externen Einflussfaktoren, zu vernachlässigen. Des Weiteren ist kritisch zu hinterfragen, ob Entwicklungen in der Vergangenheit als zutreffende Basis für Prognosen Gültigkeit besitzen. Diese Mängel der Gap-Analyse haben zu Recht dazu beigetragen, dass die Portfoliomethode als Werkzeug für die Strategische Planung größere Bedeutung gefunden hat. Weniger verbreitet ist bislang der Realoptionsansatz, der versucht, Handlungsspielräume aus Optionen als Strategieinstrument zu verwenden. Die Erweiterung des Portfolioansatzes um die Szenariotechnik übernimmt wichtige Elemente des Realoptionsansatzes, ohne jedoch in gleicher Weise theoriebeladen zu sein.

IV.1.3.1 Portfoliomethode

Portfolio-Management heißt unternehmerisches Denken und Handeln in alternativen Szenarien unter besonderer Berücksichtigung des Risikoaspekts. Natürlich ändert dieser methodische Ansatz nicht das Ziel unternehmerischen Wirkens: die kontinuierliche Steigerung des Unternehmenswerts. Um dieses Ziel zu erreichen, sind Kapital und Wissen möglichst produktiv einzusetzen. Aber weder die betriebenen Geschäfte noch die vorhandenen Ressourcen sind feste Größen. Dem Zweck der Wertsteigerung kann folglich neben der laufenden operativen Verbesserung auch eine Veränderung der Geschäftsinhalte oder ein Ausbau der Ressourcen dienen. Mit dieser dynamischen Erweiterung der unternehmerischen Aufgabe gerät der Bereich der Abwägung zwischen Ri-

127

siken und Chancen der Geschäftsfelder vor dem Hintergrund der Marktattraktivität und der Wettbewerbsposition des Unternehmens in das Blickfeld. Mitte der 1970er Jahre brachten die Boston Consulting Group und McKinsey & Company ihre Portfolio-Konzepte auf den Markt. Diese Konzepte erwiesen sich als in der Praxis gut einsetzbare Dienstleistungsprodukte zur strukturierten Umsetzung des Portfolio-Ansatzes.

Mitte der 1970er Jahre war die Portfolio-Theorie in der Finanzwirtschaft schon mehr als 20 Jahre alt. Markowitz, ihr Begründer, hatte nachgewiesen, dass die Diversifikation von Wertpapieren das Risiko mindert und aus der Vielzahl von möglichen Anlagekombinationen für jedes effiziente Portfolio ein optimales Ertrag-Risiko-Verhältnis existiert (vgl. Dunst 1979, S.47 ff.).

Ein wesentlicher Grund für den späten Eingang dieses Gedankenguts in den unternehmerischen Bereich war die lange Zeit vorherrschende Unternehmenskultur, der zufolge die Substanz eines Unternehmens unantastbar ist und Portfolio-Veränderungen allenfalls in Form von Akquisitionen vorstellbar sind (vgl. Kap. I.4.1). Spätestens die Globalisierung der Geschäfte hat insbesondere in den großen Unternehmen zur Akzeptanz des Portfolio-Ansatzes geführt. Die Investmentbanken taten das ihre, um widerspenstigen Unternehmensleitungen das Gefühl des Versagens zu vermitteln, wenn diese den Portfolio-Ansatz nicht als Aufforderung zu umfangreichen M&A-Transaktionen verstanden. Doch Portfolio-Management ist mehr als das Kaufen, Verkaufen und Fusionieren von Unternehmen oder Unternehmensteilen. Als Querschnittsfunktion, ähnlich der Logistik, umfasst es eine Vielzahl interner wie externer Maßnahmen und betrifft das Management aller Ebenen.

Die Konglomerate-Ära war die Pionierzeit des Portfolio-Konzepts, in der bereits Ansätze des gegenwärtigen, modernen Portfolio-Managements sichtbar wurden: die Risikostreuung, die Mittelzuordnung nach strikten Finanzkriterien und das strategische Denken in Alternativen. Die These des „Stick to the knitting!" läutete die Nach-Konglomerate-Ära ein. Jetzt hieß es: Das Managen von Portfolios sollte man besser den Fonds-Managern überlassen. Fokussierung lautete die Devise. Analysten begannen, die Schönheit von „Pure Play"-Unternehmen, die auf einem ganz engen Produktspektrum basieren, zu preisen. Dieser Schalmeienklang hat während der 1990er Jahre angehalten.

Was im Ansatz richtig ist, gerät in der Praxis manchmal kräftig daneben. Das Dogma der Fokussierung kann den Bestand von Unternehmen gefährden. Anstelle von klugen Vermögensumschichtungen wird nicht selten der Ausverkauf niedrig bewerteten Anlagevermögens betrieben. So ist der Weg zum „Pure Play"-Unternehmen häufig mit Einmalgewinnen gepflastert, die für eine begrenzte Zeit die Illusion einer günstigen Ertragslage nähren. Am Ende verbleibt ein Unternehmen, das der Volatilität seines engen Marktsegments voll ausgesetzt ist. Krisen des Marktsegments werden dann sofort zu Krisen des Unternehmens. Aber auch strategisch aussichtsreiche Positionierungen führen zu Konsequenzen, die bedacht werden wollen: Das Unternehmen wird zum bevorzugten Ziel feindlicher Attacken. Das Schicksal von Mannesmann auf dem Wege zum erfolgreichen „Pure Play"-Unternehmen ist ein Beispiel dafür. Nach den Erfahrungen mit Extrempositionen scheint sich ein Mittelweg durchzusetzen, der zwischen breiter Diversifikation und unreflektierter Fokussierung liegt. Strategisches Portfolio-Management hat sich für das Finden dieses Mittelwegs als brauchbares Hilfsmittel erwiesen.

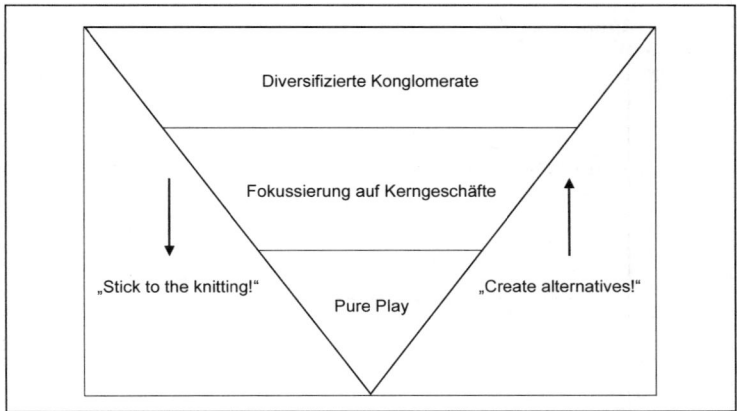

Abbildung 28: Balance der Unternehmensformen

Portfolio-Management beginnt mit einer Portfolio-Analyse der Strategischen Geschäftseinheiten (SGE). SGEs werden anhand der folgenden Abgrenzungskriterien gebildet (vgl. Welge, Al-Laham 1999, S.326 und Dunst[45] 1979, S.57 f.):

- Marktaufgabe: Eine SGE agiert am Absatzmarkt und übt dort eine eigenständige Marktaufgabe für die jeweiligen Kunden im Wettbewerb mit anderen Anbietern aus.

- Eigenständigkeit: Während der Aktion am externen Markt muss die SGE unabhängig vom „Rest" des Unternehmens sein. Insbesondere hinsichtlich der Allokation von Ressourcen, die zur Erreichung von Wettbewerbsvorteilen notwendig sind, dürfen Entscheidungen keinen Einfluss auf andere SGEs ausüben. In der Praxis treten hier auf Grund der Interdependenzen allerdings Unschärfen auf.

- Erfolgspotenzial: Jede SGE leistet einen eigenständigen Beitrag zur Steigerung des Erfolgs. Dies impliziert, dass SGEs nicht nur im Hinblick auf Ressourcen und Aktivitäten, sondern auch hinsichtlich der Ziele unabhängig sind.

Die Beurteilung und Einordnung der Strategischen Geschäftseinheiten erfolgt typischerweise in einer zweidimensionalen Matrix-Darstellung, in der eine Achse die Umfelddimension und die andere Achse die Unternehmensdimension darstellt. Das ursprünglich statische Konzept einer Ist-Aufnahme wird dadurch dynamisiert, dass gleichzeitig das Zielportfolio der Strategischen Planung abgebildet wird. Entsprechende Kreisdurchmesser indizieren die Bedeutung der jeweiligen Strategischen Geschäftseinheit, meist am Umsatz gemessen.

SGEs weisen Produktgruppen bzw. Produkte auf, die jeweils charakteristischen Lebenszyklen unterliegen (vgl. Abbildung 29).

---

[45] Dunst verwendet den Begriff des Strategischen Geschäftsfelds (SGF). Darunter wird in Anlehnung an Welge, Al-Laham 1999 „ein spezifisches Segment der ökonomischen Umwelt der Unternehmung, das in sich homogen, im Verhältnis zu anderen Geschäftsfeldern aber heterogen sein sollte" (Welge, Al-Laham 1999, S.327), verstanden.

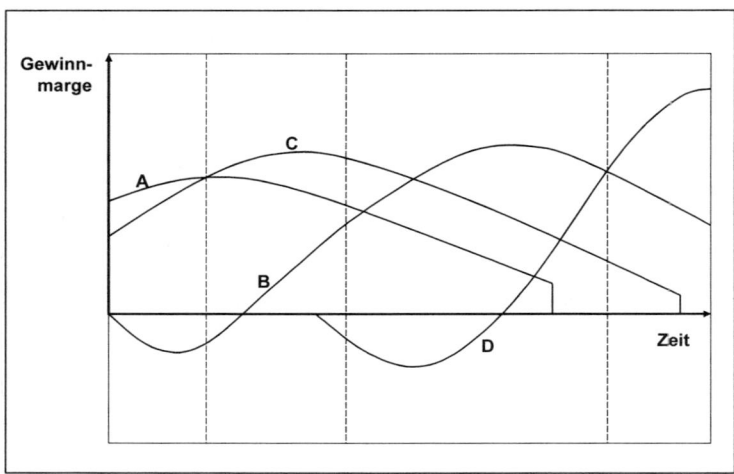

Abbildung 29: Produktlebenszyklen (Prinzipskizze)

Der idealtypische Gesamtzyklus einer Produktgruppe gliedert sich in die Phasen Einführung, Wachstum, Reife und Alterung. Befinden sich alle Produkte in der Sätti-
gungsphase, bedeutet dies, dass trotz möglicherweise hoher aktueller Gewinne von
einer ungünstigen strategischen Perspektive des Unternehmens ausgegangen werden
kann. Nicht nur in der „New Economy" starten Produkte meist verlustreich. In ihrer
Reifephase erbringen sie dann überproportionalen Gewinn mit entsprechender Freisetzung von Finanzmitteln, bevor sie das Ende ihres Lebenszyklus erreichen. Das gilt für
die Einführung neuer Automodelle ebenso wie für die Entwicklung von Arzneimitteln
oder die Platzierung einer neuen Zeitschrift am Markt. Im Fazit erfordert strategische
Vorsorge eine nach Lebenszyklen ausgewogene Produktpalette. Ziel des Portfolio-
Konzepts ist deshalb die Antwort auf die Frage, in welcher Kombination der SGEs die
Unternehmensziele am ehesten erreicht werden können.

Das Marktwachstum-Marktanteil-Portfolio in Anlehnung an die Boston Consulting
Group (BCG) (vgl. Fink 2000, S.12 ff.) bildet auf der Ordinate das zukünftige reale
Marktwachstum und auf der Abszisse den relativen Marktanteil der jeweiligen Ge-
schäftseinheit ab (vgl. Abbildung 30). Der Abstraktionsgrad ist hoch. Denn die Markt-
dimension wird auf das Wachstum und die Unternehmensdimension auf den relativen
Marktanteil (Marktanteil des Unternehmens dividiert durch den Marktanteil des
stärksten Konkurrenten) reduziert. Dennoch: Die Qualifizierung der Geschäfts- bzw.
Produktkategorien als Question Mark, Stars, Cash Cows und Dogs ist anschaulich. Sie
kennzeichnet den typischen Lebenszyklus eines Produkts und eignet sich gut dazu,
Geschäftseinheiten hinreichend genau einzuordnen.

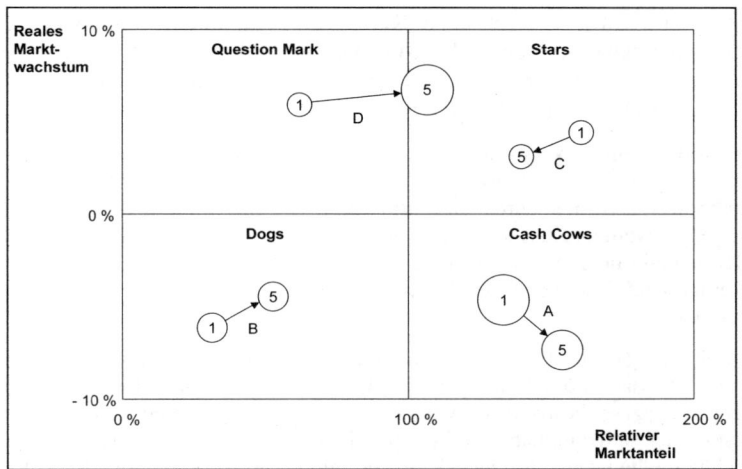

Abbildung 30: Portfolio in Anlehnung an die Boston Consulting Group
(Beispielfall)

Die Portfolio-Matrix zeigt im Beispiel ein Unternehmen im Jahr eins und im Jahr fünf der Betrachtung. Das Portfolio erscheint unausgewogen. Außer Einheit C ist keine Star-Einheit vorhanden. Die Einheit ist zudem recht klein. Die Cash-Cow-Einheit A hat die Reifephase überschritten. Einheit B stellt sich auf den ersten Blick als typischer Desinvestitionskandidat dar. Bei rückläufigem Markt und niedriger Marktdurchdringung ist Eile geboten. Hoffnungsträger des Unternehmens ist die Einheit D. Ihre Entwicklung ist erfolgskritisch für das Unternehmens-Portfolio. Die Strategische Planung projiziert die Entwicklung für die nächsten fünf Jahre. Einheit C zeigt nur geringes Entwicklungspotenzial und verschlechtert ihre Marktposition. Einheit A verliert trotz Marktanteilsgewinns an Bedeutung. Einheit B bleibt ein Desinvestitionskandidat ohne Zukunft. Einheit D schließlich unterstreicht eindrucksvoll ihre Zukunftsfähigkeit.

Das von McKinsey & Company entwickelte Portfolio (vgl. Fink 2000, S.29 ff.) bildet die strategische Positionierung eines Unternehmens zwar ebenfalls zweidimensional ab, misst aber beide Dimensionen, die Wettbewerbsstärke und die Marktattraktivität, an einer größeren Anzahl von quantitativen und qualitativen Faktoren. Das Multifaktoren-Konzept geht auf den Produktlebenszyklus und die PIMS-Studie[46] zurück. So werden für die Marktattraktivität - neben dem Wachstum - das Volumen, die Marktqualität und die Umfeldsituation herangezogen. Zur Einschätzung der Wettbewerbsstärke dienen - neben dem relativen Marktanteil - die relative Rentabilität und sonstige Differenzierungen zum Wettbewerb, die als spezifische Erfolgsfaktoren anzusehen

---

[46] Zu Beginn der 1960er Jahre wurde in einem großen empirischen Forschungsprojekt versucht, die Erfolgsfaktoren aus den untersuchten Geschäftsfeldern zu ermitteln. Daraus sollten allgemeine Gesetzmäßigkeiten für das Strategische Management abgeleitet werden. Aktuell zählen zum PIMS (Profit Impact of Marketing Strategy)-Projekt über 600 Unternehmen mit ca. 2.000 Geschäftsfeldern, zu denen über 2.000 quantitative Daten erhoben werden, welche die Basisdaten für die anhaltende empirische Forschung liefern.

sind. Die Matrix unterscheidet nach Kerngeschäften, potenziellen Kerngeschäften, Desinvestitionsgeschäften und Best-Owner-Geschäften. Aus dieser Portfolio-Einteilung lassen sich in vereinfachter Form Normstrategien ableiten (vgl. Welge, Al-Laham 1999, S.344 ff. und Fink 2000, S.40 ff.):

- Investitions- und Wachstumsbereiche: Verfügen SGEs über hohe relative Wettbewerbsvorteile und der Markt über eine entsprechende Attraktivität, sollte die eigene Wettbewerbsposition durch Investitionen in Kapazität, Produktivität und Marketing ausgebaut werden. Ziele sind dabei die Steigerung der Rentabilität unter Sicherung der Marktanteile oder die Ausweitung der Marktanteile unter Beibehaltung der Rendite (Kerngeschäfte sowie Teile der potenziellen Kerngeschäfte und der Best-Owner-Geschäfte)

- Abschöpfungs- und Desinvestitionsbereiche: Betroffen sind Geschäfte mit relativ geringer Marktattraktivität und geringen Wettbewerbsvorteilen, die keine zukunftsträchtigen Potenziale besitzen. Es wird eine kurzfristige Gewinnerzielung angestrebt. Investitionen sind möglichst gering zu halten. Sofern die betrachtete Geschäftseinheit nachhaltig die Kapitalkostendeckung verfehlt, ist sie zu verkaufen oder zu liquidieren.

- Selektionsbereich: Für Geschäftseinheiten, die bei schwächerer eigener Position über hohe Marktattraktivität verfügen, kann eine offensive Investitionsstrategie sinnvoll sein. Bei geringer Marktattraktivität und hohen Wettbewerbsvorteilen ist eher eine defensive Strategie angebracht, die es erlaubt, den Cash Flow „abzuschöpfen". Eine Übergangsstrategie ist für Geschäftseinheiten mit mittlerer Marktattraktivität und mittleren Wettbewerbsvorteilen vorstellbar. Dabei kann aktiv versucht werden, den relativen Wettbewerbsvorteil ohne großen Ressourceneinsatz zu erhöhen. Ansonsten werden die Entwicklungen des Markts abgewartet.

Das McKinsey-Portfolio eignet sich gut zur Ergänzung der gröberen Analyse des Boston-Consulting-Group-Modells. Der Multifaktoren-Katalog führt zu differenzierteren Aussagen. Das ist ein Vorteil. Nachteilig ist jedoch, dass die Messungen teilweise subjektiv sind und dadurch mehrdeutige Positionierungen nicht auszuschließen sind.

Das schon zuvor als Beispiel herangezogene Unternehmen zeigt erwartungsgemäß in dieser Portfolio-Matrix (vgl. Abbildung 31) ein modifiziertes, wenn auch nicht völlig anders geartetes Bild. Die Star-Einheit C des Marktwachstum-Marktanteil-Portfolios ordnet sich hier in die Best-Owner-Kategorie ein. Die Cash-Cow-Einheit A des Boston-Consulting-Group-Portfolios gehört ebenfalls diesem Bereich an. Wie im Boston-Consulting-Group-Portfolio ist die Geschäftseinheit B von ihrer Positionierung und Größe her ein klarer Desinvestitionskandidat. Einziger Kerngeschäftskandidat des Unternehmens ist die Einheit D. Diese Portfolio-Darstellung unterstreicht noch deutlicher die erfolgskritische Entwicklung der Geschäftseinheit D für das Unternehmen. Hier sind gezielte Investitionen durchzuführen und die Managementressourcen zu konzentrieren.

Der Blick nach vorne in das Jahr fünf: Die Einheit C verliert an Dynamik und sollte an ein Unternehmen veräußert werden, zu dem es besser passt (Best Owner) und das deshalb einen höheren Kaufpreis als den Barwert der eigenen Fortführung bezahlt. Für die Einheit A verringert sich die Marktattraktivität stark, ohne dass weitere Wettbewerbsvorteile erarbeitet werden können. Ein Verkauf zu vertretbaren Ausstiegskonditionen ist anzustreben. Die beiden Einheiten A und C befinden sich offensichtlich in der abfallenden Phase ihrer Lebenszyklen. Die Geschäftseinheit B kann auch aus einer Verbesserung ihrer Wettbewerbsposition keinen Vorteil ziehen. Der Bereich D dagegen nutzt sein Entwicklungspotenzial und wird unter starkem Wachstum zum Kerngeschäft.

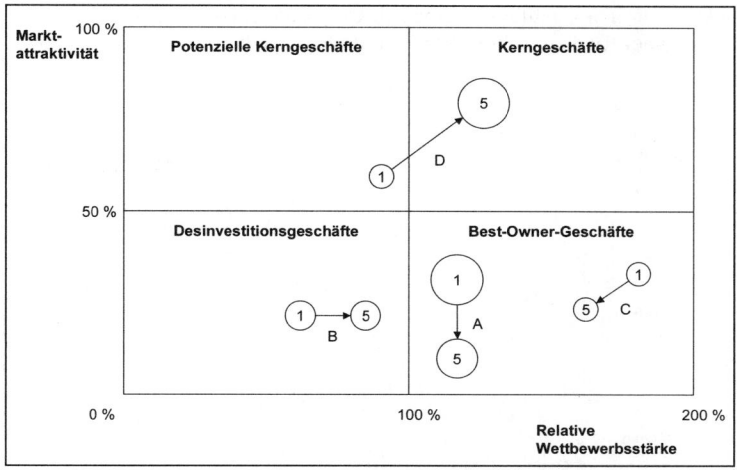

Abbildung 31: Portfolio in Anlehnung an McKinsey & Company
(Beispielfall)

Als Nachteil der Produkt-Markt-Portfolios ist anzusehen, dass sie sich auf bereits positionierte SGEs beschränken und im Übrigen Risikoneutralität unterstellen. Auf die Zielsetzung der langfristigen Sicherung einer erfolgreichen Unternehmensentwicklung geben sie deshalb nur begrenzt Antwort. Hier setzte die Überlegung ein, aus der Analyse der technologischen Position der Unternehmenseinheiten Erfolgspotenziale abzuleiten (vgl. Pfeiffer, Dögl 1997, S.407 ff.).

Das Technologie-Portfolio eignet sich als ressourcenorientierter Ansatz gut zur Einschätzung der technischen Innovationsfähigkeit eines Unternehmens bzw. seiner Einheiten. In der gebräuchlichen Matrixdarstellung werden Technologieattraktivität als unternehmensexterne Größe und Ressourcenstärke als unternehmensinterne Dimension einander gegenübergestellt (vgl. Abbildung 32).

Die Beurteilung der Prozesstechnologien gibt Auskunft über die Möglichkeiten der Weiterentwicklung technischer und wirtschaftlicher Vorteile, ihre Einsatzbreite, ihre Entwicklungsdynamik und ihre Synergien mit anderen vorhandenen Technologien. Die Ressourcenstärke spiegelt die im Unternehmen vorhandenen materiellen Ressourcen, aber auch das Humankapital, das Know-how und die Umsetzungsgeschwindigkeit im Ausbau eines Vorsprungs wider.

Entsprechend den Produkt-Markt-Portfolios werden dem Technologie-Portfolio in den Matrix-Quadranten Normstrategien als Handlungsempfehlungen zugeordnet:

- Investition: In Technologien mit günstigen Perspektiven und hohen eigenen Ressourcen ist zu investieren. Hierfür kommen sowohl Sachinvestitionen als auch M&A-Transaktionen in Frage.

133

- Desinvestition: Desinvestitionen sind dort angebracht, wo trotz entsprechenden Mitteleinsatzes nur geringe Leistungsverbesserungen zu erzielen sind. Frei werdende finanzielle und personelle Ressourcen sollten in attraktivere Technologien umgesteuert werden.

- Selektion: Im Diagonalfeld ist eine selektive Betrachtung zu empfehlen. Die Entscheidung zu einer Rückzugs- oder Vorwärtsstrategie bedarf einer tiefer gehenden Analyse.

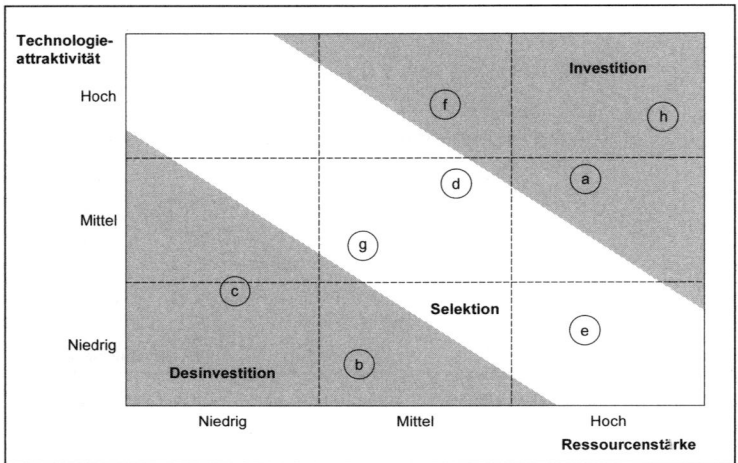

Abbildung 32: Technologie-Portfolio (Beispielfall)

Im Beispiel der Strategischen Geschäftseinheit eines Fertigungsbetriebs ergibt sich die dargestellte Positionierung der relevanten Prozesse von der Konstruktion (a) über den Modellbau (b), die Prototypenfertigung (c), die Produktion der Einzelteile (d), die Montage (e), die Qualitätssicherung (f), das Recycling (g) und die Logistik (h). Von den hier vereinfacht dargestellten acht Einzeltechnologien sollten zwei desinvestiert, fremd vergeben oder in Entwicklungspartnerschaften eingebracht werden (b, c). In drei Bereichen sind die Forschungs- und Entwicklungsaktivitäten gezielt zu verstärken (a, h, f). Die Prozesse d, e und g sind je nach strategischer Bedeutung und notwendigem Mitteleinsatz defensiv oder offensiv zu behandeln.

Ein weiterer Kritikpunkt hinsichtlich der Brauchbarkeit der Produkt-Portfolios für strategische Entscheidungen ist die unterstellte Risiko-Neutralität. Dieser Einschränkung begegnet eine Strategische Planung in alternativen Szenarien unter Berücksichtigung der jeweiligen Risikoprofile (vgl. Abbildung 33).

Eine solche Planung ist erstaunlicherweise noch wenig verbreitet. Das jährliche Planungsritual der Unternehmen kennt meist keine Alternativen. Die übliche Erfolgsmessung des Managements am Budget trägt dazu bei. Sie führt zwangsläufig zu konservativen Planwerten und dem Versuch kurzfristiger Gewinnmaximierung. Portfolio-Varianten mit ggf. größeren Risiken, aber deutlich höherem Wertsteigerungspotenzial, werden kaum systematisch diskutiert.

134

Dabei ist die Wirkung alternativer Planungen auf den Unternehmenswert erstaunlich. Im bereits für die Produkt-Markt-Portfolioanalyse verwendeten Beispielfall präsentiert das Management der Gesellschaft mit vier Strategischen Geschäftseinheiten die übliche Fünf-Jahres-Planung. Leichte jährliche Zuwachsraten des Gewinns pro Aktie (EPS), abgeleitet aus Vergangenheitswerten, führen zum Applaus des Aufsichtsrats. Bei genauerem Hinsehen lassen sich jedoch diskussionswürdige Varianten zu dieser Planung aufzeigen.

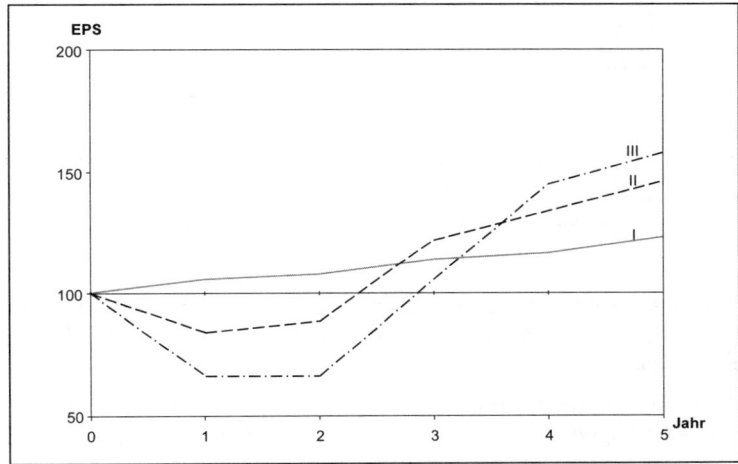

Abbildung 33: Alternativenszenario der Unternehmensplanung (Beispielfall)

Variante II geht von einer Verstärkung der Produktentwicklung und dem Zukauf eines Unternehmens aus, das die Systemfähigkeit deutlich verbessert. Der Gewinn pro Aktie verschlechtert sich dadurch zwar zunächst, überschreitet jedoch ab dem Jahr drei den Wert der Basisplanung deutlich und nachhaltig.

Die Variante III ist die aggressivste. Neben den Maßnahmen der Variante II ist der massive Ausbau des Auslandsgeschäfts vorgesehen. Der Gewinn im ersten Planjahr fällt deutlich. Am Ende der Planperiode erreicht er jedoch einen Wert, der oberhalb des Werts von Variante II liegt.

Das Risikoprofil (vgl. Abbildung 34) gibt weitere Auskunft. Die Basisplanung zeigt die angenommenen Minimal- und Maximalwerte des Wertbeitrags der einzelnen Einheiten. Danach liefert nur das Segment D einen sicheren Beitrag zur Steigerung des Unternehmenswerts. Die anderen Segmente sind nicht in der Lage, ihre Kapitalkosten zu verdienen. Das entspricht der Einschätzung aus den Portfolio-Analysen.

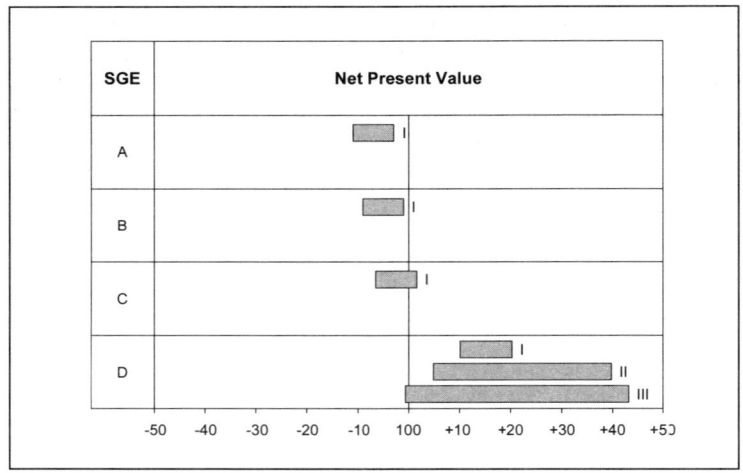

Abbildung 34: Risikoprofil der Planvarianten (Beispielfall)

Bei der Planungs-Variante II für das erfolgsbestimmende Segment D erweitert sich das Risikoprofil erwartungsgemäß. Dabei sind die Chancen aber wesentlich höher als die Risiken einzuschätzen.

In der volatilsten Variante III erhöhen sich die Chancen kaum noch, während die Risiken beträchtlich steigen. Im ungünstigsten Fall liefert die Geschäftssparte D keinen Wertbeitrag mehr. Angesichts der negativen Wertbeiträge der anderen Unternehmensteile könnte dies zu einer kritischen Situation für das Gesamtunternehmen führen.

Die Grenzlinien aus der Gegenüberstellung des kurzfristigen Gewinns pro Aktie und des Barwerts der Wertbeiträge in der Planungsperiode geben eindeutigen Aufschluss über die Qualität der Strategievarianten (vgl. Abbildung 35).

Die Basisplanung I zeigt zwar die geringste Risikobreite, aber auch den niedrigsten Beitrag zur Entwicklung des Shareholder Value. Ganz anders Variante II. Sie vergrößert das maximale Risiko kaum, die Chancen zur Erhöhung des Unternehmenswerts aber beträchtlich. Variante III dagegen ist ein Husarenritt. Im optimalen Fall vergrößern sich die Chancen nur noch geringfügig, während die Risiken zur Wertvernichtung extrem zunehmen. Variante II bringt das Unternehmen bei begrenzt höherem Risiko am deutlichsten voran.

Die Portfoliosteuerung ist ein unverzichtbarer Teil wertorientierten Managements. Ziel ist die Optimierung des Wertbeitrags der einzelnen Geschäftsfelder zur nachhaltigen Steigerung des Unternehmenswerts. Die geschilderten Analyse- und Steuerungsinstrumente eignen sich gut für eine strukturierte, regelmäßige Auseinandersetzung des Managements mit den Stärken und Schwächen des Unternehmens. Basierend auf den Diversifikationsüberlegungen aus dem Bereich der Vermögensverwaltung beinhaltet modernes Portfolio-Management Elemente, die in der strategischen Steuerung von Unternehmen lange gefehlt haben: Das beginnt mit der Erkenntnis, dass sich die Unternehmen, ihre Bereiche und ihre Produkte mit zunehmender Geschwindigkeit erneuern. Daraus folgt die Einsicht, dass es fortlaufend Alternativen zum vorhandenen Port-

136

folio zu finden und zu untersuchen gilt. Der Regelkreis schließt sich mit der ausgewogenen Reaktion auf diese Herausforderungen, die Risiken und Chancen angemessen berücksichtigt. Dabei tut die Unternehmensführung gut daran, die volle Palette von interner Prozess- und Produktoptimierung bis hin zur Anwendung des gesamten M&A-Instrumentariums konsequent einzusetzen.

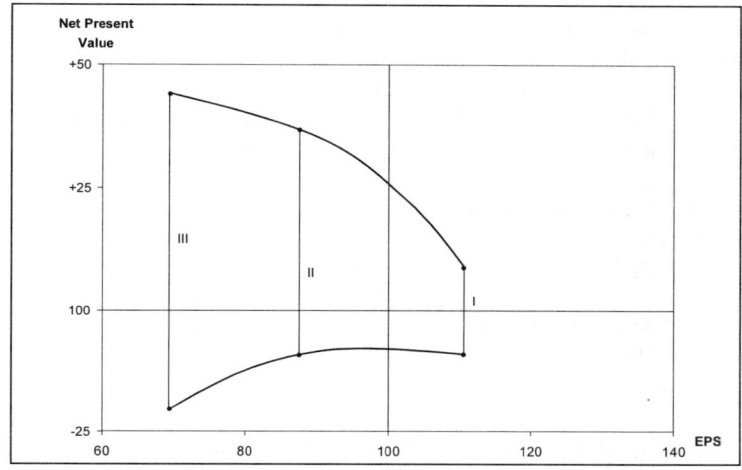

Abbildung 35: Qualität der Strategievarianten (Beispielfall)

IV.1.3.2 Realoptionen

Der Realoptionsansatz hat, wie die Portfoliomethode, einen finanzwissenschaftlichen Hintergrund. Die Eigenschaften einer Finanzoption[47], Flexibilität (Recht zur Ausübung einer Transaktion, keine Pflicht), Unsicherheit (wirtschaftliche Attraktivität hängt von der Entwicklung des unterlegten Finanzinstruments ab) und Irreversibilität (Optionsrecht wird durch Ausübung unwiderruflich aufgehoben), finden sich auch bei Realoptionen wieder.

Abstrakt können Realoptionen definiert werden als das Recht, einen zukünftigen, unsicheren Cash Flow zu erwerben oder zu verkaufen. Ein Beispiel soll dies verdeutlichen (vgl. Bosch 2001, S.25 f.). Die Ausgaben zur Erschließung eines Ölfelds stellen, unabhängig von dem Erfolg der Ausbeutung, unwiederbringlichen Aufwand dar. Die erzielbaren Cash Flows hängen vom Ölpreis, den nur begrenzt planbaren Erschließungskosten und dem unsicheren Erfolg der Erschließung ab. Bei Absinken des Ölpreises

---

[47] Der Halter einer Finanzoption hat das Recht, aber nicht die Pflicht, innerhalb des Ausübungszeitraums das unterlegte Finanzinstrument zu einem vorher festgelegten Preis zu erwerben (Call- bzw. Kaufoption) oder zu verkaufen (Put- bzw. Verkaufsoption). Dieses Recht besteht zu einem vorher festgelegten Zeitpunkt (europäische Option) oder bis zu diesem Zeitpunkt (amerikanische Option) (vgl. Natenberg 1994, S.1 ff.).

unter die variablen Kosten kann die Förderung eingestellt und bei einem folgenden Anstieg wieder aufgenommen werden. Die Aufnahme bzw. die Einstellung stellen jeweils für sich ein Optionsrecht dar, das durch seine Ausübung aufgehoben ist. Die Handlungsflexibilität führt zu einer asymmetrischen Auszahlungsstruktur analog einer Finanzoption. Bei vorteilhaften Umständen sind die Auszahlungen nahezu unbegrenzt positiv, im schlechtesten Fall ist das Risiko auf den unwiederbringlichen Aufwand (Sunk Costs) beschränkt.

Praxisbezogen können Realoptionen auch als zukünftige Handlungsspielräume und Investitionsmöglichkeiten eines Unternehmens unter veränderten Umfeldbedingungen angesehen werden. Realoptionen stellen demnach „ein Bündel von Handlungsoptionen in Bezug auf die Verwendung und Nutzung realer Aktiva dar" (Hommel, Pritsch 1999, S.123). Hierbei wird jedoch grundsätzlich von asymmetrischen Wirkungen auf den Cash Flow ausgegangen. Dieses Phänomen unterscheidet Realoptionen von den Alternativszenarien der Portfoliomethode und der sehr unspezifischen Sensitivitätsanalyse. Die Literatur untergliedert Realoptionen entweder in Analogie zu Finanzoptionen (Aufschub-, Abbruch-, Stilllegungs-, Erweiterungs-, Einschränkungsoption etc.) oder nach einem nutzenorientierten Schema (Lern-, Wachstums-, Versicherungsoption). Die genaue Kategorisierung und Unterscheidung der einzelnen Optionsarten ist der entsprechenden Spezialliteratur zu entnehmen (vgl. Hommel, Pritsch 1999, S.125 ff.)[48].

Die wirtschaftswissenschaftliche Literatur nahm den Realoptionsansatz anfänglich „nur" als erweiterte Methode der Investitionsrechnung wahr. Im Gegensatz zu den traditionellen statischen Methoden, wie etwa der „Discounted Cash Flow"-Methode (vgl. Kap.V.2.2.4), betrachtet der Realoptionsansatz auch die zukünftigen Handlungsalternativen. Zunehmend wird der Realoptionsansatz auch als Instrument des Strategischen Managements angesehen. Vielfach wird der Tatsache, dass unternehmerische Zielsetzungen einem nur begrenzt prognostizierbaren Umfeld ausgesetzt sind, durch Risikoabschläge begegnet. Der Realoptionsansatz dagegen bezieht die mögliche Erhöhung unternehmerischer Erträge durch Unsicherheit ein.

Bei der Berechnung von Realoptionen kann grundsätzlich zwischen analytischen Verfahren (d.h. analytische Lösung partieller Differentialgleichungen entweder durch exakte formelbasierte Modelle, wie etwa die Black-Scholes-Formel, oder durch analytische Näherungsverfahren) und numerischen Verfahren (Approximation eines stochastischen Prozesses oder einer Differentialgleichung) unterschieden werden. Die Anwendbarkeit quantitativer Optionspreisansätze ist auf Grund der Komplexität des realen Modells jedoch eingeschränkt. Ersatzweise bietet sich die Analyse der entscheidenden Werttreiber zur Beurteilung an.

---

[48] Zur Vertiefung des Realoptionsansatzes kann auf weiterführende Literatur zurückgegriffen werden. Trigeorgis (2000) stellt den theoretischen Hintergrund des Realoptionsansatzes dar und Leslie, Michaels (1997) zeigen die Anwendung dieses Ansatzes im Rahmen der Strategieentwicklung.

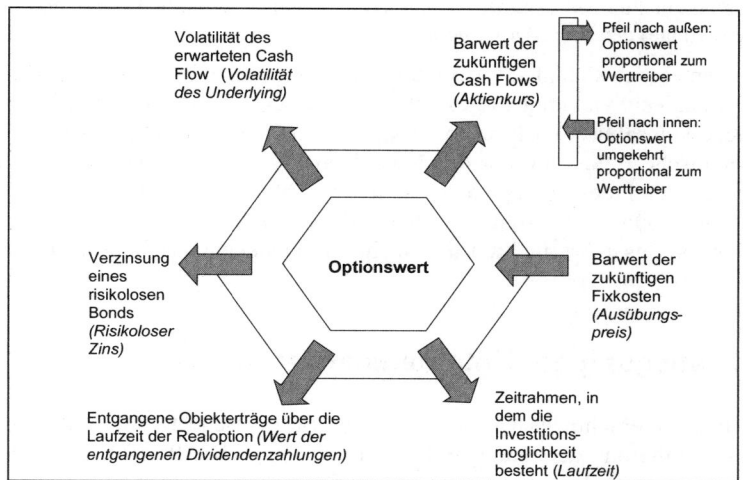

Abbildung 36: Werttreiber von Realoptionen (vgl. Leithner, Liebler 2001, S.140, und Leslie, Michaels 2000, S.100)

Es kann davon ausgegangen werden, dass die Werttreiber in der Realwirtschaft den kapitalmarkttheoretischen Variablen entsprechen. Diese sind in Abbildung 36 kursiv und in Klammern aufgeführt (vgl. Bosch 2001, 48 ff.):

- Barwert der zukünftigen Cash Flows (Aktienkurs): Dem Aktienkurs des Basis-Finanzinstruments entspricht der Barwert der zukünftigen Cash Flows. Im Falle einer Akquisition wäre dies der Wert des zu übernehmenden Unternehmens.

- Barwert der zukünftigen Fixkosten (Ausübungspreis): Diese „Sunk Costs" entsprechen dem Barwert der zukünftigen Fixkosten, die zur Ausübung der Option erforderlich sind. Im Falle der Akquisition wäre dies der Kaufpreis zuzüglich der nachfolgend notwendigen Investitionssumme u.a. für die durchzuführenden Integrationsmaßnahmen. Die Bestimmung dieses Aufwands ist mit erheblicher Unsicherheit verbunden.

- Zeitrahmen der Investitionsmöglichkeit: Im Gegensatz zu Finanzoptionen ist die Laufzeit bei Realoptionen nicht immer eindeutig festgelegt. Zu bemerken ist, dass die Laufzeit unterschiedliche Auswirkungen auf traditionelle, diskontierende Verfahren und Realoptionen hat. Längere Fristen stellen nach dem Realoptionsansatz eine Chance dar.

- Entgangene Objekterträge: Die entgangenen Dividendenerträge entsprechen den Opportunitätskosten der Nicht-Ausübung einer Realoption.

- Risikoloser Zins: Der risikolose Zins ist sowohl bei Finanzoptionen als auch bei Realoptionen gleich.

- Volatilität des erwarteten Cash Flow: Bei Finanzoptionen handelt es sich hierbei um die Standardabweichung der Rendite während eines bestimmten Zeitraums in der Vergangenheit. Die Volatilität ist bei Realoptionen sehr schwierig zu ermitteln. Sie kann angenähert aus der Betrachtung vergleichbarer Projekte gewonnen werden. Dabei tritt analog zur Laufzeit der Effekt ein, dass eine höhere Volatilität (bei Normalverteilung der Erträge) den Wert der Realoption erhöht.

Realoptionen eignen sich als Strategieinstrument im M&A-Prozess. Dies gilt nicht nur für die Strategieentwicklung insgesamt, sondern auch für die verschiedenen Schritte einer M&A-Transaktion im Einzelnen (vgl. Leithner, Liebler 2001, S.138 ff.). Durch die systematische Befassung mit den jeweiligen Werttreibern kann die Werthaltigkeit der Optionen zumindest abgeschätzt werden. Unabhängig von den noch offenen Fragen der exakten Quantifizierung von Realoptionen in der Praxis ist zu wünschen, dass der Realoptionsansatz vermehrt Eingang in das Denken von Unternehmensleitungen erfährt.

IV.1.4 Festlegung der Unternehmensstrategie

Umfeld- und Unternehmensanalysen sowie die Strategische Bilanz bilden die Grundlage zur Formulierung der Strategie des Unternehmens. Die Portfoliomethode und der Realoptionsansatz sind dabei brauchbare Werkzeuge zur Ausarbeitung verschiedener Ziel-Szenarien unter Berücksichtigung der jeweiligen Risikostrukturen.

Die Schließung der Strategischen Lücken ist prinzipiell durch mehrere Handlungsalternativen möglich. Das Unternehmen kann diversifizieren, expandieren oder Innovationen aus der eigenen Entwicklung auf den Markt bringen. Es kann seine Wertschöpfung erhöhen oder vermindern. Es kann sich aber auch im Rahmen einer „Schrumpfungsstrategie" aus einem Markt zurückziehen. Die in Leitsätzen und quantifizierten Zielen beschriebene Strategie eines Unternehmens ist in Teilstrategien für die SGEs zu untergliedern und in regelmäßigen Abständen (ggf. auch bei außergewöhnlichen Entwicklungen) zu überprüfen und zu modifizieren. Es bedarf keiner Betonung, dass die jährliche Budgetierung und Mittelfrist-Planung im Einklang mit den Strategischen Zielen stehen muss. Strategischen Lücken ist nicht immer über interne Maßnahmen zu begegnen: Erfordern strategische Ziele externes Vorgehen, so sind M&A-Aktivitäten die geeignete Antwort.

IV.2 Fallbeispiel Strategie

Die Fusion von Ciba-Geigy und Sandoz zu Novartis

Ausgangslage

Die Unternehmen der europäischen Chemie- und Pharmaindustrie waren schon früh international präsent. Der bereits im 19. Jahrhundert starken Exportorientierung schloss sich, beginnend mit dem Jahrhundertwechsel, der zunehmende Aufbau zunächst der Produktions- und später der Forschungseinrichtungen im Ausland an. In den 1950er und 1960er Jahren folgte eine systematische Multinationalisierung der Unternehmen, die vom starken Wachstum auf den Weltmärkten, den protektionistischen Maßnahmen vieler Länder, aber auch von den produkt- und marktseitigen Diversifikationschancen getrieben wurde. Angesichts des kleinen Heimatmarkts waren die Schweizer Chemie- und Pharmafirmen Protagonisten der internationalen Expansion.

1970 fusionierten Ciba und Geigy zu Ciba-Geigy. Diese erste Basler Ehe, der eine weitere folgen sollte, war vor dem Hintergrund der geographischen und produktseitigen Ergänzung beider Unternehmen vor allem von dem Ziel des effizienteren Mitteleinsatzes in Forschung und Entwicklung geprägt. Dies galt insbesondere für den Pharmabereich, dessen Innovationsdruck gleichermaßen hohe Risiken und hohen Aufwand mit sich brachte. Die breite Diversifikation des neuen Konzerns reichte von Chemikalien über Kunststoffe und Agrochemie bis hin zu pharmazeutischen Produkten und Markenartikeln. Aktives Portfoliomanagement mit laufenden Ergänzungen, aber auch Desinvestitionen, führte schließlich bis Mitte der 1990er Jahre zu einer strategischen Positionierung zwischen Vielfalt und Fokussierung (vgl. Zeller 2001, S.157 ff.).

Die Reorganisation des Konzerns in 1991 hatte das Unternehmen in 14 eigenständige Divisions mit insgesamt 34 strategischen Geschäftseinheiten (SGEs) aufgeteilt. Dieser Schritt zu größerer Kundennähe und mehr innerbetrieblichem Unternehmertum trug sicher zur deutlichen Verbesserung der Ertragskenngrößen bei: 1995 erreichte die Eigenkapitalrendite annähernd 13 %; die Umsatzrendite überstieg die 10 %-Grenze.

Die Diversifikationsstrategie des Basler Nachbarn Sandoz war in den 1970er Jahren ähnlich breit angelegt, hatte ihren Schwerpunkt jedoch deutlicher im Pharmabereich. Von 1980 an konzentrierte sich der Ausbau des Konzerns gezielter auf die Bereiche Pharma und Nahrungsmittel. Der Ausflug in das Bauchemikaliengeschäft wurde kurz vor dem Zusammenschluss mit Ciba-Geigy durch Veräußerung der Master Builder Technologies (MBT) an SKW Trostberg beendet. Ein Jahr zuvor war der Bereich Spezialchemie ausgegliedert und als Clariant verselbständigt worden. Die stufenweise Ausweitung des Agro-Bereichs um das Saatgutgeschäft und die Ergänzung des Nahrungsmittelbereichs um das Segment Babyfood (Gerber) in 1994 hatten zur Mitte des Jahrzehnts zu einer strategischen Ausrichtung des Konzerns mit den Pfeilern Pharma, Ernährung und Agro geführt, die mit dem erstmals von Sandoz geprägten Begriff „Life Sciences" treffend beschrieben werden konnte (vgl. Zeller 2001, S.230 ff.).

Ähnlich Ciba-Geigy hatte Sandoz Anfang der 1990er Jahre seine Organisation restrukturiert. Sieben Divisions wurden in eigenständige Aktiengesellschaften gegliedert. Mit der Umorganisation ging eine konsequente Kostenstraffung einher. Die Eigenkapitalrendite stieg bis 1995 auf 25 %, die Umsatzrendite auf über 13 %.

Chronologie der Transaktion

Sicherlich erleichterte die gemeinsame Erfahrung aus einer langen und in vielerlei Hinsicht parallelen Entwicklung der beiden Basler Chemie- und Pharmagiganten den schwierigen ersten Schritt aufeinander zu. Vor allem aber hat offensichtlich die gleiche Perspektive auf die zu erwartenden großen Umstrukturierungen der weltweiten chemisch-pharmazeutischen Industrie den Weg zu einem Zusammengehen von Ciba-Geigy und Sandoz frei gemacht.

Termin	Vorgang
07.03.1996	Die Präsidenten der Verwaltungsräte von Ciba-Geigy, A. Krauer, und Sandoz, M. Moret, informieren die Öffentlichkeit über die Fusion von Ciba und Sandoz zu Novartis. A. Krauer wird zum Präsidenten des Verwaltungsrats, D. Vasella (zuvor CEO von Sandoz Pharma) zum Präsidenten der Konzernleitung designiert.
23.04.1996	Die Aktionäre von Sandoz stimmen der Fusion zu. Sie erhalten insgesamt 55 % der Anteile an Novartis.
24.04.1996	Die Hauptversammlung von Ciba-Geigy genehmigt den Merger. Ciba-Aktionäre erhalten einen Anteil von 45 % an Novartis.
07.05.1996	Die 300 wichtigsten Managementpositionen weltweit werden festgelegt.
26.06.1996	Weitere 3.500 Führungsfunktionen sind namentlich zugeordnet.
20.12.1996	Nach Genehmigung des Mergers durch die FTC (mit Auflagen) und Eintragung in das Handelsregister nimmt das neue Unternehmen offiziell seine Tätigkeit auf.
23.12.1996	Die Novartis-Aktie wird erstmals an der Börse gehandelt.

Strategie des Mergers

Mitte der 1990er Jahre hatte sich in der chemisch-pharmazeutischen Industrie die Erkenntnis durchgesetzt, dass die globalen Strukturveränderungen radikalere Maßnahmen erforderten, als vorhandene Portfolios aktiv zu managen. Die Trennung der chemischen und der pharmazeutischen Industrie war überfällig, wollte man in einem der Bereiche an der Weltspitze mitspielen. Der Entschluss, den Pharmasektor zum Kernbereich der Unternehmensentwicklung zu machen und die Chemie abzutrennen, drängt sich geradezu auf. Allein Wachstum, Innovationsrate und Zugangsbeschränkungen sprechen für vergleichsweise günstigere Aussichten in der Pharmaindustrie. Der Anstieg der Weltbevölkerung und deren zunehmende Alterung bieten ebenso Wachstumspotenzial wie der Lifestyle-Anspruch älterer Menschen in den entwickelten Ländern und das aufkommende Gesundheitsbewusstsein in den Schwellenländern. Die Fähigkeit, regelmäßig neue, patentgeschützte und verschreibungspflichtige Medikamente in großvolumigen Bedarfssegmenten auf den Markt zu bringen, sichert in einem solchen Umfeld hohe Profitabilität. Andererseits sind zunehmende Herausforderungen unverkennbar: (Nicht patentgeschützte) Generika sorgen für Preisdruck. Insbesondere

142

in Europa vermindern Kostendämpfungsmaßnahmen die Margen. Ähnliche Wirkungen gehen von Health Maintenance Organizations (HMOs) in den USA aus. Als größte Herausforderung jedoch ist die technisch-wissenschaftliche Entwicklung einzustufen. Der Innovationszwang in unsicherem Gelände bindet extrem hohe Mittel und erfordert eine außerordentlich effiziente, flexible weltweite Forschungs- und Entwicklungsorganisation, die alle Formen von Kooperationen einschließt.

Vor diesem Hintergrund lag der Zwang zur Konzentration auf der Hand. Gefragt war eine Unternehmensvision, die deutlich stärker fokussiert war und im Kernbereich einen Quantensprung an Marktbedeutung brachte. Die von Sandoz in 1994 postulierte Strategie der Life Sciences bildete die Basis einer solchen Vision, zu der Ciba-Geigy die geeignete Größe, Kapitalstärke und Komplementariät beitrug. Die Bereitschaft beider Unternehmensleitungen, nicht nur zu fusionieren, sondern den entstehenden Konzern unmittelbar neu zu strukturieren, unterstrich die Entschlossenheit, den als richtig erkannten Weg mit aller Konsequenz zu gehen.

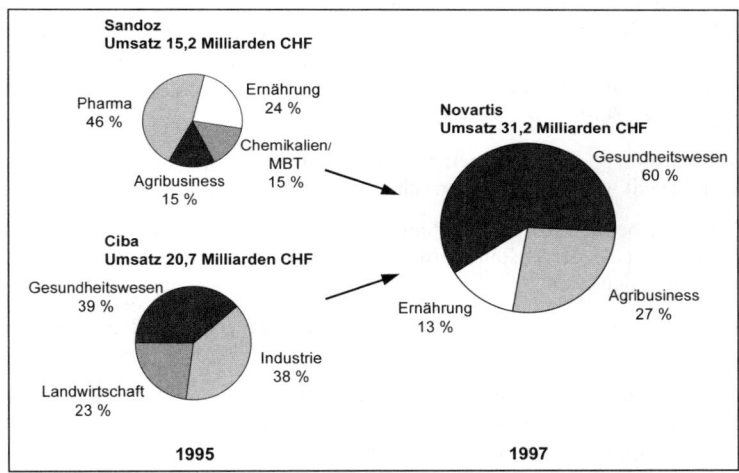

Abbildung 37: Fallbeispiel Novartis; der Weg von Ciba und Sandoz zu Novartis (Quelle: Geschäftsberichte, Erläuterungen für Aktionäre)

Das Übergangsjahr 1996 war gekennzeichnet von der weiteren Strukturbereinigung beider Unternehmen. Mit der Ankündigung des Mergers gaben die Partner die Abspaltung der Specialty Chemicals Division von Ciba bekannt, die zum 01.01.1997 vollzogen wurde. Im Vorfeld der Fusion hatte Sandoz bereits seinen Chemiebereich ausgegliedert und MBT veräußert. Ciba hatte den Waagenhersteller Mettler-Toledo verkauft.

Mit einem Umsatz von 31,2 Milliarden CHF war 1997 der Life-Sciences-Konzern, in dem der Gesundheitsbereich mit einem Anteil von 60 % klar dominierte, Wirklichkeit geworden.

Neben der produkt- und marktseitigen Vision verfolgte der Merger ein weiteres Ziel: die Schaffung eines hinsichtlich Ergebnisorientierung und Führung exzellenten Unternehmens. Die gleichzeitig mit der Merger-Ankündigung ungewöhnlich früh genannten Zahlen setzten Zeichen. 10.000 Arbeitsplätze sollten abgebaut werden, 3.500 davon in der Schweiz. Weitere Arbeitsplätze würden durch Ausgliederung aus dem Konzern verschwinden. Die Kostensynergien von zwei Milliarden CHF wurden bis 1999 vollständig umgesetzt. Ein konzernweites Performance-Evaluierungskonzept, das quantitative wie qualitative Dimensionen umfasst, wurde eingeführt. Ein entsprechendes Kompensationssystem (einschließlich Aktienoptionen) zielt auf stark am Ergebnis orientierte Bezahlung.

Die Entwicklung der Ertragskennziffern unterstreicht den finanziellen Erfolg der Transaktion. Stellvertretend für die verschiedenen Kenngrößen des Konzerns mag die Umsatzrendite stehen. Sie stieg von 14 % in 1996 bis auf 22 % in 2001. Ein ähnlich beeindruckendes Bild zeigt die kapitalmarktorientierte Analyse des Mergers (vgl. Kap. IX.3).

Das Zusammengehen von Ciba und Sandoz ist ein gutes Beispiel für die Beachtung wichtiger Erfolgsfaktoren und die Vermeidung häufiger Fehler bei Transaktionen. Auch wenn an dieser Stelle schwerpunktmäßig die Strategien der beteiligten Unternehmen untersucht werden, so ist es dennoch reizvoll, eine Wertung in umfassenderer Form vorzunehmen (vgl. Kap. X):

- Für die Fusion sprach eine überzeugende Strategie, die von beiden Partnern ohne Vorbehalte geteilt wurde und deren rasche Umsetzung unstrittig war.

- Die Fusion betraf zwei Unternehmen mit sehr ähnlichen Kernkompetenzen. Bereits mit Bekanntgabe der Fusion wurde die Trennung von Randbereichen verkündet und umgehend eingeleitet.

- Die Fusion war nach Prüfung und Einschätzung zweier starker Partner die geeignetste Option zum richtigen Zeitpunkt.

- Die Partner waren sich schon im Vorfeld der Fusion einig über ein aggressives Maßnahmenpaket zur Kostensenkung. Darüber hinaus bestand Einvernehmen über ein System zur wertorientierten Steuerung des Konzerns.

- Das gemeinsame kulturelle Erbe und der gleiche Blickwinkel auf die Herausforderungen der Zukunft hatten dafür gesorgt, dass sich die Kulturen der beiden Unternehmen nicht zu weit auseinander entwickelten.

- Beide Partner gingen in der Phase der Anbahnung der Transaktion offen und vertrauensvoll miteinander um. Die genaue Kenntnis voneinander ließ ohnehin kaum Unsicherheiten entstehen.

- Die Analyse der Fusion zeigt Nutzeffekte für nahezu alle Stakeholder. Auch die Region Basel und die Mitarbeiter können nach der Fusion, trotz vorübergehender Einbußen, längerfristig stabilere Verhältnisse als die, welche sich ohne die Fusion ergeben würden, erwarten.

- Die sehr frühe Klärung der Führungsfrage hat wesentlich zur Stabilisierung des Fusionsprozesses beigetragen.

- Die systematische Führungsauswahl nach dem Prinzip „Der Beste aus beiden Häusern erhält die Position" hatte eine unmittelbare Verbesserung der Fach- und Führungsqualität zur Folge.

- Die Erhöhung der Finanzkraft zweier ohnehin finanzstarker Partner bedeutete gleichzeitig Risikopuffer und Potenzialschaffung für künftige Expansionsschritte.

- Die gewählte Fusionsform vermied die Zahlung von Goodwill und Prämien über den Marktwert hinaus.

Am 02.12.1999 gaben Novartis und AstraZeneca bekannt, ihre Agrobereiche auszugliedern und zu fusionieren (o.V. 1999). Das neue Gebilde erhielt den Namen Syngenta. Novartis-Aktionäre sind an Syngenta mit 61 %, AstraZeneca-Aktionäre mit 39 % beteiligt. Wenngleich sich damit die Brüchigkeit des Life-Sciences-Konzepts schon nach drei Jahren herausgestellt hat, stellt dieser Schritt die Richtigkeit der Fusion keineswegs in Frage. Im Gegenteil: Die Herausforderungen des weltweiten Wettbewerbs im Gesundheitsbereich sind so groß, dass sich selbst die Fokussierung auf die drei Pfeiler Pharma, Ernährung und Agro als zu breit angelegt erwiesen hat. Die Zukunft wird in der noch weitergehenden Konzentration auf die stärksten Felder des Unternehmens im Gesundheitsmarkt liegen, will man weiterhin gestaltend auf den Schlüsselmärkten tätig sein. Die angekündigte Abgabe des Geschäftsbereichs „Health and Functional Food" mit Marken wie Ovomaltine und Isostar unterstreicht dies (vgl. o.V. 2002).

Literatur

Erläuterungen für Aktionäre, Sandoz und Ciba-Geigy 1996

Geschäftsbericht Ciba-Geigy 1995

Geschäftsberichte Novartis 1996-2001

Geschäftsbericht Sandoz 1995

o.V.: Geteilte Börsenreaktion auf die Novartis-Zellteilung; in: FAZ, 03.12.1999, S.25

o.V.: Novartis gibt Marken aus der Konsumsparte ab; in: FAZ, 05.02.2002, S.21

Zeller, C.: Globalisierungsstrategien - Der Weg von Novartis; Berlin, Heidelberg (Springer) 2001

IV.3 Konzeption der M&A-Aktivitäten

Nicht wenige betrachten M&A-Transaktionen als Ereignisse, die sich der Planbarkeit entziehen. In der Tat bieten sich nicht selten Kaufgelegenheiten, die nicht (oder nicht zu diesem Zeitpunkt) erwartet werden konnten. Solche Opportunitäten verlangen schnelle Reaktionen. Daraus die Überflüssigkeit einer M&A-Strategie abzuleiten wäre freilich töricht. Wenn spontanes Reagieren rational sein soll, muss es sich in einem vorher festgelegten Rahmen abspielen. Zu diesem Rahmen gehört die Ermittlung geeigneter Unternehmen für die durch eine Unternehmensstrategie unterlegte externe Expansion oder auch Desinvestition.

In der Praxis wird der Planungsphase häufig zu wenig Bedeutung beigemessen. Die sich daraus ergebenden negativen Faktoren werden bewusst oder unbewusst vernachlässigt (vgl. Haspeslagh, Jemison 1992, S.23 und Hubbard 1999, S.47 f.). Der zum Teil erhebliche Zeitdruck einer M&A-Transaktion liefert die willkommene Entschuldigung, um intuitiv und ohne Berücksichtigung einer systematischen M&A-Vorbereitung vorzugehen. Aus der Beobachterperspektive verwundert dies. Zum einen sind M&A-Transaktionen für zahlreiche Unternehmen keineswegs alltägliche Vorgänge, die routinemäßig beherrscht werden. Andererseits ist die Bedeutung dieser Vorgänge für die Zukunft des Unternehmens häufig sehr hoch. Es liegt auf der Hand, dass mangelnde Vorbereitung der beteiligten Unternehmen einer der Faktoren für die hohen Misserfolgsquoten von M&A-Transaktionen ist.

Ein eindeutiges M&A-Konzept stellt auch die solide Ausgangsbasis für die folgenden Phasen der Transaktion dar (vgl. Hubbard 1999, S.48):

- Ohne M&A-Strategie und -Planung fehlt die Grundlage für die Beurteilung konkreter Transaktionen. So schützt eine systematische Eingrenzung des strategischen und finanziellen Spielraums vor der Beschäftigung mit ungeeigneten Zielobjekten[49], vermindert „Überraschungen" während der Verhandlungen mit dem Zielunternehmen und verhindert den „Point of no Return"-Effekt (vgl. Kap. I.2.4).

- Die Planung der M&A-Transaktion liefert den Rahmen für die Integration nach dem Zusammenschluss. Dies gilt besonders im Fall einer Akquisition, da die wesentlichen Entscheidungen (Grad der Integration, Besetzung des Topmanagements) von dem übernehmenden Unternehmen zu treffen sind und nicht, wie im Fall einer Fusion, auf dem Verhandlungsweg bzw. durch einen Kompromiss zwischen den beteiligten Unternehmen abgestimmt werden.

- Die Erfolgskontrolle ist erst möglich, wenn die Unternehmensstrategie, die daraus abgeleitete M&A-Strategie sowie die konkrete M&A-Planung unzweideutige Zielsetzungen und Plandaten festgelegt haben.

In der Praxis scheint sich auf Grund zahlreicher Fehlschläge das Bewusstsein von der Wichtigkeit der M&A-Planung zunehmend durchzusetzen. In einer empirischen Untersuchung gaben nahezu alle befragten Unternehmensführer im Hinblick auf die eigene M&A-Erfahrung an, dass sie sich nicht der Bedeutung der Vorbereitung einer

---

[49] Der Begriff des Zielobjekts bzw. -unternehmens ist in der hier gebrauchten Form wertfrei zu verstehen. Er impliziert nicht notwendigerweise ein Vorgehen im Sinne einer Feindlichen Übernahme. Vielmehr richtet sich der Begriffsinhalt nach der Perspektive des Betrachters.

Transaktion bewusst gewesen wären und sie deshalb das Element der Planung bei künftigen Unternehmensverbindungen weitaus genauer beachten würden (vgl. Hubbard 1999, S.48).

IV.3.1 Festlegung der M&A-Strategie

Es ist die Aufgabe der Unternehmensleitung, aufbauend auf den Analysen der Ist-Situation und dem Rahmen der Unternehmensstrategie, eine konkrete Vorstellung von der durch M&A-Transaktionen herzustellenden Unternehmenszukunft zu entwickeln. Eine M&A-Strategie, die diesen Namen verdient, unterscheidet sich durchaus von pauschalen Bekenntnissen zu externem Wachstum oder zur Trennung von Randaktivitäten.

Zur Identifikation der geeigneten strategischen Stoßrichtung bieten sich methodisch die Konzepte von Ansoff und Porter an.

Ansoff stellt die strategischen Optionen im Rahmen von M&A-Transaktionen in einer Produkte-Markt-Matrix dar (vgl. Ansoff 1987, S.109 ff.). Die Produktedimension unterscheidet dabei zwischen Produkten, die mit bereits unternehmensintern vorhandener Technologie hergestellt werden können, und solchen, welche die Anwendung neuer Technologien erfordern. Die Marktdimension differenziert vier verschiedene Abnehmergruppen der Produkte.

Produkte / Markt	Verwandte Technologie	Nicht verwandte Technologie
Überein-stimmend	Horizontal	
Unternehmen ist eigener Kunde	Vertikal	
Vergleichbar		Marketing-konzentrisch
Neu	Technologie-konzentrisch	Konglomerat

Abbildung 38: Strategische Alternativen externer Expansion
(vgl. Ansoff 1987, S.123)

Die Kombination der beiden Dimensionen ermöglicht die Ableitung entsprechender Normstrategien:

- Horizontale M&A-Transaktionen: Im Rahmen einer Marktdurchdringungsstrategie wird durch Transaktionen im gleichen Produkt- und Marktsegment eine Steigerung der Marktanteile angestrebt. Transaktionen dieser Art können durchaus ergänzend zu einer Produktentwicklungsstrategie durchgeführt werden.

- Vertikale M&A-Transaktionen: Im Vordergrund derartiger Überlegungen steht das Ziel, den Zugang zu Rohstoffen, Vorprodukten oder Absatzmärkten durch M&A-Transaktionen in vorgelagerte oder nachgelagerte Produktions- bzw. Absatzstufen zu sichern.

- Marketing-konzentrische M&A-Transaktionen: Die Aktivitäten zielen dabei auf Unternehmen, die ähnliche oder gleiche Märkte bzw. Kundenstrukturen bedienen. Im Rahmen einer Ausweitung des Produktportfolios wird versucht, die Wettbewerbsposition zu verstärken.

- Technologie-konzentrische M&A-Transaktionen: Zwischen den beteiligten Unternehmen bestehen produktseitige Überlappungen oder Ergänzungen, die Synergien in der Technologie (Forschung und Entwicklung, Verfahrenstechnik, Produktionstechnik etc.) mit sich bringen. Eine Marktentwicklungsstrategie unter Einschluss externer Expansion versucht, neue Märkte für die Produkte zu erschließen.

- Konglomerate M&A-Transaktionen: Die M&A-Aktivitäten stehen in keinem Zusammenhang mit dem bestehenden Produkt- und Marktprogramm. Das Unternehmen erweitert sein Tätigkeitsfeld mit neuen Produkten in neuen Märkten. Schon auf Grund des mangelnden Know-hows des Käuferunternehmens kann eine Diversifikationsstrategie nur dann erfolgreich sein, wenn die ausgewählten Branchen sehr attraktiv und die Erwerbskosten gleichwohl niedriger als die Barwerte der zukünftigen Gewinne sind. Der Nachweis, dass die Wettbewerbsposition des Käuferunternehmens verbessert wird, ist hier einer besonders kritischen Prüfung zu unterziehen (vgl. Steinöcker 1998, S.44).

Die Produkte-Markt-Matrix beschränkt sich auf Wachstumsstrategien. Bei schrumpfenden Märkten kann es von Vorteil für ein Unternehmen sein, eine gezielte Nischenpolitik zu betreiben, frühzeitig zu restrukturieren oder Unternehmen(sbereiche) zu verkaufen.

Porter definiert ausgehend von der in Kap. IV erläuterten Wertkette vier strategische Stoßrichtungen (vgl. Porter 1987, S.48 ff.):

- Portfoliomanagement: M&A-Transaktionen werden mit dem Ziel des Risikoausgleichs unternommen. Dazu werden attraktive Unternehmen zusammengeschlossen, die ein ausgewogenes Portfolio an strategischen Erfolgspotenzialen aufweisen und die durch die unterschiedlichen Wertketten einen Risikoausgleich für das Gesamtunternehmen herstellen. Charakteristisch für diese M&A-Variante ist, dass Unternehmen, die im Rahmen einer Akquisition erworben werden, weitgehend autonom bleiben und von der Muttergesellschaft lediglich über Zielvorgaben geführt werden.

- Restrukturierung: Die M&A-Aktivitäten konzentrieren sich hierbei auf restrukturierungsbedürftige Unternehmen. Diese werden anschließend durch verschiedene Maßnahmen (Einsetzung eines neuen Managements, Realisierung von Kostensenkungspotenzialen, Veränderung der Strategie) neu ausgerichtet. Bei gelungener Werterhöhung kann das Unternehmen veräußert werden.

- Know-how-Transfer: Wertsteigerungen werden durch den gezielten Transfer von Wissen und Fähigkeiten erreicht. Ziel von M&A-Transaktionen ist es, Unternehmen zu identifizieren, die durch den Transfer zu einer Verstärkung der Wettbewerbsstellung führen.

- Aufgabenzentralisierung: Durch die gemeinsame Ausführung von Wertaktivitäten können Synergieeffekte erzielt werden. Neben der Einsparung von Kosten entstehen Differenzierungsvorteile gegenüber dem Wettbewerb, wenn durch das Zusammengehen Zusatzleistungen für die Abnehmer angeboten werden.

Fundamental für die Festlegung der M&A-Strategie und den Prozessverlauf ist die Rolle des agierenden Unternehmens, welches entweder als Käufer oder als Verkäufer auftritt. Die M&A-Strategie eines Verkäufers ist weniger komplex als die eines Käufers, da ein Verkäufer die Transaktion mit der Unterzeichnung der Verträge und der Bezahlung des Kaufpreises weitgehend abschließt. Im Vorfeld eines Verkaufs ist jedoch zu beachten, dass das Verkaufsobjekt ggf. umstrukturiert werden muss, um eigenständig und damit leichter verkaufbar zu sein.

Den ersten Schritt zu einer M&A-Strategie stellt - wie im Fall der Erarbeitung einer Unternehmensstrategie - eine Umfeldanalyse dar. Dazu werden drei Analyseebenen betrachtet (vgl. Steinöcker 1998, S.34 ff.):

- Länderorientierte Analyse: Die Analyse der politischen und wirtschaftlichen Rahmenbedingungen hat zum Ziel, die Eignung von Regionen für M&A-Aktivitäten zu erkunden. Als Kriterien sind u.a. die politische Stabilität, die rechtsstaatliche Ordnung, das wirtschaftliche System, die Robustheit der Volkswirtschaft und die Infrastruktur heranzuziehen.

- Marktorientierte Analyse: Diese Analyse bezieht sich auf die Perspektive des Unternehmens. Sie schließt Fragen der gesellschaftlichen Akzeptanz von M&A-Transaktionen in dem relevanten Marktsegment, des Kapitalmarkts einschließlich des Kapitaltransfers, der Verfügbarkeit, des Preises und der Qualität von Arbeitskräften, des Verbraucherverhaltens sowie der steuerlichen und wettbewerbsseitigen Randbedingungen ein.

- Geschäftsfeldorientierte Analyse: Diese Analyse untersucht die für beabsichtigte M&A-Transaktionen relevanten Charakteristiken des einzelnen Geschäftsfelds. Analysekriterien sind u.a. die Erfolgshistorie und -potenziale der Branche, ihre Fragmentierung, ihre Abnehmer- und Lieferantenstruktur sowie ihre Investitionskraft. Von Interesse ist auch die M&A-Kultur des spezifischen Geschäftsfelds.

Die M&A-Umfeldanalyse unterscheidet sich methodisch nicht von der entsprechenden Analyse der Strategieermittlung, sie konzentriert sich jedoch auf die Frage, ob und wie die ermittelten strategischen Lücken durch M&A-Transaktionen zu schließen sind.

An dieser Stelle sei daran erinnert, dass neben Fusionen und Akquisitionen auch Kooperationen, wie Strategische Allianzen, Joint Ventures (vgl. Kap I.1.2.3) und darüber hinaus längerfristige vertragliche Vereinbarungen über Lieferungen bzw. Bezüge, Optionen für Unternehmensverbindungen im weiteren Sinne sind. Während Fusionen und Akquisitionen offensive Schritte darstellen, sind Kooperationen eher Kompromisse zwischen einer Vorwärtsstrategie und dem Wunsch zur Risikominimierung. Gleichwohl können sie vorteilhaft sein.

So können in der Transaktionsphase unternehmenskulturelle Unterschiede zutage treten, die eine Integration nicht mehr als eine Option erscheinen lassen, bei der Aufwand und Ertrag in einem angemessenen Verhältnis zueinander stehen, eine Kooperation jedoch sehr wohl. Nicht selten entwickeln sich Kooperationsvorhaben aber auch im Laufe der Verhandlungen oder in einer späteren Stufe zu Fusionen oder Akquisitionen.

M&A-Strategien haben auch zu dieser Frage klare Antworten zu geben, die durchaus in unterschiedlichen Geschäftsfeldern unterschiedlich ausfallen können. Der Hinweis, die Transaktionsform sei angesichts der Unvorhersehbarkeit des Markts für Unternehmensverbindungen nicht planbar, kann nicht überzeugen. Auch hier gilt das allgemeine Planungstheorem: Selbst die flexible Abweichung von der Planung setzt zunächst eine Planung voraus.

Ausgangslage und Motive grenzen das Feld, in dem ein Kaufinteressent nach für M&A-Transaktionen geeigneten Unternehmen suchen sollte, weiter ein. In diesem Zusammenhang sind ergänzend die folgenden Fragen zu klären (vgl. Jansen 2001, S.175):

- Größenordnung: Der Kaufinteressent hat den Rahmen der für ihn geeigneten M&A-Transaktionen festzulegen. Grenzen liegen insbesondere in der Finanzierbarkeit und dem angestrebten Risikoprofil. Aber auch die Frage der Verfügbarkeit qualifizierten Managements limitiert die Größenordnung von Transaktionen. (Bei LBO-Fonds ist der maximale Eigenkapitaleinsatz je Transaktion häufig durch die Fondsbedingungen festgelegt.)

- Rentabilität: Die M&A-Strategie muss aufzeigen, ob Transaktionen ein Mindestmaß an Rentabilität aufweisen sollen oder ob Restrukturierungen bzw. Sanierungen von Zielunternehmen in Kauf genommen werden. Auch hier spielt die vorhandene Managementkapazität eine Rolle, aber auch Fragen der Wertentwicklung und des Images des Unternehmens sind abzuwägen.

- Technologiekompetenz: Es bedarf der Überlegung, ob M&A-Transaktionen nur mit Unternehmen, die über entwickelte Technologien verfügen, in Betracht gezogen werden. Die Gefahr der Verringerung der produktbezogenen Kernkompetenz muss gesehen werden.

- Produktportfolio: Im Rahmen der Strategie ist zu entscheiden, welche Mindestgrößen an Marktanteilen mit der M&A-Transaktion erreicht werden sollen. Darüber hinaus ist zu überlegen, welche Fokussierung das Zielunternehmen aufweisen soll. Der Erwerb eines Unternehmens, das neben dem Zielsegment in weiteren Geschäftsfeldern tätig ist, kann langwierige Bereinigungen zur Folge haben.

- Umwelt: Die M&A-Strategie kann festlegen, dass Unternehmen, die ökologische Altlasten tragen, wegen der hohen Risiken nicht näher betrachtet werden. Die finanzielle Deckung solcher Risiken durch den Verkäufer schließt materielle und imageseitige Folgelasten u.U. nicht aus.

- Internationalität: Zu klären ist, ob Unternehmensverbindungen außerhalb der Landesgrenzen angestrebt werden. Dabei sind die Ziele und Kompetenzen des Käuferunternehmens an den Ergebnissen der länderorientierten Analyse zu spiegeln.

- Integrationsfähigkeit: Ein Zielunternehmen sollte eine für eine Integration geeignete Unternehmensstruktur aufweisen. Die Eignung relativiert sich mit dem angestrebten Integrationsgrad. Das Gelingen der Integration hängt stark von der Kooperation des Managements des Zielunternehmens ab. Insofern ist zu klären, ob auch Feindliche Übernahmen erwogen werden sollen.

Empirische Untersuchungen bestätigen die Anwendbarkeit der vorgestellten Module für die Festlegung von M&A-Strategien in der Praxis. Nach Hase weist das Anforderungsprofil folgende Schwerpunkte auf (vgl. Hase 1996, S.45):

- Produkt- und marktorientiertes Know-how einschließlich dessen Integrationsfähigkeit

- Kenntnis und Verträglichkeit markt- bzw. landesspezifischer Besonderheiten

- Qualität und Kooperationsbereitschaft des Managements des Zielunternehmens.

Andere Autoren beschreiben ähnliche Faktoren als wichtige Inhalte eines Anforderungsprofils (vgl. Jung 1993, S.53 f. und 68 f.): Sitz der Gesellschaft, Branche, Rechtsform, Produkte, Stand der Technologie, Unternehmensstruktur, Tätigkeitsgebiet, Image, erwarteter Marktanteil, erwarteter Mindest- und Höchstumsatz, Kapitalstruktur, Kurs-Gewinn-Verhältnis.

Eine aus der Unternehmensstrategie entwickelte M&A-Strategie leitet den Bedarf an externer Expansion rational her und fokussiert gleichzeitig die Anforderungen an das Zielunternehmen. Sie ist so allgemein gehalten, dass sie die Spielräume für Opportunitäten nicht praxisfremd einengt, aber doch so spezifisch, dass sie das Vorgehen im M&A-Markt diszipliniert und berechenbar macht.

Der Abgleich der Parameter einer konkreten Transaktion mit den Strategievorgaben ist umso zielführender, je genauer die Soll-Daten die Erfolgsfaktoren des spezifischen Marktsegments abdecken. Die vorgestellten Module bedürfen insofern der situationsbezogenen Auswahl und Gewichtung. Schließlich ist darauf hinzuweisen, dass M&A-Strategien das Schicksal aller zukunftsorientierten Disziplinen teilen: Sie bewegen sich in unsicherem Terrain. Ein regelmäßiges Überarbeiten der Unternehmensstrategie, das Veränderungen der Ausgangslage wie auch der Zielsetzungen einbezieht, ist deshalb unverzichtbar.

IV.3.2 Kandidatenauswahl (Screening)

Aufbauend auf dem Anforderungsprofil, das den strategischen Vorstellungen entspricht, und der Sammlung von Informationen zu den in Frage kommenden M&A-Zielen werden im folgenden Schritt geeignete Unternehmen identifiziert. Die Dauer dieser Suchphase ist abhängig von der Transparenz des jeweiligen Marktsegments und der Anzahl der potenziellen Zielunternehmen. In der Regel wird eine horizontale M&A-Strategie einen kürzeren Suchprozess ermöglichen als eine konglomerate, da die Wettbewerber der gleichen Produktionsstufe meist bekannt sind.

Die Identifikation von Kandidaten wie auch die anschließende Analyse und Auswahl der geeigneten Alternativen erfolgt in der Regel auf der Basis extern zugänglicher Informationsquellen. Die Informationen entstammen u.a. Geschäftsberichten, Quartals- und Analystenberichten, Pressemitteilungen, Börsenprospekten, Informationsmemoranden, Produkt- und Messekatalogen und Verbandsmitteilungen. Die Daten werden durch Informationen von Investmentbanken und Unternehmensberatern ergänzt.

Im Rahmen des weiteren Vorgehens sind verschiedene Verhaltensweisen vorstellbar. Im Fall eines reaktiven Vorgehens verhält sich das an einer Transaktion interessierte Unternehmen eher passiv. Die Transaktionsüberlegungen werden verschiedenen „Multiplikatoren" (Investmentbanken, Unternehmensmaklern und -beratern) mitgeteilt, um von diesen interessante Vorschläge zu erhalten. Es ist in der Praxis keineswegs ungewöhnlich, dass Berater, die einen Überblick über den Markt für Unternehmenskontrolle oder besondere Segmente haben, auch von sich aus geeignete Kandidaten (Käufer und Verkäufer) auf potenzielle Transaktionen aufmerksam machen. Ergibt sich ein Kaufangebot aus der Initiative des Verkäufers (vgl. Kap. VII.1.1.2), so erweist sich das erfolgte Screening ebenfalls als nützlich. Der Vorsprung aus der schon vorliegenden Einschätzung des Zielunternehmens kann einen entscheidenden Vorteil gegenüber anderen Interessenten darstellen.

Ein aktiver, systematischer Suchprozess orientiert sich an den definierten Suchkriterien und unterteilt die Kandidatenauswahl in drei Teilschritte:

- Vorauswahl

- Screening

- Ansprache.

In der Phase der Vorauswahl werden die identifizierten Unternehmen anhand der Kriterien des Anforderungsprofils analysiert. Es ist empfehlenswert, den unverzichtbaren Anforderungen die Funktion von sog. „k.-o.-Kriterien" zukommen zu lassen, um auf möglichst ökonomische Weise eine hohe Deckungsgleichheit zwischen dem Leistungsprofil des Kandidaten und dem Anforderungsprofil des agierenden Unternehmens zu erreichen (vgl. Schmusch 1998, S.76 f.).

Geeignete Kandidaten werden im Rahmen des Screenings genauer betrachtet. Für die Detailanalyse dieser Phase liegen nur eingeschränkt Daten vor. Entsprechend hat die sog. No-Access Due Diligence auch nur begrenzte Aussagekraft. Die Analyse legt ihren Schwerpunkt überwiegend auf die Bewertung finanzieller Kennzahlen (Wachstum, Produktivität, Rentabilität) und des Produktportfolios (vgl. Paul 1999a und 1999b). In der Literatur werden verschiedene Tests für die Screening-Phase vorgeschlagen. Gomez und Weber verweisen auf den „Kulturschock-Test", der bereits in dieser Vorphase Unvereinbarkeiten zwischen den verschiedenen Unternehmenskulturen aufzeigen soll (vgl. Gomez, Weber 1989, S.23). Porter schlägt ein mehrstufiges Vorgehen vor, welches das zu analysierende Unternehmen aus verschiedenen Perspektiven betrachtet (Attraktivität der Branche, Vergleich der Markteintrittskosten mit den zukünftigen Renditen, Analyse der kombinierten Wettbewerbsvorteile) (vgl. Porter 1987, S.46 ff.). Auch umfangreiche Checklisten für die Praxis finden sich in der Literatur (vgl. Schmusch 1998, S.181 ff.). Die Detailanalyse sollte auch Überlegungen zur Übernahmemethode, zur projektbezogenen Finanzierung sowie zu kartell- und steuerrechtlichen Fragen enthalten.

Das Ergebnis der Planungsphase ist eine „Shortlist" von Unternehmen, die vorläufig positiv auf ihren Beitrag zur Verwirklichung der Unternehmens- und Akquisitionsstrategie hin analysiert worden sind. In einem folgenden Teilschritt wird mit den so selektierten M&A-Zielen Kontakt aufgenommen. Dies kann direkt oder auch durch Einschaltung Dritter erfolgen (vgl. Kap. VII.1.1.1).

IV.4 Fallbeispiel M&A-Konzeption

Die Akquisition von Rover durch BMW

Ausgangslage und Strategie

Die Position von BMW vor der Akquisition von Rover in 1994 war beneidenswert. Das Unternehmen hatte drei Jahrzehnte hindurch beachtliche Gewinne gemacht und die jüngste Rezession in der europäischen Autoindustrie besser als die meisten Wettbewerber überstanden. Das „Abenteuer" Rover beendete die Erfolgsbilanz. Am Ende erreichten die Auswirkungen der Transaktion so dramatische Ausmaße, dass der gesamte Konzern in eine Schieflage geriet. Im Mai 2000 zog BMW einen Schlussstrich unter den Alptraum Rover.

Als BMW im Frühjahr 1994 bekannt gab, den britischen Automobilkonzern Rover übernehmen zu wollen, waren kaum skeptische Stimmen zu hören. Die Transaktion wurde wie ein Sieg gefeiert (vgl. Garfield 1994, Eisenstein 1994 und Kurylko 1994). Den Flitterwochen folgte ein unvorstellbarer Niedergang. Kaufpreis, Casheinzahlungen aus fünf Jahren und Ausstiegshilfen summierten sich auf rund acht Milliarden € (vgl. Schewe, Kleist, Drave 2000, S.15 und Rother 2000).

Die Einschätzung des Managements von BMW zu Beginn der 1990er Jahre entsprach der damals gängigen Meinung der Automobilindustrie: Nur ein Unternehmen, das die Größenordnung von zwei Millionen Einheiten erreicht, hat in zehn Jahren noch eine Überlebenschance. Eine Annahme, die ausgerechnet BMW selbst klar widerlegt hat: Zu Beginn des neuen Jahrtausends erzielt das Unternehmen, befreit von der Last der Rover-Akquisition, beeindruckende Rekordergebnisse.

Der Vision des BMW-Managements in 1993 folgend, gab es drei mögliche Optionen: die Intensivierung des internen Wachstumspotenzials der Marke BMW unter Ausweitung des Produktprogramms, den Aufbau einer neuen Marke im Segment unterhalb des BMW-Kerngeschäfts und die Übernahme eines zur Strategie von BMW passenden Unternehmens. Rover eröffnete die Chance zur Umsetzung der dritten Option. Der Mehrheitsgesellschafter von Rover, British Aerospace, benötigte dringend finanzielle Mittel. Honda, langjähriger Kooperationspartner von Rover und mit 20 % am Unternehmen beteiligt, zeigte kein Interesse an einer vollständigen Übernahme.

Rover schien für BMW das ideale Zielunternehmen zu sein. Als ein nicht wesentlich kleineres Unternehmen als BMW selbst würde es schnelles externes Wachstum ermöglichen. Die Produktbasis würde sich in Richtung preisgünstigerer PKWs der Komfortklasse, aber auch interessanter Nischenprodukte mit den Marken Land Rover, Mini und MG erweitern. Die Gefährdung der eigenen Premium-Marke durch Ausweitung des Sortiments nach unten würde vermieden. Rover könnte zum Vollsortimenter ausgebaut werden und Zugang zu bisher verschlossenen Marktsegmenten eröffnen. Auch für die regionale Expansion sah man Vorteile: Die hochpreisigen BMW-Produkte wären, wie man glaubte, nicht geeignet, am regionalen Wachstum in Asien und Südamerika ausreichend zu partizipieren. Rover hingegen könnte mit günstigeren Produkten flexibel in den Wachstumsmärkten agieren und so die Marke BMW hervorragend ergänzen (vgl. Maddocks 1994, S.8).

Neben den eigentlichen strategischen Zielen der Transaktion schienen sich aus der jeweiligen geographischen Dominanz (Rover in Großbritannien und BMW in Deutschland) Marktsynergien zu ergeben, die zu einer gegenseitigen Stärkung in den jeweiligen Heimatmärkten führen würden. Aber auch Kostensynergien waren geplant. BMW würde durch die Akquisition Produktionsanlagen mit freien Kapazitäten übernehmen, bei denen sich die Lohnkosten nur auf die Hälfte derjenigen an den deutschen BMW-Standorten beliefen. Bestimmte Komponenten und Systeme könnten zudem von beiden Unternehmen genutzt werden (vgl. Tieman 1994).

Chronologie der Transaktion

Termin	Vorgang
26.01.1994	BMW macht British Aerospace ein Angebot von 800 Millionen £ zur Übernahme von 80 % der Anteile am Rover-Konzern. Einschließlich der Übernahme der Schulden und weiterer (Eventual-)Verbindlichkeiten beträgt der Transaktionswert 1,7 Milliarden £ (vgl. Brady, Lorenz 2001, S.11). Wenig später kauft BMW für 200 Millionen £ von Honda die verbleibenden Anteile von 20 % (vgl. Brady, Lorenz 2001, S.43).
18.03.1994	Die Hauptversammlung von British Aerospace stimmt dem Verkauf zu und nimmt das Angebot von BMW an.
	In der Folge wird der Vorsitzende des Vorstandes von BMW, B. Pischetsrieder, Chairman von Rover. Der bisherige Managing Director, J. Towers, wird CEO (vgl. o.V. 1994).
07.09.1995	Der BMW-Vorstand für Forschung und Entwicklung, W. Reitzle, wird Chairman von Rover, nachdem die Umsätze von Rover in den ersten sieben Monaten um 13 % rückläufig waren. Der Schwerpunkt seiner Arbeit besteht in der Neuorganisation der Geschäftsführung und in einer Straffung der Produktentwicklung. Die gemeinsame Produktion von Komponenten wird eingeleitet (vgl. Kemp, Norris 1995).
01.06.1996	J. Towers tritt als CEO von Rover zurück. Sein Nachfolger wird W. Hasselkus, zuvor Leiter der Motorradsparte von BMW(vgl. o.V. 1996).
02.12.1998	W. Hasselkus tritt zurück. Sein Nachfolger wird W. Sämann. Die Verluste von Rover belaufen sich 1998 auf fast 1 Milliarde € (vgl. o.V. 2000a).
05.02.1999	Ausgelöst durch Meinungsverschiedenheiten im Vorstand und die Krise bei Rover, treten die BMW-Vorstandsmitglieder B. Pischetsrieder und W. Reitzle zurück. Neuer Vorsitzender wird J. Milberg.
17.03.2000	Rover erleidet 1999 einen Verlust von 1,25 Milliarden €. Der Absatz der Gruppe bricht um über 13 % ein (vgl. o.V. 2000a); der Absatz der gesamten BMW-Gruppe stagniert bei 1,2 Millionen verkauften Einheiten. BMW weist einen Verlust von 2,5 Milliarden € aus (vgl. o.V. 2000b).
	Der Aufsichtsrat von BMW genehmigt den Verkauf von Rover an die britische LBO-Firma Alchemy. Land Rover wird an Ford verkauft.
27.04.2000	Alchemy bricht die Gespräche ab, da keine Einigung bzgl. noch offener Vertragspunkte, wie der Garantie von BMW für Kredite an Rover-Händler, erzielt werden kann.
09.05.2000	BMW verkauft Rover und MG einschließlich des Werkes Longbridge für symbolische 10 £ an das Phoenix-Konsortium, das von J. Towers geführt wird. Zusätzlich gewährt BMW dem Konsortium einen Kredit von 500 Millionen £ (vgl. o.V. 2000c).

Akquisitionskonzept

Unternehmens- und Akquisitionsstrategie sind untrennbar miteinander verbunden. Im Fall BMW führte die Wahl der strategischen Option, einer vermuteten Bedrohung des Kernsegments durch externes Wachstum zu begegnen, unmittelbar zur Suche nach einem geeigneten Zielunternehmen.

Literatur (vgl. u.a. Brady, Lorenz 2001 und Schewe, Kleist, Drave 2000) und rückblickende Wertung lassen bereits die strategische Analyse als wenig zutreffend erscheinen. Die Annahme, BMW könne seine Unabhängigkeit auf Dauer nur durch den Kauf eines Massenproduzenten in der gehobenen Klasse bewahren, erwies sich als Trugschluss. Zum einen war die postulierte kritische Größe des Unternehmens offensichtlich deutlich zu hoch angesetzt. Zum anderen war die Angst, mit der (vorsichtigen) Erweiterung der BMW-Palette nach unten die Marke zu „überdehnen", unbegründet. Der nach der Trennung von Rover verfolgte Ausbau der Marke in Verbindung mit gezielten Nischenakquisitionen wäre schon 1993 die bessere Strategie gewesen.

Es erstaunt, dass die Umfeldanalyse (vgl. Kap. IV.2.1) nach Ländern, Märkten und Geschäftsfeldern, gespiegelt an den strategischen Zielen von BMW ausgerechnet Rover als geeigneten Akquisitionskandidaten erscheinen ließ. Eine Deckungsgleichheit zwischen dem Leistungsprofil des Kandidaten und dem Anspruchsprofil des Kaufinteressenten ist in der Tat nur schwer zu erkennen. Um so weniger nachvollziehbar ist die Entscheidung zum Kauf nach Durchführung der Due Diligence (vgl. Kap. V.1) im Januar 1994, die u.a. Einblicke in die finanzielle Lage, die Bilanzierungspraxis, die getätigten Investitionen, die Produktivität und die wichtigsten Verträge gegeben haben muss.

Dabei waren die Schwächen von Rover mit Händen zu greifen. Ein Großteil der Rover-Technologie und -Fertigungsprozesse basierte auf dem Know-how-Transfer des Minderheitsaktionärs Honda. 15 Jahre zunehmender Abhängigkeit vom japanischen Partner hatten beim Rover-Management wenig Eigenständigkeit, Wissen und Kreativität hinterlassen. Die deutlich günstigeren englischen Lohnkosten wurden durch die niedrige Wertschöpfung pro Mitarbeiter, die bei Rover auf der Hälfte des Niveaus der deutschen BMW-Werke lag, mehr als aufgezehrt. Eine bei 50 % des Industriestandards liegende Investitionsquote hatte die Substanz des Unternehmens sichtbar ausgehöhlt. Zu allem Überfluss konzentrierte sich der Einkauf bei hohem und steigendem Pfundkurs weitgehend auf den englischen Zuliefermarkt. Vor allem aber: Anspruch und Wirklichkeit der Marke Rover hatten sich deutlich auseinander entwickelt. Gleichklang gab es nur beim Verfall des Images und der Marktanteile.

Die Ausgangslage erforderte vom neuen Eigentümer entschlossenes Handeln. Der Wegfall der technischen Unterstützung von Honda und der geringe Erfahrungshorizont des Managements sprachen für den umgehenden Austausch von Schlüsselpersonen. Der lange Zeit praktizierte „Hands-off Approach" über Budgetverantwortung ist daher im Nachhinein kaum zu verstehen. Zumindest auf der operativen Ebene der Entwicklung, Fertigung und Qualitätssicherung bot sich, ebenso wie auf der Beschaffungsseite, angesichts der Vergleichsmaßstäbe des Mutterhauses eine weitgehende Integration (vgl. Kap. VIII) an. Noch unverständlicher erscheinen die wechselnden personellen Besetzungen der Unternehmensleitung, die einmal von geringer Loyalität, das andere Mal von mangelhaftem Weitblick, in allen Fällen aber von ungenügender Durchsetzungsfähigkeit geprägt waren. Entsprechend fielen die strategischen Entscheidungen aus. Economies of Scale und Economies of Scope (vgl. Kap. I.2.1) wurden sowohl kosten- wie auch marktseitig sträflich vernachlässigt. Eine abseits der Realität formulierte Markenstrategie positionierte Rover als eigenständigen Vollsortimenter der gehobenen Klasse. Die Bemühungen, Rover straff zu führen, die Kosten drastisch zu senken und die Produktpolitik neu auszurichten, kamen zu spät. Der Kurs des englischen Pfund zum Ende der 1990er Jahre tat ein übriges, um das Ende des Abenteuers für BMW zu beschleunigen.

Der Fall Rover konnte für BMW nur deshalb zu einem Fehlschlag solcher Dimension werden, weil die Strategie und deren Umsetzung gleichermaßen mangelhaft waren. In der Gewichtung der Ursachen stehen sicher die Schwächen in der Umsetzung an erster Stelle. Mag der strategische Ansatz aus der Sicht der frühen 1990er Jahre noch diskussionswürdig gewesen sein, die Unentschlossenheit der Verantwortlichen, das Ruder herumzureißen, bleibt angesichts der herausragenden Entwicklung des Mutterhauses unerklärlich.

Literatur

Brady, C.; Lorenz, A.: BMW and Rover - A brand too far; Harlow 2001

Eisenstein, P.: Triumph may have German accent; in: Plain Dealer, 08.05.1994, S.1

Garfield, A.: BMW goes easy on Rover leash; in: Evening Standard, 08.07.1994

Kemp, M.; Norris, D.: New Boss; in: Daily Mail, 08.09.1995, S.6

Kurylko, D.: U.S. ranks high in BMW plans for Rover; in: Automotive News, 07.02.1994, S.1

Maddocks, T.: Why BMW is relying on Rover; in: Mail on Sunday, 30.10.1994, S.8-9

o.V.: Machtübernahme bei Rover; in: Die Woche, 30.03.1994, S.10

o.V.: Der Chef von Rover tritt zurück; in: FAZ, 30.04.1996, S.23

o.V.: Nach dem Staat, British Aerospace und Honda scheitert auch BMW; in: FAZ, 16.03.2000a, S.22

o.V.: BMW bekräftigt das Festhalten an Mini und Rolls-Royce; in: FAZ, 29.03.2000b, S.20

o.V.: BMW einigt sich mit Phoenix auf Verkauf von Rover; in: FAZ, 10.05.2000c, S.17

Rother, F.: BMW Amputiertes Bein; in: Wirtschaftswoche, 23.03.2000, S.58-59

Schewe, G.; Kleist, S.; Drave P.: Post Merger Integration: Der Fall BMW/Rover; Arbeitspapier Nr. 11 des Lehrstuhls für Betriebswirtschaftslehre der Universität Münster; Münster 2000

Tieman, R.: BMW needs Rover to drive into new areas of growth; in: The Times, 30.03.1994

V Wertanalyse von M&A-Transaktionen

V.1 Due Diligence

Trotz der meist positiven Zukunftsszenarien im Vorfeld von M&A-Transaktionen scheitert ein nicht geringer Teil dieser Transaktionen in der Praxis. Dabei spielt neben der ungenügenden Vorbereitung einer Transaktion oft die mangelnde Kenntnis über das Akquisitionsziel bzw. über das jeweils andere Unternehmen bei Fusionen eine wesentliche Rolle. Die Erlangung von entscheidungsrelevanten Informationen durch eine detaillierte Prüfung der M&A-Objekte ist erfolgskritisch. In der Praxis hat sich hierfür das aus dem angloamerikanischen Raum stammende Konzept der Due Diligence (Sorgfältigkeitsprüfung) durchgesetzt.

Das Konzept ist den kapitalmarktrechtlichen Vorschriften der USA, den sog. Securities Laws (vgl. Kap. I.3.2.3.2), entnommen. Darin wird die Emissionsprospekthaftung[50] auch für Dritte (Wirtschaftprüfungsgesellschaften und andere beteiligte Experten) begründet. Verschärfend kommt hinzu, dass im Falle einer Klage der beklagte Dritte die Beweislast trägt (vgl. Pack 2000, S.223). Der Kläger hat lediglich nachzuweisen, dass der Emissionsprospekt eine wesentliche Falschdarstellung, eine irreführende Tatsache oder eine Unterlassung enthält. Kann der Dritte den Gegenbeweis nicht unmittelbar erbringen, so kann er zu seiner Entlastung folgenden Nachweis führen:

„... he [der beklagte Dritte] had after reasonable investigation, reasonable ground to believe and did believe, at the time such part of the registration statement became effective, that the statements were true and that there was no omission to state a material fact required to be stated therein or necessary to make the statements therein not misleading..." (Securities Act 11(b) (3))

Dieser Entlastungsbeweis wird Due Diligence[51] genannt. Im Rahmen von M&A-Transaktionen verbindet man mit diesem Begriff eine „bewusste, systematische, professionelle Untersuchung der Unternehmens-Chancen und -Risiken" (Pack 2000, S.224). Diese Untersuchung hat die wichtige Funktion, die bestehende Informationsasymmetrie der Parteien zu reduzieren bzw. aufzuheben. Aus der Sicht des Käufers ist bei M&A-Transaktionen die erweiterte Kenntnis unverzichtbar, um die Eignung des Zielunternehmens gemessen an der Akquisitionsstrategie verlässlich beurteilen zu können. Ein Nebeneffekt der Due Diligence ist das frühzeitige Erkennen sog. Deal

---

[50] Dem Securities Act folgend sind das „registration statement" und der „prospectus" gemeint (vgl. Berens, Strauch 1998, S.6).

[51] Der Begiff „Due Diligence" hat seine Wurzeln in den Rechtswissenschaften. Zur Abgrenzung des Rechtsbegriffs von der betriebswirtschaftlichen Interpretation wird in diesem Zusammenhang in der angloamerikanischen Literatur auch von Due Diligence-Process, Due Diligence-Review, Acquisition Investigation etc. gesprochen (vgl. Rockholtz 1999, S.68). Hier wird analog zur M&A-Praxis vereinfachend der Begriff Due Diligence verwendet. Dabei liegt der Schwerpunkt auf der Analyse nicht öffentlich verfügbarer Daten des Kaufobjekts. Die gelegentlich Pre-Due-Diligence (oder No-Access Due Diligence) genannte Phase der Analyse des Markts und öffentlich zugänglicher Daten des Zielunternehmens ist weitgehend in Kap. IV.1.1 und IV.2.2 abgehandelt.

Breakers[52] durch den Kaufinteressenten. Für den Verkäufer ist zu beachten, dass der Käufer mit der Due Diligence umfassende interne Informationen über den Zustand des Zielunternehmens erhält, ohne bereits eine bindende Zusage gegeben zu haben. Gerade bei strategischen, aus dem Wettbewerbsumfeld stammenden Interessenten ist die Gefahr des Missbrauchs dieser Informationen bei einem Abbruch der Verhandlungen nicht auszuschließen. Es ist deshalb aus Verkäufersicht wichtig, dass vor Durchführung einer umfassenden Due Diligence nicht nur eine Vertraulichkeitsvereinbarung vorliegt, sondern auch die Rahmenbedingungen des Verkaufs so konkret wie möglich gefasst sind und die Finanzierung der Transaktion durch die in Betracht gezogenen Käufer als gesichert angesehen werden kann. Aber auch die Käuferseite ist in dieser Phase an einer eingegrenzten Zahl von Mitbewerbern interessiert, da der eminente Kosten- und Zeitaufwand einer Due Diligence nur bei einer realistischen Erfolgschance für das Zustandekommen der Transaktion zu rechtfertigen ist.

Die Due Diligence definiert zusammen mit den Gewährleistungsregelungen des Kaufvertrags den Zustand des Kaufobjekts und dessen Eignung als Transaktionsziel. Die Prüfung des Zielunternehmens durch den Kaufinteressenten und die Bestätigung des Verkäufers hinsichtlich der Eigenschaften des betroffenen Unternehmens wirken dabei in begrenztem Umfang wie kommunizierende Röhren. Je umfassender die Due Diligence erfolgt, umso weniger Garantiezusagen braucht der Verkäufer zu leisten. Eine geringere Bereitschaft zur Offenlegung der Unternehmensdaten führt dagegen zu umfänglicheren Garantieforderungen der Kaufinteressenten. Hieraus darf jedoch nicht der Schluss gezogen werden, dass entsprechende Garantien eine Due Diligence verzichtbar machen. Die Ertragskraft eines Unternehmens kann in keinem Fall vollständig durch Garantien abgesichert werden.

Im M&A-Prozess folgt die Due Diligence einer ersten vertraglichen Vereinbarung zwischen den Beteiligten. Die Dauer der Due Diligence schwankt gemäß den transaktionsspezifischen Faktoren zwischen wenigen Tagen und mehreren Monaten (vgl. Berens, Schmitting, Strauch 1998, S.88). Neben Umfang und Komplexität der M&A-Transaktion spielt der gewählte Erwerbsweg (vgl. Kap. VII.1.1) eine wichtige Rolle für den Zeitbedarf. Schließlich reflektiert der Zeitrahmen auch das Stärkeverhältnis der Parteien. So wird bei Auktionen häufig versucht, die Zeit für die Due Diligence sehr knapp zu bemessen. Sofern dies ohne Einschränkung des Umfangs und der Qualität des Datenmaterials geschieht, mag ein solches Verhalten berechtigt sein. Andernfalls ist mit der zeitlichen Einschränkung ein für den verantwortungsbewussten Käufer unakzeptabler Mangel an Einsicht in das Kaufziel gegeben, der ihn zum Rückzug aus der Transaktion veranlassen sollte. Der Verkäufer kann den Due-Diligence-Prozess beschleunigen und sicherer gestalten, indem er eine in Transaktionen erfahrene Wirtschaftsprüfungsgesellschaft mit einer Vendor Due Diligence beauftragt.

Die Due Diligence wird in der Praxis häufig von einem Projektteam durchgeführt. Dabei richtet sich die Organisation nach den in Kap. III beschriebenen Grundsätzen. Externe Experten sind bei größeren und komplexeren Transaktionen in dieser Phase unverzichtbar. Hierfür kommen Transaktionsteams von WP-Gesellschaften, Versicherungsmathematiker, Fachanwälte im Gesellschafts- und Steuerrecht, Kartellrechtsex-

---

[52] Faktoren, die zum Abbruch einer M&A-Transaktion führen.

perten, Umweltsachverständige, Marktforscher und Unternehmensberater in Frage. Die Teamgröße schwankt entsprechend dem Umfang der Due Diligence. Bei einer internationalen M&A-Transaktion, bei Übernahme einer Unternehmensgruppe oder einer Fusion von entsprechender Größenordnung koordiniert ein zentrales Team mehrere örtliche Teams. In besonders großen Transaktionen kann auch eine Matrix-Organisation des Projektteams in Frage kommen. Dabei sind eine möglichst einheitliche Form und ein identischer Detaillierungsgrad der gesammelten Informationen sicherzustellen. Das Ablaufschema einer Due Diligence stellt sich wie folgt dar:

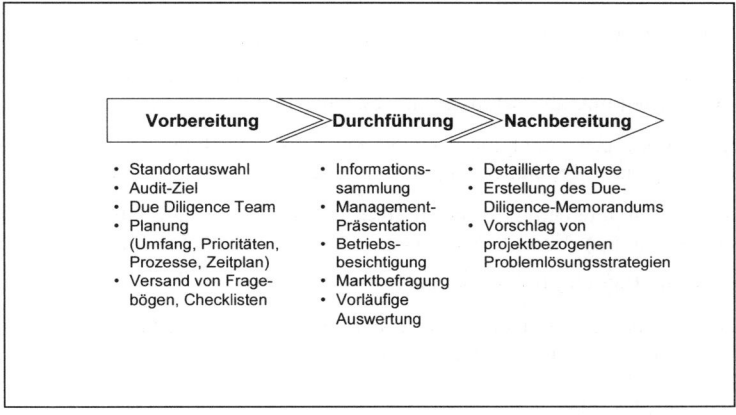

Abbildung 39: Due Diligence Process (vgl. Rockholtz 1999, S.87)

V.1.1 Informationsquellen

Die Qualität der aus einer Due Diligence abgeleiteten Handlungsempfehlungen hängt naturgemäß von der Qualität der erhaltenen Informationen ab, aber auch von der Verfügbarkeit geeigneter Normen und Soll-Werte. Während sich die Prüfung der Ordnungsmäßigkeit inner- und außerbetrieblicher Normen und Rechtsvorschriften bedient, orientiert sich der Teil der Due Diligence, welcher sich mit der Zweckmäßigkeit der Transaktion beschäftigt, an den Motiven und Zielen des Interessenten.

Für die Prüfung der Eignung des Zielunternehmens als Kaufobjekt haben sich die folgenden Informationsquellen als am besten geeignet erwiesen:

Data Room

Die Einrichtung einer Zentralstelle für Dokumente und Informationen empfiehlt sich aus Verkäufersicht vor allem dann, wenn mehrere Interessenten für ein Kaufobjekt vorhanden sind und der Umfang des Datenmaterials sowie die Kontrolle der Vertraulichkeit einen Versand der Unterlagen als weniger geeignet erscheinen lassen. Für den Fall einer exklusiven Verhandlung mit nur einem Käufer kann dagegen auf diese aufwendige Institution verzichtet werden. Das für den Käufer als notwendig erachtete Datenmaterial wird individuell aus den vorhandenen Unterlagen zusammengestellt und zwischen den Parteien besprochen. Das Gleichbehandlungsproblem bei Auktionen entfällt.

Der Data Room wird in der Regel nicht am Sitz der Gesellschaft eingerichtet, um die notwendige Diskretion zu wahren. Ein Verzeichnis der verfügbaren Dokumente erleichtert den Prozess erheblich. Den für den Zugang zum Datenraum qualifizierten Interessenten wird ein gleicher, zeitlich begrenzter Zugriff auf die Daten zugestanden. Kopien werden meist nicht gestattet.

Die folgenden Dokumente sollten sich in einem Data Room befinden:

- Handelsregisterauszüge und alle relevanten Gesellschaftsverträge

- Jahresabschlüsse einschließlich Kapitalflussrechnungen und Steuererklärungen jeweils für die letzten fünf abgeschlossenen Geschäftsjahre[53]

- Segmentbezogene Analysen des Unternehmenscontrollings für die letzten fünf Jahre (Gliederung nach Produkten, Standorten, Regionen und ggf. Kunden)[53]

- Planung des Unternehmens für die nächsten fünf Jahre (einschließlich der Planungsprämissen und der Beschreibung entsprechender Maßnahmenpakete)[53]

- Aktuellster Betriebsprüfungsbericht

- Auflistung der betrieblichen Grundstücke im Eigentum der Gesellschaft (mit Grundbuchauszug) bzw. im Dritteigentum (unter Einschluss der Pacht- bzw. Leasingverträge)

- Sonstige Leasingverträge

- Verträge über Erwerb oder Verkauf von Grundstücken in den letzten fünf Jahren

- Verträge über M&A-Transaktionen der letzten fünf Jahre

- Factoring-Verträge

- Vereinbarungen mit verbundenen Unternehmen und Gesellschaftern

- Verträge mit Versicherungen

- Verträge mit Kreditunternehmen

- Dokumentationen von Schutz- und anderen immateriellen Rechten

- Lizenz- und Entwicklungsverträge

- Zusammenstellung der Bürgschaften und Garantien der Gesellschaft gegenüber Dritten und von Dritten gegenüber der Gesellschaft (auch allgemeine Liefer- und Garantiebedingungen)

- Dienstverträge und Pensionszusagen für leitende Angestellte (einschließlich versicherungsmathematischer Gutachten)

- Verträge mit Lieferanten und Kunden mit Bindungswirkung über einen längeren Zeitraum

---

[53] Der Verfasser sieht die Berücksichtigung von nur drei Geschäftsjahren als nicht ausreichend an, um Geschäftszyklen einschließlich der Reaktionen des Managements darauf qualifiziert beurteilen zu können.

- Personalstatistiken der letzten fünf Jahre

- Öffentlich-rechtliche Genehmigungen und ggf. Auflagen

- Darlegung des Umweltstatus

- Protokolle der Haupt- bzw. Gesellschafterversammlungen sowie der Aufsichtsrats- und Vorstands- bzw. Geschäftsleitungssitzungen der letzten fünf Jahre

- Sonstige Dokumente bzw. Beschreibungen von Tatbeständen und Vorgängen außerhalb des gewöhnlichen Geschäftsbetriebs, die für die Bewertung des Unternehmens Relevanz haben können.

Management-Präsentation

Das Frage- und Antwortspiel mit dem Management ist ein Standardelement des Transaktionsprozesses. Die Management-Präsentation dient der Verifizierung, Plausibilisierung und ggf. der Ergänzung der erhaltenen Angaben. Vor allem aber vermittelt sie ein Bild der Führung hinsichtlich Kompetenz, Auftreten und Kooperationsbereitschaft. Hieraus sind u.a. erste Schlüsse über die mögliche Beibehaltung des Managements nach der Transaktion zu ziehen. Inwieweit Management-Präsentationen tatsächlich zur „Wahrheitsfindung" beitragen, hängt von der Offenheit des Verkäufers ab. Naturgemäß spielt auch in dieser Frage das Kräfteverhältnis der Verhandlungsparteien eine wichtige Rolle.

Betriebsbesichtigungen

Ein wichtiger Teil des Due-Diligence-Programms ist die Besichtigung der Betriebsstätten. Sie rundet das Bild des Kaufobjekts ab, indem sie seine Beschaffenheit und Ausstattung unmittelbar vor Augen führt. Der persönliche Eindruck eines Betriebsrundgangs kann in deutlichem Gegensatz zu der vom Management vermittelten Darstellung stehen. So geben vergleichende Beobachtungen von Fachleuten vor Ort über den Zustand der Maschinen und Anlagen, des Lagers, der Betriebsabläufe, der Büros, aber auch der Agilität und Aufgeschlossenheit der Mitarbeiter wichtige Aufschlüsse über die Kultur des Zielunternehmens.

Befragung von Geschäftspartnern

In Abstimmung mit dem Verkäufer kann in einer späten Phase der Due Diligence eine selektive Befragung von Kunden und Lieferanten stattfinden. Letztlich ist ein solches Vorgehen auch im Interesse des Verkäufers, da positive Referenzaussagen die Kaufneigung und den Preisspielraum des Interessenten fördern können. Andererseits befürchten nicht wenige Verkäufer, dass der Kaufinteressent durch negative Kommentare von Geschäftspartnern verunsichert wird. Weitere Bedenken liegen in der Gefahr der Geschäftsschädigung durch Verbreitung von Verkaufsabsichten am Markt. Ein Kaufinteressent muss letztlich abwägen, welche Bedeutung er diesem nicht leicht durchzusetzenden Due-Diligence-Element beimisst.

V.1.2 Teilbereiche

Angesichts der Komplexität des Vorgangs und des Bedarfs an sehr unterschiedlicher Expertise wird die Due Diligence in einzelne Prüfungen unterteilt. Untersucht werden diejenigen Teilbereiche, welche die für die beabsichtigte Transaktion relevanten Sachverhalte umfassen. Neben der Bedeutung des Teilbereichs für die M&A-Transaktion bestimmen seine inhärenten Risiken die Auswahl. Zeit- und Budgetbeschränkungen runden die Auswahlkriterien ab. In der Praxis werden die Teilbereiche Finanzen und Recht bei nahezu jeder Due Diligence geprüft.

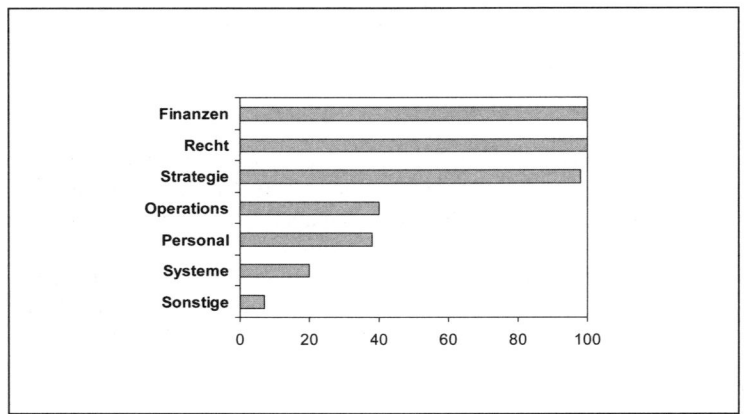

Abbildung 40: Nutzungshäufigkeit (in %) der Teilbereiche der Due Diligence
(vgl. Markus 1990, S.401)

Auf Grund bestehender Interdependenzen sind Überlappungen der einzelnen Prüfungen nicht zu vermeiden. Andererseits sollen aus Sicht des Käufers, schon allein aus Kostengründen, Deal Breaker frühzeitig erkannt werden. Deshalb empfiehlt sich ein Vorgehen, wonach eine erste Stufe der Zweckmäßigkeitsprüfungen (Strategie, Operations) unter Berücksichtigung der zugehörigen Daten aus dem Finanz- und Rechnungswesen vorgezogen wird. Die Ordnungsmäßigkeitsprüfungen (umfassende Finanz- und Steuerprüfung sowie Prüfungen der Rechtsfragen, des Personals und der Umweltfragen) können mit gewissem zeitlichen Nachlauf vorgenommen werden.

V.1.2.1 Strategische Due Diligence

Die Notwendigkeit einer strategischen Due Diligence des Zielunternehmens ergibt sich unmittelbar aus dem Vorhandensein einer Unternehmensstrategie des Käufers. Zu prüfen ist, ob die Ziele, die der Erwerber verfolgt, mit der Transaktion tatsächlich erreicht werden können. Die Strategische Due Diligence ist demnach die eigentliche unternehmerische Analyse der grundsätzlichen Eignung des Zielobjekts als Werkzeug zur Werterhöhung im Rahmen der Strategie des Käufers.

Zu den wichtigsten Prüfungen im Strategiebereich gehören:

- Benchmark-Analyse der Stärken und Schwächen des Zielunternehmens für die wesentlichen Erfolgsfaktoren (Vergleich zu den führenden Wettbewerbern des Geschäftssegments)

164

- Prüfung der Strategischen Planung des Zielunternehmens insbesondere hinsichtlich ihrer Plausibilität

- Ermittlung des Grads der Übereinstimmung zwischen den Zielkriterien der M&A-Strategie des Käufers und den Charakteristiken des Zielunternehmens (strategischer Fit)

- Ermittlung und Quantifizierung der Synergien aus der beabsichtigten Unternehmensverbindung (vgl. Kap. I.2.1)

- Portfolio-Darstellung des Unternehmens nach der Transaktion unter Ansatz verschiedener Szenarien (und ggf. Realoptionen) (vgl. Kap. IV.1.3.1 und IV.1.3.2).

Um zu einer schnellen, vorläufigen Beurteilung des Kaufobjekts aus strategischer Sicht zu kommen, sind vorstehende Analysen ggf. unter ungeprüfter Nutzung des Datenmaterials des Verkäufers durchzuführen. Mit dem Fortschreiten anderer Due-Diligence-Segmente kann später eine entsprechende Anpassung vorgenommen werden.

V.1.2.2 Operationale Due Diligence

Die operationale Due Diligence setzt sich aus der marktorientierten, der produktorientierten und der technikorientierten Analyse zusammen.

Die *marktbezogene Due Diligence* untersucht die marktorientierten Bereiche des Zielunternehmens. Ihre Vergleichsgrößen sind einerseits die internen Planansätze, andererseits die aktuelle und prognostizierte Entwicklung des Wettbewerbsumfelds. Der Vergleich mit der Planung marktbezogener Daten früherer Jahre ergibt ein gutes Bild über die Prognosesicherheit und - gemessen an der tatsächlichen Entwicklung des Marktes in dieser Zeit - der vermarktungsseitigen Kompetenz des Unternehmens. In Verbindung mit der aktuellen Wettbewerbsposition des Zielunternehmens liegt damit die Basis vor, um, im Abgleich mit den Anforderungen des Marktes, die Zukunftsaussichten des Kaufobjekts für die Vermarktung seiner Produkte zuverlässig einschätzen zu können. Im Falle eines Käufers aus der gleichen Branche kommen die Vergleichsdaten aus dem eigenen Unternehmen ergänzend hinzu.

Das Produktprogramm, insbesondere bei technischen Gütern, wird sowohl über die technische Ausstattung des Unternehmens wie auch über seine Vermarktbarkeit definiert. Die *produktbezogene Due Diligence* wird deshalb regelmäßig in enger Abstimmung mit der marktorientierten Analyse durchgeführt. Während Organisationsmaßnahmen und Mitteleinsatz meist in der Lage sind, sonstige Schwächen eines Unternehmens zumindest mittelfristig zu beheben, stellt ein schwer vermarktbares Produktprogramm in aller Regel eine unüberwindliche Hürde für die Zukunftsfähigkeit eines Unternehmens dar.

Hinsichtlich der Informationen zu der betroffenen Branche wird auf die in Kap. V.1.2.1 beschriebene Umfeldanalyse hingewiesen. Führt ein Unternehmen regelmäßig eine Strategische Planung durch, liegen hieraus die für die marktseitige Due Diligence notwendigen Marktdaten jeweils aktuell vor. Andernfalls empfiehlt sich die Einschaltung eines qualifizierten externen Beraters, um die wichtigsten Daten zur Branchenstruktur und -attraktivität kurzfristig zu ermitteln.

Die unternehmensinternen markt- und produktseitigen Prüfungen messen die folgenden Teilbereiche an den vorstehenden Vergleichsmaßstäben (vgl. Pack 2000, S.235 ff. und Brauner, Grillo 1998, S.183 f.):

- Produktprogramm: Welches Produktprogramm wird angeboten? Welche Vorteile bietet das Programm gegenüber Wettbewerbsprodukten? Welche Altersstruktur haben die Produkte im Programm? Gibt es Substitutionsprodukte? Welches Image haben die Produkte? Wie hoch ist die Produktinnovationsrate? Ist die Produktentwicklung in der Lage, auch in Zukunft den vom Vertrieb definierten Bedarf zu erfüllen?

- Marktspezifische Kosten- und Ergebnisfaktoren: Wie ist die Auftragslage? Wie entwickeln sich, auf die relevanten Märkte bezogen, Absatz, Umsatz und Marktanteile? Welche Entwicklung weisen die Preise, Werbungskosten, Vertriebsaufwendungen und Deckungsbeiträge auf? Welche Einschätzung hat das Vertriebsmanagement bezüglich vergleichbarer Wettbewerbsdaten? Welche Preisstruktur und Konditionenpolitik verfolgt das Vertriebsmanagement? Welche Erkenntnisse liegen bzgl. des Preis-Absatz-Verhaltens vor? Welche Werbebudgets und Werbemittel kommen zum Einsatz? Wird E-Commerce im Ein- und Verkauf eingesetzt?

- Absatzstruktur: Entspricht die Absatzstruktur dem Kundenbedarf, dem Marktpotenzial und der Best Practise? Welche Kundenstruktur weist das Unternehmen auf? Wie stark ist die Kundenbindung? Welchen Grad der Abhängigkeit von Großkunden hat das Unternehmen? Welche regionale Verteilung und Marktdurchdringung im Absatz liegen vor? Wie nutzt das Unternehmen seine Absatzmöglichkeiten im Ausland?

- Vertriebsorganisation: Wie ist der Vertrieb organisiert? Entsprechen Quantität und Qualität der Vertriebsmannschaft Best-Practise-Erfordernissen? Welche Fluktuation weist die Vertriebsorganisation auf? Wie ist ihre Qualifikation? Wie ist ihre Steuerung? Wie ist ihre Preishoheit? Ist die Bezahlung erfolgsabhängig? Wie entwickeln sich die Vertriebskosten? Liegen sie auf Wettbewerbsniveau?

Die *technikbezogene Due Diligence* analysiert insbesondere die Prozesse zur Herstellung der Produkte des Zielunternehmens. Während bei Fertigungsbetrieben die Produktionsanlagen im Mittelpunkt der Analyse stehen, sind dies im Dienstleistungssektor die Organisationsmittel (z.B. der IT-Sektor oder die Lagerlogistik). Daneben beschäftigt sich die Technik-Due-Diligence mit dem Zustand der Betriebsstätten. Es empfiehlt sich, die der Fertigung nahestehenden Bereiche Beschaffung sowie Forschung und Entwicklung (F&E) der technikbezogenen Due Diligence zuzuordnen, zumal diese in vielen Fällen von den gleichen Teams bearbeitet werden.

Ziel der Prüfung ist die Feststellung des Stands der Technik im Zielunternehmen, einschließlich der ggf. notwendigen Aufwendungen für das Gewinnen von Anschluss an das führende Niveau. Die Untersuchungen basieren auf dem zur Verfügung stehenden Datenmaterial, den Betriebsbesichtigungen sowie den Präsentationen des technischen Managements. Als Vergleichsmaßstab der technischen Analyse bietet sich grundsätzlich der Best-Practise-Ansatz an.

Die wichtigsten zu prüfenden Bereiche der technikbezogenen Due Diligence sind:

- Produktionsanlagen: Welches Alter und welchen Zustand weisen die Produktionsanlagen auf? Welche Auslastung bzw. welche Kapazitätsreserven haben die Anlagen? Welcher Automatisierungsgrad der Prozesse liegt vor bzw. ist geplant? Wie stabil sind die Prozesse (Ausfallquoten, Ausschuss)? Wie flexibel sind die Prozesse (Umrüstzeiten, Eignung für unterschiedliche Produkte)? Welche Fertigungstiefe liegt vor (Outsourcingpotenzial)?

- Grundstücke, Gebäude, Ausstattung: Welchen Zustand weisen Grundstücke und Gebäude auf? Welche Platzreserven bestehen? Welche Verkehrsanbindungen sind vorhanden? Wie ist der innerbetriebliche Transport zu beurteilen? Welches Ergebnis hat die Analyse der Läger (Zentral/Dezentral, Handling-System)? Wie ist die Ein- und Ausgangslogistik geregelt (eigener Fuhrpark)?

- Einkaufsorganisation: Wie werden Rohstoffe und wichtige Betriebsmittel beschafft (Langfristverträge, Lieferantenkonzentration, Abhängigkeiten)? Erbringt der Einkauf Wettbewerbsvorteile (Preise, Konditionen, Lieferzeiten)?

- Forschung und Entwicklung: Wie verlaufen die Produktzyklen und welche Lebensdauer haben die Produkte? Welche Erfahrungen liegen hinsichtlich der Einführung neuer Produkte vor (Vergangenheit, Pipeline)? Welche F&E-Mittel werden eingesetzt und mit welchem Erfolg? Welche Struktur hat das F&E-Budget (Grundlagenforschung, Produktentwicklung)? Welche Produkt- und Verfahrenspatente liegen vor (Wertigkeit und Laufzeit der Schutzrechte)? Welche F&E-Kooperationen gibt es?

V.1.2.3 Finanzwirtschaftliche Due Diligence

In der hier gewählten Definition wird der Begriff der finanzwirtschaftlichen Due Diligence bewusst weit gefasst. Er umschließt nicht nur die finanzwirtschaftlichen Verhältnisse im engeren Sinne, sondern auch das gesamte Datenmaterial des Rechnungswesens und der Unternehmensplanung.

Die finanzorientierte Due Diligence stellt den unverzichtbaren Kern der Due-Diligence-Prüfung dar. Sie erarbeitet die Basisdaten für nahezu alle Untersuchungsfelder und steht deshalb mit diesen in vielfältigen Wechselwirkungen. Es bedarf folglich einer ständigen Kommunikation der Due-Diligence-Teams mit den für die finanzwirtschaftliche Due Diligence zuständigen Verantwortlichen.

Die finanzwirtschaftliche Due Diligence prüft die Systeme und die Organisation des Finanz- und Rechnungswesens. Vor allem aber analysiert sie die von den Zielunternehmen zur Verfügung gestellten Jahresabschlüsse, die Kosten- und Leistungsrechnungen, das Berichtswesen gegenüber dem Management sowie die Budgetierung und Mittelfristplanung. Ziel der Prüfung ist letztlich ein umfassendes Bild von der Leistungs- und Zukunftsfähigkeit des Zielunternehmens, in das die Beiträge der anderen Due-Diligence-Prüfungen eingearbeitet sind. Als Vergleichswerte der analysierten Ist-Daten werden die internen Planungen wie auch entsprechende Entwicklungen der jeweils besten Wettbewerber herangezogen. Die für die Unternehmensbewertung besonders wichtige Planungsrechnung wird an der Planungsqualität der Vergangenheit, der Plausibilität der Ansätze vor dem Hintergrund der allgemeinen Markteinschätzung, der Professionalität des Planungsprozesses (Daten-Detaillierung, Alternativ-Szenarien, Realoptionen) und der Motivlage des Veräußerers gespiegelt.

Die Betrachtung sowohl der Vergangenheit wie auch der Zukunft soll sich über einen Zeitraum von jeweils fünf Jahren erstrecken. Angesichts der Zyklizität vieler Geschäfte ist ihr Nachvollzug über mehrere Jahre für eine verlässliche Planungsbeurteilung wichtig. Auch die Analyse außergewöhnlicher Vorkommnisse in der Vergangenheit bedarf einer mehrjährigen Betrachtung.

Für eine gründliche Erfassung der finanziellen Lage des Zielunternehmens und deren künftige Entwicklung sind die folgenden Prüfungen notwendig:

Systemprüfung des Rechnungswesens: Die Prüfung betrifft die Angemessenheit, die Verlässlichkeit und die Kompatibilität der Buchhaltung, des Berichtswesens (einschließlich betrieblicher Kostenrechnung), des Cash-, Zins- und Währungsmanagements und des Planungssystems. Darüber hinaus werden die Effizienz und der technologische Stand der IT-Systeme analysiert.

Jahresabschlüsse: Die Jahresabschlüsse, ggf. einschließlich eines Zwischenabschlusses, sind kritisch nachzuvollziehen und mit den Rechnungslegungsvorschriften (HGB, US-GAAP, IAS) kompatibel zu machen. Die Analyse betrifft die Positionen der Aktiva- und Passivaseite der Bilanz unter Einschluss der Haftungsverhältnisse und sonstiger nicht bilanzierter Verpflichtungen sowie die Gewinn- und Verlustrechnungen (G+V) einschließlich der Separierung von Sondereinflüssen.

Als aussagekräftige Ertrags-Kenngrößen erweisen sich die Roherträge (Gross Profit), das Ergebnis vor Zinsen, Steuern, Abschreibungen und Amortisationen (EBITDA), das Ergebnis vor Zinsen und Steuern (EBIT), das Ergebnis vor Steuern (EBT), das Ergebnis nach Steuern (EAT) sowie der Cash Flow. Meist werden Verhältniszahlen zum Umsatz gebildet und in der Zeitreihe den Planwerten sowie den Werten vergleichbarer Wettbewerbsunternehmen gegenübergestellt.

Internes Berichtswesen: Die Analyse betrifft in der Regel die Umsätze, Roherträge, Kostenpositionen und Deckungsbeiträge in monatlicher, zumindest aber quartalsweiser Aufteilung. Die Analyse hat einen weit höheren Detaillierungsgrad als die Prüfung der Jahresabschlüsse. Sie liefert zusammen mit der Analyse der Planung wesentliche Aufschlüsse zur Beurteilung der Zweckmäßigkeit der Transaktion. Die Daten sollten nach rechtlichen Einheiten, Produktgruppen, Standorten, Regionen und ggf. Kunden über die letzten fünf abgeschlossenen Geschäftsjahre aufbereitet werden. Sie sind mit den Plandaten der jeweiligen Geschäftsjahre, der Marktentwicklung und den Best-Practise-Daten zu vergleichen.

Planungsrechnung: Von besonderer Wichtigkeit ist die Überprüfung der Plausibilität der Planungsrechnung. Der Grund liegt in der durchschlagenden Bedeutung der Plan-Werte der G+V-Positionen, insbesondere des Netto-Ergebnisses, und des Cash Flows für die Unternehmensbewertung. Die Prüfung erfordert die Auseinandersetzung mit den Planungsprämissen, den Folgerungen aus der Vergangenheitsentwicklung und der Nachvollziehbarkeit von Zielvorstellungen. Hierzu sind in Ergänzung zu den Analysen intensive Gespräche mit den für wichtige Teilbereiche Verantwortlichen zu führen (z.B. Vertrieb, Einkauf, Technik). Für Fusionen ist eine besonders sorgfältige Prüfung der Planwerte notwendig. Unterschiedliche Planungsansätze beeinflussen in gravierender Weise das Umtauschverhältnis und können schwerwiegende Nachteile für eine der Aktionärsgruppen zur Folge haben.

V.1.2.4 Steuerliche Due Diligence

Die steuerliche Due Diligence gleicht einer vorgezogenen Betriebsprüfung. Ausgangspunkt der Analyse ist der Bericht über die letzte Betriebsprüfung. Die Analyse führt zur Abschätzung von Nachzahlungen für den noch nicht geprüften Zeitraum für die verschiedenen Steuerarten. Der Umfang der Prüfungen verringert sich mit der Bereitschaft des Veräußerers, Nachzahlungen bei entsprechenden Bescheiden künftiger Betriebsprüfungen für die Zeit bis zum Übergabestichtag zu übernehmen.

Die Frage der steuerlichen Strukturierung der Transaktion selbst gehört nicht unmittelbar zu den Untersuchungen im Rahmen der Chancen und Risiken eines M&A-Vorgangs. Auf Grund der Tatsache, dass sich mit diesem Aspekt meist derselbe Expertenkreis beschäftigt, der auch die steuerliche Due Diligence durchführt, wird die Gestaltung der Transaktion aus steuerlicher Sicht an dieser Stelle erwähnt. Ziele solcher Überlegungen sind insbesondere die steuerlich wirksame Abschreibung des Goodwill, die Absetzbarkeit der Finanzierungskosten der Transaktion, die Nutzung von eventuellen Verlustvorträgen sowie die Bildung einer steuerlichen Organschaft mit dem Zielunternehmen. Alle genannten Gestaltungsaspekte unterliegen engen Grenzen.

V.1.2.5 Personalbezogene Due Diligence

Die Qualität von Management und Mitarbeitern bestimmt maßgeblich die Wertentwicklung des Unternehmens. Für eine M&A-Transaktion kommt neben der richtigen Einschätzung der Fähigkeit und Motivation von Schlüsselpersonen im bisherigen Umfeld die Beurteilung der Reaktionen dieses Kreises auf die transaktionsbedingten Veränderungen hinzu.

Die personalbezogene Due Diligence schließt die Überprüfung der personalrelevanten rechtlichen und betrieblichen Tatbestände ein, darf sich aber keinesfalls auf die statistische Seite des Human-Resources-Managements beschränken.

Die Personalseite des Zielunternehmens wird in Relation zu Branchen-Benchmarks nach folgenden Kenngrößen untersucht:

- Management: Altersaufbau des obersten und mittleren Führungskreises, Vertragslaufzeiten, Vergütungsregelungen (einschließlich Pensionsregelungen)

- Mitarbeiter: Alters- und Geschlechtsgliederung, Ausbildungsqualifikation, Betriebszugehörigkeit, Fluktuation, Krankenstand, Tarifregelungen, effektive Lohn- und Gehaltszahlungen, leistungsabhängige Bezahlung

- Arbeitszeit: Wochenarbeitszeit, Flexibilisierung, Überstunden, Schichtregelungen, Urlaubsregelungen

- Qualifizierung: Management- und Personalentwicklungsprogramme, Schulung und Weiterbildung, Nachwuchsförderung, Rekrutierungssystem

- Sozialleistungen: Pensionsregelungen (einschließlich Überprüfung ihrer Deckung innerhalb oder außerhalb der Bilanz), Altersteilzeit, sonstige betriebliche Sozialleistungen, Sozialbilanz

- Arbeitnehmervertretung: Art der Mitbestimmung, vorhandene Gewerkschaften und Organisationsgrad, Einfluss und Haltung von Gewerkschaft und Betriebsrat, Arbeitsniederlegungen

- Management Audit: Einschätzung der Qualifikation aus Management-Präsentationen während des Transaktionsprozesses und durch Wettbewerbsbefragung. In diesem Audit ist auch die Neigung des Managements zu der beabsichtigten Transaktion sowie seine Eignung für den anstehenden Integrationsprozess zu beurteilen.

V.1.2.6 Rechtliche Due Diligence

Die rechtliche Due Diligence ist keine eigenständige Bewertungsaufgabe. In der Analyse der rechtlichen Grundlagen der Zielgesellschaft überprüft sie vielmehr die Haltbarkeit des Rahmens der unternehmerischen Tätigkeit in dem betroffenen Unternehmen. Sie bedient sich dabei zweier Instrumente:

- Der Informationsbeschaffung über möglichst alle für die eigentliche Kaufentscheidung und Bewertung relevanten Tatbestände.

- Der Gewährleistungsregelung für nicht untersuchte, nicht bekannte oder nicht erkennbare Umstände.

Darüber hinaus ist die mit der rechtlichen Due Diligence betraute Taskforce im Regelfall auch für die Beantragung kartellrechtlicher Genehmigungen zuständig.

In der Hauptsache konzentriert sich die rechtliche Due Diligence auf die internen und externen Rechtsstrukturen des Zielunternehmen einschließlich der anhängigen und drohenden Rechtsstreitigkeiten sowie deren Risikoabschätzung.

Interne Rechtsstrukturen

- Rechtliche Form des Erwerbsgegenstands: Hierzu gehören u.a. die ordnungsgemäße Begründung gemäß Handelsrecht, die Überprüfung der Eintragung im Handelsregister, die Gewerbeanmeldung sowie die Verfügungsbefugnis des Verkäufers.

- Gesellschaftsverträge bzw. Satzung: Zustimmungserfordernisse, Stimmrechtsbeschränkungen, Auflagen, Vorkaufsrechte usw., die für die erfolgreiche Abwicklung der Transaktion und die Bewertung relevant sein können.

- Gesellschaftsorgane: Voraussetzungen für den Zugriff auf die Organ-Besetzungen (Aufsichtsrat und Vorstand), Arbeitsverträge von Vorständen und Leitenden Mitarbeitern.

Externe Rechtsstrukturen

- Verträge: Lieferungs- und Leistungsbedingungen, Gewährleistungen und Haftungen, Einzelvertrags-Risiken (Großaufträge), Dauerbeziehungen (Kooperationen), Partnerschaften, Lizenzen, Miet- und Pachtverträge, Versicherungsverträge.

- Schwebende Verfahren: Bewertung der wichtigen schwebenden Geschäfte und laufenden Verfahren, in welche die Gesellschaft verwickelt ist.

- Öffentlich-rechtliche Rahmenbedingungen: Baurechtliche Nutzungsbefugnisse (Baugenehmigungen, Abbaugenehmigungen), Sondergenehmigungen (Gefährliche Güter, BImSch-Genehmigung), Subventionen.

- Kartellrechtliche Situation: Aktuelle kartellrechtliche Situation des Unternehmens (Stand-alone-Betrachtung und Projektion der kartellrechtlichen Zukunftssituation im Rahmen der beabsichtigten M&A-Transaktion).

V.1.2.7 Umweltbezogene Due Diligence

Angesichts der hohen finanziellen Risiken, die aus umweltrelevanten Problemen resultieren können, erweist sich eine Prüfung der Umweltfragen als unverzichtbar. Basis dieser Prüfung ist das am jeweiligen Standort geltende Umweltrecht.

Die Begutachtung (Umwelt-Audit) wird im Regelfall von einer spezialisierten Consulting-Firma in Abstimmung mit dem technischen Leiter des Standorts bzw. dem Umweltbeauftragten durchgeführt.

Wichtige Einzelprüfungen sind:

- Boden- und Grundwasserbelastung

- Gebäude- und Innenraumschadstoffe

- Emissionen (Schadstoffe, Lärm)

- Abfallwirtschaft und Abwassersysteme

- Naturschutz- und Ökologie-Belange

- Denkmalschutz

- Brandschutz.

Der aufwendigen Prüfung vor Ort geht in der Regel eine Analyse der historischen Entwicklung der Risikofelder an Hand vorliegender Dokumente voraus. Ziel der gutachterlichen Ermittlungen ist die Einschätzung der Wertminderungen aus den festgestellten Tatbeständen sowie die Beschreibung und Quantifizierung der notwendigen Maßnahmen zur Einhaltung der relevanten Vorschriften. Es ist nicht ausgeschlossen, dass gravierende Umweltschutzprobleme der Grund für die Aufgabe eines Akquisitionsprojekts sind.

V.2 Unternehmensbewertung

Ausgangspunkt der Unternehmensbewertung war lange Jahre der „objektive" Wertbegriff. Es überwog die Anschauung, dass ein Unternehmen einen Wert „an sich" haben würde. Auf Grund zunehmender Kritik und Praxisferne hat sich in der Literatur das subjektive Wertverständnis durchgesetzt.[54] Die individuelle Perspektive des Be-

---

[54] So schreibt Moxter (1983, S.6): „Es gibt nicht den schlechthin richtigen Unternehmenswert. Da Unternehmenswertermittlungen sehr unterschiedlichen Zwecken dienen können, ist der richtige Unternehmenswert jeweils der zweckadäquate."

werters zeigt sich u.a. in der Festlegung der Prognosen der Risikostruktur für die Unternehmenswertrechnung und in der Beantwortung der Frage, ob persönliche Steuern berücksichtigt werden sollen.

Einen „wahren" Unternehmenswert gibt es nicht. Der Wert differiert gemäß der subjektiven Sicht sowohl des Käufers als auch des Verkäufers. Aber auch die Einschätzung mehrerer Kaufinteressenten ist i.d.R. keineswegs einheitlich. Hinzu kommt, dass der Wert eines Unternehmens auch auf Grund von sich schnell verändernden wirtschaftlichen Rahmenbedingungen einer entsprechend schnellen Veränderung unterliegen kann. Gleichwohl zählt die Bewertung eines Kaufobjekts zu den wichtigsten Vorgängen des M&A-Prozesses. Sie ermöglicht die Festlegung eines Mindestpreises für den Verkäufer wie auch eines Maximalpreises für den Käufer. Während die Unternehmensbewertung bei einem Verkaufsvorgang als internes Papier behandelt und zwischen Käufer und Verkäufer nicht offengelegt wird, bedarf es für die Festlegung des Umtauschverhältnisses bei einer Fusion des Austausches der gegenseitigen Wertvorstellungen und des Abgleichs der Methodik.

Im Regelfall gibt es auch keine Übereinstimmung zwischen Marktpreis und Wert von Unternehmen. Der Marktpreis bildet sich im Zusammentreffen von Angebot und Nachfrage, in die wiederum stark subjektive Elemente einfließen. Hinzu kommen Kriterien wie Verhandlungsmacht, aber auch Verhandlungsgeschick, die beträchtliche Auswirkungen auf den Transaktionspreis haben können.

Eine wirklich aussagefähige Bewertung eines Unternehmens ist nur mit Hilfe interner Informationen möglich, die über eine Due Diligence geprüft und ggf. korrigiert worden sind. Folgerichtig nimmt die Qualität der Bewertung mit dem Fortschreiten des Fusions- bzw. Akquisitionsprozesses zu (vgl. Abbildung 41).

Ein erster, indikativer Unternehmenswert (UW_I) ist in der Kontaktphase der beteiligten Unternehmen vom Kaufinteressenten zu ermitteln. Grundlage dieser Wertermittlung sind i.d.R. die veröffentlichten Unternehmensdaten und das zu diesem Zeitpunkt vorliegende Informationsmemorandum. Der errechnete Unternehmenswert dient als Basis für ein unverbindliches Preisangebot im Rahmen eines Letter of Intent (LoI). Die Abschätzung sowohl des Unternehmenswerts wie auch eines Preisangebots, das die Fortsetzung der Verhandlungen sichert, ist in diesem frühen Stadium des Akquisitionsprozesses mangels ausreichender Informationen besonders schwierig.

Gelingt der Eintritt in die Phase der Due Diligence, stehen mit zunehmender Verhandlungsdauer immer genauere Unternehmensdaten zur Verfügung. In der Due-Diligence-Prüfung kann der Unternehmenswert auf Grund der gewonnenen Erkenntnisse auf Stand-alone-Basis mit hinreichender Genauigkeit ermittelt werden. In aller Regel weicht dieser Wert (UW_{II}) vom ersten indikativen Unternehmenswert (UW_I) ab, nicht selten nach unten. Der Wert UW_{II} beschreibt den wertäquivalenten Preis des Zielunternehmens, der unter Beachtung der im Due-Diligence-Prozess ermittelten Wertkorrekturen und Risiken bestimmt wird. Im Verlauf der Verhandlungsphase wird der Stand-alone-Wert ergänzt um eine Unternehmenswertrechnung, welche die vom Käufer vorgesehene, häufig von der Planung des Verkäufers abweichende Unternehmensentwicklung berücksichtigt. Hierin sind auch die als realisierbar eingeschätzten Synergien enthalten. Der so ermittelte Unternehmenswert (UW_{III}) stellt gleichzeitig die Kaufpreisobergrenze des Käufers für die Verhandlungen dar. Ein Käufer muss das Ziel haben, einen Preisabschluss deutlich unterhalb dieses Werts zu erreichen, um nicht die erst durch sein Engagement mögliche Werterhöhung vollständig dem Verkäufer zugute kommen zu lassen.

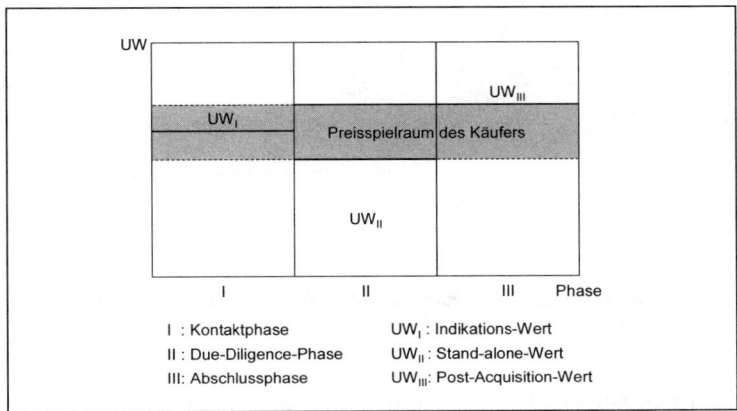

Abbildung 41: Unternehmenswert im Zeitverlauf bei einer Akquisition (Prinzipskizze)

Der Zweck einer Unternehmensbewertung im Rahmen einer M&A-Transaktion ist entweder eine klassische Deal-Valuation zur Bestimmung des zugehörigen Transaktionswerts oder eine Wertermittlung, die bestimmte rechtliche Vorgaben zu erfüllen hat. Letzteres trifft speziell für Fusionen zu, welche die jeweiligen Bestimmungen des Umwandlungsgesetzes erfüllen müssen. Für beide Ansätze werden in der Praxis vielfach Wirtschaftsprüfer beratend hinzugezogen.

Im Zusammenhang mit Fusionen sind bei der notwendigen Bewertung der beteiligten Unternehmen weitere Aspekte zu beachten. Charakteristisch für eine geplante Fusion sind die in den verschiedenen Phasen des Prozesses stattfindenden wechselseitigen Bewertungen der potenziellen Partner (vgl. Abbildung 42). Das am Ende der Kontaktphase im LoI festgehaltene grundsätzliche Einverständnis zum Zusammenschluss beinhaltet meist noch keine Angaben über Wertverhältnisse. Gleichwohl liegen zu diesem Zeitpunkt bereits erste Unternehmenswertrechnungen der beiden beteiligten Unternehmen vor, sowohl das eigene wie auch das andere Unternehmen betreffend. Dabei liegen die Einschätzungen gewöhnlich weit auseinander: Unternehmen A schätzt sich selbst deutlich höherwertig ein, als dies Unternehmen B bei Unternehmen A tut. Bei Unternehmen B ergibt sich das gleiche Bild: B gibt sich selbst einen höheren Wert, als A dies tut.

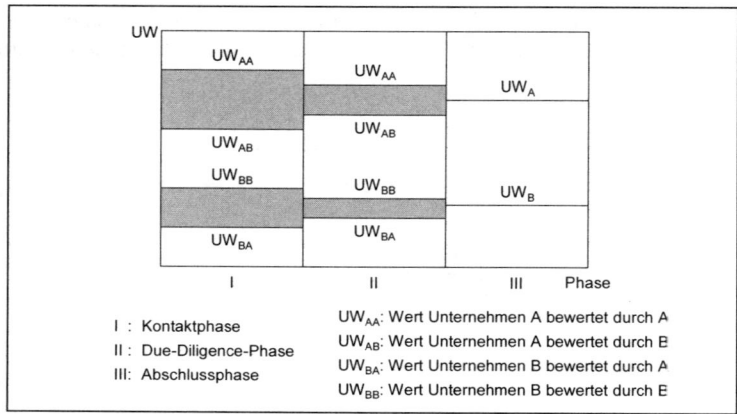

Abbildung 42: Unternehmenswert im Zeitverlauf bei einer Fusion
(Prinzipskizze)

Während der Due Diligence verringern sich die Bandbreiten auf Grund der abnehmenden Informationsasymmetrie zwischen den beteiligten Partnern. Letztlich wird ein Wertverhältnis festgelegt, das meist mit Hilfe von Wirtschaftsprüfern unter Einschluss beratender Investmentbanken bestimmt wird. In der Praxis ist dieses Wertverhältnis ein in den Abschlussverhandlungen erzielter kaufmännischer Kompromiss auf Basis sowohl der von Wirtschaftsprüfern vorgelegten Bewertungsgutachten wie auch der von Investmentbanken verfassten „Fairness Opinion". Kommt dieser Kompromiss nicht zustande, scheitert die Fusion. Da das ermittelte Umtauschverhältnis von einem Verschmelzungsprüfer bestätigt werden muss, wird dieser unter Wahrung seiner Unabhängigkeit möglichst frühzeitig in den Prozess einbezogen, um die Ansätze, Argumente, Meinungsunterschiede und Konzessionen der Parteien unmittelbar verfolgen zu können.

Die Ermittlung des Unternehmenswerts gleicht der Investitionsrechnung. Danach ergibt sich der Wert eines Unternehmens als Summe der risikoadjustierten Barwerte der zukünftigen Zahlungsströme (Gesamtbewertung). Die Risikoadjustierung wird anhand des Kapitalisierungszinses bzw. des Diskontierungssatzes vorgenommen. In speziellen Fällen werden in der Praxis auch Verfahren angewendet, die den Unternehmenswert aus der Summe von Einzelwerten herleiten.

V.2.1 Einzelbewertungsverfahren

Einzelbewertungsverfahren setzen bei den Bestandteilen eines Unternehmens an und bewerten das Unternehmen durch die Addition der einzelnen Vermögensteile. Die Einzelbewertung der Vermögensgegenstände und Verbindlichkeiten kann - je nach Ziel der Bewertung - unter Fortführungs- oder unter Zuschlagungsgesichtspunkten durchgeführt werden. Im ersten Fall liefert die Rechnung den Substanzwert (SW), im zweiten Fall den Liquidationswert. Einzelbewertungsverfahren werden bei Verkäufen einzelner Assets und für die Kreditsicherung angewendet. Darüber hinaus dienen sie zur Findung von Wertermittlungskompromissen, wenn etwa die Prognose zukünftiger Zahlungsströme auf Grund erheblicher Unsicherheit schwierig ist. Bei Beteiligungskäufen oder Fusionen sind diese Verfahren - außer zur Unterstützung ertragsorientierter Methoden - kaum anwendbar.

Der Substanzwert, als Teilreproduktionswert verstanden, schließt die Stillen Reserven und Lasten des Vermögens ein, indem er von Wiederbeschaffungswerten abzüglich der Nutzung ausgeht. Nicht betriebsnotwendiges Vermögen ist gesondert zu erfassen und zu Liquidationswerten zu bewerten. Betriebsnotwendige, jedoch bereits vollständig abgeschriebene Anlagen werden vielfach als Residualwert mit einem festgelegten Prozentsatz ihrer Wiederbeschaffungswerte berücksichtigt. Entsprechend sind Risiken in Vorräten und Forderungen in der Rechnung abzuziehen. Der Substanzwert wird aus der Inventur und der Bilanz abgeleitet. Da die Substanzwertrechnung in der Praxis von den Bilanzpositionen ausgeht, enthält sie keine nicht bilanzierten Werte wie Marke, Human Resources oder gar die Stabilität von Kundenbeziehungen (vgl. IDW 1998, A Tz.377 f. und Peemöller 2001, S.77 ff. und 378 ff.).

Der Liquidationswert, auch Zerschlagungswert genannt, ergibt sich bei Aufgabe der Geschäftstätigkeit und anschließender Veräußerung der Unternehmensbestandteile (vgl. IDW 1998, A Tz.326 und Peemöller 2001, S.80 f. und 397).

Während der Liquidationswert insofern Bedeutung hat, als er für einen Verkäufer die absolute Preisuntergrenze darstellt, dient der Substanzwert allenfalls als Vergleichsgröße zu den ertragsorientierten Bewertungsverfahren und als Indikator für den zukünftigen Investitions- und Finanzierungsbedarf. Im Rahmen der Aufnahme von Fremdkapital ist der Liquidationswert ein Faktor, der zur Beurteilung der Beleihungsfähigkeit von den Gläubigern herangezogen wird.

Die Anwendung der Einzelbewertungsverfahren ist nicht unproblematisch. Es besteht ein erheblicher Informationsbedarf, da jeder Vermögensgegenstand gesondert zu bewerten ist. Verkaufserlöse oder Wiederbeschaffungspreise einzelner Vermögensbestandteile sind teilweise nur schwierig zu ermitteln, wenn keine liquiden Märkte für diese Objekte existieren. Des Weiteren vernachlässigt die Betrachtung der Einzelbewertungsverfahren die Verbundeffekte und Interdependenzen zwischen den Vermögensgegenständen. Den gravierendsten Nachteil stellt allerdings die vergangenheitsbezogene Perspektive dieser Bewertungsmethoden dar. Die zukünftige Leistungsfähigkeit des Unternehmens wird nicht in das Wertkalkül einbezogen.

V.2.2 Gesamtbewertungsverfahren

Gesamtbewertungsverfahren sehen ein Unternehmen nicht als Ansammlung von Vermögensgegenständen an, die es zu bewerten gilt, sondern als Gebilde, das finanzielle Überschüsse erwirtschaftet, deren Nachhaltigkeit in der Zukunft einzuschätzen ist. Dabei wird zwischen pauschalen und analytischen Verfahren unterschieden. Beide Arten sind vergleichende Verfahren. Die pauschale Methode vergleicht das zu bewertende Unternehmen mit anderen Unternehmen, deren Wert bekannt ist. Die analytische Methode ermittelt den Unternehmenswert durch Vergleich von Erträgen bzw. Zahlungsströmen mit risikoäquivalenten Kapitalanlagen.

V.2.2.1 Marktvergleichsverfahren

Die pauschalen Verfahren orientieren sich am Börsenwert vergleichbarer Unternehmen oder am Wert vergleichbarer Transaktionen. Dies bedeutet, dass der Wert nicht fundamental aus den vorliegenden Unternehmensdaten ermittelt wird, sondern sich von externen Einschätzungen des Markts, die als relativer Maßstab für den Unternehmenswert dienen, ableitet (vgl. Mandl, Rabel 1997, S.42 ff.).

Ist das Zielunternehmen selbst börsennotiert, gilt der aktuelle Börsenwert als erster Anhalt für den Unternehmenswert[55]. Der Vergleich mit den historischen Höchst- und Tiefstwerten grenzt die Einschätzung des Kapitalmarkts weiter ein. Darüber hinaus kann der Kursverlauf des Zielunternehmens im Vergleich zu dem allgemeinen oder zu einem branchenbezogenen Aktienindex Aufschluss über die Wertfindung geben.

Sowohl bei börsennotierten wie auch bei nicht börsennotierten Unternehmen werden in den pauschalen Verfahren Multiplikatoren zur Wertermittlung herangezogen. Die Multiplikatoren beziehen sich in der M&A-Praxis meist auf das Ergebnis vor Zinsen und Steuern (EBIT) oder auf das Ergebnis vor Zinsen, Steuern, Abschreibungen und Amortisationen (EBITDA), gelegentlich auch auf den Umsatz oder die Anzahl von Kunden. Beispielhaft ergibt sich dann folgende Formel zur Berechnung des Unternehmenswerts:

UW = Multiplikator$_1$ x EBIT, oder Multiplikator$_2$ x EBITDA

Der so ermittelte Unternehmenswert entspricht dem Bruttounternehmenswert bzw. dem Marktwert des Gesamtkapitals (Enterprise Value). Zur Ermittlung des Nettounternehmenswerts bzw. des Marktwerts des Eigenkapitals (Equity Value) ist von dem so errechneten Wert der Marktwert des Fremdkapitals abzuziehen.

Entsprechend der Einschätzung des Markts, ablesbar an börsennotierten Vergleichsunternehmen, variieren die Multiplikatoren naturgemäß stark. U.a. spielen Zyklizität, Kapitalintensität, Wachstumsaussichten, Innovationsfähigkeit, Ertragsniveau der Branche, aber auch des Unternehmens selbst eine Rolle. Werterhöhend wirken in der Regel die Unternehmensgröße und ein hoher Anteil frei handelbarer Aktien.

Neben der mittelbaren oder unmittelbaren Orientierung am Börsenwert des Zielunternehmens bzw. vergleichbarer Unternehmen dienen entsprechende Vergleiche von abgeschlossenen Transaktionen der Wertfindung. Aus diesen Analysen ergibt sich insbesondere ein Anhaltspunkt für die am Markt bezahlte Prämie für die Erlangung einer Kontrollmehrheit über ein Unternehmen. Allerdings erreicht auch dieser Ansatz hier seine methodische Grenze, da er nur den letztlich erzielten Transaktionspreis betrachtet, aber davon ausgehend keine Rückschlüsse auf die zugrunde liegenden Entscheidungswerte ermöglicht.

Wenngleich diese pauschalen, marktorientierten Verfahren wenig analytische Fundierung haben, besitzen sie doch bei Investoren hohe Akzeptanz. Diese liegt in der Marktgängigkeit der Methode selbst (bei Weiterveräußerung wird ein Käufer wahr-

---

[55] Kapitalmarkttheoretisch entsteht der Börsenkurs aus den mit einem Risikozinssatz abgezinsten, zukünftigen Dividenden einschließlich einer Liquidationsdividende. Dies setzt die idealisierte Vorstellung voraus, dass der Markt eine analytische Bewertung durchführt.

scheinlich nach den gleichen Maßstäben vorgehen), aber auch in der Problematik der Theorieüberfrachtung und der Scheingenauigkeit der analytischen Verfahren. Die Marktvergleichsbewertung (auch als Comparative Company Approach und Recent Transaction Approach bezeichnet) ist insbesondere im angloamerikanischen Einflussbereich weit verbreitet. Neben den genannten Gründen ist dies auch durch den größeren und liquideren amerikanischen Kapitalmarkt und die entsprechend höhere Verfügbarkeit von vergleichbarer Information bedingt. Darüber hinaus liefert die amerikanische Rechnungslegung nach US-GAAP näher an der tatsächlichen Ertragskraft eines Unternehmens orientierte Werte, als das in Deutschland auf Grund des großen bilanzpolitischen Spielraums bei der HGB-Rechnungslegung der Fall ist. Nicht zuletzt deshalb gehen Unternehmen in Deutschland zunehmend zur Rechnungslegung nach US-GAAP oder IAS über.

V.2.2.2 Ertragswertmethode

Die Wurzeln der analytischen Verfahren liegen in der Investitionstheorie, wonach der Unternehmenswert dem Barwert aller zukünftigen Zahlungsströme an den Investor entspricht. Dabei kann die Bestimmung unter unterschiedlichen Prämissen durchgeführt werden. Zum einen kann die Betrachtung entweder vor oder nach persönlichen Steuern des Investors erfolgen, zum anderen beeinflussen alternative Annahmen über die Höhe der Ausschüttungen die Wertfindung. Die Ermittlung eines „objektivierten" Unternehmenswerts[56] erfolgt nach dem IDW-Standard „Grundsätze zur Durchführung der Unternehmensbewertungen" (IDW S1, 2000) unter Berücksichtigung der persönlichen Steuern des Investors und unter Annahme der Vollausschüttung der finanziellen Überschüsse. Als Ertragswert (EW)[57] wird die auf den Bewertungsstichtag abgezinste Summe der Barwerte der künftigen an den Investor ausschüttbaren finanziellen Überschüsse sowie der Ergebnisse aus der möglichen Liquidation nicht betriebsnotwendigen Vermögens verstanden. Die Methode ist insbesondere in Deutschland gebräuchlich und wird in der Ausgestaltung des objektivierten Unternehmenswertes von Wirtschaftsprüfern und Gerichten favorisiert.

Für die einzelnen Schritte des Ertragswertverfahrens sind die folgenden Aspekte zu beachten, die sich nach dem Ansatz der Bewertung („objektiviert" oder subjektiv) unterscheiden (vgl. IDW S1, 2000, Tz.17 ff. und Siepe, Dörschell, Schulte 2000, S.949 ff.):

Ermittlung der finanziellen Überschüsse: Ausgangspunkt der Unternehmensbewertung ist die Ermittlung ausschüttbarer zukünftiger finanzieller Überschüsse des Unternehmens (Zukunftsprinzip). Der Ansatz erfordert eine konsistente und plausible Planung.

---

[56] Unter dem Terminus „objektivierter Unternehmenswert" des Instituts der Wirtschaftsprüfer in Deutschland e.V. (IDW) wird ein vom Wirtschaftsprüfer ermittelter Zukunftswert des Unternehmens verstanden, „der sich bei Fortführung des Unternehmens in unverändertem Konzept und mit allen realistischen Zukunftserwartungen im Rahmen seiner Marktchancen und -risiken, finanziellen Möglichkeiten sowie sonstigen Einflussfaktoren ergibt" (IDW S1, Tz.12).

[57] Der Ertragswert entspricht dem Nettounternehmenswert bzw. dem Marktwert des Eigenkapitals (Equity Value) (vgl. Kap. V.2.2.1).

Im Falle der Ermittlung eines „objektivierten" Unternehmenswerts gemäß IDW S1 sind verschiedene bewertungsrelevante Faktoren zu berücksichtigen:

- Zum Stichtag bereits eingeleitete Maßnahmen (vgl. IDW S1, Tz.41): Bewertet werden nur die zum Bewertungsstichtag existierenden bzw. sich konkret im Aufbau befindenden Erfolgsfaktoren. Mögliche Erweiterungsinvestitionen oder Desinvestitionen, die in Zukunft einen Einfluss auf die finanziellen Überschüsse haben können, aber noch nicht hinreichend konkretisiert sind, entfallen für die Betrachtung.

- Unechte Synergieeffekte (vgl. IDW S1, Tz.42 f.): Auswirkungen auf die finanziellen Überschüsse, die realisiert werden können, ohne auf den Bewertungsanlass Bezug zu nehmen, sind zu berücksichtigen (z.B. bereits eingeleitete Maßnahmen im Konzernverbund oder Synergieeffekte, die sich mit beliebig vielen Partnern erreichen lassen).

- Vollausschüttung (vgl. IDW S1, Tz.44 f.): Sämtliche finanziellen Überschüsse, die nicht dem Erhalt des zu bewertenden Unternehmenskonzepts dienen oder unter rechtliche Restriktionen (gesetzlich vorgeschriebene Zuweisung an die Rücklagen) fallen, werden ausgeschüttet.

- Management (vgl. IDW S1, Tz.46 ff.): Die zukünftige Unternehmensentwicklung und damit die Höhe der finanziellen Überschüsse hängt u.a. von der Fähigkeit des beteiligten Managements ab. Im Rahmen der Unternehmensbewertung wird vereinfachend von einer Kontinuität ausgegangen.

- Ertragsteuern des Investors (vgl. IDW S1, Tz.51): Die Ermittlung des „objektivierten" Unternehmenswerts erfolgt unter der Annahme einer typisierten Steuerbelastung der Unternehmenseigner. Zur Berechnung wird ein Steuersatz von 35 % herangezogen.

- Umfeldfaktoren (vgl. IDW S1, Tz.52): Hinsichtlich der Annahmen zu Steuerbelastung, Kapitalmarkt, Wachstumsvoraussetzungen etc. erfolgt die Bewertung unter der Annahme, dass die Investoren im jeweiligen Land des Unternehmenssitzes ansässig sind. Im Falle einer Transaktion über nationale Grenzen (sog. Cross-Border Transactions) hinweg, werden demzufolge die beteiligten Unternehmen mit den jeweiligen nationalen Umfeldfaktoren bewertet (Sitzlandprinzip).[58]

Wird der Ertragswert zur Bestimmung eines subjektiven Entscheidungswerts herangezogen, so werden die im Falle der „objektivierten" Berechnung verwendeten Prämissen durch die situativ zielorientierten Annahmen ersetzt. Dies bedeutet:

- Berücksichtigung zukünftiger Maßnahmen (vgl. IDW S1, Tz.54 f.): M&A-Transaktionen führen zu umfangreichen Veränderungen. Diese teilweise noch nicht eingeleiteten Maßnahmen sind zur Ermittlung des subjektiven Unternehmenswerts zu beachten.

- Transaktionsbedingte Synergien (vgl. IDW S1, Tz.56 f.): Aus der Sicht des Erwerbers sind Synergien, die durch die Transaktion induziert sind, in das subjektive Bewertungskalkül aufzunehmen.

- Finanzierungsannahmen (vgl. IDW S1, Tz.58 ff.): Die Bewertung hat die subjektiven Annahmen bzgl. der Kapitalstruktur und der Ausschüttungspolitik zu berücksichtigen.

---

[58] Ausnahmen sind nur dann zu erwägen, wenn der Sitz einer Holding etwa in eine Steueroase gelegt wurde (Siepe, Dörschell, Schulte 2000, S.958).

So muss etwa im Falle eines LBO der Zinsaufwand aus der Fremdfinanzierung des Kaufpreises in der Unternehmensbewertung berücksichtigt werden.

- Management (vgl. IDW S1,Tz.61 f.): Zu berücksichtigen sind die Auswirkungen von Veränderungen des Managements auf die finanziellen Überschüsse.

- Ertragsteuern (vgl. IDW S1, Tz.63): Die typisierte Steuerbelastung wird durch die tatsächliche Steuerbelastung ersetzt.

Die Nettoausschüttung (NCF) ist formelmäßig wie folgt zu errechnen:

$$NCF = NE + A - I_{SF} - I_{WC} + V_L$$

NE   Nettoertrag (Ergebnis vor Steuern - Unternehmenssteuern - Ertragsteuern des Investors)[59]

A   Abschreibungen

I_{SF} Investitionen in Sach- und Finanzanlagen

I_{WC} Zunahme des Working Capital

V_L Zunahme langfristiger Verbindlichkeiten.

Kapitalisierungszinssatz: Das unternehmerische Engagement und die daraus entstehenden zukünftigen finanziellen Überschüsse unterliegen einem Risiko. Grundsätzlich kann das Risiko durch Abschläge bei den finanziellen Überschüssen (Ergebnisabschlags- oder Sicherheitsäquivalenzmethode) oder durch einen Zuschlag zum Kapitalisierungszinssatz (Zinszuschlags- oder Risikozuschlagsmethode) erfolgen. In der Theorie wird zwar die Sicherheitsäquivalenzmethode bevorzugt. Gleichwohl wird in der Praxis aus Gründen der Praktikabilität und der Transparenz ausschließlich auf die Risikozuschlagsmethode abgestellt.

Der für die Bewertung im Ertragswertverfahren verwendete Kapitalisierungszinssatz berücksichtigt sowohl das operative Risiko (Ergebnisschwankungen, Haftungsrisiken u.s.w.) als auch das finanzielle Risiko, das durch die Finanzierung mit Fremdkapital hervorgerufen wird. Basis des Kapitalisierungszinssatzes ist der Zins (nahezu) risikoloser Staatsanleihen. Der Risikozuschlag wird durch die individuellen internen und externen Faktoren des zu bewertenden Unternehmens bestimmt (z.B. Standort-, Umfeld- und Brancheneinflüsse, Kundenabhängigkeit, Produktprogramm, Kapitalstruktur, Fungibilität der Unternehmensanteile). Die Summe aus Basiszinssatz und Risikozuschlag ist um die persönlichen Ertragsteuern zu kürzen, sofern eine Bewertung nach persönlichen Steuern vorgenommen werden soll. Die Plausibilisierung des Kapitalisierungszinssatzes kann mit Hilfe des CAPM (vgl. Kap. V.2.2.4.1) erfolgen. Der Inflations- oder auch Wachstumsabschlag repräsentiert den (inflationären) Zuwachs des als nachhaltig eingeschätzten nominalen Ergebnisses auch über die Planperiode hinaus.[60]

Formelmäßig ergibt sich für die Ermittlung des Kapitalisierungszinssatzes i_s folgender Rechenvorgang:

---

[59] Nach enger Auslegung von IDW S1 wird von Vollausschüttung der handelsrechtlichen Ergebnisse ausgegangen. Zusätzlicher Finanzbedarf wird nach diesem Ansatz ausschließlich über Kreditaufnahme finanziert. In diesem Fall gilt: NCF = NE

[60] Die Problematik der Berücksichtigung der Inflation bei der Ermittlung des Kapitalisierungszinssatzes ist bei Ballwieser 1992, S.121 ff. erläutert.

$$i_s = (i_o + i_z) \times (1 - s_i)$$

i_0 Basiszinssatz

i_z Zinszuschlag für individuelles unternehmerisches Risiko[61]

s_i Ertragsteuersatz des Investors.

Wird der Ertragswert (EW) eines Unternehmens mit begrenzter Lebensdauer berechnet, so ist der Barwert des nach Betriebsbeendigung erzielten, auf den Bewertungsstichtag abgezinsten Liquidationserlöses dem Barwert der Nettoausschüttungen des Detailprognosezeitraums hinzuzurechnen. Zusätzlich ist der Nettoveräußerungserlös des nicht betriebsnotwendigen Vermögens zu berücksichtigen:[62]

$$EW = \sum_{t=0}^{T} \frac{NCF_t}{(1+i_s)^t} + \frac{E_L}{(1+i_s)^T} + \frac{E_V}{(1+i_s)}$$

E_L Nettoliquidationserlös bei Beendigung des Unternehmens

T Jahr der Beendigung des Unternehmens

E_V Nettoveräußerungserlös des nicht betriebsnotwendigen Vermögens.

Der Ertragswert eines Unternehmens mit unbegrenzter Lebensdauer berechnet sich aus der Summe der Barwerte der zukünftigen Nettoausschüttungen sowie des Barwerts der Nettoveräußerungserlöse des nicht betriebsnotwendigen Vermögens. In der Praxis wird für die Zeit nach Ablauf der Periodenplanung eine nachhaltige Ausschüttungsprognose vorgenommen. Die Berücksichtigung des Liquidationserlöses entfällt. Damit ergibt sich folgende Formel:

$$EW = \sum_{t=0}^{T} \frac{NCF_t}{(1+i_s)^t} + \frac{1}{(i_s - i_w)} \times \frac{NCF_N}{(1+i_s)^T} + \frac{E_V}{(1+i_s)}$$

NCF_N Nachhaltige Nettoausschüttung

i_w Inflations- bzw. Wachstumsabschlag[63].

Gelegentlich wird vereinfachend auf eine Ermittlung einzelner Periodenerfolge ganz verzichtet. Unter der Annahme konstanter und nachhaltiger Nettoausschüttungen sowie einer unendlichen Lebensdauer des Bewertungsobjekts kann der Ertragswert vereinfacht als ewige Rente (konst. Nettoausschüttung/i_s bzw. bei angenommenem Wachstum konst. Nettoausschüttung/$(i_s - i_w)$) berechnet werden.

V.2.2.3 Kombinationsmethoden

In der Praxis werden gelegentlich auch Kombinationsmethoden die zwischen Ertragswert- und Substanzwertbetrachtungen liegen, angewendet (vgl. Mandl, Rabel 1997, S.49 ff.).

---

[61] Der Kapitalisierungszinssatz entspricht den Eigenkapitalkosten des verschuldeten Unternehmens.

[62] Der Nettoveräußerungserlös errechnet sich aus dem Bruttoerlös nach Abzug der Veräußerungskosten und ggf. anfallender Steuern. In der Bewertungspraxis wird meist von einer Veräußerung im ersten Planjahr ausgegangen. In Falle der angenommenen Veräußerung zum Bewertungsstichtag entfällt eine Abzinsung.

[63] Bei Berechnung der ewigen Rente ist i_w vom Kapitalisierungszinssatz i_s zu subtrahieren.

Die sog. Praktikerformel (vgl. Boemle 1995, S.633) ermittelt den Nettounternehmenswert (UW_N) als Mittelwert von Substanz- und Ertragswert. Teilweise wird der Ertragswert dabei höher gewichtet als der Substanzwert.

$$UW_N = \frac{SW + EW}{2} \text{ oder } \frac{SW + 2 \times EW}{3}$$

Verfechter der Kombinationsmethode argumentieren mit der Unsicherheit der „Ertragsprognose" im Vergleich zu der „deutlich fassbareren" Substanz eines Bewertungsobjekts, um die Einbeziehung des Substanzwerts in die Wertermittlung zu begründen.

Die Übergewinnmethode (vgl. Fischer 1996, S.171), auch U.E.C.-Verfahren (Union Européenne des Experts Comptables Economiques et Financiers), geht von folgender Annahme aus: Der Substanzwert entspricht dem Nettounternehmenswert, wenn der Zukunftsertrag des Unternehmens der Verzinsung des Substanzwerts mit dem Zinssatz langfristiger Anlagen entspricht. Übersteigt der Zukunftsertrag diesen Zinssatz, so kommt es zu einem Übergewinn. Der Übergewinn ist einerseits ein Indiz, dass im Substanzwert nicht bewertete Vermögensgegenstände enthalten sind, und deutet andererseits auf ein Risiko hin, da Übergewinne in einer „vollkommenen" Konkurrenzsituation keinen dauerhaften Bestand haben. Dies wird durch eine zeitlich begrenzte Kapitalisierung der Übergewinne und durch einen erhöhten Risikozuschlag von 25 % bis 50 % auf den Kalkulationszinsfuß (i) berücksichtigt. Der Nettounternehmenswert entspricht dann dem Substanzwert zuzüglich dem kapitalisierten Übergewinn.

$$UW_N = SW + R_N \times (BE_N - SW \times i_o)$$

R_N Rentenbarwertfaktor $[(1+i)^n - 1] / [(1+i)^n \times i]$

BE_N Nachhaltiger Zukunftsertrag

V.2.2.4 Discounted-Cash-Flow-Methode

Die Discounted-Cash-Flow (DCF)-Methode[64] nimmt in Theorie und Praxis mittlerweile eine vorherrschende Stellung ein. Der stetige Bedeutungszuwachs dieser Bewertungsmethode wurde durch die schnelle Adaption kapitalmarkttheoretischer Modelle in den internationalen Investmentbanken und Beratungsunternehmen gefördert. Die DCF-Methode steht ebenso wie die Ertragswertmethode im Einklang mit dem grundlegenden Ansatz der Maßgeblichkeit der Zahlungen an die Kapitalgeber für die Bewertung eines Unternehmens. Unterschiedlich ist jedoch die Herleitung dieser Zahlungen. Auf die Berücksichtigung persönlicher Steuern des Investors wird in der Regel verzichtet.[65]

Bei den verschiedenen DCF-Ansätzen der Unternehmensbewertung kann sowohl der an die Anteileigner ausschüttbare Net Cash Flow (NCF) als auch der allen Kapitalge-

---

[64] Werden hinsichtlich der Finanzierung und der Herleitung der Kapitalkosten bestimmte Prämissen gesetzt, kommen Ertragswert- und DCF-Methode zum gleichen Ergebnis.

[65] Rechnungen vor und nach persönlicher Steuer führen nur unter der Annahme einer ewigen Rente (ohne Wachstum) zu gleichen Ergebnissen.

bern zur Verfügung stehende Free Cash Flow (FCF) Ausgangspunkt der Rechnung sein. Im ersten Fall spricht man von der Equity-Methode, im zweiten Fall ist zwischen dem „Weighted Average Cost of Capital"-Ansatz (WACC-Ansatz) und dem „Adjusted Present Value"-Ansatz (APV-Ansatz) zu unterscheiden.[66]

Die direkte Ermittlung der verschiedenen Cash Flows stellt sich dabei wie folgt dar:

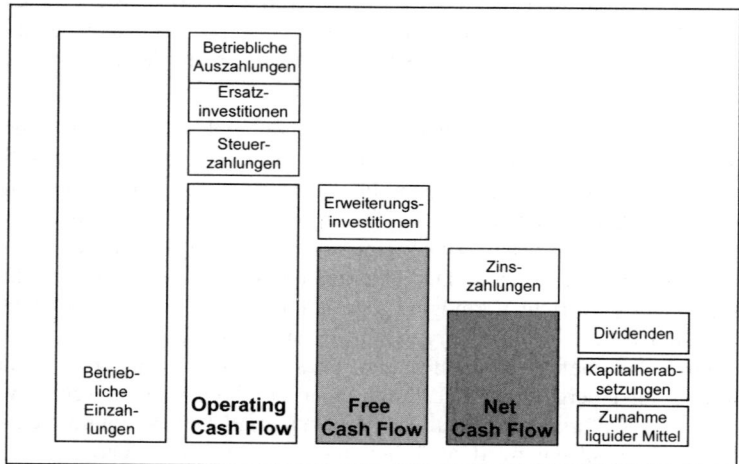

Abbildung 43: Direkte Cash-Flow-Ermittlung (vgl. Bühner 1994, S.15)

In der Praxis wird häufig eine retrograde Berechnung des Cash Flow aus dem handelsrechtlichen Jahresergebnis vorgenommen:

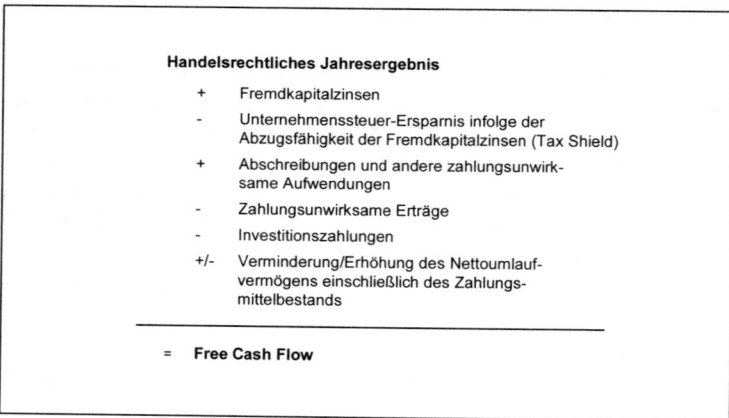

Abbildung 44: Indirekte „Free Cash Flow"-Ermittlung (vgl. IDW S1, Tz.127)

---

[66] Daneben gibt es noch den „Total Cash Flow"-Ansatz (vgl. Mandl, Rabel 1997, S.365 f.).

Im Rahmen der DCF-Methoden haben, vornehmlich seit dem Beginn der Shareholder-Value-Diskussion in den 1980er Jahren, einige Ansätze und Varianten besondere Aufmerksamkeit erlangt. Gemeinsames Ziel aller Varianten ist, wie bei der Anwendung des Ertragswertverfahrens, die Ermittlung des Marktwerts des Eigenkapitals[67] des betrachteten Unternehmens.

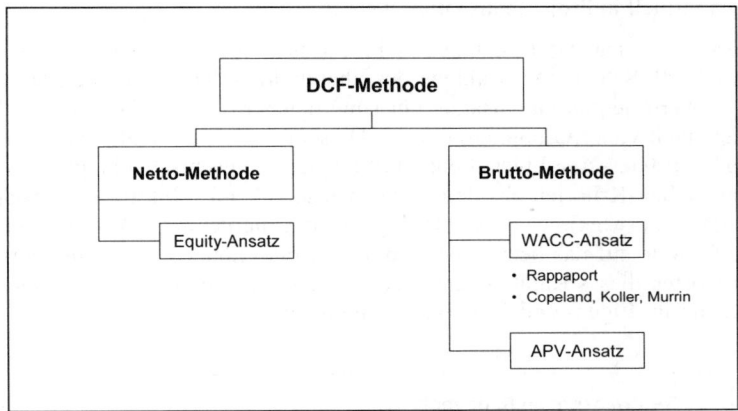

Abbildung 45: Übersicht über die verschiedenen DCF-Methoden

Der Equity-Ansatz kapitalisiert die den Anteilseignern zufließenden finanziellen Überschüsse. Der Marktwert des Eigenkapitals wird direkt berechnet. Dieser Ansatz ist ähnlich der Ertragswertmethode. Im Gegensatz zum Ertragswertverfahren nach IDW S1 wird jedoch nicht von einer Vollausschüttung des handelsrechtlichen Ergebnisses, sondern von der Ausschüttung des Netto-Cash-Flow ausgegangen.

Bei der Brutto-Methode ist zwischen dem WACC-Ansatz und dem APV-Ansatz zu unterscheiden. Der WACC-Ansatz stellt den gebräuchlichen Standard der DCF-Methoden dar. Auch in Deutschland hat dieser Ansatz der Unternehmensbewertung durch den Einfluss der angloamerikanisch geprägten Investmentbanken und Unternehmensberater sowie letztlich auch durch den neuen Standard des IDW zur Unternehmensbewertung (IDW S1) im Rahmen von M&A-Transaktionen wachsende Bedeutung erlangt.

V.2.2.4.1 WACC-Ansatz

Der Bruttounternehmenswert wird durch Addition der Barwerte der Free Cash Flows während der Prognoseperiode, des Barwerts des Residualwerts (Terminal Value) und des Barwerts des nicht betriebsnotwendigen Vermögens ermittelt. Ausgangspunkt der Betrachtung ist in der Regel die Annahme, dass das bewertete Unternehmen eine un-

---

[67] Vgl. Fußnote 57.

begrenzte Lebensdauer hat. Wird von diesem Bruttounternehmenswert (Enterprise Value) der Marktwert des Fremdkapitals zum Bewertungsstichtag subtrahiert, so ergibt sich der Nettounternehmenswert (UW_N). Der Marktwert des Fremdkapitals umfasst alle Zins- und ggf. Tilgungszahlungen auf bestehende zinstragende Verbindlichkeiten. Das Verfahren überprüft nicht die Ausschüttungsfähigkeit des Free Cash Flow in der Bewertungsperiode. In der Praxis wird in diesem Zusammenhang so verfahren, dass alle im Unternehmen verbleibenden Mittel mit einer Verzinsung in Höhe der Eigenkapitalkosten virtuell in Projekte investiert werden.

Free Cash Flow: Die Bestimmung des Free Cash Flow erfolgt bei Rappaport (vgl. Rappaport 1999, S.40 ff.) im Rahmen des Shareholder-Value-Ansatzes. Die Entwicklung dieses wertorientierten Ansatzes der Unternehmensführung beruhte auf der Kritik am Management vieler Großunternehmen. Diesem wurde, in nicht wenigen Fällen zurecht, vorgeworfen, seine Investitions- und Finanzierungsentscheidungen aus ungeeigneten bilanziellen Kriterien abzuleiten. Dementsprechend folgt aus dem Shareholder-Value-Ansatz die Maxime, dass nur diejenigen Unternehmen Wert schaffen, deren jeweilige Rendite auf das betriebsnotwendige Kapital höher liegt als die periodenspezifischen Kosten dieses Kapitals, die wiederum auf den Renditeanforderungen der Kapitalgeber für das Eigen- und Fremdkapital beruhen.

Werttreiber nach Rappaport	
Wachstumsrate	Verhältnis des Neuumsatzes zum Altumsatz
Betriebliche Gewinnmarge	Verhältnis von Betriebsgewinn vor Zinsen und Steuern (Abzug der Herstell-, Verwaltungs- und Vertriebskosten sowie nicht liquiditätswirksamer Aufwendungen wie Abschreibungen) zum Umsatz
Gewinnsteuersatz	Steuern im Verhältnis zum Betriebsgewinn eines Steuerjahrs
Investitionen in das Umlaufvermögen	Nettoinvestitionen, die das Umsatzwachstum stützen
Investitionen in das Anlagevermögen	Anlageinvestitionen, die den Abschreibungsaufwand übersteigen
Kapitalkosten	Gewogenes Mittel der Kosten für Fremd- und Eigenkapital (Berechnung mit Hilfe des WACC)

Abbildung 46: Werttreiber des Shareholder-Value-Ansatzes
(vgl. Rappaport 1999, S.68 ff.)

Die Werttreiber nach Rappaport sind über das sog. Shareholder-Value-Netzwerk verknüpft (vgl. Abbildung 47). Sie wirken als Einflussgrößen auf die Bewertungskomponenten Betrieblicher Cash Flow, Diskontierungszinssatz (WACC) und Fremdkapital.

Der Betriebliche Cash Flow[68] ergibt sich letztlich aus der Subtraktion der Auszahlungen von den Einzahlungen. Zu den Auszahlungen gehören die Unternehmenssteuern und die Zusatzinvestitionen in das Anlage- und Umlaufvermögen. Als Zusatzinvestiti-

---

[68] Der Begriff ist dem Free Cash Flow der Abb. 43 bzw. 44 gleichzusetzen.

onen in das Anlagevermögen werden nur die Investitionen, die über die Abschreibungen hinausgehen, angesehen. Zusatzinvestitionen in das Umlaufvermögen sind Debitoren, Vorräte und Rückstellungen, die das Umsatzwachstum unterstützen. Entsprechende Kreditoren werden als Einzahlungen hinzugerechnet. Die Cash-Flow-Prognose ist dabei für eine repräsentative Periode, in der Regel fünf Jahre, zu bestimmen.

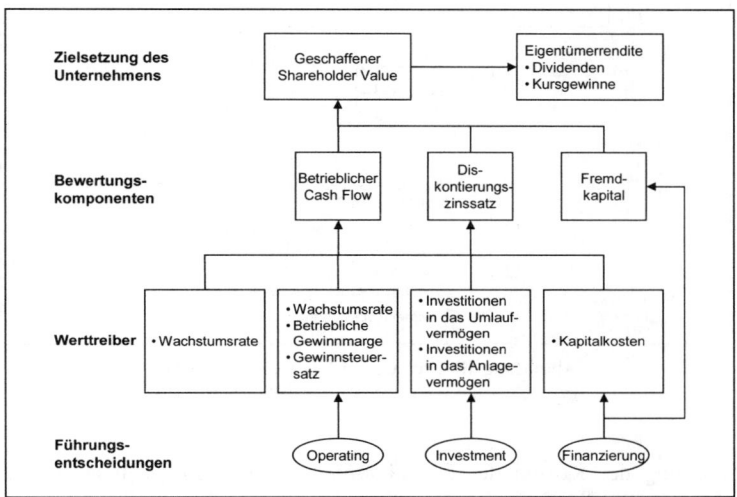

Abbildung 47: Shareholder-Value-Netzwerk (vgl. Rappaport 1999, S.68)

Die DCF-Variante von Copeland, Koller, Murrin (McKinsey & Company-Ansatz) setzt im Vergleich zu Rappaport an einigen unterschiedlichen Ansatzpunkten an. Die Bestimmung des Free Cash Flow erfolgt retrograd aus den Plan-Gewinn- und Verlustrechnungen (vgl. Copeland, Koller, Murrin 1994, 135 ff.).

Das Zusammenspiel der zur Ermittlung des Free Cash Flow herangezogenen Werttreiber ist anschaulich der Abbildung 48 zu entnehmen.

Diskontierungszinssatz: Der Diskontierungszinssatz wird aus dem gewichteten Durchschnitt der Fremd- und Eigenkapitalkosten abgeleitet. Die Gewichtung entspricht dabei den Anteilen der auf die jeweiligen Kapitalkosten entfallenden Werte am Bruttounternehmenswert. Die Festlegung der Zinssätze erfolgt in jeweils getrennten Betrachtungen der Fremd- und Eigenkapitalkosten.

Für die Bestimmung der Fremdkapitalkosten (k_{FK}) sind die aktuellen Zinssätze heranzuziehen. Die Kosten des „älteren" Fremdkapitals sind nicht relevant. Maßgebend ist nach Rappaport die langfristige Rendite, welche die Gläubiger vom kapitalaufnehmenden Unternehmen fordern („Yield to Maturity", vgl. Rappaport 1999, S.46). Die steuerliche Absetzbarkeit der Fremdkapitalkosten wird durch den Steuerfaktor ($1-s_u$) berücksichtigt.

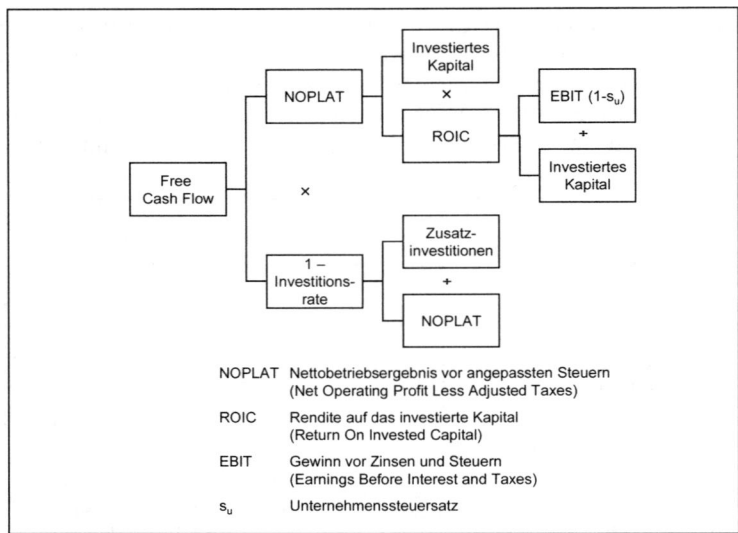

NOPLAT   Nettobetriebsergebnis vor angepassten Steuern
(Net Operating Profit Less Adjusted Taxes)

ROIC   Rendite auf das investierte Kapital
(Return On Invested Capital)

EBIT   Gewinn vor Zinsen und Steuern
(Earnings Before Interest and Taxes)

s_u Unternehmenssteuersatz

Abbildung 48: Free Cash Flow und Werttreiber
(vgl. Copeland, Koller, Murrin 1994, S.167 ff.)

Die Bestimmung der Kosten des Eigenkapitals (k_{EK}) ist insoweit komplexer, als im Gegensatz zum Fremdkapital zwar eine Erwartung, aber keine vertragliche Verpflichtung zur Zahlung eines bestimmten Betrags existiert. Vereinfacht ausgedrückt hat die Eigenkapitalrendite so hoch zu sein, dass Investoren veranlasst werden, dem Unternehmen Eigenkapital zur Verfügung zu stellen. In der Praxis werden die Kosten des Eigenkapitals meist mit Hilfe des Capital Asset Pricing Models (CAPM)[69], dessen Ansätze auf den portfoliotheoretischen Überlegungen von Markowitz beruhen, hergeleitet.

Der Eigenkapitalkostensatz setzt sich ähnlich zu der im Ertragswertverfahren verwendeten Methode aus dem Renditewert risikoloser Kapitalanlagen und einem Risikozuschlag zusammen. Während der Risikozuschlag des Ertragswertverfahrens vielfach aus einer weitgehend subjektiven Einschätzung entsteht, basiert die Risikoberücksichtigung des DCF-Verfahrens in der Regel auf einem Kapitalmarktmodell:

- Der Investor erwartet als Grenzwert eine Minimalrendite in Höhe risikoloser Anlagen. Obwohl es keine tatsächlich risikolose Anlage gibt, dienen in der Praxis die Renditen langfristiger Staatsanleihen als Ausgangswert.

- Zusätzlich fordert der Investor eine Prämie, die der Übernahme des Unternehmensrisikos entspricht. Diese Risikoprämie variiert mit dem Sensitivitätsmaß Beta (β). Beta

---

[69] Die theoretischen Hintergründe und die daraus folgende mathematische Herleitung des CAPM kann z.B. Copeland, Weston 1988, S.193 ff. entnommen werden. Eine übersichtliche zusammenfassende Darstellung des Themas ist bei Franke, Hax 1999, S.342 ff. zu finden.

misst die Veränderungen der Anlage im Vergleich zur Bewegung des Markts.[70] Die Berechnung von Beta beruht auf der Überlegung der Portfoliotheorie, wonach das unsystematische Risiko durch Diversifikation reduziert werden kann und somit nur der spezifische Risikobeitrag der neu betrachteten Anlage zu analysieren ist. Beta wird somit aus dem Quotienten der Kovarianz der Anlagenrendite zur Marktrendite und der Varianz der Marktrendite berechnet. Die Risikoprämie entspricht der mit dem entsprechenden Beta multiplizierten Differenz aus Marktrendite und risikolosem Zins. Die Eigenkapitalkosten ergeben sich aus der Addition des risikolosen Zinses und der Risikoprämie der Investition. Als Vergleichswert für die Marktrendite dient im Allgemeinen die langfristige Rendite eines repräsentativen Marktportfolios, die einem dem betroffenen Unternehmen weitgehend entsprechenden Branchenmix entnommen wird. Der Faktor Beta wird in der Praxis oft über das Marktmodell durch lineare Regression ermittelt. Dieses historische Beta folgt allerdings der gerade im Rahmen von M&A-Transaktionen zweifelhaften Annahme, dass eine Kontinuität der Unternehmenspolitik und der relevanten Umfeldfaktoren angesetzt wird. Alternative Verfahren versuchen daher, zukünftige Beta-Werte zu prognostizieren (vgl. IDW 1998, A Tz.192 und Becker 2000, S.59 ff. und S.115 ff.).

Formelmäßig ergibt sich folgende Errechnung des Eigenkapitalkostensatzes k_{EK}:

$$k_{EK} = i_o + \beta \times (r_m - i_o)$$

$$\beta = \frac{\sigma_{im}}{\sigma_m^2}$$

σ_{im} Kovarianz der Investitionsrendite zur Marktrendite

σ_m Varianz der Marktrendite

r_m Marktrendite.

Die Berechnungsformel für den Gesamtkapitalkostensatz WACC[71] lautet:

$$WACC = k_{FK} \times (1 - s_u) \times \frac{FK}{FK + EK} + k_{EK} \times \frac{EK}{FK + EK}$$

k_{FK} Fremdkapitalkostensatz

k_{EK} Eigenkapitalkostensatz

s_u Unternehmenssteuersatz

FK   Marktwert des Fremdkapitals (zinstragende Verbindlichkeiten)

EK   Marktwert des Eigenkapitals

Bei Copeland, Koller, Murrin wird der Kapitalisierungszinssatz ebenfalls als gewogener Mittelwert aus dem Marktwert des Fremd- und Eigenkapitals bestimmt. Für die Ermittlung der Eigenkapitalkosten kann auf das CAPM-Modell oder auf das Arbitrage Pricing Model (APM) zurückgegriffen werden. Diese Theorie geht nicht von einem effizienten Portfolio aus, sondern von einem durch Arbitragemöglichkeiten geschaffe-

---

[70] Ein Beta von 1 besagt, dass sich Aktien- und Marktrendite gleich verhalten. Unternehmen, die ein überdurchschnittliches Risiko tragen, haben ein $\beta > 1$, risikoarme Unternehmen haben ein $\beta < 1$.

[71] Im Fall der Ermittlung ewiger Renten ist die nachhaltige Wachstumsrate bei der Berechnung der Eigenkapitalkosten k_{EK} zu berücksichtigen.

nem Gleichgewicht. Hierzu werden zur Rendite einer risikolosen Anlage unterschiedliche Risikozuschläge addiert. Für jeden Risikozuschlag werden eigene Betas berechnet, welche die Volatilität der Anlage in Bezug zu einer Veränderung des unterlegten, makroökonomischen Faktors anzeigen (vgl. Copeland, Koller, Murrin 1994, S.257 ff.).

Residualwert: Der Residualwert oder Terminal Value ist der Wert eines Unternehmens nach der Prognoseperiode. Unter der Annahme, dass eine Rendite, die über dem WACC liegt, auf mittlere Sicht Konkurrenz anzieht, wird in der Bewertungspraxis häufig von einer langfristigen Rendite in Höhe des WACC ausgegangen. Diese Berechnung des Residualwerts anhand der ewigen Rente ist im Falle einer „Erntestrategie" (Rappaport 1999, S.49) weniger sinnvoll. In diesem Fall erwirtschaftet das Unternehmen sehr hohe Cash Flows, da Investitionen in das Anlage- und Umlaufvermögen minimiert werden. Diese Strategie steht einer langfristigen Geschäftsfortführung entgegen. Deshalb sollte im Falle einer „Erntestrategie" nach Rappaport der geschätzte Liquidationserlös als Residualwert eingesetzt werden.

In diesem Sinne kann die Ermittlung des Residualwerts auch durch einen sog. Long Explicit Forecast erfolgen. Dabei werden die Free Cash Flows so lange prognostiziert, bis die weit in der Zukunft liegenden Zahlungsströme keinen Einfluss auf den jetzigen Bruttounternehmenswert mehr haben (vgl. Copeland, Koller, Murrin 1994, S.286 ff.). Da eine detaillierte Vorhersage der einzelnen Cash Flows jedoch nur schwer möglich ist, wird in der Praxis meist auf die Berechnung anhand der ewigen Rente zurückgegriffen. Hierzu wird meist der erste Free Cash Flow nach der eigentlichen Prognoseperiode als „ewiger" Free Cash Flow angesehen.

Die Ermittlung des Nettounternehmenswerts (UW_N) nach der WACC-Methode erfolgt nach folgender Formel:[72]

$$UW_N = \left[\sum_{t=0}^{T} \frac{FCF_t}{(1+WACC)^t} + \underbrace{\frac{1}{WACC} \times \frac{FCF_T}{(1+WACC)^T}}_{} \right] - FK$$

$$\underbrace{\qquad\text{Summe der Barwerte}\qquad\quad\text{Residualwert}\qquad}$$
der Free Cash Flows (Terminal Value)

Bruttounternehmenswert

V.2.2.4.2 Adjusted-Present-Value-Ansatz

In den bisher vorgestellten Ansätzen wird von einer in sich konsistenten Prognose der relevanten Unternehmensdaten ausgegangen, bei welcher die aus der Ertragsplanung herzuleitenden Steuern nicht hinterfragt werden. Nach dem Adjusted-Present-Value (APV)-Ansatz wird die Bewertung in die aus den operativen Tätigkeiten resultierende Wertkomponente und den sich aus Finanzierungsaktivitäten ergebenden Wertanteil unterteilt (vgl. Krag, Kasperzak 2000, S.99 ff.).

---

[72] Die Berücksichtigung des Veräußerungserlöses des nicht betriebsnotwendigen Vermögens erfolgt analog zum Ertragswertverfahren.

Zunächst wird der Barwert der künftigen Free Cash Flows unter der Annahme der vollständigen Eigenfinanzierung ermittelt.[73] Die entsprechende Rechenformel für den Bruttounternehmenswert des eigenfinanzierten Unternehmens UW_{EF} lautet:

$$UW_{EF} = \sum_{t=0}^{T} \frac{FCF_t}{(1+k_{EF})^t} + \frac{1}{k_{EF}} \times \frac{FCF_T}{(1+k_{EF})^T}$$

In einem gesonderten Schritt werden die Wertbeiträge der Finanzierungsseite untersucht. Da Zinszahlungen die steuerliche Bemessungsgrundlage verringern, generiert die Fremdfinanzierung Wertbeiträge in Höhe des Barwerts der durch sie ausgelösten Steuervorteile (Tax Shield, TS):

$$TS = \sum_{t=1}^{T} k_{FK} \times s_u \frac{FK_{t-1}}{(1+k_{FK})^t} + s_u \times \frac{FK_T}{(1+k_{FK})^T}$$

Die Addition der beiden Bewertungskomponenten UW_{EF} und TS liefert den Bruttounternehmenswert. Der Marktwert des Eigenkapitals (UW_N) ergibt sich schließlich durch Abzug des Fremdkapitals zum Bewertungszeitpunkt vom Bruttounternehmenswert:

$UW_N = UW_{EF} + TS - FK$

Der APV-Ansatz ist transparent und weist deutlich auf die Quellen der Wertgenerierung hin. Für M&A-Transaktionen scheint dieser Ansatz auf Grund seiner genaueren Steuer- und Kapitalstrukturbetrachtung gut geeignet zu sein. Gleichwohl wird er in der Bewertungspraxis nur wenig angewandt.

Die einzelnen Bewertungsvarianten und ihre korrekte Verwendung werden insbesondere vor dem Hintergrund der gewählten Finanzierungsstrategie umfänglich in der Literatur diskutiert. Dabei werden zwei Extremstrategien unterschieden (vgl. Kohl, Schulte 2000, S.1147 ff.):

- Unternehmenswertabhängige, „atmende" Finanzierungsstrategie: Diese Strategie fixiert den Verschuldungsgrad. Der Verschuldungsgrad beschreibt das Verhältnis zwischen dem Marktwert des Fremdkapitals und dem Bruttounternehmensgesamtwert. Verändert sich der Bruttounternehmenswert, muss der Fremdkapitalbestand angepasst werden. Die Folge sind konstante WACC-Werte über alle Planungsperioden. In der Praxis ist jedoch festzustellen, dass Unternehmen bei sinkender Profitabilität eine proportional fallende Verschuldung nicht realisieren können (vgl. Drukarczyk 2001, S.215).

- Autonome Finanzierungsstrategie: Das Unternehmen legt den absoluten Fremdkapitalbestand fest. Entweder orientiert sich der Fremdkapitalbestand an bilanziellen Größen oder der Fremdkapitalbestand wird völlig autonom bestimmt. Existieren für die festgelegte Fremdfinanzierung gültige Tilgungspläne, so kann für jede Bewertungsperiode der Fremdfinanzierungsumfang berechnet werden.

---

[73] Dabei ist zu beachten, dass sich der Eigenkapitalkostensatz (k_{EF}) des (fiktiv) unverschuldeten Unternehmens von dem im WACC-Ansatz verwendeten Eigenkapitalkostensatz der Mischfinanzierung (k_{EK}) unterscheidet.

Im Falle einer unternehmenswertabhängigen Finanzierungspolitik wird in der Literatur meist die Verwendung des WACC-Ansatzes vorgeschlagen. Wählt das zu bewertende Unternehmen eine autonome Finanzierungsstrategie, bietet sich danach eher die Berechnung des Unternehmenswerts anhand des APV-Verfahrens an. In der Bewertungspraxis wird jedoch auch bei einer autonomen Finanzierungspolitik häufig mit dem WACC-Ansatz (unter Benutzung eines konstanten WACC-Werts) gerechnet und die dabei entstehende Ungenauigkeit in Kauf genommen.

VI Kommunikation

M&A-Transaktionen sind keine Alltagskost und schon deshalb Stoff für die Medien. Dies umso mehr, je spektakulärer sie hinsichtlich ihrer Größe und ihrer Umstände ausfallen. Aber nicht nur die Bedeutung der Medien macht die Kommunikation[74] zu einem wichtigen Erfolgskriterium für Unternehmenszusammenschlüsse. Kommunikation nach innen und außen begleitet jeden Teilschritt des Vorgangs und ist, richtig gestaltet, am gesamten Transaktionsprozess erfolgsrelevant beteiligt. Darüber hinaus ist zu beobachten, dass die breite Öffentlichkeit zunehmend M&A-Transaktionen auf ihre gesamtgesellschaftliche Sinnfälligkeit hinterfragt. Insofern ist die Darstellung der ökonomischen Rationalität keinesfalls ausreichend, um für einen als kritisch angesehenen Fusions- oder Akquisitionsvorgang Akzeptanz in der Öffentlichkeit zu erreichen. Unter Kommunikation ist dabei nicht nur die Pressearbeit des Managements oder die Gestaltung einer Werbekampagne zur Vorstellung des neuen Unternehmens zu verstehen. Vielmehr sind alle Erscheinungsformen des Informationsaustauschs im Rahmen der Vorbereitung, Verhandlungsführung, Entscheidungsfindung und Integration, die sich an die unterschiedlichsten Adressaten, wie Mitarbeiter der beteiligten Unternehmen, Kunden, Lieferanten, Regierungsvertreter oder externe Berater, richten, in die Kommunikationsstrategie einzubeziehen.

Eine getrennte Behandlung externer und interner Kommunikation bei M&A-Transaktionen ist in der Praxis wenig sinnvoll. Beide Komponenten überlappen sich stark. So müssen alle Informationen, die an interessierte externe Bezugsgruppen (Kunden, Lieferanten, Ämter etc.) vermittelt werden, auch intern verfügbar sein. Umgekehrt kann die gesamte interne Kommunikation, zumindest in Großunternehmen, getrost als öffentlich zugänglich angesehen werden.

Mitarbeiter reagieren unkalkulierbar, wenn sie mit extern zugänglichen Informationen über eine sie betreffende M&A-Transaktion konfrontiert werden, ohne selbst informiert worden zu sein. Dies gilt besonders für Mitarbeiter mit Kundenkontakt. Nach außen wirken „ahnungslose" Mitarbeiter unglaubwürdig, im Unternehmen selbst stellen sie häufig große Hindernisse für den Integrationsprozess dar. Das Dilemma ist nur begrenzt lösbar. Im Hinblick auf die Zeitpläne des Kommunikationsprozesses muss versucht werden, dass die interne Kommunikation stets einen kleinen zeitlichen Vorlauf vor der Herausgabe von Informationen an externe Bezugsgruppen erhält. Informationen, die Börsenrelevanz haben, sind umgehend und ohne internen Vorlauf zu veröffentlichen. Die mögliche negative Wirkung nach innen muss in diesem Fall hingenommen werden.

Bezeichnenderweise beeinflussen extern zugängliche Informationen Mitarbeiter in ihrer Wahrnehmung einer laufenden Transaktion stärker als interne Angaben. Dies haben empirische Untersuchungen gezeigt (vgl. Zimmermann 2000, S.446). Zeitungsartikel werden von den Mitarbeitern der beteiligten Unternehmen als objektiver und verbindlicher angesehen als ein Brief des Vorstands. Man glaubt, dass die öffentliche

---

[74] Kommunikation wird in Anlehnung an Maletzke als Bedeutungsvermittlung definiert (vgl. Maletzke 1963, S. 18). Weitere Erläuterungen sind der Spezialliteratur zu entnehmen (Merten 1977 und Wittwer 1995).

Ankündigung, es würde z.B. im Rahmen einer Fusion nicht zu einem Abbau von Arbeitsplätzen kommen, weniger leicht zurückgenommen werden kann, da dies immer auch einen Gesichtsverlust des Vorstands bedeutet. Eine interne Ankündigung hält man für weit weniger bindend und, etwa mit dem Hinweis auf neue Rahmenbedingungen, für jederzeit veränderbar. Zu Recht, wie zahlreiche nicht eingehaltene Zusagen belegen.

VI.1 Ziele und Risiken

Die Leitidee der Kommunikation im Rahmen von M&A-Transaktionen ist es, den Zweck der Unternehmensverbindung und seine Auswirkungen auf alle davon betroffenen Parteien zu dokumentieren und zu kommunizieren (vgl. Zimmermann 2000, S.419). Diese Leitidee kann in unterschiedliche Teilziele aufgelöst werden (vgl. Gerpott 1993, S.142 und Salecker 1995, S.10):

- Vermeidung oder zumindest Abbau von Unsicherheit, insbesondere bei Mitarbeitern und Kunden
- Vermeidung von unrealistisch hohen oder extrem negativen Erwartungen
- Bekämpfung des Aufkommens von Gerüchten
- Verbindung der beteiligten Unternehmen durch einen kulturellen Brückenschlag
- Gewinnung zusätzlicher Informationen zur verbesserten Prozessführung
- Positionierung und Imagebildung des neuen Unternehmens in seinem sozio-ökonomischen Umfeld durch Vermittlung neuer Visionen und Ziele.

Kommunikationsstrategien müssen sich jedoch auch mit dem Eintreten bestimmter Risiken auseinandersetzen:

- Aus der Transaktion resultierende Veränderungen können meist zum Zeitpunkt der Ankündigung des Vorhabens noch nicht im Detail spezifiziert werden. Gleichzeitig ist die Informationsnachfrage der Mitarbeiter zu diesem Zeitpunkt besonders hoch.
- Eine zu frühzeitige Kommunikation kann Leistungsträger veranlassen, das Unternehmen zu verlassen, bevor sie mögliche Vorteile für sich erkennen können.
- Die notwendige Abstimmung der Interessen kann bedeuten, dass Konzessionen auf Kosten bestimmter Stakeholder zu machen sind. Arbeitnehmerinteressen und Interessen der Arbeitgeber stimmen zu Beginn selten überein.[75]
- Eine frühzeitige Kommunikation schränkt den Handlungsspielraum des Managements ein und bringt eine geringere Flexibilität mit sich, da Veränderungen an bereits veröffentlichten Informationen einen Verlust an Glaubwürdigkeit zur Folge haben.

---

[75] Dies wurde besonders deutlich bei der Fusion der beiden schweizerischen Großbanken Schweizer Bankverein (SBV) und Schweizerische Bankgesellschaft (SBG) zur United Bank of Switzerland (UBS) in 1998. Auf einer gemeinsamen Pressekonferenz wurde verkündet, dass Arbeitsplätze im fünfstelligen Bereich Synergieeffekten zum Opfer fallen würden und man sich nicht mehr auf das Retail Banking konzentrieren werde. Die Folge war die Kündigung wichtiger Mitarbeiter und ein Wechsel ehemaliger SBV- und SBG-Kunden zu Wettbewerbern (vgl. Gross 1999, S. 321).

192

Unabhängig von diesen Risiken können die beschriebenen Ziele nur erreicht werden, wenn die Kommunikation die spezifischen Umstände der Transaktion berücksichtigt. Die Variablen, die bei der Gestaltung der Kommunikationsprozesse während eines M&A-Vorgangs zu berücksichtigen sind, werden in der folgenden Darstellung aufgeführt:

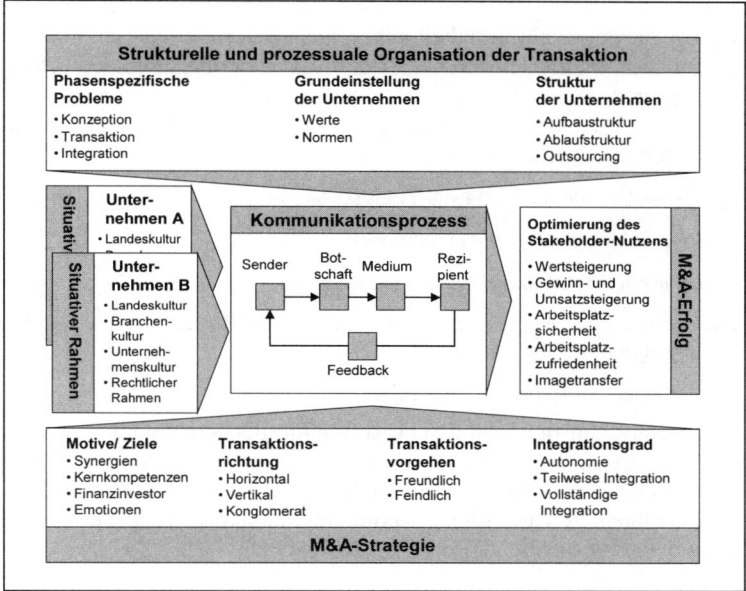

Abbildung 49: Determinanten der M&A-Kommunikation
(vgl. Salecker 1995, S.13)

Die Vielzahl der Variablen verdeutlicht, dass es nur schwerlich eine situationsübergreifende kommunikative Normstrategie geben kann. Die richtige Auswahl der Kommunikationsträger und die selektive Ansprache der Zielgruppen können jedoch als wichtige Voraussetzungen für den Erfolg der Kommunikationsmaßnahmen angesehen werden (vgl. Gerpott 1993, S.142 f.):

- Beteiligung des Topmanagements: Glaubwürdigkeit erfordert relevante First-Hand-Informationen. Deshalb ist eine aktive Beteiligung des Topmanagements an Pressekonferenzen, „Road Shows", Standortbesuchen und internen Informationsveranstaltungen wichtig.

- Einbindung des lokalen Managements: Auf Grund der zeitlichen Enge von M&A-Prozessen müssen gerade bei der Kommunikation mit Mitarbeitern, Kunden und Lieferanten die relevanten Kommunikationsträger des mittleren und unteren Managements eingebunden werden.

- Zielgruppenspezifische Information: Kommunikationsprogramme sind auf eine zielgruppenspezifische Information auszurichten. Die Zielgruppen können dabei nach der Ähnlichkeit der Auswirkungen der M&A-Transaktion definiert werden. Der Bedarf an zielgruppengerechter Information ist direkt proportional zum Ausmaß der durch die M&A-Transaktion bedingten Veränderungen.

Auch eine normative Festlegung der Kommunikationsinhalte ginge an der Praxis vorbei. Dennoch sollten Kommunikationsprogramme unabhängig von der stark situativen Ausprägung einigen übergreifenden Kriterien genügen. Die Information muss zwischen verschiedenen Quellen konsistent, im Zeitablauf gültig, verständlich aufgebaut, nachvollziehbar, wahrheitsgemäß und zukunftsbezogen sein. Besonders hervorzuheben ist der Aspekt der Wahrhaftigkeit. So zeigen Beispiele aus der Praxis, dass die Weitergabe sachlich richtiger, aber negativer Informationen geringere schädliche Effekte bei der Integration hat als das Verschweigen solcher Informationen. Für die Vorstellung einer M&A-Transaktion gegenüber einer breiten Öffentlichkeit sind zumindest die folgenden Informationen zu geben:

- Strategische Gründe für die M&A-Transaktion
- Besetzung von Topmanagementpositionen
- Arbeitsplatzsicherheit bzw. Personalabbau
- Charakteristika der beteiligten Unternehmen (Geschichte, Stärken und Schwächen, Produktprogramm, Kennzahlen)
- Veränderungen der Organisationsstruktur.

Durch die Schwierigkeit der richtigen Abstimmung der Kommunikationsmaßnahmen auf die jeweilige Phase der M&A-Transaktion lassen sich Fehler nicht immer ausschließen. Korrekturen und Anpassungen haben schnell und mit einem hohen Maß an Offenheit zu erfolgen. Als wichtigste Kommunikationsregel ist dabei die Kongruenz von Information und tatsächlichem Handeln zu beachten.

VI.2 Phasenmodell

Der Prozess der Erarbeitung und Umsetzung einer M&A-Kommunikationsstrategie kann in verschiedene Teilschritte zerlegt werden. Ausgehend von einer Analyse der Situation, in der die relevanten Zielgruppen und deren Probleme in den Phasen des M&A-Prozesses ermittelt werden, wird die Strategie durch Festlegung der Kommunikationsziele, -felder und -programme bestimmt. Anschließend erfolgt die Umsetzung einschließlich ihrer Kontrolle.

VI.2.1 Situationsanalyse

Ein sachlich überzeugendes M&A-Vorhaben ist zweifellos leichter zu kommunizieren als ein irrationales. In jedem Fall werden M&A-Transaktionen ab einer bestimmten Dimension von der Öffentlichkeit mit großer Aufmerksamkeit verfolgt. Besonders deutlich wird dies bei Feindlichen Übernahmen wie derjenigen von Mannesmann durch Vodafone. Unterschiedlichste Personen und Gruppen äußern, gefragt oder ungefragt, ihre Meinung zu den Auswirkungen der beabsichtigten Übernahme. Die Wertungen reichen dann stets von einer uneingeschränkten Zustimmung bis zu einer kompromisslosen Ablehnung. In jedem Fall reagieren unmittelbar oder mittelbar betroffene Interessengruppen auf Ankündigungen von Unternehmenszusammenschlüssen. Darauf gilt es, vorbereitet zu sein.

VI.2.1.1 Stakeholder-Analyse

In der Stakeholder-Analyse ist zu klären: Wer hat vor welchem Hintergrund welches Interesse an der M&A-Transaktion? Stakeholder eines Unternehmens sind Personen und Gruppen, die ein Interesse an dem betroffenen Unternehmen haben, da sie entweder selbst aktiv Einfluss auf dieses nehmen oder von den Aktivitäten des Unternehmens beeinflusst werden (vgl. Trzicky 2000, S.43). Diese Gruppen bilden den Kommunikationsraum für die M&A-Transaktion. Zu den im Rahmen einer M&A-Transaktion relevanten Stakeholdern gehören:

Engere Öffentlichkeit	Eigentümer, Aufsichtsrat, Unternehmensleitung, Mitarbeiter, Betriebsrat, Pensionäre
Finanzwelt	Investoren, Banken, sonstige Gläubiger, Finanzanalysten
Ökonomisches Umfeld	Lieferanten, Kunden, Wettbewerber, potenzielle Geschäftspartner
Politik und Verwaltung	Regierungen (kommunal, regional, national, international), politische Parteien, öffentliche und öffentlich-rechtliche Institutionen (IHK)
Meinungsbildner	Wirtschaftspresse, sonstige Medien, Gewerkschaften, Berufs- und Unternehmerverbände, Forschungs- und Bildungseinrichtungen, weltanschauliche Gemeinschaften
Sonstige Gruppen	Anwohner, Bürgerinitiativen

Tabelle 10: Stakeholder im Rahmen einer M&A-Transaktion
(vgl. Schüller 1991, S.177)

Die Bestimmung der betroffenen Gruppen erfolgt in der Praxis im Einzelfall überwiegend durch vergangenheitsbezogene Verfahren. Diese basieren auf der Analyse bestehender Beziehungen der beteiligten Unternehmen zu den jeweiligen Gruppen. Darüber hinaus wird durch die Heranziehung und Analyse ähnlicher M&A-Transaktionen versucht, relevante Stakeholder zu ermitteln. Hinzu kommt die Befragung von Experten. Die Fülle unterschiedlicher Ansätze wird bei Schüller (1991) umfassend beschrieben.

Die Bedeutung der jeweiligen Gruppe orientiert sich an ihren Ansprüchen und Leistungen. Hieraus kann abgeleitet werden, welche Auswirkungen die Transaktion auf die jeweilige Gruppe haben wird. Beispielhaft kann die Stakeholdergruppe der Fremdkapitalgeber betrachtet werden. Diese erwartet vom Unternehmen vereinbarungsgemäße Zinszahlungen und Tilgungsleistungen. Die Interessenlage aller Gläubiger ist, dass die Transaktion den Status der beteiligten Unternehmen hinsichtlich ihrer Bonität nicht verschlechtert.

Nachdem die Ziele der einzelnen Stakeholder-Gruppen analysiert worden sind, sind deren Machtbasen zu untersuchen. Diese entscheiden mit darüber, ob eine Stakeholder-Gruppe ihre Ziele realisieren kann oder nicht. Abstrakt lassen sich vier Machtbasen unterscheiden:

- Bindungsmacht: Gesetzlich oder vertraglich bestimmter Einfluss einer Stakeholder-Gruppe, der die Aktionen des Unternehmens an die Entscheidung dieser Gruppe bindet. Beispiele sind Unternehmensentscheidungen, welche die Zustimmung des Aufsichtsrates erfordern, oder Genehmigungsverfahren, die der Zustimmung einer öffentlich-rechtlichen Institution bedürfen.

- Retaliationsmacht: Fähigkeit einer Stakeholder-Gruppe, das Unternehmen für die Missachtung oder den ungenügenden Vollzug der eigenen Forderungen zu sanktionieren, z.B. durch Arbeitsniederlegungen oder Boykotts.

- Substitutionsmacht: Stakeholder haben die Möglichkeit, Leistungen des Unternehmens durch die Aufnahme gleichartiger Beziehungen zu Dritten zu substituieren, wobei der Schaden für das Unternehmen größer ist als der des Stakeholders. Eine solche Möglichkeit besteht z.B. für Abnehmer von Commodities.

- Koalitionsmacht: Eine Stakeholder-Gruppe hat die Möglichkeit, eine Koalition mit einer anderen Gruppe einzugehen. Zusammen verfügen die Gruppen über die nötige Machtbasis, ihre Ziele durchzusetzen.

Schwieriger ist es, die möglichen Verhaltensweisen der Stakeholder für den Fall einer konkreten M&A-Transaktion zu antizipieren. Den Stakeholder-Gruppen stehen mehrere Alternativen zur Erreichung ihrer Ziele zur Verfügung (vgl. Dyllick 1990, S.56 ff.):

- Mobilisierung öffentlichen Drucks: Die Aktivierung der öffentlichen Meinung gegen eine als unbefriedigend empfundene Situation ist eine sehr wirkungsvolle Strategie, da sie in zweifacher Hinsicht wirkt. Zum einen entfaltet der Druck durch die öffentliche Meinung direkt eine Wirkung auf die relevanten Entscheidungsträger in den beteiligten Unternehmen, zum anderen wirkt die öffentliche Meinung ebenfalls auf die anderen Stakeholder. Meist wird zur Mobilisierung der öffentlichen Meinung auf eine breite Medienpräsenz zurückgegriffen, über die sachliche Argumente, aber auch emotionale Appelle verbreitet werden.

- Mobilisierung von politischem Druck: In Verbindung mit öffentlichem Druck wird die Politik gezwungen, Stellung zu beziehen und zu prüfen, ob eine Einflussnahme erfolgen soll oder sogar eine hoheitliche Regelung notwendig ist. Somit stellt politischer Druck die Eskalation des öffentlichen Drucks dar.

- Mobilisierung der Marktkräfte: Ziel ist die Schwächung der Wettbewerbsfähigkeit des Unternehmens durch das Zusammenwirken von öffentlichem Druck und Substitutionsmacht. In der Praxis wird der Öffentlichkeit ein Boykott des Unternehmens nahegelegt. Gleichzeitig wird sie über die Substitutionsmöglichkeiten informiert.

- Gesellschafteraktivierung: Stakeholder nutzen die ihnen zugänglichen Gesellschafterrechte, um Beschlüsse zu verhindern oder eigene Anträge einzubringen. Oft wird auch die Hauptversammlung in Verbindung mit einer Stimmrechtsagglomeration als Plattform für die eigenen Zielsetzungen genutzt.

- Direkte Verhandlungen: Die direkte argumentative Auseinandersetzung zwischen Unternehmen und Stakeholdern zielt auf die Erreichung eines Konsenses ab. Voraussetzung dafür ist die gegenseitige Akzeptanz der Verhandlungspartner.

Die Bedeutung einer Gruppe wird festgestellt durch die Gegenüberstellung der Abhängigkeit der beteiligten Unternehmen von den Aktivitäten der jeweiligen Stakeholder einerseits und der Auswirkungen im Fall der Erfüllung ihrer Forderungen, die sie gemäß ihrer Ziele, Machtbasis und Strategie umsetzen können, andererseits. Daraus kann das zu erwartende Commitment der Stakeholder-Gruppe im Zusammenhang mit der M&A-Transaktion abgelesen werden (vgl. Beckhard, Harris 1991, S.93). Folgende Verhaltensweisen sind dabei vorstellbar:

- Widerstand gegen die M&A-Transaktion
- Verzicht auf Widerstand (Indifferenz)
- Unterstützung der M&A-Transaktion
- Forcierung der M&A-Transaktion.

Für die an einer Transaktion beteiligten Unternehmen reicht es aus, wenn Gruppen mit geringer Relevanz keinen Widerspruch äußern. Gruppen mit hoher Relevanz sollten hingegen den Unternehmenszusammenschluss zumindest unterstützen oder sogar forcieren. Ist offener Widerstand solcher Gruppen gegen die Transaktion zu erwarten, so kann ihr Verhalten im Extremfall zu einem ernsten Hindernis für das Gelingen des Vorhabens werden. Reaktionen dieser Art sind in Form von Protestkundgebungen und Arbeitsniederlegungen von Mitarbeitern vorstellbar, insbesondere bei feindlichen Übernahmeversuchen. Aber auch erfolgskritische Lieferanten und Kunden können in der Transaktion eine für sie derart geschäftsschädigende Wirkung sehen, dass Boykottmaßnahmen und langwierige rechtliche Auseinandersetzungen nicht auszuschließen sind. Schließlich kann die Interpretation eines Zusammenschlusses durch die Kartellbehörden so hohe Hürden und Auflagen mit sich bringen, dass ein Durchsetzen der Transaktion zu einem nicht mehr zu verantwortendem Risiko wird.

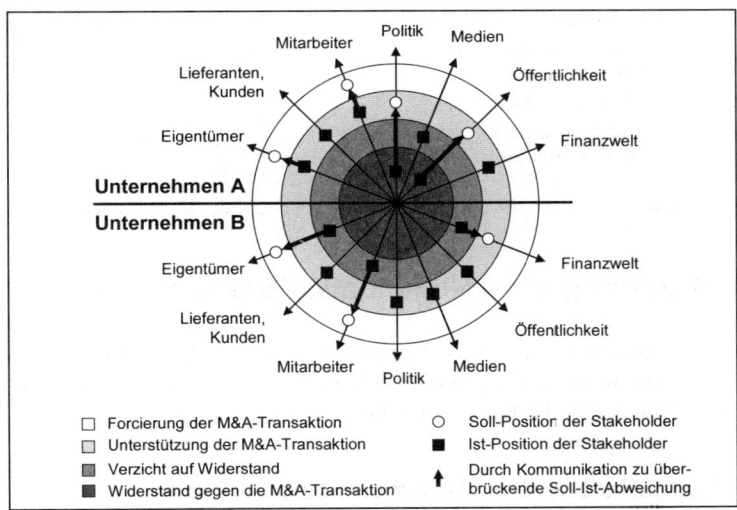

Abbildung 50: Kommunikationsauftrag einer M&A-Transaktion
(vgl. Müller-Stewens, Salecker 1991, S.108)

In vielen Praxisfällen führt die Analyse zu der Erkenntnis, dass von den Stakeholdern zwar keineswegs das erforderliche Commitment zu erwarten ist, aber doch genügend Raum bleibt, mit überzeugenden Argumenten eine positive Gemengelage für die Transaktion zu erarbeiten. Ziel der prozessbegleitenden Kommunikationsstrategie ist es dann, die Ist-Position der einzelnen Stakeholder in die Soll-Position zu überführen.

VI.2.1.2 Antizipation phasenspezifischer Probleme

Die Dynamik einer M&A-Transaktion hat zur Folge, dass die Kommunikationsstrategie mögliche Veränderungen im Prozessverlauf einbeziehen muss. Für die einzelnen Prozessphasen sind jeweils typische Irritationen charakteristisch. Dabei entsprechen die Teilprozesse der folgenden Tabelle den Ablaufphasen, die im Einzelnen in Kap. VII behandelt werden:

Strategie	Konzeption	Transaktion	Integration	Erfolgskontrolle
Mangelnde Koordination	Mangelnde Koordination	Mangelnde Koordination	Mangelnde Koordination	Mangelnde Koordination
Kein schlüssiges Gesamtkonzept	Entstehung von Gerüchten	Mangelnde Konvergenz der Verhandlungsführung	Unklares Konzept gegen den „Merger Shock"	Schlechter Abgleich der Berichts- und Kontrollsysteme
	Kritische Reaktion der Medien	Ungesicherte Zustimmung der Gremien	Geringe Unterstützung des Kompetenztransfers	Divergenz zwischen Versprechen und Wirklichkeit
	Unterschiedliche Positionierung aus Käufer- und Verkäufersicht	Widerstand von Stakeholdern	Schwache Akkulturation („Wir-Sie"-Mentalitäten)	Mangelnde Übereinstimmung zwischen interner und externer Positionierung
	Unvollständige Informationserhebung		Unklare Positionierung des neuen Unternehmens im sozioökonomischen Umfeld	
	Mangelnde Geheimhaltung vertraulicher Daten			
	Unsichere Stakeholder-Analyse			

Tabelle 11: Mögliche phasenspezifische Probleme der Kommunikation

VI.2.2 Entwicklung einer Kommunikationsstrategie

Mit der Situationsanalyse, der Einschätzung des Stakeholder-Verhaltens und der Erfassung der Problempotenziale einer konkreten M&A-Transaktion sind die Grundlagen für die Formulierung der Kommunikationsstrategie gegeben.

VI.2.2.1 Formulierung von Kommunikationszielen

Die Strategie der Kommunikation mit den Stakeholder-Gruppen im Rahmen einer M&A-Transaktion orientiert sich an den folgenden Zielen:

- Koordination: Hierbei handelt es sich um die aktive Koordination der Verhaltensweisen von unternehmensinternen und -externen Beteiligten, die nur bedingt durch eine
formale Organisation reglementiert werden können.

- Information: Eine M&A-Transaktion ruft durch das aus ihr resultierende Ausmaß an
Veränderung regelmäßig Unsicherheit und, in der Folge, Gerüchte hervor. Durch gezielte Information sind relevante Gruppen und Personen laufend über Maßnahmen und
Veränderungen zu informieren, um größtmögliche Glaubwürdigkeit und Vertrauens-
würdigkeit zu schaffen.

- Übersetzung: Die beteiligten Unternehmen kommunizieren auf Grund unterschiedlicher Länder-, Branchen- und Unternehmenskulturen in verschiedenen „Unterneh-
menssprachen". Die M&A-Kommunikation hat die Aufgabe, Inhalte so zu formulieren, dass sie von den Empfängern vor deren kulturspezifischem Hintergrund verstanden werden.

- Motivation: Strategisch sinnvolle M&A-Transaktionen bringen nicht notwendigerweise für alle Stakeholder Vorteile. Den bevorteilten Stakeholdern ist ihre Begünstigung
eindeutig zu vermitteln, um sie als Verstärker der Transaktion zu nutzen. Den benachteiligten Stakeholdern ist insbesondere emotional in geschickter Weise zu begegnen,
um Schadensbegrenzung zu erreichen.

- Sinnvermittlung: Das „neue" Unternehmen muss vor dem Hintergrund seiner Werte
und Normen die neue Unternehmensvision kommunizieren. Den Leistungsträgern im
Unternehmen und den übrigen Stakeholdern ist damit eine zukunftsfähige Orientierung aufzuzeigen.

VI.2.2.2 Abgrenzung strategischer Kommunikationsfelder

Die Aufteilung des Kommunikationsraums in strategische Kommunikationsfelder hat
zum Ziel, die komplexe Kommunikationsaufgabe in strukturierte, übersichtliche Teil-
aufgaben zu unterteilen, welche es erlauben, die zuvor ermittelte Differenz zwischen
Ist- und Soll-Position der einzelnen Stakeholder-Gruppen zu überwinden. Die strategischen Kommunikationsfelder werden anhand der folgenden Kriterien eingeteilt:

- Stakeholdergruppe

- Phase der Transaktion

- Kommunikationsziel.

Für die einzelnen Kommunikationsfelder werden spezifische Kommunikationsprogramme erarbeitet, welche die jeweiligen Besonderheiten und Anforderungen berücksichtigen. Salecker (1995, S.180 f.) schlägt folgende Heuristik vor, die für jedes einzelne Kommunikationsfeld zu durchlaufen ist:

- Leitidee: Ausgehend von einem abstrakten Oberziel ist das konkrete Ziel in einer Leitidee bzw. einer Stoßrichtung zu formulieren.

- Breite der Leistungsstruktur: Festlegung der Kommunikationsmaßnahmen nach Art
und Umfang.

- Tiefe der Leistungsstruktur: Festlegung der Kommunikationsträger nach Anzahl, Herkunft und Verantwortlichkeiten.

- Maßnahmen: Bestimmung der operativen Maßnahmen zur Umsetzung der Kommunikationsstrategie.

Mitarbeiter Führungs-kräfte[76]	Investoren Fremdkapital-geber	Behörden Verbände	Kunden Lieferanten	Medien Öffentlichkeit
Persönliche Gespräche	Analysten-konferenzen	Gesprächsrunden mit relevanten Politikern	Persönliche Gespräche	Redaktionell aufbereitete Informationen
Gruppen-gespräche	Road Shows	Behörden-empfang	Informations-broschüren	Hintergrund-gespräche
Mitarbeiter-versammlung	Geschäftsberichte Zwischenberichte	Prüfungsberichte	Messestände	Presse-konferenzen
Führungstagung	Fachvorträge	Briefing wichtiger Verbände		Interviews
Wirtschafts-ausschuss	Finanzanzeigen Prüfungsberichte			Informations-telefon
Telefon-Hotlines	Gutachten			Diskussions-veranstaltungen
Newsletter	Informations-memorandum			Betriebs-besichtigungen
Videos				Werbung
Websites				Transaktions-bezogenes
Zeitschriften				Kultur- und
Rundschreiben				Sportsponsoring
Schwarzes Brett				
Flugblätter				

Tabelle 12: Mögliche Kommunikationsmedien bei M&A-Transaktionen
(vgl. Salecker 1995, S.194)

Die Festlegung der *Kommunikationsmaßnahmen* umfasst die Auswahl der geeigneten Medien und die Bestimmung des Kommunikationsinhalts. Grundsätzlich kann bei den Kommunikationsmitteln zwischen interaktiven und nicht interaktiven Medien unterschieden werden. Interaktive Medien erlauben die aktive Auseinandersetzung zwischen den Kommunikatoren, also den Sendern und den Empfängern, über den Inhalt. In der Praxis handelt es sich dabei zumeist um direkte persönliche Kommunikation. Nicht interaktive Medien sind nur in eine Richtung orientiert und erlauben durch ihre Art der schriftlichen oder audiovisuellen Übertragung keine direkte Rückkopplung der Kommunikatoren. Da bei M&A-Transaktionen die entstehenden Veränderungen für die Betroffenen eine hohe sozial-emotionale Bedeutung haben, ist der Einsatz von interaktiven Medien von besonderer Wichtigkeit (vgl. Wittwer 1995, 249). Dabei muss der Dialog nicht zwangsläufig aus einer direkten Kommunikation entstehen, da die Möglichkeit des Austausches mit steigender Teilnehmerzahl sinkt. Gleichwohl sind Großveranstaltungen, an denen das Topmanagement selbst über die Fusion oder Akquisition informiert, unverzichtbar. Interaktive und nicht interaktive Medien stehen in großer Zahl zur Verfügung, wie Tabelle 12 zeigt.

---

[76] Einschließlich deren Vertretungsorgane

200

Bei der Bestimmung des *Kommunikationsinhalts* wird auf die bereits beschriebenen phasenspezifischen Probleme Bezug genommen. Hierbei ist zu beachten, dass der nachgefragte Inhalt je nach Hierarchieebene der Rezipienten variiert. Während die Führungskräfte vor allem über die Gründe der Transaktion und die ihr zugrundeliegenden Vereinbarungen informiert werden wollen, haben Mitarbeiter ohne Führungsverantwortung eher Interesse an Fragen der Arbeitsplatzsicherheit und den möglichen Veränderungen in der Lohn- und Gehaltsstruktur. Die folgende Tabelle gibt einen Überblick über mögliche Stakeholder-spezifische Kommunikationsinhalte:

Mitarbeiter Führungs- kräfte	Investoren Fremdkapital- geber	Behörden Verbände	Kunden Lieferanten	Medien Öffentlichkeit
Vision, Strategie	Vision, Strategie	Erhaltung der Standorte	Geplantes Sortiment	Vision, Strategie
Besetzung der Unternehmens- leitung	Zukunftsprognose der Ertrags- und Finanzkennzahlen	Entwicklung der Marktanteile, Umsätze und Mit- arbeiterzahlen	Zukünftiges Abnahmevolumen	Besetzung der Unternehmens- leitung
Zukunft der Standorte	Konsolidierte Bilanz	Ökologische Aus- wirkungen	Veränderte Liefer- bedingungen und Konditionen	Darlegung der Hintergründe
Arbeitsplatz- sicherheit, Auf- stieg, Karriere	Besetzung der Unternehmens- leitung		Organisatorische Änderungen	Informationen über laufende Er- eignisse
Arbeitszeiten und -inhalte	Angestrebte Wett- bewerbsvorteile		Neue Produkt- namen	
Veränderungen der Lohn- und Gehaltssysteme	Synergiepotenziale Integrations- konzept		Veränderte Zuständigkeiten und ggf. neue An- sprechpartner	
Veränderungen der Sozialleistungen				

Tabelle 13: Kommunikationsinhalte nach Stakeholdern
(vgl. Salecker 1995, S.191)

Eine besondere Rolle als *Kommunikationsträger* kommt bei M&A-Transaktionen dem Topmanagement und hier insbesondere dem Vorsitzenden des Vorstandes bzw. der Geschäftsführung zu. Bei bedeutenden Transaktionen ist der Unternehmenschef Sprecher und Koordinator der Kommunikation nach innen und außen. In den entscheidenden Phasen einer Transaktion kann er sich nicht von seiner Presse- bzw. Kommunikationsabteilung vertreten lassen.

Als hilfreich erweist sich der Einsatz eines projektbezogenen „Merger Manager" (vgl. Kap. III.2.5) auch für Fragen der Kommunikation. Unabhängig von der dominanten Position des Unternehmenschefs als Kommunikationsträger kann ein solcher zentraler Ansprechpartner dafür sorgen, dass inkonsistente Aussagen verschiedener Personen vermieden werden. Dies trägt ganz erheblich zur zielkongruenten Orientierung der betroffenen Stakeholder bei. Die direkten Vorgesetzten der Mitarbeiter sind ebenfalls wichtige Kommunikatoren, welche die Informationen des Topmanagements in direkten Gesprächen, entsprechend aufbereitet, weitergeben. Daneben existiert ein weites Spektrum an Möglichkeiten, Kommunikatoren einzusetzen: Dieses reicht von unternehmensinternen Mitarbeitern bis zu Prominenten aus Sport und Showbusiness. Die

Auswahl der geeigneten Kommunikatoren hat sich an den Gegebenheiten der jeweiligen Kommunikationsfelder zu orientieren und kann nicht normativ vorgegeben werden.

VI.2.3 Umsetzung

Die Umsetzung einer Kommunikationsstrategie im Rahmen eines Unternehmenszusammenschlusses ist nicht selten geprägt von Spontaneität, Hektik und Emotionen. Umso wichtiger ist die Beachtung bestimmter Leitlinien durch die Kommunikationsträger, um die Zielsetzung des M&A-Projekts zu fördern und nicht zu gefährden:

- Partizipation: Die relevanten Stakeholder sind in die sie betreffenden Entscheidungen einzubinden. Die Stakeholder bestehen aus Gruppen und Personen, die wiederum vielfältig vernetzt sind. Zu einem bestimmten Zeitpunkt entsteht nun das Problem, dass festgelegt werden muss, wer an der konkreten Entscheidung mitwirkt. Die Literatur schlägt hier den sog. „fingierten Dialog" vor, bei dem der Dialog stellvertretend für alle Betroffenen von einer begrenzten Zahl von Teilnehmern geführt wird.

- Argumentation: Die Kommunikation ist so zu gestalten, dass die Diskussion den wechselseitigen Austausch von Argumenten ermöglicht. Kommunikation als Diktat an die Stakeholder kann eine Transaktion gefährden.

- Metakommunikation: Die Kommunikation über die Kommunikation fungiert als eine Art Frühwarnsystem, um die zielkongruente Implementierung der Strategie proaktiv zu sichern.

- Selbstorganisation: Die Umsetzung der Kommunikationsstrategie hat den beteiligten Mitarbeitern einen gewissen Handlungsspielraum zu gewähren. Die daraus resultierende Flexibilität ermöglicht eine kurze Reaktionszeit bei unvorhergesehenen Problemen.

Letztlich unterscheidet sich die Umsetzung einer M&A-Kommunikationsstrategie nicht wesentlich von der Implementierung von Kommunikationsstrategien außerhalb von M&A-Fällen, wie sie in der umfänglichen Spezialliteratur (vgl. Bruhn 1995) beschrieben sind. Im Gegensatz zu den dort meist unbedeutenden Konsequenzen aus Umsetzungsmängeln führen entsprechende Fehler oder Unachtsamkeiten im Umfeld von M&A-Aktivitäten nicht selten zu irreparablen Schäden. Umso mehr ist hier auf die Notwendigkeit einer sorgsamen und frühzeitigen Planung der einzelnen Schritte hinzuweisen.

VI.3 Fallbeispiel Kommunikation

Kommunikation im Falle der Fusion der Bayerischen Vereinsbank und der Bayerischen Hypotheken- und Wechsel-Bank

Ausgangslage und Strategie

Eine Vielzahl der Dienstleistungen von Banken und Versicherungen ist austauschbar. Der Commodity-Charakter der Produkte lässt vertretbare Renditen aus dem laufenden Geschäft nur durch Wachstum in Verbindung mit straffem Kostenmanagement entstehen.

Regulative Wettbewerbshindernisse hatten die deutschen Finanzdienstleister lange Zeit mit einem Schutzwall umgeben. Entsprechend hart traf die Liberalisierung den fragmentierten deutschen Markt. Wer aus den Zeiten der geschlossenen Gesellschaft Substanz angesammelt hatte, konnte durch Akquisitionen expandieren und gleichzeitig Know-how einkaufen. Weniger substanzstarke Marktteilnehmer verloren ihre Selbständigkeit. Diejenigen, die rechtzeitig die Herausforderung erkannten, schlossen sich zusammen. Dazu gehörten die Bayerische Hypotheken- und Wechsel-Bank (Hypo-Bank) und die Bayerische Vereinsbank (Vereinsbank).

Bei der Fusion der beiden bayerischen Nachbarbanken ging es weniger um die Ausweitung der Produktpalette. Der Merger zielte vor allem auf hohe Kostensynergien und die Verminderung des lokalen Wettbewerbs. Die Konzentration auf Retailbanking in ausgewählten Regionen mit dem Produktschwerpunkt auf Immobilienfinanzierung entsprach folgerichtig dem Ausbau der Kernkompetenz beider Häuser.

Um durchschlagende Skaleneffekte zu erreichen, ist eine möglichst vollständige Integration angezeigt (vgl. Kap. VIII.5.1.1). Dies erfordert wiederum eine Führungsstruktur, die schnelle und tiefgreifende Entscheidungen in Sach- und Personalfragen ermöglicht, um zwangsläufig entstehende Instabilitäten der Organisation ohne Verzögerung zu überwinden. Der Entschluss beider Institute, den Weg der Fusion zu beschreiten, trug diesen Zusammenhängen Rechnung: Die „Bank der Regionen" sollte nach einer frühen Einigung beider Vorstände alle Einheiten konsequent verschmelzen, Synergien von jährlich mindestens 500 Millionen € ermöglichen, eine Eigenkapitalrendite von 15 % erzielen und mit dem Start der neuen Bank ein einheitliches IT-System einsetzen (vgl. Penzel, Ratzke 2000, S.23). Der Wille zum Change-Management wurde führungsseitig untermauert: Der Vorstand sollte von 21 auf 14 Mitglieder verringert werden und nur einen „Sprecher" haben. Der Gefahr des „Merger of Equals", jede Entscheidung zu einem langwierigen Prestigethema werden zu lassen, wurde nicht zuletzt durch die Wahl der Fusionsform begegnet: Die Vereinsbank als übernehmendes Institut konnte im Zweifelsfall den Takt bestimmen. Die mehr als einjährige Wegstrecke von der Fusionsankündigung bis zur realen Bayerischen Hypo- und Vereinsbank (HypoVereinsbank) konnte auf diese Weise effektiv genutzt werden, um einen reibungslosen Start des fusionierten Unternehmens zum 01.09.1998 zu gewährleisten.

Chronologie der Transaktion

Termin	Vorgang
21.07.1997	Die Vorstände der Hypo-Bank und der Vereinsbank geben die Absicht bekannt, die Institute in einem „Merger of Equals" zu verschmelzen.
04.11.1997	Die Struktur der neuen Bank einschließlich der Zuständigkeit der 14 (von ehemals 21) Vorstände wird bekanntgegeben (vgl. Penzel, Ratzke 2000, S.23). A. Schmidt, Vorstandssprecher der Vereinsbank, wird Sprecher des Vorstands; E. Martini, Vorstandssprecher der Hypo-Bank, wird Mitglied des Aufsichtsrats.
11.03.1998	Im Vorlauf zur Verschmelzung der Hypo-Bank auf die Vereinsbank (Verschmelzung durch Aufnahme, vgl. Kap. I.1.2.1) waren den Aktionären der Hypo-Bank Aktien der Allianz aus dem Vereinsbank-Portfolio im Verhältnis 1 : 6 zum Tausch angeboten worden. Die außenstehenden Aktionäre der Hypo-Bank (außer der Vereinsbank) erhalten aus einer Kapitalerhöhung der Vereinsbank entstehende Aktien der HypoVereinsbank im Verhältnis 4 : 3 zuzüglich einer geringen baren Zuzahlung. An der Ermittlung der Wertverhältnisse sind die WP-Gesellschaften Wedit (Wollert-Elmensdorff) und KPMG beteiligt.
18.03.1998	C&L Deutsche Revision bestätigt als Prüfer die Angemessenheit des Umtauschverhältnisses und der Höhe der baren Zuzahlung.
19.05.1998	Die Hauptversammlung der Hypo-Bank billigt die Verschmelzung.
26.05.1998	Die Aktionäre der Vereinsbank stimmen dem Merger zu.
01.09.1998	Die HypoVereinsbank nimmt 13 Monate nach Ankündigung des Mergers ihre Arbeit auf.
09.09.1998	Die Revision der HypoVereinsbank „entdeckt" einen zusätzlichen hohen Wertberichtigungsbedarf zur Abdeckung von Risiken aus Joint Ventures und Developer-Finanzierungen der ehemaligen Hypo-Bank, der wenig später auf ca. 1.8 Milliarden € beziffert wird (vgl. o.V. 1999).
22.10.1999	Die Wirtschaftsprüfungsgesellschaft BDO Deutsche Warentreuhand bestätigt in einem Gutachten, dass der Jahresabschluss 1997 der ehemaligen Hypo-Bank nichtig sei, die Wertberichtigung der HypoVereinsbank im Jahresabschluss 1998 von ca. 1.8 Milliarden € dem tatsächlichen Risiko entsprochen habe und das Umtauschverhältnis für die Verschmelzung der Hypo-Bank auf die Vereinsbank von den nachträglich festgestellten Immobilienrisiken nicht betroffen sei, da Risiken in dieser Größenordnung durch „Potenziale in der Planrechnung" der Hypo-Bank berücksichtigt seien (vgl. Elsner 1999).
	Im Anschluss an die Veröffentlichung der Ergebnisse des Sonderprüfungsberichts scheiden die verbliebenen ehemaligen Hypo-Bank-Vorstände P. Hoch, M. Kölsch, M. Schütte und J. Wertschulte aus dem Vorstand aus. E. Martini legt sein Aufsichtsratsmandat nieder.

Die neue HypoVereinsbank wurde mit einem Werbefeuerwerk ohnegleichen in das Rennen um die Gunst der Öffentlichkeit geschickt. Nur zwei Monate später ging eine regelrechte „Bombe" hoch, die einen „Krater" von mehr als einem Drittel des Eigenkapitals der Hypo-Bank hinterließ. Eine bis dahin ausnehmend geschickte Kommunikationspolitik hatte die Fusion in ein überaus freundliches Licht gerückt. Plötzlich war Krisenkommunikation gefragt, die das fusionierte Unternehmen weit über den Zeitpunkt des Zusammenschlusses hinaus begleiten sollte.

Organisation und Umsetzung der Kommunikation

Der Geschäftsbericht 1998 des neuen Instituts bescheinigt der Kommunikation nach innen und außen eine herausragende Rolle unter den Erfolgsfaktoren einer Fusion. Bei seinem Erscheinen war die Schieflage im Immobilienbereich längst Dauerthema der Medien geworden und hatte einen Bilderbuchstart der Kommunikation zur Makulatur werden lassen. Wieder war der Beweis erbracht, dass selbst qualifizierte Kommunikation dort an ihre Grenzen stößt, wo gravierende sachliche und führungstechnische Defizite die Diskussion dominieren.

Ausgangspunkt des Kommunikationskonzepts waren Überlegungen im kleinsten Kreis im Frühsommer 1997, unterstützt durch J. P. Morgan und Morgan Stanley, die beiden vordergründig sehr ähnlichen, hinsichtlich ihrer Kulturen aber sehr unterschiedlichen Banken zusammenzuführen (vgl. o.V. 1999). Die eigentliche Aufgabe, den Führungskräften, den Mitarbeitern und der Öffentlichkeit die Verschmelzung der beiden Unternehmen nahezubringen, begann mit der Veröffentlichung der Fusionsabsicht am 21.07.1997.

Das erklärte Ziel des Mergers, die Nutzung umfangreicher Kostensynergien, verhieß angesichts der starken Überlappung der Institute, von den benachbarten Konzernzentralen über das Filialnetz mit ähnlichen regionalen Schwerpunkten bis hin zu den fast deckungsgleichen Kernprodukten, nichts Gutes für die fast 40.000 von der Fusion betroffenen Mitarbeiter. Andererseits machte der geplante hohe Integrationsgrad eine stringente, unsentimentale Vorbereitung und Umsetzung des Integrationsprozesses bis zum Start des neuen Unternehmens am 01.09.1998 notwendig.

Die Unternehmenskultur der Vereinsbank war geprägt von Hierarchie, zentralen Entscheidungen, größerer Schwerfälligkeit, insgesamt also konservativeren Werten. Die Kultur der Hypo-Bank dagegen stellte Chancenorientierung, dezentrale Führung und höhere Risikobereitschaft in den Vordergrund (vgl. Penzel, Ratzke 2000, S.22ff.).

Die nicht nur kommunikationstechnisch kritische Phase von Fusionen liegt zwischen ihrer Ankündigung und dem juristischen Merger. Die getrennten Organisationen laufen weiter, während im Hintergrund - zunächst virtuell - ein neues Unternehmen entsteht. Dabei ist dessen gesunde „Geburt" keineswegs gesichert. Denn treten während der Planungs- und Transaktionsphase Störgrößen in Form von vorher unbekannten Risiken, Unterschieden in den strategischen Zielen oder auch unüberwindlichen kulturellen Differenzen auf, so ist in gravierenden Fällen das sprichwörtliche Ende mit Schrecken dem Schrecken ohne Ende vorzuziehen (vgl. Kap. I.2.4). Im Fall der Fusion der Hypo-Bank und der Vereinsbank liegen unterschiedliche Aussagen über den Zeitpunkt vor, an dem der Vorstand der Vereinsbank von den Schieflagen des Immobilienbereichs der Hypo-Bank Kenntnis erhielt (vgl. Köhn 1998, o.V. 1998). Der Fusionsprozess nahm davon unbeeindruckt seinen Lauf. Entsprechend unbeeindruckt wurde der Kommunikationsprozess von der Ankündigung bis zur Formalisierung der Fusion umgesetzt.

Die Abstimmung der Fusionspartner über die erste, wichtige Information der internen und externen Öffentlichkeit über die Fusionsabsicht verlief reibungslos. Die internen Medien, wie das elektronische Infosystem, das Bussiness-TV, Rundschreiben und

Mitarbeitermagazine, wurden zeit- und zielgerecht eingesetzt. Gleichzeitig startete die interpersonelle Kommunikation mit Einzelgesprächen, Führungskräftetreffen, Betriebsversammlungen, Hotlines und Projektarbeit in gemischten Teams. Auch der Umgang mit der externen Öffentlichkeit erfolgte professionell und sensibel. Der schwierig aufrecht zu haltende Wissensvorsprung der internen Meinungsbildner vor der Massenkommunikation wurde über zielgruppenspezifisch abgestufte Inhalte gesteuert (vgl. Dönitz 1999). Das Medienecho war weitgehend positiv, das Mitarbeiterecho zumindest nicht feindlich (vgl. u.a. Stahlschmidt 1997). Über die Stimmung in der Belegschaft und die Reaktionen der Stakeholder vor Ort gaben regelmäßige Mitarbeiterbefragungen Auskunft. Die Aussage der Beteiligten, dass das Phänomen des Merger-Syndroms (vgl. Kap. VIII.2) in der Vorbereitungsphase vergleichsweise gut beherrscht wurde, klingt glaubhaft (vgl. Rickens 1997).

Die Kommunikationsstrategie anlässlich des Starttermins des neuen Unternehmens erregte Aufmerksamkeit. Sie war realistisch, da sie keine „Liebesheirat" vorspiegeln wollte, wo Sachzwänge vorlagen. Sie war vertrauensbildend, weil gute Planung die Funktionstüchtigkeit der neuen Bank sichergestellt hatte. Sie war vor allem aber in ihrer Außenwirkung innovativ. Die Werbung vermittelte das Gefühl, der Zeitgeist habe Einzug in das Bankhaus gehalten. Eine TV-Kampagne stellte die Bedürfnisse potenzieller Kunden und nicht die Leistungen des Hauses in den Vordergrund. Ein beachtlicher Etat ermöglichte einen Werbeauftritt, der an die Markenartikelindustrie erinnerte (vgl. Roth 1998).

Als kurz nach dem offiziellen Start des neuen Instituts Ende Oktober 1998 die Immobilienrisiken öffentlich wurden, waren die Schönwetterzeiten jedoch vorbei. Eine bislang fast reibungslos verlaufende Fusion wurde zu einem typischen Krisenfall, in dem die Gerüchte die Fakten und die Intrigen die gedeihliche Zusammenarbeit ersetzen. Der Schaden ist gerade auch deshalb enorm, da ausgerechnet die als führende Kernkompetenz beider Fusionspartner gepriesene Immobilienfinanzierung ins Zwielicht geriet (vgl. Elsner 1999). Es bleibt abzuwarten, ob und wann die HypoVereinsbank, einst von Analysten „als gelungener Gegenentwurf zum globalen Größenwahn anderer Häuser" gepriesen, wieder Fuß fassen wird (vgl. Balzer, Jacobs 2001). Wie weit der Weg zu den selbstgesteckten Zielen für die Fusion ist, zeigt das Fallbeispiel der Erfolgsmessung (vgl. Kap. IX.3).

Literatur

Balzer, A.; Jacobs, G.: Nachsitzen; in: Manager Magazin, 01.11.2001, S.134 ff.

Dönitz, U.: Die Fusion - ein Härtetest; Interne Kommunikation bei der Fusion von Bayerischer Vereinsbank AG und Hypo-Bank AG, aus: Deekeling, E.; Fiebig, N.: Interne Kommunikation: Erfolgsfaktor im Corporate Change; Frankfurt am Main; Wiesbaden 1999, S.99-111

Elsner, F.: Neustart bei der HypoVereinsbank; in: Börsen-Zeitung, 28.10.1999, S.1

Geschäftsberichte Bayerische Hypo- und Vereinsbank 1998, 1999

Köhn, R.: Die späten Erkenntnisse der HypoVereinsbank - Immobilienschieflage hätte Fusion gefährdet; in: Börsen-Zeitung, 31.10.1998, S.5

o.V.: BHV-Chef bemüht sich um Deeskalation; in: Börsen - Zeitung, 04.11.1998, S.1

o.V.: Slugfest in Bavaria; in: Euromoney, 12/1999, S.87-92

Penzel, H.G.; Ratzke, B.: Die virtuelle Bank im Merger - Eine Organisation im Übergang; in: Personalführung, 2/2000, S.22-29

Rickens, C.: Wie sag ich´s meinem Kinde?; in: Werben und Verkaufen, 05.12.1997, S.90

Roth, F.: Die Coca-Cola der deutschen Bankenwelt; in: Horizont, 03.09.1998, S.23

Stahlschmidt, G.: Sensibel in die Firmenehe; in: Werben und Verkaufen, 29.08.1997, S.77

Verschmelzungsbericht Bayerische Hypotheken- und Wechsel-Bank/Bayerische Vereinsbank 1998

VII Transaktionsphase

Den Kernbereich einer M&A-Transaktion stellen die eigentliche Transaktionsphase[77] und die anschließende Integrationsphase dar.

In Rahmen der Transaktionsphase ist zwischen dem Kauf eines Unternehmens und dem Zusammenschluss von Gesellschaften in Form einer Fusion zu unterscheiden, da die Abläufe deutlich divergieren. In der Integrationsphase bestimmt im Wesentlichen der gewählte Integrationsgrad das Vorgehen.

Feste Regeln gibt es weder für den Fusions- noch für den Akquisitionsprozess. Dennoch haben sich gewisse Verfahrensweisen etabliert, die sowohl die Interessenslage des Verkäufers wie auch die des Käufers zu berücksichtigen versuchen. Die Abläufe orientieren sich an den rechtlichen Vorschriften bestimmter Prozessschritte und spiegeln zudem den verständlichen Wunsch von M&A-Beratern nach einem Mindestmaß an Standardisierung wider. Gleichwohl verbleibt ein großer Spielraum für kreative Ansätze, unerwartete Entdeckungen, überraschende Schachzüge und herausfordernde Verhandlungspassagen.

VII.1 Akquisitionsprozess

Grundsätzlich können Akquisitionen in Form des Kaufs von Anteilen (Share Deal) und des Kaufs von Vermögensgegenständen (Asset Deal) stattfinden. Die Gründe für die Wahl der einen oder der anderen Methode liegen in den rechtlichen Voraussetzungen (Gesellschaftsform) sowie in steuerlichen und finanzierungstechnischen Sachverhalten (vgl. Kap. I.1.2.2). Eine weitere Untergliederung betrifft die Initiierung des Prozesses, der sowohl von der Käufer- als auch von der Verkäuferseite angestoßen werden kann.

Eine Akquisition findet nur statt, wenn es gelingt, die gegensätzlichen Interessen von Verkäufer und Erwerber in Einklang zu bringen. Neben den Auffassungsunterschieden über Preis und Wert des Kaufobjekts treten im Verlauf einer Akquisition weitere unvermeidbare Zielkonflikte zwischen Käufer und Verkäufer auf. Insbesondere der Detaillierungsgrad der Unternehmensdaten und die Gewährleistungsregelungen des Kaufvertrages sind regelmäßig Streitpunkte. So ist es weder verwunderlich noch beklagenswert, dass die Mehrzahl von Verhandlungen, die auf den Weg gebracht werden, scheitert. Angesichts der mit einer Fehlakquisition verbundenen Konsequenzen erscheint ein rechtzeitiger Abbruch tatsächlich als das kleinere Übel.

---

[77] Vgl. Fußnote 1.

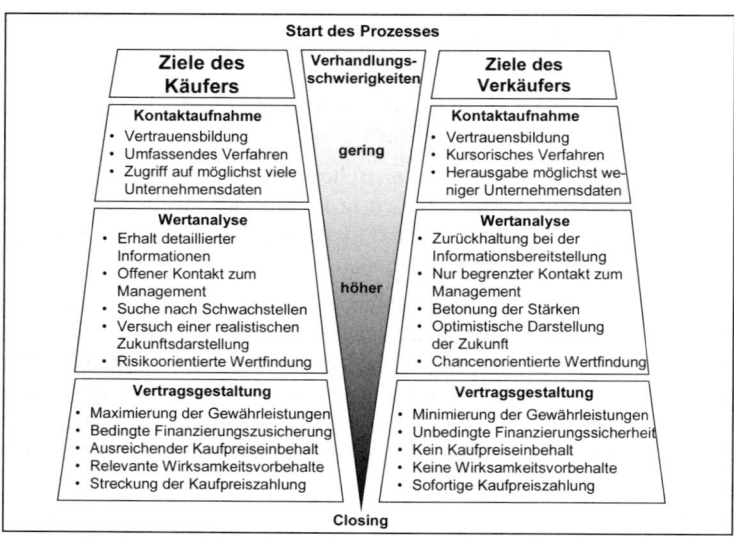

Abbildung 51: Interessendivergenzen zwischen Käufer und Verkäufer
(vgl. Jansen 2001, S.181)

Die Einigung zwischen Käufer und Verkäufer wird stets den Charakter eines Kompromisses haben. Ob dabei der Käufer oder der Verkäufer in der Lage ist, ein größeres Maß seiner ursprünglichen Ziele durchzusetzen, hängt wesentlich vom Wettbewerb um das Akquisitionsobjekt ab. Letztlich wird diejenige Partei den überwiegenden Teil ihrer Vorstellungen realisieren können, die auf das Zustandekommen der Transaktion weniger angewiesen ist.

VII.1.1 Erwerbswege

Lange Zeit galt es als unschicklich, ein Unternehmen zum Verkauf anzubieten. Großunternehmen teilten diese Haltung mit dem Mittelstand. Schieflagen, Neuausrichtungen, Finanzbedarf oder auch nur der Wunsch, „Kasse zu machen", haben die Szene jedoch verändert. Die früher kaum vorstellbare öffentliche Ankündigung der Verkaufsabsichten, ohne dass der Verkaufsprozess weitgehend abgeschlossen oder gar überhaupt gestartet worden wäre, ist beinahe zur Regel geworden. Der Markt für Akquisitionen wird heute in gleicher Weise von der Initiative des Käufers wie von der des Verkäufers geprägt.

VII.1.1.1 Initiative des Käufers

Die richtige Form der Kontaktaufnahme hat wesentliche Bedeutung für den späteren Erfolg einer Transaktion. Nicht nur bei Unternehmen im Familieneigentum spielen neben einer überzeugenden Sachargumentation emotionale Aspekte eine wichtige Rolle. Zur sach- und emotionsgerechten Vorbereitung gehören eine umfängliche Faktenkenntnis des Zielunternehmens, möglichst konkrete Überlegungen zur geplanten Strategie, eine klare Vorstellung über die künftige Rolle des betroffenen Unternehmens und mehrere durchdachte Alternativen für den Fall einer Ablehnung des Konzepts.

Bei Familienunternehmen ist zudem eine detaillierte Kenntnis des Eigentümerkreises, seiner Beteiligungsquoten, seiner Rechte und Bindungen sowie der tatsächlichen Machtverhältnisse und Ambitionen unumgänglich. Die den Eigentümern zu präsentierenden Vorschläge sollten sowohl den Kontinuitätsaspekt abdecken wie auch steuerliche Fragen des Veräußerers beantworten. Auch der emotionalen Bindung der Familieneigentümer an ihr Unternehmen ist Rechnung zu tragen. Zieladresse bei einem Privatunternehmen sind in der Regel die Gesellschafter (bzw. der Alleineigentümer), die vom Käufer oder von einer von diesem autorisierten Person anzusprechen sind. Der Erstkontakt zur Geschäftsleitung ist eher ungewöhnlich, bietet sich aber in den Fällen an, in welchen die Geschäftsführung eine dominante Position gegenüber den Gesellschaftern einnimmt.

Das Interesse an der Tochtergesellschaft eines Konzerns wird entweder gegenüber der Konzernleitung oder der M&A-Abteilung erklärt. Die Kontaktaufnahme mit dem Management des Teilbetriebs ist heikel. Informiert umgekehrt das Management der Tochtergesellschaft über die Verkaufsneigung des Konzerns, so ist umgehend die „Offizialisierung" der Gespräche durch Einschaltung der Konzernleitung zu empfehlen.

Führen die ersten Kontakte zu positiven Signalen, steht einer Aufnahme der Verhandlungen zu einem partnerschaftlichen Zusammenschluss bzw. einem Kauf von Anteilen nichts im Wege. Unternehmensverbindungen auf Initiative des Käufers hin haben ähnliche Schrittfolgen wie Verfahren, die vom Verkäufer eingeleitet werden (vgl. Kap. VII.1.1.2). Nach Einigung mit den wichtigsten Anteilseignern bzw. dem ganzen Gesellschafterkreis ist eine Wertanalyse durchzuführen, an die sich Vertragsverhandlungen anschließen.

Die Absicht der Kontrollübernahme eines börsennotierten Unternehmens wird in der Regel mit dem Vorstand des Zielunternehmens besprochen. Selbst feindlichen Übernahmeversuchen geht meist der Versuch einer einvernehmlichen Regelung voraus. In der Praxis wird häufig die mittelbare Ansprache gewählt. Die Kontaktaufnahme zum Vorstand erfolgt dabei über Aufsichtsratsmitglieder des Zielunternehmens, Investmentbanken oder Unternehmensmakler. Auch hier sind neben den formellen Zuständigkeiten die tatsächlichen Machtverhältnisse zu beachten.

Eine grundsätzliche Unterstützung der Kaufüberlegungen durch den Vorstand öffnet den Weg zu einer Wertanalyse unter Einschluss interner Daten des Zielunternehmens. Nach herrschender Rechtsmeinung verletzt der Vorstand durch die Zurverfügungstellung der für die Due Diligence und die Unternehmensbewertung notwendigen Daten seine Pflichten nicht, sofern die mögliche Transaktion im Interesse des Unternehmens liegt. Der Vorgang sollte dem Aufsichtsrat zur Zustimmung vorgelegt werden.

Ein vor Aufnahme von Verhandlungen oder – unabgestimmt - während des Transaktionsprozesses durchgeführter Kauf von Aktien an der Börse rückt eine Akquisition in die Nähe einer Feindlichen Übernahme. Ein solches Vorgehen ist jedenfalls nicht geeignet, Vertrauen beim Vorstand des Zielunternehmens zu stiften. Im Übrigen unterliegt der Kauf von Anteilen über die Börse gemäß Wertpapierhandelsgesetz (WpHG) ab 5 % der Stimmrechte der Meldepflicht an die Gesellschaft sowie an das Bundesaufsichtsamt. Die aktienrechtliche Meldepflicht setzt bei 25 % Anteilen am Grundkapital einer börsennotierten Aktiengesellschaft ein. Während frühere Regelungen den heimlichen Zugang „durch die Hintertür" offen ließen, grenzt die Änderung des WpÜG durch die Zurechnung von Stimmrechten die Umgehungsmöglichkeiten weitgehend ein (vgl. § 22 WpÜG).

Sollte sich nach dem Erstkontakt eine ablehnende Haltung der Organe des Zielunternehmens, ggf. unter Einschluss der Eigentümer von großen Aktienpaketen, herausstellen, so verbleiben zwei Alternativen: Die Aufgabe des Projekts oder der Versuch einer Feindlichen Übernahme (Hostile Takeover Bid). Die Beendigung des Vorhabens ergibt sich von selbst, wenn der Zugang zu der angestrebten Anteilshöhe über die Börse nicht möglich ist.

Feindliche Übernahmen (vgl. Kap. I.1.2.4) bringen deutlich größere Risiken mit sich als einvernehmliche Lösungen. Neben den Einschränkungen bei der Due Diligence und der Wertermittlung verbleibt auch für die Vertragsgestaltung kein Gestaltungsspielraum. Synergien können wertmäßig nicht vorab verifiziert werden. Eine Abstimmung über die Strategie des Unternehmens nach dem Zusammenschluss unterbleibt ebenfalls. Im Übrigen kann es Jahre dauern, bis die Belegschaft und insbesondere die Führungskräfte eines feindlich übernommenen Unternehmens wieder motiviert zur Arbeit gehen.

Öffentliche Übernahmeangebote im Einvernehmen mit den Organen des Zielunternehmens gehören dagegen zu den etablierten und allseits anerkannten Akquisitionstechniken. Dazu gibt der Käufer in Absprache mit dem Zielunternehmen ein Angebot auf den Erwerb der Kontrolle gemäß WpÜG Abschnitt 4 an die Anteilseigner des Akquisitionsobjekts heraus. Den Aktionären wird für ihre Aktien der aktuelle Börsenkurs zuzüglich einer Prämie geboten. Das Angebot erfolgt in Geld, in Aktien (i.d.R. denen des Anbieters) oder in einer Kombination aus beiden.

VII.1.1.2 Initiative des Verkäufers

Ausgangspunkt ist in diesem Fall die Entscheidung des Managements für eine M&A-Transaktion und/oder des Eigentümers zur Veräußerung. Meist werden frühzeitig Berater, Investmentbanken oder Wirtschaftsprüfer in den Prozess eingeschaltet.

Als Alternative stehen das herkömmliche Verhandlungsverfahren oder das Auktionsverfahren zur Verfügung.

Im Rahmen von herkömmlichen Veräußerungen (Negotiated Deals) verhandeln die beteiligten Unternehmen in der Regel unter Ausschluss anderer Interessenten exklusiv über eine beabsichtigte M&A-Transaktion. In Einzelfällen wird mit einem weiteren Interessenten parallel verhandelt. Die Anbahnung der Akquisition ist in der Praxis häufig auf bereits zwischen den beteiligten Parteien bestehende Kontakte und eine entsprechende Vertrauensbasis zurückzuführen.

Das Auktionsverfahren hat insbesondere bei der Veräußerung größerer Unternehmen oder Unternehmensteile zunehmende Bedeutung erlangt. Dabei werden kontrollierte Auktionen (breit angelegt, ohne Zugangsbeschränkung) und selektive Auktionen (auf ausgewählte Kandidaten begrenzt) unterschieden. Ein prominentes Beispiel für eine selektive Auktion war der Verkauf des britischen Automobilherstellers Rolls Royce in 1998, an dessen Auktionsverfahren die beiden deutschen Konzerne Volkswagen und BMW teilnahmen.

Auktionsverfahren werden meist durch Investmentbanken, seltener durch internationale Anwaltskanzleien gesteuert. Die teilnehmenden Interessenten nähern sich dem eigentlichen Verfahrensabschluss (Closing) in einem sich zunehmend konkretisierenden Informations- und Bietvorgang. Dieser umfasst i.d.R. die folgenden Handlungsschritte:

- Der Verkäufer erstellt (meist mit Hilfe eines Beraters) ein Informationsmemorandum (vgl. Kap. VII.1.2.1), in dem erste Daten zum Verkaufsobjekt enthalten sind. Potenzielle Erwerber werden zur Teilnahme am Verkaufsverfahren unter Abgabe einer Vertraulichkeits- und Geheimhaltungserklärung aufgefordert.

- Die erste Runde des Bietvorgangs wird durch die einheitliche Aufforderung an alle Interessenten eingeleitet, ein zunächst unverbindliches Angebot abzugeben. Die schriftliche Aufforderung enthält neben dem Informationsmemorandum meist Aussagen zur Struktur der Transaktion (Procedure Letter) sowie ggf. einen Entwurf des Transaktionsvertrags mit der Aufforderung, etwaige Änderungen schriftlich zu vermerken (Mark-up).

- Die Interessenten geben ihr unverbindliches Angebot zu einem vorbestimmten Zeitpunkt in Form eines Letter of Intent (LoI) ab (vgl. Kap. VII.1.2.1). In der Praxis hat es sich bewährt, die wichtigsten Annahmen, auf denen die Unternehmensperspektiven und der aus diesen resultierende Kaufpreis beruhen, aufzuführen. Die Angaben dienen dabei als präventive Argumentationsbasis, falls das bestehende Angebot in einer späteren Runde des Auktionsverfahren verändert wird. Des Weiteren führt das erste Angebot häufig die Bedingungen an, die aus der Sicht des Kaufinteressenten für die Fortführung des Verfahrens als notwendig erachtet werden. Hierbei handelt es sich um Punkte wie die Durchführung einer Due Diligence, gewünschte Zusicherungen und Garantien des Verkäufers oder die Zustimmung der Gesellschaftsorgane bzw. Behörden. Schließlich ist im Regelfall eine vorläufiger Finanzierungsnachweis beizufügen.

- Aus den eingehenden - noch unverbindlichen - Angeboten wählt der Verkäufer die interessantesten aus. Dabei sind neben der Höhe des Angebotspreises die folgenden Kriterien relevant: Seriosität des Anbieters, Sicherheit der Finanzierung des Kaufpreises, Zukunftskonzept für das Akquisitionsobjekt, ausgewogene Beteiligung strategischer Investoren und Finanzinvestoren am Prozess sowie Erwartungen bezüglich des Ablaufs der Transaktion bis zum Closing. Qualifizierte Bieter erhalten in dieser Phase Zugang zum Data Room, der zu diesem Zeitpunkt umfassende, aber noch keineswegs alle Informationen zum Zielunternehmen enthält. Managementpräsentationen, Fragen- und -Antwort (Q&A)-Meetings sowie Betriebsbesichtigungen ergänzen die Informationssammlung zur Durchführung der Due-Diligence-Prüfungen (vgl. Kap. V.1).

- Die zur zweiten Angebotsabgabe eingeladenen Bieter werden zu einem verbindlichen Angebot aufgefordert. Das Angebot enthält einen festen Kaufpreis und die Bestätigung der Finanzierung. Darüber hinaus werden Aussagen zu den Vertragskonditionen gemacht und die noch offenen Punkte für die abschließende Sorgfältigkeitsprüfung (Confirmatory Due Diligence) benannt.

- Aus den verbindlichen Angeboten bestimmt der Verkäufer die aussichtsreichsten Kandidaten: Dabei muss er entscheiden, ob nach seiner Einschätzung eine Exklusivverhandlung zu einem schnelleren und für ihn günstigeren Abschluß führt, oder aber

Verhandlungen mit mehr als einem Interessenten vorteilhaft sind. Als Kriterien für seine Entscheidung sind die Nachfragesituation, der Preisabstand der Bieter sowie deren Finanzkraft zu berücksichtigen. Dieser Entscheidung folgt die detaillierte Vertragsverhandlung. Parallel dazu werden dem ausgewählten Bieter die noch fehlenden, besonders vertraulichen Informationen zur Verfügung gestellt.

- Das eigentliche Auktionsverfahren wird abgeschlossen mit Unterzeichnung und Inkrafttreten der Verträge (häufig nach Erlöschen der Wirksamkeitsvorbehalte).

Werden Auktions- und Verhandlungsverfahren miteinander verglichen, so liegen die Vorteile des Verhandlungsverfahrens in der größeren Diskretion nach innen und außen, der schnelleren Abwicklung und der geringeren Negativ-Beeinflussung der Geschäfte, auch für den Fall eines Scheiterns der Verhandlungen. Exklusivverhandlungen werden insbesondere dann bevorzugt, wenn aus sachlichen oder emotionalen Gründen ein „Wunsch-Käufer" vorhanden ist (langjährige Zusammenarbeit, Fortführung von Familientradition) oder die Gefahr des Abwanderns von Schlüssel-Personen befürchtet werden muss. Darüber hinaus sind bestimmte Käufer nur dann für eine Akquisition zu gewinnen, wenn ihnen Exklusivität für einen angemessenen Zeitraum zugestanden wird. Befürworter von Auktionen argumentieren dagegen mit den ihrer Auffassung nach nur bei diesem Verfahren erreichbaren maximalen Verkaufsergebnissen. Gerade Publikumsgesellschaften neigen häufiger schon deshalb zu Auktionen, weil sich das Management nicht dem Vorwurf aussetzen will, nicht alles getan zu haben, um den höchstmöglichen Kaufpreis zu erzielen. Ob dieser tatsächlich über Auktionen erreicht wird, sei dahingestellt. Insbesondere in vorhandenen oder absehbaren wirtschaftlichen Schwächephasen des zum Verkauf stehenden Unternehmens führen Auktionen eher zu schlechteren Ergebnissen für den Verkäufer. In solchen Fällen bleibt dem Verkäufer bei Auktionen nicht selten nur die Wahl, das Bietungsverfahren abzubrechen oder einen deutlich unterhalb der ursprünglichen Erwartungen liegenden Preis zu akzeptieren. Siemens entschied sich in 2001 in einer solchen Situation zum Abbruch der Auktion von Mannesmann Plastics Machinery (MPM). Viag (jetzt E.ON) nahm im Auktionsverfahren von Gerresheimer Glas einen merklich unter den Erstangeboten liegenden Preis in Kauf.

VII.1.2 Prozessphasen

Der Eintritt in die einzelnen Schritte einer (nicht feindlichen) Akquisition setzt voraus, dass eine ernsthafte Verhandlungsbereitschaft zwischen den beteiligten Parteien erreicht werden konnte. Diese gegenseitige Verhandlungsbereitschaft kann durch verschiedene Faktoren positiv beeinflusst werden (vgl. Steinöcker 1993, S.67):

- Gegenseitige Offenheit über die Verhandlungsziele und -grenzen

- Geringe Anzahl von beteiligten Personen während der Vorverhandlungen

- Hohe Vertraulichkeit zwischen den Verhandlungspartnern

- Flexibilität der beteiligten Personen bezüglich Ort und Zeit.

VII.1.2.1 Vorvertragliches Verhandlungsstadium

Nach der gegenseitigen Erklärung der Verhandlungsbereitschaft setzt das vorvertragliche Verhandlungsstadium ein. In dieser Phase werden die Informationsasymmetrie und die Interessendivergenz zwischen Käufer und Verkäufer so weit verringert, dass für die sich anschließenden Vertragsverhandlungen ein konstruktives Verhandlungsklima gegeben ist.

In der Praxis sind verschiedene Instrumente entwickelt worden, durch welche der Ablauf des vorvertraglichen Verhandlungsstadiums zunehmend standardisiert worden ist.

Vertraulichkeitserklärung (Confidentiality Agreement)[78]

Unabhängig von der gewählten Form des Unternehmensverkaufs steht der Abschluss einer Vertraulichkeitsvereinbarung am Beginn eines verantwortlich geführten Transaktionsprozesses. Eine solche Vereinbarung schützt insbesondere die Interessen des Verkäufers zur Geheimhaltung einer zu diesem Zeitpunkt noch keineswegs sicheren Transaktion sowie zur Sicherung eines das Verkaufsobjekt nicht schädigenden Umgangs mit erhaltenen Informationen. In der Tat kann ein frühzeitiges Bekanntwerden einer beabsichtigten Transaktion erhebliche negative Wirkungen auf die am Verkaufsprozess beteiligten Unternehmen haben. Die mögliche geschäftsschädigende Wirkung einer Verletzung der Sorgfaltspflichten für das zum Verkauf stehende Unternehmen liegt auf der Hand. Aber auch der Käufer bedarf einer ausreichenden Rechtssicherheit angesichts der Zweifel über die gesetzlichen Pflichten in diesem Zusammenhang.

Naturgemäß kann die Verpflichtung zur Geheimhaltung der Transaktion selbst nur solche Transaktionen betreffen, die nicht über Auktionen abgewickelt werden. Hinsichtlich der Sorgfaltspflicht im Umgang mit vertraulichen Informationen unterscheiden sich das Verhandlungs- und das Auktionsverfahren nicht. Die Vereinbarung definiert den Kreis der Empfänger vertraulicher Informationen, regelt deren Weitergabe und beinhaltet die Verpflichtung zur Rückgabe der Informationen nach Aufforderung bzw. dem Ende des Prozesses. Sie enthält häufig auch das Verbot, ohne Genehmigung des Verkäufers (bzw. des ihn vertretenden Beraters) Gespräche mit dem Management aufzunehmen, und kann Vertragsstrafen bei Missbrauch der Vertraulichkeit festlegen. Die Vereinbarung kann bei Zielunternehmen, deren Aktien an der Börse gehandelt werden, die Verpflichtung des Kaufinteressenten enthalten, während der Verhandlungsphase keine Aktienkäufe zu tätigen (Standstill Agreement). Die Einhaltung der Vereinbarungen ist erfahrungsgemäß im Falle einer Verletzung durch eine der beteiligten Parteien nur schwer durchzusetzen, so dass ihre juristische Tragweite meist fraglich bleibt. Zum einen wird im konkreten Fall der erforderliche Verletzungsnachweis nur schwer zu erbringen sein, zum anderen ist häufig der entstandene Schaden kaum zu quantifizieren. Vertragsstrafen erfordern zwar nicht den Nachweis der Schadenshöhe, wohl aber den Nachweis der Verletzung der Vertraulichkeitspflichten.

Die Vertraulichkeitserklärung ist trotz der aufgeführten Einschränkungen ein sinnvolles Standardelement für M&A-Transaktionen. Darüber hinaus stellt der Abschluss einer solchen Vereinbarung auch für die Unternehmensleitung des Verkäufers eine gewisse Rückversicherung dar. Im Fall des Scheiterns der Verhandlungen kann nämlich

---

[78] Die Vertraulichkeitserklärung wird auch als „Statement of Non-Disclosure" bezeichnet.

die Frage aufgeworfen werden, ob sich die Geschäftsführung durch Herausgabe vertraulicher Unternehmensinformationen eines strafrechtlich relevanten Vergehens schuldig gemacht hat (vgl. hierzu §§ 404 AktG, 85 GmbHG, 202a ff. StGB sowie 17 UWG).

Informationsmemorandum

Nach Abgabe der Vertraulichkeitserklärung erhält der Interessent erstes Informationsmaterial über das Zielunternehmen. Für ein herkömmliches Verhandlungsverfahren ergibt sich nicht zwingend die Notwendigkeit zur Erstellung eines Unternehmensexposés, da die Erfordernis der Gleichbehandlung der Kaufinteressenten entfällt. Dennoch empfiehlt sich auch hier eine Datenzusammenstellung, die der anderen Partei ein übersichtliches und hinreichendes Bild von der Zielgesellschaft vermittelt. Das Informationsmemorandum kann vom Verkäufer selbst oder von einem M&A-Berater im Auftrag der Verkäuferseite erstellt werden. Es liegt in der Hand des Erstellers, Umfang und Detaillierung des Informationsmaterials zu bestimmen. Selbst bei großer Zurückhaltung muss der Inhalt den Interessenten aber so weit Aufschluss geben, dass diese ein zwar noch unverbindliches, jedoch realistisches Angebot abgeben können. Vom Versuch, durch Weglassen oder Beschönigen ein falsches Bild des Kaufobjekts zu zeichnen, ist über die rechtlichen Gründe hinaus auch aus verhandlungstaktischer Sicht dringend abzuraten. Da von professionellen Käufern auszugehen ist, führt die spätere Entdeckung zur Schwächung der Verkäuferposition oder gar zum Abbruch der Verhandlungen.

Empfehlenswert ist eine Mindestausstattung des Informationsmemorandums in Anlehnung an den Vorschlag von Philippi-Beck und Rock:

Allgemeine Daten	Gesellschaftsrechtliche Strukturen	Gewinn- und Verlustrechnung	Finanzierung	Organisation
Vertragsgegenstand Historische Entwicklung	Eigenkapitalverhältnisse Eigentümerverhältnisse und Vertretungsbefugnisse Beteiligungen Gesellschaftsgremien Unternehmensverträge	G+V, Bilanzen der letzten drei Jahre[79] Informationen über außerordentliche Einflüsse auf das Ergebnis Quartalsberichte des aktuellen Geschäftsjahrs Prognoserechnung des laufenden und Budget des folgenden Geschäftsjahrs	Finanzierungsstruktur Investitionsplanung	Organigramme Informations- und Controllingsysteme Kostenrechnung und Kalkulation Beschreibung der IT-Systeme

---

[79] In dieser Phase genügt eine kürzere Betrachtung als in der späteren Due-Diligence-Prüfung.

Personal	Produkt, Markt, Wettbewerb	Kunden-und Lieferanten- beziehungen	Rechtliche Aspekte	Steuern
Qualifikation des Managements Personal- informationen (Gehalts- und Altersstruktur) Betriebsrat, Tarifbindung Pensionszusagen	Produktprogramm Neuprodukt- Projekte Veränderungen im Produktprogramm Vertriebsstruktur Entwicklung der relevanten Märkte Marktanteile	Kundenstruktur Umsatzanteil und Umsatzstruktur der A-Kunden Einkaufsvolumen ABC-Analyse der Rohstoffe	Informationen zu den wesentlichen Verträgen (insbe- sondere Miet- und Pachtverträge) Grundbesitz der Gesellschaft	Steuerrück- stellungen Betriebsprüfungen Verlustvorträge

Tabelle 14: Möglicher Inhalt eines Informationsmemorandums
(vgl. Philippi-Beck, Rock 1999, S.420)

Es ist zweckmäßig, dass das Informationsmemorandum auch Angaben zur verkäufer- seitig vorgesehenen Transaktionsstruktur sowie einen Ablauf- und Terminplan für die Gestaltung des Prozesses (Procedure Letter) enthält.

Unverbindliches Angebot (Letter of Intent)

Gewöhnlich wird das erste, indikative Angebot in Form eines Letter of Intent (LoI) gefasst. Der Begriff unterliegt keiner allgemein gültigen Definition. In einigen Fällen wird der LoI auch als Synonym zu dem in einer späteren Phase auftretenden Begriff des Memorandum of Understanding (MoU) verwendet. Der Klarheit halber wird hier die einseitige Erklärung einer Vertragspartei (die u.U. von der anderen Partei gegen- bestätigt wird) vor Durchführung der Due Diligence als LoI bezeichnet.

In der Regel wird ein LoI als rechtlich unverbindliche Absichtserklärung des Käufers zum Erwerb des Akquisitionsobjekts ausgestaltet. Der zu diesem Zeitpunkt noch zu geringen Informationsbasis entsprechend kann wenig mehr als der erreichte Stand der Analysen und Verhandlungen festgehalten und in die Preisfindung einbezogen werden. Die in einem LoI fixierten Aspekte geben den Rahmen für den weiteren Verlauf der Akquisition vor, verkleinern den Raum für Missverständnisse und bringen zum Aus- druck, dass die beteiligten Parteien grundsätzlich an einem Fortgang der Transaktion interessiert sind.

Die unverbindliche Absichtserklärung einer potenziellen Transaktion bindet die Par- teien noch nicht im rechtlichen Sinne (vgl. § 154 Abs.1 BGB).[80] Typischerweise ent- hält ein LoI zur Unterstreichung dieses Verständnisses eine „Non-Binding Clause". Bei den Formulierungen ist Wert auf Eindeutigkeit zu legen, da sich aus einer missver-

---

[80] Wird ein LoI von beiden Parteien unterzeichnet, besteht die Möglichkeit, dass auf Grund des Rechtsinstituts „Verschulden bei Vertragsverhandlungen" (Culpa in Contrahendo) ein Schadens- ersatzanspruch entsteht, wenn die Verhandlungen durch eine Partei willkürlich beendet werden (vgl. Semler 1996, S. 493). Die Grenze zum rechtlich bindenden Vorvertrag ist hierbei fließend (vgl. Holzapfel, Pöllath 1994, S. 7f.).

ständlichen Formulierung u.U. die Einschränkung der Freiheit, keinen Vertrag abzuschließen, ableiten lässt.[81]

In einem Bietungsverfahren wird die Absichtserklärung gelegentlich schon durch den Verkäufer bzw. seinen Berater strukturiert und den Kaufinteressenten als Muster zugesendet. Ein LoI sollte die folgenden wesentlichen Elemente enthalten (vgl. Jansen 2001, S.185 und Steinöcker 1993, S.101):

- Vertragspartner: genaue Bezeichnung

- Transaktionsobjekt: eindeutige Definition des Transaktionsobjektes

- Transaktionsform: Share Deal, Asset Deal etc.

- Kaufpreis: indikativer Kaufpreis bzw. Kaufpreis-Bandbreite (inkl. Angaben zur Übernahme von Schulden und sonstigen Verbindlichkeiten)

- Finanzierung: Angaben zur beabsichtigten Finanzierung (ggf. unter Einschluss eines vorläufigen Commitment Letter)

- Ablauf: Schema für die Transaktions- und Verhandlungsphase

- Prüfungen: Ermöglichung einer Due Diligence und Festlegung ihres Umfangs

- Zustimmung: Vorbehalt der Zustimmung bestimmter Gesellschaftsorgane (Gremienvorbehalt) und Behörden

- Beendigung: Klärung von Bindungs- und Haftungswirkungen bei Scheitern der Verhandlungen

Darüber hinaus kann ein LoI Aussagen zur (ggf. begrenzten) Exklusivität für den Käufer enthalten.

Als wichtig erscheint es, die getroffenen Annahmen hinsichtlich bestimmter Eigenschaften des Unternehmens zu erläutern. Dies schafft den Parteien für den weiteren Transaktionsprozess ein fundiertere Argumentationsbasis.

Ein LoI ist nicht gleichzusetzen mit einer Option. Diese unterscheidet sich vom LoI durch ihre definitive vertragliche Bindung. Eine Option gewährt einer der beteiligten Parteien das einseitige Recht, den Vertragsabschluss herbeizuführen. Im Rahmen des Kaufs oder Verkaufs von ganzen Unternehmen sind Optionen selten, kommen aber insbesondere bei jungen Unternehmen durchaus vor. Häufiger sind Optionen bei der Übernahme von Minderheitsanteilen an einem Unternehmen.

Nach Auswertung der vorläufigen Angebote entscheidet der Verkäufer über Fortsetzung oder Abbruch des Auktionsverfahrens. Bei Fortsetzung tritt der Prozess in die nächste Phase, in der dem bzw. den Kaufinteressenten weiterer Informationszugang eingeräumt wird.

Data Room und Managementpräsentation liefern das Basismaterial der Due Diligence (vgl. Kap. V.1) sowie der Unternehmensbewertung (vgl. Kap. V. 2). Sollte im Aus-

---

[81] Formulierungen, die vom Wortlaut über die Erklärung einer Absicht hinausgehen, sind zu vermeiden (z.B. „wir werden das Unternehmen ... übernehmen" statt „wir sind am Erwerb des Unternehmens interessiert"). Im ungünstigen Fall kann auch aus der Bezeichnung des LoI als „Angebot" eine rechtliche Bindung abgeleitet werden.

nahmefall, etwa aus zeitlichen Gründen, auf die Durchführung einer vollständigen Due Diligence verzichtet werden, so kann diese erhebliche Einschränkung der Sicherheit des Käufers in begrenztem Rahmen über Zusicherungen und Garantien ausgeglichen werden.

Memorandum of Understanding (MoU)

Es hat sich bewährt, nach der ersten Phase der Due Diligence, gelegentlich auch nach deren Abschluss, eine gemeinsame Festlegung des Verhandlungsstands vorzunehmen. Das MoU regelt in Form einer Punktation wichtige Einzelheiten der geplanten Transaktion und beschreibt das weitere Vorgehen. Gerade bei umfangreicheren Transaktionen ist es sinnvoll, Teilkomplexe schriftlich zu fixieren, auch wenn die Klärung von Detailfragen noch aussteht. Auch ein Festhalten der noch zu regelnden Nicht-Übereinstimmungen bietet sich an. Die spätere Abweichung von materiellen Vereinbarungen des MoU ohne triftigen Grund kann allerdings sowohl Ansprüche aus Gewährleistung wie auch eine Vertrauenshaftung aus einer „Culpa in Contrahendo" auslösen. Insofern kommt der Verbindlichkeit der Formulierungen eine große Bedeutung zu.

Für die anschließende Verhandlungsphase legt das MoU den materiellen Rahmen fest, der dem zu diesem Zeitpunkt erreichten Grad der Übereinstimmung entspricht. Die Bandbreite der rechtlichen Wirkung des MoU reicht von der unverbindlichen Protokollierung von Zwischenergebnissen bis zu einem Vorvertrag, der bei hinreichender Bestimmtheit die Verpflichtung zum Abschluss eines Vertrags begründet.

Ein MoU kann folgende Aspekte enthalten (vgl. Jansen 2001, S.186 und Jung 1993, S.357 ff.):

- Vertragspartner: genaue Bezeichnung.

- Kaufobjekt: eindeutige Beschreibung der Transaktion (einschließlich der Schrittfolge).

- Transaktionsform: Spezifikation des Kaufgegenstands. Beschreibung der zu erwerbenden Anteile, Festlegung des Gewinnbezugsrechts (Share Deal). Auflistung der zu übernehmenden Aktiva und ggf. Passiva (Asset Deal).

- Kaufpreis: Eingrenzung der Bandbreite, Regelungen über Kaufpreisanpassungen (z.B. Eigenkapitalgarantie, Earn-out) sowie Art (z.B. in bar und/oder in Aktien) und Fälligkeit der Zahlung.

- Finanzierung: Bestätigung der Finanzierungszusagen einschließlich der Einschränkungen (z.B. Material Adverse Change).

- Ablauf: genaue Bestimmung der noch offenen Punkte und Festlegungen zu deren Erledigung (zeitlich und inhaltlich).

- Gewährleistungen: uneingeschränkte Übertragbarkeit, sonstige Zusicherungen und Garantien.

- Weitere Rahmenbedingungen: Ausgleichsregelungen für Abweichungen, Folgen eines Scheiterns der Verhandlungen, Vorbehalt bezüglich der Zustimmung der Kartellbehörden oder bestimmter Gesellschaftsgremien (Aufsichtsrat, Beirat), Einräumung des Rechts auf weitere Informationen für den Käufer, Wettbewerbsbeschränkungen des Verkäufers, Zusicherung der Exklusivität für die folgenden Vertragsverhandlungen.

- Closing: Festlegung von Prozedur und Termin der Unternehmensübertragung.

Dem Instrument des MoU kommt eine hohe praktische Bedeutung zu. Der sehr kosten- und zeitaufwendige Prozess der detaillierten Unternehmensprüfung sowie der Vertragsverhandlungen kann auf diese Weise zu einem möglichst frühen Zeitpunkt von Unklarheiten und Missverständnissen befreit werden. Unnötiger Geld- und Zeitaufwand wird vermieden, die Arbeit des Transaktionsteams wird erleichtert.

VII.1.2.2 Vertragsverhandlungen

Mit Abschluss des Unternehmenskaufvertrags (Sale and Purchase Agreement) kommt die Transaktion zwischen den Vertragsparteien in bindender Weise zustande. Die Vertragsverhandlungen setzen auf den Vereinbarungen des LoI, ggf. des MoU sowie auf den Ergebnissen der Due Diligence (einschließlich der sie begleitenden Präsentationen und Besichtigungen) und nicht zuletzt auf der Unternehmenswertermittlung auf. Im Bietverfahren liegt zu diesem Zeitpunkt ein sog. Verbindliches (etwa dem Detaillierungsgrad eines MoU entsprechendes) Angebot des oder der verbliebenen Kaufinteressenten vor, das nur noch wenige einschränkende Bedingungen enthält.

Grundsätzlich ist bei einem Unternehmenskauf jede Partei bis zum Abschluss des Kaufvertrags berechtigt, ohne Rechtsfolgen einen Vertragsabschluss zu verweigern. Dies gilt nicht, wenn wesentliche Punkte, wie Kaufgegenstand und Kaufpreis, vor Vertragsabschluss bereits eindeutig geregelt sind (vgl. BGH ZIP 1989, S.402 f.). Darüber hinaus kann ein Verschulden im Rahmen von Vertragsverhandlungen (Culpa in Contrahendo) dann vorliegen, wenn einer der Vertragspartner den Vertragsabschluss als sicher darstellt, ohne ihn wirklich zu wollen, oder fortgeschrittene Verhandlungen ohne triftigen Grund bzw. aus sachfremden Erwägungen abgebrochen werden (vgl. Picot 1998, S.59).

Obgleich es im Grundsatz Sache des Käufers ist, sich einen für ihn ausreichenden Überblick über das Kaufobjekt zu verschaffen, neigt die neuere Rechtssprechung tendenziell zu einer Ausweitung der Offenlegungspflichten des Verkäufers im Rahmen der Vertragsverhandlungen. Dies gilt insbesondere für Umstände, die den Vertragszweck infrage stellen können (vgl. BGH WiB 1996, S.313). Dennoch empfiehlt sich für den Käufer, auf Grund der Schwierigkeit, vorsätzliche oder auch nur fahrlässige Falschangaben des Verkäufers als solche nachzuweisen oder eine Verletzung der Offenlegungspflichten als Haftungsgrund durchzusetzen, die Einholung ausreichender Zusicherungen einschließlich konkreter Bestimmungen der Rechtsfolgen bei deren Nichteinhaltung.

Der Erfolg der Vertragsverhandlungen hängt allerdings nicht allein von den sachlichen Umständen ab. Hinzu kommen persönliche, emotionale Kalküle der beteiligten Personen. Eine geschickte Verhandlungstaktik unterstützt dabei die komplexe Willensbildung der anderen Verhandlungspartei in Richtung der eigenen Verhandlungsziele. Die jeweilige Verhandlungstaktik sollte konstruktiv, flexibel und zielorientiert sein. Als wenig zweckmäßig erweist sich eine Verhandlungsführung, die auf dem übermäßigem Druck eines Verhandlungspartners beruht. Das „Harvard-Konzept" schlägt, diesen Erfahrungen folgend, Verhaltensweisen vor, die auf vier Grundelementen beruhen (vgl. Fisher, Ury, Patton 2000): Sachorientierung, Vernachlässigung von Positionen, Entwicklung von Alternativen und Ergebniserzielung anhand objektiver Kriterien.

Für die Verträge selbst gilt der von Erfahrungen geprägte Grundsatz, alle wichtigen rechtlichen und wirtschaftlichen Fragen so umfassend zu regeln, dass Unklarheiten weitestgehend ausgeschlossen werden können. Die Empfehlung, dem anglo-amerikanischen Vorbild des Case Law zu folgen, bezieht sich auch auf alle Verträge nach deutschem Recht, da eine Beschränkung auf die deutsche, abstrahierend generalisierende Regelungsmethodik zu Anwendungsproblemen führen kann. In der Gestaltung und im vertraglichen Inhalt können in der Praxis wiederkehrende Standard-Module verwendet werden. Die vielfach unterschiedlichen Facetten einer Transaktion sind jedoch in der Regel nicht vollständig mit einem Standardvertrag zu erfassen. Das Know-how der Vertragsgestaltung findet sich insbesondere bei internationalen Rechtsanwaltskanzleien und ihren Mustersammlungen, die nahezu den Charakter eines internationalen Transaktionsrechts haben. Komplexere Vertragsverhandlungen sollten deshalb grundsätzlich von erfahrenen Anwälten im Gesellschafts- und Steuerrecht begleitet werden.

Ein Akquisitions- bzw. Veräußerungsvertrag beinhaltet regelmäßig die folgenden Elemente:

- Vertragspartner und Präambel: Gewöhnlich beginnt ein Vertrag mit der namentlich exakten Bezeichnung der Vertragspartner. Es ist hilfreich, eine Präambel in den Vertrag aufzunehmen. Darin werden die Motive und die Geschäftsgrundlage für den Vertrag festgehalten. Die Präambel kann im Falle unterschiedlicher Interpretation von Vertragsklauseln zur Auslegung herangezogen werden.

- Vertragsgegenstand: Vertragsgegenstand sind entweder die Wirtschaftsgüter des Zielunternehmens (Asset Deal) oder die Geschäftsanteile an der Gesellschaft (Share Deal). Der Asset Deal (vgl. Kap. I. 1.2.2.2.) erfordert eine genaue Beschreibung der zu übertragenden Sachen und Rechte. Bilanzierte wie nicht bilanzierte Vermögensgegenstände sind dabei gleichermaßen aufzuführen. Formvorschriften, wie die notarielle Beurkundung der Veräußerung eines Grundstückes oder Erbaurechts, sind zu beachten. Der Verkauf beinhaltet die Verpflichtung des Veräußerers zur Übergabe und Verschaffung des Eigentums an der Sache (§ 433 BGB). Bei einem Share Deal werden die Geschäftsanteile an der Zielgesellschaft an den Käufer übertragen. Sie sind im Kaufvertrag einzeln mit ihrem Nennbetrag aufzuführen. Werden Anteile einer Personengesellschaft verkauft, bedarf der Kaufvertrag keiner bestimmten Form. Die Veräußerung von GmbH-Anteilen dagegen ist beurkundungspflichtig. Inhaberaktien werden durch Übergabe der Aktienurkunde oder Abtretung der Rechte übertragen. Namensaktien werden durch Indossament übertragen. Die Übertragung ist im Aktienbuch der Gesellschaft zu vermerken.

- Kaufpreis: Die Bestimmung des Kaufpreises ist neben dem Vertragsgegenstand das zentrale Element des Kaufvertrags. Sofern durchsetzbar, empfiehlt sich das Festhalten der Bestimmungsgründe für den Kaufpreis. In vielen Fällen wird ein variabler Kaufpreis vereinbart, der vom Ausweis des Eigenkapitals in einer noch zu erstellenden Übernahmebilanz abhängig ist. Darüber hinaus können zukünftige Entwicklungen Gegenstand von Kaufpreisanpassungen sein (Earn-out).

- Zahlungsmodalitäten: Die Kaufpreiszahlung kann in Geld, in Unternehmensanteilen des Erwerbers oder durch Übernahme von Verbindlichkeiten erfolgen. Wird der Kaufpreis nicht mit Vertragsabschluss fällig, werden meist Regelungen über die Kaufpreissicherung getroffen (Bankbürgschaft, Treuhandkonto, Patronatserklärung einer anderen Gesellschaft). Bei Zahlung in Raten ist eine Wertsicherungsklausel einzubauen.

- Gewährleistungen, Zusicherungen, Garantien: Häufig nimmt dieser Abschnitt den größten Raum in Kaufverträgen ein. Die Klauseln bestimmen zum einen den Zustand, in dem sich nach der Erwartung des Erwerbers und den Zusicherungen des Verkäufers das Vermögen des Unternehmens befindet, zum anderen die eintretenden Rechtsfolgen, wenn die zugesicherten Eigenschaften nicht vorhanden sind. Die Zusicherungen betreffen wichtige Merkmale im Unternehmen (z.B. Eigentum an Vermögensständen, Rückstellungen für alle bekannten Risiken, behördliche Auflagen, Verfügbarkeit von Patenten, Rechten und Lizenzen, keine wichtigen Entscheidungen in der Übergangsphase, Beschreibung des Know-hows, Korrektheit der übergebenen Unterlagen, Einhaltung von Bilanzierungsregeln, Quantifizierung von Eventualverbindlichkeiten). Auf Grund der Auslegungsprobleme des Gewährleistungs- und Haftungsrechts gemäß § 434 Abs.1 BGB n.F. empfiehlt sich im Zweifelsfall die Vereinbarung selbstständiger Garantieversprechen gemäß § 311 Abs.1 BGB n.F.

- Übergabe: Festlegung eines Übergabestichtags, ggf. Erstellung eines Zwischenabschlusses als Basis einer Eigenkapitalgarantie (vgl. Kap. VII.1.2.3).

- Wettbewerbsverbote: Diese Klauseln sind nach sachlichen, zeitlichen und räumlichen Kriterien genau zu spezifizieren.

- Schiedsvereinbarungen: Die beteiligten Parteien können im Falle von Streitigkeiten aus dem geschlossenen Vertrag auf den ordentlichen Rechtsweg zugunsten eines Schiedsgutachters bzw. Schiedsrichters verzichten. Die Vorteile einer derartigen Regelung liegen in der Nichtanwendung des rigiden Prozessrechts und der daraus resultierenden Zeit- und Kostenersparnis. Auf Schiedsgutachter wird üblicherweise bei Meinungsverschiedenheiten zur Übernahmebilanz zurückgegriffen.

- Kostenverteilung: In der Regel trägt der Käufer die Kosten der Beurkundung des Kaufvertrags. Im Übrigen trägt jede Partei ihre Kosten im Zusammenhang mit dem Kaufvertrag selbst.

Die beschriebenen Vertragselemente geben nur eine begrenzte Auswahl von wesentlichen Teilen eines Vertrags wieder. Für die beteiligten Parteien besteht im Rahmen der vertraglichen Abbildung der Akquisition bzw. Veräußerung ein weiter Handlungsraum. Mit der Unterzeichnung (Signing) des Kaufvertrags sind die Vertragsverhandlungen abgeschlossen.

VII.1.2.3 Closing

Der Begriff des Closing entstammt der anglo-amerikanischen Vertragspraxis und hat sich im Zuge der Internationalisierung der M&A-Transaktionen auch in Deutschland weitgehend durchgesetzt. Das Konzept der zeitlichen Trennung von Vertragsabschluss und Vertragserfüllung ist von Immobilientransaktionen her geläufig, bei denen regelmäßig nach Vertragsabschluss noch geschuldete Leistungen zu beschaffen sind. Entsprechend wird unter Closing der Zeitpunkt der Vertragserfüllung des Käufers und des Verkäufers verstanden. Mit dem Übergangsstichtag gehen sämtliche Risiken und Rechte des Kaufgegenstands auf den Erwerber über. Diese Zäsur ist im Vertrag mit den an diesem Tag vorzunehmenden Rechtshandlungen exakt zu beschreiben (vgl. Holzapfel, Pöllath 1994, S.17 f.).

Aus praktischen Gründen empfiehlt sich die Verlegung des Closing auf einen Zeitpunkt nach dem Vertragsabschluß. Damit wird einerseits dem Wunsch, mit dem Abschluss des Kaufvertrags eine rechtliche Fixierung des Verhandlungsergebnisses herbeizuführen, Rechnung getragen, andererseits aber auch berücksichtigt, dass die Wirksamkeit des Vertrags in der Regel von der Erfüllung aufschiebender Bedingungen abhängig ist. Unter anderem gehören in vielen Fällen die Zustimmung der Mitgesellschafter, des Aufsichtsrats bzw. der Hauptversammlung[82] und die Nichtuntersagung durch die zuständige Kartellbehörde zu den Wirksamkeitsvoraussetzungen. Die Vereinbarung eines Closing ermöglicht es, auf einfache Weise die gegenseitigen Leistungsverpflichtungen Zug um Zug abzuwickeln. So kann festgelegt werden, dass der Kaufpreis Zug um Zug gegen Vorlage der Erledigung von Gremienvorbehalten, der Lösung von Kartellfragen, der Vorlage von Sicherheiten oder der Erstellung von Zwischenabschlüssen gezahlt wird. Eine Closing-Vereinbarung kann auch dazu dienen, die schuldrechtliche Verpflichtung zum Erwerb des Kaufobjekts von dem erst beim Closing stattfindenden dinglichen Verfügungsgeschäft zu trennen. Aus Gründen der steuerlichen und bilanztechnischen Vereinfachung bietet sich die Wahl des Geschäftsjahresendes als Übergangsstichtag an. Auch ein rückwirkender Übergang (z.B. zu Beginn des laufenden Geschäftsjahrs) kommt gelegentlich zur Anwendung. Eine solche, nur schuldrechtlich mögliche Regelung kann allerdings zu beträchtlichen Schwierigkeiten hinsichtlich der Haftung führen, gegen die sich der Käufer nur durch umfängliche Zusicherungen bzw. Garantien schützen kann (vgl. Beisel, Klumpp 1996, S.140 f.).

VII.2 Fusionsprozess

Die wirtschaftliche Zielsetzung von Fusionen und Akquisitionen unterscheidet sich im Grundsatz nicht. Aber ihr Geist ist ein anderer. Während Akquisitionen unzweideutig die Dominanz des Erwerbers über das Zielunternehmen mit sich bringen, sind Fusionen von dem Wunsch getragen, die Ziele der Unternehmensverbindung in partnerschaftlicher Weise zu erreichen. Dem entspricht es, dass der Erwerbsvorgang einer Akquisition im Fall einer Fusion durch den Vorgang der Vereinigung der Vermögen ersetzt wird. Entsprechend übernimmt das Wertverhältnis der beteiligten Unternehmen im Fusionsfall die Rolle des Kaufpreises bei einer Akquisition. Fusionen setzen keineswegs die Gleichgewichtigkeit der beteiligten Parteien voraus, sondern können auch zwischen Unternehmen unterschiedlicher· Größenordnung vorgenommen werden. Dennoch prägt der partnerschaftliche Ansatz den Prozessablauf von der Kontaktaufnahme bis zum Closing.

---

[82] Die Zustimmung der Hauptversammlung ist erforderlich, wenn sich eine Aktiengesellschaft entweder zur Übertragung ihres gesamten Vermögens verpflichtet (§ 179a AktG) oder sich das Unternehmen bei der Veräußerung von Unternehmensteilen von wesentlichen Teilen seines Vermögens trennt (Holzmüller-Urteil des Bundesgerichtshofes vom 25.02.1982).

VII.2.1 Fusionsformen

Fusionen können rechtlich unterschiedlich gestaltet werden. Neben dem Verschmel-zungsmodell kommen verschiedene Kapitalerhöhungsmodelle in Betracht (vgl. Kap. I.1.2.1). In der Konsequenz können die beteiligten Unternehmen in einer gemeinsamen Einheit aufgehen oder als eigenständige Rechtsträger erhalten bleiben. Die Auswahl erfolgt unter Beachtung der Anfechtungsrisiken und möglicher nachteiliger Steueref-fekte (vor allem hinsichtlich der Grunderwerbsteuer und der Nutzung von Verlustvor-trägen). Unabhängig von der formalen Gestaltung des Zusammenschlusses verfolgen Fusionen den Gedanken der Einvernehmlichkeit in dem Ziel der Transaktion und ihrer Umsetzung.

Kommt zu solchen Voraussetzungen eine ähnliche Größe und Bedeutung der fusions-bereiten Unternehmen hinzu, spricht man von einem Merger of Equals. Mit diesem in den 1990er Jahren in Mode gekommenen Begriff soll sowohl der relevanten Öffent-lichkeit wie auch den Mitarbeitern und Führungskräften der beteiligten Unternehmen vermittelt werden, dass ein kooperativer Zusammenschluss angestrebt wird und es sich gerade nicht um eine Übernahme handelt.

Bei einem Merger of Equals sind Vor- und Nachteile abzuwägen:

- Ein gleichberechtigter Zusammenschluss kann bereits in der Verhandlungsphase, vor allem aber in der Integrationsphase durch den Abbau psychologischer Barrieren zu ei-nem reibungsloseren Ablauf führen als eine Übernahme.

- Dem steht entgegen, dass der diesem Ansatz innewohnende Harmoniegedanke das Proporzdenken fördert und oft harte Schnitte verhindert. Im Ergebnis können subop-timale Lösungen sowohl hinsichtlich der Personal- wie auch der Sachentscheidungen entstehen.

- Die kooperative Verhandlungsatmosphäre erleichtert - unabhängig von der durch den Verschmelzungsprüfer festzustellenden Angemessenheit des Umtauschverhältnisses der Anteile - die Findung einvernehmlicher Bewertungsrelationen.

- Vom Einigungswillen geprägte Verhandlungskompromisse in der Wertfindung kön-nen allerdings zu beträchtlichen Vermögensminderungen bei einer der beiden Gesell-schaftergruppen führen.

- Der Kauf eines Unternehmens gelingt in der Regel nur gegen Zahlung einer Kontroll-prämie. Ein Merger of Equals vermeidet diesen Aufwand.

- Als Nachteil ist dagegen anzusehen, dass die aus dem Zusammengehen entstehenden Synergien allen Aktionären im Verhältnis ihrer Beteiligung zugute kommen und nicht nur den Aktionären des Erwerbers.

- Der Merger of Equals ermöglicht bei entsprechender Gestaltung Unternehmensver-bindungen ohne zusätzliche finanzielle Belastungen, wie sie bei Akquisitionen entste-hen.

- In der Praxis zeigt sich jedoch, dass die Ausklammerung der Finanzierungsproblema-tik zu sachlich kaum begründbaren Zusammenschlüssen führen kann.

VII.2.2 Prozessphasen

Die Grundsatzentscheidung über die ernsthafte Bereitschaft zu einer Fusion ist sicher der schwierigste Abschnitt auf dem gesamten Weg zu diesem Ziel. Wenngleich die Initiative in der Regel vom Management eines der beteiligten Unternehmen ausgeht, ist doch die gemeinsame Überzeugung von der Sinnhaftigkeit des Zusammengehens eine der wichtigsten Voraussetzungen für das spätere Gelingen. Zum Zeichen der Übereinstimmung über die Eckpunkte einer Fusion sollte deshalb in einer frühen Phase ein LoI durch die Unternehmensleitungen abgeschlossen werden. Naturgemäß liegen den Parteien zu diesem Zeitpunkt noch keine internen Daten der jeweils anderen Partei vor. Deshalb muss den Beteiligten klar sein, dass eine abschließende Beurteilung der sachlichen Rechtfertigung einer Fusion erst in einem späteren Stadium möglich ist. Das schließt die Bereitschaft ein, den fortgeschrittenen Fusionsprozess ggf. trotz gegenteiliger Erwartungshaltung der internen und externen Öffentlichkeit abzubrechen.

Nach Abschluss eines LoI empfiehlt sich im Allgemeinen die Bildung von Projektgruppen, die von einem Steuerungsorgan (Steering Committee) aktiv betreut werden. Die Besetzung dieser Projektgruppen mit Linienverantwortlichen und Stabstellenmitgliedern der beteiligten Unternehmen fördert nicht nur die Qualität der Analysen, sondern auch die kooperative Haltung. Im Übrigen gelten für die anstehenden Fragen der Projektorganisation die Ausführungen des Kap. III. Aufgabe der Projektgruppen ist insbesondere die wirklichkeitsnahe Ermittlung der durch die Fusion auftretenden Synergien (vgl. hierzu Kap. I.2.1). Bezieht man in einer breiteren Definition des Synergiebegriffs die quantifizierbaren Wirkungen aus einer Erhöhung der Kernkompetenzen bei wichtigen Erfolgsfaktoren sowie die mögliche Beschleunigung der Produkteinführung (Time to Market) mit ein, so ergibt sich aus dieser Analyse weitestgehend die sachliche Begründung für ein Zusammengehen von Unternehmen. Die Ausarbeitungen sind nach übereinstimmenden und divergierenden Bewertungen aufzuteilen. Aufgabe des Steering Committee ist es dann, Lösungen auch für nicht einvernehmliche Standpunkte zu finden. Stellt sich im Ergebnis keine ausreichende Synergiewirkung im zuvor beschriebenen Sinne dar, ist das Fusionskonzept gegenüber der Alleingangsversion nicht tragfähig. Dies gilt umso mehr, als eine Fusion regelmäßig einen hohen Integrationsgrad mit sich bringt, der die Instabilität fördert und das Risiko des Fehlschlags steigert.

Eine zweite Hürde ergibt sich bei der Durchführung der Due Diligence, die von den Alleingangskonzepten der beteiligten Unternehmen ausgeht. Während bei einer Akquisition die Prüfung eindeutig durch die risikoorientierte Sicht des Kaufinteressenten bestimmt ist, überwiegen im Fusionsfall, der kooperativen Zielsetzung folgend, kompromissorientierte Ansätze. In der praktischen Konsequenz wird bei einem Merger of Equals, im Gegensatz zu einer Akquisition, meist eine deutlich eingeschränkte Due Diligence durchgeführt, die der Bedeutung und Komplexität dieser häufig großvolumigen Transaktionen nur begrenzt gerecht wird. Der Verantwortung der beteiligten Organträger entspräche es, gerade in diesem Fall alle Teilbereiche einer Due Diligence, wie sie im Kap. V.1.2 dargestellt sind, gewissenhaft ausführen zu lassen. Die Due Diligence im Rahmen einer Akquisition hat weitreichende Folgen für die Transaktion. Ihre Ergebnisse spiegeln sich im Kaufvertrag, insbesondere im Kaufpreis selbst und in den umfänglichen Gewährleistungs- und Garantieregelungen, wider. Die Auswirkungen der Due Diligence im Fall einer Fusion konzentrieren sich dagegen auf die Ermittlung des sachgerechten Wertverhältnisses der beteiligten Unternehmen bzw. des Umtauschverhältnisses der Anteile. Im Verschmelzungsvertrag finden sich in der Regel weder umfangreiche Gewährleistungs- und Garantievereinbarungen noch Einbehalte von Sicherheiten für die eine oder andere Partei, wie sie bei Akquisitionen üblich sind. Dies ist umso erstaunlicher, als sich der übertragende Rechtsträger im Verschmelzungsfall mit der Eintragung der Fusion auflöst. Während Gläubiger durch Übergang ihrer Ansprüche auf den übernehmenden Rechtsträger geschützt werden und u.U. sogar Anspruch auf Sicherheitsleistungen haben, besteht ein entsprechender Schutzmechanismus für die Anteilseigner des übertragenden Rechtsträgers bei Abweichungen von wertrelevanten Positionen, die sich nachträglich herausstellen, faktisch nicht.

Eine nachträgliche Korrektur des Wertverhältnisses im Spruchverfahren auf Veranlassung des Vertretungsorgans eines aufnehmenden Rechtsträgers ist bisher nicht bekannt geworden. Einem Altaktionär der vermeintlich benachteiligten Seite aber wird es mangels hinreichend genauer Informationen kaum gelingen, entsprechende Nachweise zu erbringen, zumal das Buchwerk der aufnehmenden Gesellschaft die Positionen der übertragenen Rechtsträger nach der Verschmelzung nicht mehr getrennt ausweist.

Vertragliche Grundlage eines Zusammenschlusses durch Verschmelzung ist der Verschmelzungsvertrag, den die Organträger der beteiligten Unternehmen schließen. Die wichtigsten Elemente der in § 5 Abs.1 UmwG im Einzelnen aufgelisteten Mindestangaben dieses notariell zu beurkundenden Vertrages sind:

- Das Umtauschverhältnis der Anteile (ggf. einschließlich der baren Zuzahlung)
- Der Zeitpunkt für den Gewinnanspruch der neuen Anteile
- Der Stichtag der Verschmelzung.

Über den Verschmelzungsvertrag hinaus haben die Vertretungsorgane der Fusionsparteien einzeln oder gemeinsam einen ausführlichen Verschmelzungsbericht zu erstatten. Ein gemeinsamer Bericht überwiegt in der Praxis. Der Bericht kann nur unterbleiben, wenn alle beteiligten Anteilseigner ausdrücklich einen notariell beurkundeten Verzicht aussprechen.

Der Verschmelzungsbericht dient zur Information der Anteilseigner über die im Verschmelzungsvertrag enthaltenen Angaben. Insbesondere sind dabei im Einzelnen zu erläutern (vgl. § 8 UmwG):

- Die rechtlichen und wirtschaftlichen Gründe der Verschmelzung
- Die Ermittlung des Umtauschverhältnisses der Anteile.

Für die Ermittlung des Umtauschverhältnisses sind sowohl die angewendete Methode (z.B. Ertragswertmethode, DCF-Methode; vgl. Kap. V.2.2) wie auch die in die Rechnung eingesetzten Einzelwerte (z.B. künftige Erträge, Kalkulationszinssätze, nicht betriebsnotwendiges Vermögen) aufzuführen. Die Angaben sollen so konkret sein, dass den Anteilseignern eine Plausibilitätskontrolle des Umtauschverhältnisses sowie der Rechtmäßigkeit und der Wirtschaftlichkeit des Verschmelzungsvertrags möglich ist. Die betriebswirtschaftlichen Ziele und Maßnahmen sind hinsichtlich der Verbesserungen für die Anteilseigner gegenüber der Fortführung der Unternehmen ohne Fusion zu erläutern. Insofern werden regelmäßig sowohl die Unternehmensplanungen der Fusionspartner im Alleingangskonzept als auch die Synergieerwartungen für die Planungsperiode in den Verschmelzungsbericht aufgenommen. Damit bildet der Verschmelzungsbericht ein brauchbares Dokument für die Geschäftsgrundlage der Fusion und den späteren Nachvollzug der Abweichungen von Planung und Wirklichkeit.

Für Aktiengesellschaften zwingend sind Verschmelzungsprüfungen durch Wirtschaftsprüfer (vgl. § 60 UmwG). Der Verzicht auf die Verschmelzungsprüfung bedarf eines einstimmigen Votums der Anteilseigner. Durch gemeinsamen Antrag der Vorstände der beteiligten Rechtsträger an das zuständige Gericht kann von diesem auch ein gemeinsamer Verschmelzungsprüfer bestellt werden. Über das Ergebnis ist ein schriftlicher Prüfungsbericht zu erstatten (vgl. § 12 UmwG). Der Bericht hat festzustellen, ob der Verschmelzungsvertrag den Mindestanforderungen genügt, und muss eine Abschlusserklärung mit Ausführungen zu den folgenden Punkten enthalten:

- Die Methode zur Ermittlung des Umtauschverhältnisses
- Die Begründung der Angemessenheit der Methode
- Die Umtauschverhältnisse bei Anwendung anderer Methoden.

Der Verschmelzungsvertrag, die Verschmelzungsberichte sowie die Prüfungsberichte sind allen Anteilseignern bekannt zu machen.

Die Wirksamkeit des Verschmelzungsvertrags setzt voraus, dass die Anteilseigner der beteiligten Unternehmen diesem in Versammlungen zustimmen. Bei Aktiengesellschaften sind, von der Einberufung der jeweiligen Hauptversammlung an, in den Geschäftsräumen neben dem Verschmelzungsvertrag, den Verschmelzungsberichten und den Prüfungsberichten auch die Jahresabschlüsse und die Lageberichte der beteiligten Unternehmen für die letzten drei Geschäftsjahre auszulegen. Eine Zwischenbilanz ist notwendig, wenn seit dem Ende des letzten Geschäftsjahrs bis zum Abschluss des Verschmelzungsvertrags mehr als sechs Monate vergangen sind (vgl. § 63 Abs.1 Nr.3 UmwG). Der Verschmelzungsbeschluss der Hauptversammlung bedarf der Mehrheit von mindestens drei Viertel des auf der Hauptversammlung vertretenen Grundkapitals. Die Satzung kann abweichend davon nur eine größere Mehrheit bestimmen (vgl. § 65 Abs.1 UmwG).

Die Anfechtung gegen die Wirksamkeit des Verschmelzungsbeschlusses muss innerhalb eines Monats erfolgen. Die Klagemöglichkeit ist durch den Gesetzgeber bewusst eingeschränkt worden. Klagen gegen das Umtauschverhältnis oder ein Abfindungsangebot sind in der Regel nicht geeignet, die Wirksamkeit des Beschlusses zur Verschmelzung in Frage zu stellen (vgl. § 14 Abs.2 UmwG). Anteilseigner können die Angemessenheit der Abfindung allerdings in einem gesonderten Spruchverfahren nachprüfen lassen. Wird dem Antrag des Klägers in einem Spruchverfahren zugestimmt, erhalten er und alle weiteren betroffenen Anteilseigner als Nachteilsausgleich eine bare Zuzahlung (vgl. § 15 Abs.1 UmwG).

Die Eintragung in das Register des Sitzes der beteiligten Rechtsträger kann im Regelfall erfolgen, nachdem eine sog. Negativerklärung vorliegt (rechtskräftige Abweisung einer Klage, bzw. Verstreichen der Monatsfrist). Eine Beseitigung der Wirkungen einer erfolgten Eintragung ist auch bei erfolgreicher Klage gegen die Wirksamkeit des

Verschmelzungsbeschlusses nicht möglich. Es verbleibt nur der Anspruch auf Schadenersatz.

Die neueren gesetzlichen Regelungen zielen auf eine Beschleunigung des Verfahrens und eine Verhinderung des Missbrauchs der Anfechtungsmöglichkeit ab. Sie tragen umgekehrt aber auch dazu bei, sachlich kaum gerechtfertigte Fusionen allein dadurch faktisch irreversibel zu machen, dass die notwendigen Formalien eingehalten wurden.

Mit der Eintragung in das Register des übernehmenden Rechtsträgers ist die Verschmelzung wirksam.

VII.3 Fallbeispiel Transaktion

Die Fusion von Daimler-Benz und Chrysler zu DaimlerChrysler

Ausgangslage und Strategie

Anfang 1997 hatte Daimler-Benz seine Umstrukturierung weitgehend abgeschlossen und das Automobilgeschäft wieder zur zentralen Konzernaktivität erhoben. Das Unternehmen hatte sich endgültig von der Idee des integrierten Technologiekonzerns verabschiedet. Der Automobilhersteller Mercedes war reintegriert worden. Aus verlustreichen Geschäften, wie Fokker und AEG, hatte sich der Konzern zurückgezogen. In einem internen Strategiepapier kam Daimler-Benz Mitte 1997 zu dem Schluss, dass die Automarke Mercedes bereits in 2002 an ihre Wachstumsgrenze von knapp über eine Million Pkws stoßen würde (vgl. Waller 2001, S.173 ff.). Mercedes war nur in 20 % des Weltmarktes sichtbar präsent und konnte nicht ausreichend am starken Wachstum in bestimmten Segmenten (Minivans, Sports Utility Vehicles) partizipieren. Gleichzeitig war man der Meinung, dass der Konsolidierungsprozess innerhalb der Automobilbranche voranschreiten würde und es letztlich nur vier große Automobilhersteller von globaler Bedeutung geben würde. Vor diesem Hintergrund suchte Daimler-Benz einen strategischen Partner, mit dem zusammen man in die „Weltliga" der Automobilhersteller aufsteigen könnte.

Die Analyse ergab, dass Chrysler, die Nummer drei der amerikanischen Automobilkonzerne, ein geeigneter Partner für Daimler-Benz wäre. Geographisch ergänzten sich beide Unternehmen auf Grund ihrer starken Stellung auf den jeweiligen Heimatmärkten sehr gut. Lediglich auf dem asiatischen Markt waren beide Unternehmen nur gering vertreten. Die Produktpalette überlappte sich kaum. Chrysler brachte allem Anschein nach die Fähigkeit ein, in kürzester Zeit innovative Fahrzeuge zu entwickeln. Zusätzlich hatte das Unternehmen nach seiner existentiellen Krise seit Mitte der 1980er Jahre nachweislich ein erhebliches Einkaufs-Know-how entwickelt. Daimler-Benz verstärkte den Zusammenschluss durch seine ausgewiesene technische Expertise und glich damit die sehr niedrigen Ausgaben für F&E von Chrysler aus. Insgesamt sollten durch den Zusammenschluss und die daraus entstehenden Größen- und Verbundvorteile Synergiepotenziale von 1,3 Milliarden € im ersten Jahr entstehen. Für den Zeitraum ab 2001 wurden Vorteile aus dem Zusammenschluss von jährlich 3,3 Milliarden € erwartet.

Chronologie der Transaktion

Der Zusammenschluss zwischen Daimler-Benz und Chrysler bedeutete für alle Beteiligten Neuland. Die Transaktion betraf unterschiedliche Wirtschaftsräume, Rechtssysteme, Rechnungslegungsvorschriften sowie Unternehmenskulturen und wurde trotz der erheblichen Komplexität in weniger als einem Jahr rechtlich vollzogen (vgl. Waller 2001, S.203 ff.).

Termin	Vorgang
12.01.1998	Erster Kontakt zwischen dem Vorstandsvorsitzenden von Daimler-Benz, J. Schrempp, und dem CEO von Chrysler, R. Eaton, bezüglich eines Zusammengehens.
11.02.1998	Aufnahme der Verhandlungen.
07.05.1998	Öffentliche Bekanntgabe des Zusammenschlusses und Unterzeichnung des Business Combination Agreements.
14.05.1998	Zustimmung aller Daimler-Benz-Aufsichtsräte zur geplanten Fusion mit Chrysler.
18.09.1998	Außerordentliche Hauptversammlungen von Daimler-Benz und Chrysler, auf denen die überwältigende Mehrheit der Aktionäre dem Zusammenschluss zustimmt.
17.11.1998	Registrierung der DaimlerChrysler-Aktie an der NYSE und der Frankfurter Börse.

Transaktionsstruktur

Die Vereinbarungen der Unternehmensleitungen über wichtige Schlüsselfragen des Zusammenschlusses enthielten auch die Bausteine für die Festlegung einer geeigneten Transaktionsstruktur: Es sollte eine Fusion von Gleichen werden, der Sitz des Unternehmens sollte Deutschland sein. Die Transaktion sollte in Form des Aktientauschs ohne Barzahlung abgewickelt werden. Chrysler bestand auf einer Bewertung seines Anteils, die einer Prämie von 28 % auf den Aktienkurs entsprach. Beide Seiten strebten die Bilanzierung nach der „Pooling of Interests"-Methode an, um das Entstehen eines Goodwill zu vermeiden, dessen Amortisation die Ergebnisdarstellung über viele Jahre belastet hätte. Darüber hinaus galt es, die Aufdeckung und Versteuerung der Stillen Reserven zu vermeiden und Steuerfreiheit für die Chrysler-Aktionäre sicherzustellen. Schließlich waren Anfechtungsklagen und das damit verbundene Eintragungsrisiko zu bedenken.

Im Ergebnis entstand eine komplexe, zweistufige Transaktionsstruktur, die weitgehend allen Aspekten entgegenkam. Da eine grenzüberschreitende Verschmelzung nach deutschem Umwandlungsrecht nicht vorgesehen ist, wurde die Grundform der Quasifusion gewählt (vgl. Kap. I.1.2.1). Die Regelungen im Einzelnen sind im „Business Combination Agreement" festgehalten.

Die erste Stufe sah zwei parallele Kapitalerhöhungen gegen Sacheinlage bei einer in DaimlerChrysler umbenannten Vorratsgesellschaft vor. Den Daimler-Benz-Aktionären wurde angeboten, ihre Aktien in Aktien von DaimlerChrysler umzutauschen. Die Anwendung der „Pooling of Interests"-Methode setzte voraus, dass mindestens 90 % der Daimler-Benz-Aktien getauscht würden. Quoten unterhalb dieses Wertes hätten zum „Purchase Accounting" mit der Folge von ergebniswirksamen Goodwill-Abschreibungen (734 Millionen € p.a. für 40 Jahre) geführt. Die Steuerfreiheit der Chrysler-Aktionäre wiederum erforderte eine Mindestumtauschquote von 75 % (vgl. Thoma, Reuter 1999, S.316). Unterhalb dieser Schwelle wäre der Zusammenschluss gescheitert.

Die Annahme des Angebots durch 97 % der Altaktionäre von Daimler-Benz bei einem Umtauschverhältnis von 1 : 1 beseitigte alle Unsicherheiten in dieser Frage.

Parallel zur Daimler-Benz-Sachkapitalerhöhung wurde in USA ein sog. Reverse Triangular Merger nach dem Recht des Staates Delaware durchgeführt. Die Unternehmen schalteten dazu gemeinsam einen Treuhänder ein, der für DaimlerChrysler ein Tochterunternehmen gründete, das dann auf Chrysler verschmolzen wurde. Der Verschmelzungsbeschluss bedurfte nur einer einfachen Mehrheit. Durch die Verschmelzung wurde der Treuhänder Alleingesellschafter von Chrysler. Die bisherigen Aktionäre schieden aus und erhielten als Gegenleistung einen Anspruch auf 0,6235 Aktien von DaimlerChrysler für eine Chrysler-Aktie. Nach der Durchführung der ersten Stufe waren sowohl Daimler-Benz wie auch Chrysler zu Tochtergesellschaften von DaimlerChrysler geworden.

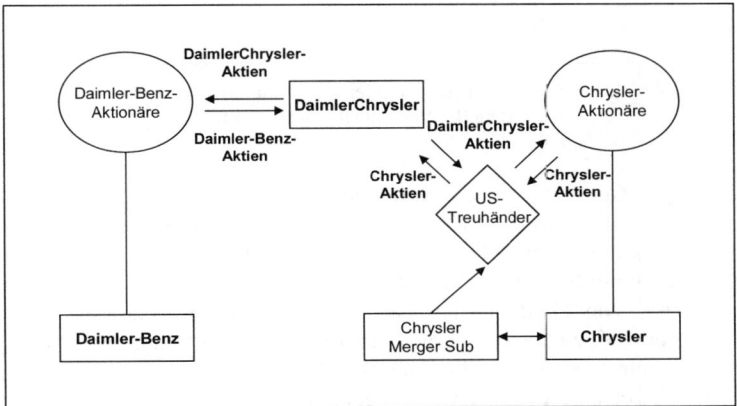

Abbildung 52: Fallbeispiel Daimler-Benz/Chrysler; Merger-Stufe 1
(Quelle: Verschmelzungsbericht)

Die zweite Stufe des Zusammenschlusses bildete die Verschmelzung von Daimler-Benz auf DaimlerChrysler. Dabei handelte es sich um eine Verschmelzung durch Aufnahme nach § 2 Nr. 1 UmwG (vgl. Kap. I.1.2.1). Durch die Vermögensübertragung als Ganzes auf DaimlerChrysler wurde Daimler-Benz aufgelöst. Die zu diesem Zeitpunkt noch außenstehenden Aktionäre von Daimler-Benz wurden zu Aktionären von DaimlerChrysler. Chrysler blieb als 100 %ige Tochtergesellschaft erhalten.

Wegen des engen Zusammenhangs der im Business Combination Agreement vereinbarten Einzelschritte mit der Verschmelzung von Daimler-Benz auf DaimlerChrysler wurde der Hauptversammlung am 18.09.1998 nicht nur der Verschmelzungsvertrag, sondern auch der Gesamtplan des Zusammenschlusses zur Genehmigung vorgelegt. Die Zustimmungsquote betrug 99,89 %.

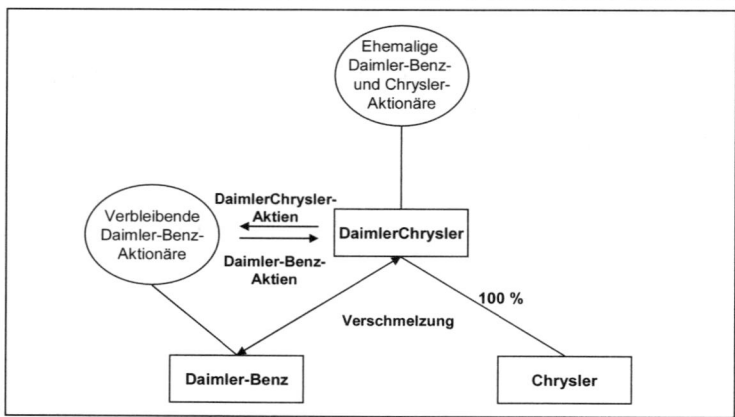

Abbildung 53: Fallbeispiel Daimler-Benz/Chrysler; Merger-Stufe 2
(Quelle: Verschmelzungsbericht)

Das zweistufige Zusammenschlussverfahren wies sowohl gegenüber dem direkten Beitritt der Chrysler-Aktionäre wie auch dem Zusammenschluss durch Sacheinlage der Chrysler-Aktien mit direkter Verschmelzung von Daimler-Benz auf DaimlerChrysler erhebliche Vorteile auf. Das Risiko einer baren Zuzahlung wurde auf die geringe Zahl von Daimler-Benz-Aktionäre, die der Kapitalerhöhung nicht zustimmten, begrenzt. Gleichzeitig wurde die mögliche Gefährdung der „Pooling of Interests"-Methode durch bare Zuzahlung an alle Aktionäre als Folge eines Spruchverfahrens maßgeblich verringert (vgl. Thoma, Reuter 1999, S.317 f.).

Transaktionsablauf

Der Ablauf der Transaktion weicht erheblich von den in Kap. VII.2.2 wiedergegebenen Prozessschritten ab. Die Initiierung des Zusammenschlusses lag bei Daimler-Benz. Sie basierte auf der strategischen Planung des Unternehmens und einem Screening-Prozess, der Chrysler und Ford als alternative transatlantische Partner selektiert hatte. Parallele Verhandlungen mit Ford wurden drei Wochen vor Bekanntmachung der Fusion abgebrochen.

Die Verhandlungen, die ausführlich bei Waller (vgl. Waller 2001) beschrieben sind, erfolgten ausschließlich auf oberster Ebene. Bis kurz vor Abschluss der Verhandlungen waren weder der gesamte Vorstand noch der Aufsichtsrat eingeweiht.

Das Daimler-Kernteam bestand in der Konzeptions- und Verhandlungsphase aus drei internen Mitgliedern und einem externen Berater. Nach dem ersten Kontakt der Unternehmensleiter am 12.01.1998 erfolgte die Bestätigung des grundsätzlichen Interesses zur Aufnahme von Verhandlungen durch Chrysler am 11.02.1998. Die Verhandlungen wurden am 17.02.1998 aufgenommen. Am 19.02.1998 wurden erstmals Juristen hinzugezogen. Bis Ende März 1998 wurden zwischen den Unternehmensleitern wichtige Eckpunkte des Zusammenschlusses vereinbart. Sie betrafen die Führungsfragen (Doppelspitze für drei Jahre), die Zusammensetzung des Vorstandes, den Namen und Sitz des neuen Unternehmens sowie einen gemeinsamen Geschäftsplan. Am 09.04.1998 verhandelten die CEOs in einem Vieraugengespräch den Wertansatz für Chrysler. Die Einigung erfolgte auf Basis einer Prämie von 28 % auf den Aktienkurs. Das Verhandlungsergebnis war an dem Aktienpreis des feindlichen Übernahmeversuchs von Tracinda in 1995/96 orientiert. Am 18.04.1998 wurde der Aufsichtsratsvorsitzende, der bisher nur „grob auf dem Laufenden" gehalten worden war, über die Fusion ins Bild gesetzt. Der Vorstand erhielt die Information über die geplante Transaktion am 19.04.1998, nachdem mehr als drei Monate seit dem ersten Kontakt zwischen den Unternehmensleitern von Daimler-Benz und Chrysler vergangen waren. Zwei Wochen später wurde das Business Combination Agreement unterzeichnet.

Angesichts der Gefährdung einer Transaktion solcher Tragweite durch vorzeitiges Bekanntwerden spricht vieles für ein kleines Projektteam und eine zügige Prozessabwicklung. Das Vorgehen ist jedoch stets abzuwägen gegen die Sorgfaltspflicht und aktienrechtliche Verantwortung des Gesamtvorstands. Ob der geschilderte Prozessablauf eines Projekts von derart einschneidender Wirkung auf das Vermögen der Aktionäre diesem Aspekt genügt, kann nicht uneingeschränkt bejaht werden. Das betrifft insbesondere die Einschaltung des Gesamtvorstandes und des Aufsichtsrates in seiner Gesamtheit erst unmittelbar vor Vertragsabschluss. Bedenklich erscheint auch der Zeitrahmen zur Durchführung einer der Komplexität der Transaktion angemessenen Due Diligence sowie einer abgesicherten Wertbestimmung der Fusionspartner einschließlich der Synergieermittlung. Letztere wurde nur eine Woche vor Bekanntgabe der Transaktion in zwei Tagen durchgeführt (vgl. Waller 2001, S.257 ff.). Die von den Unternehmenschefs im Vorfeld über die Einigung der Prämie auf den Chrysler-Kurs ausgehandelten Wertverhältnisse wurden im Zusammenschluss- und Verschmelzungsbericht der Vorstände bestätigt.[83] Die eingeschalteten Wirtschaftsprüfer (C&L und E&Y) ermittelten die Umtauschverhältnisse nach den Bewertungsregeln des Hauptfachausschusses des Instituts der Wirtschaftsprüfer (HFA 2/1983)[84].

Die Ertragswertermittlung erfolgte auf Basis der „Stand-alone"-Planungen der Unternehmen unter Anpassung der unterstellten Wechselkurse. Als Kapitalisierungszinssätze vor Steuern wurden - unter Verwendung eines Risikozuschlages von 3,5 % - einheitlich 10 % angesetzt. Für die typisierte Einkommensteuerbelastung wurde ein Wert von 35 % angenommen. Schließlich wurde die Netto-Kapitalverzinsung für die weitere Zukunft (2001 ff.) um einen Wachstumsabschlag von 1 % (entsprechend einer nominalen jährlichen Gewinnsteigerung) vermindert.

Das angenommene nachhaltige ausschüttungsfähige Ergebnis und der Kapitalisierungszinssatz bestimmen zu mehr als 80 % die Unternehmenswerte. Als nachhaltiges Ergebnis vor Ertragssteuern ab 2001 wurde für Daimler-Benz ein Wert von 6,0 Milliarden €[85] ermittelt, für Chrysler ein Wert von 7,0 Milliarden US $. Unter Bezug auf „führende Wirtschaftsforschungsinstitute" war für 2001 eine Währungskursrelation

---

[83] Unter Adjustierung der zu erwartenden Dividendenausschüttungen und Kapitalerhöhungen.

[84] Die Bewertungsregeln nach HFA 2/1983 sind Vorläufer des IDW-Standards IDW S1, 2000 (vgl. Kap. V.2.2.2).

[85] Ohne Berücksichtigung von Synergien, die ab 2001 mit 3,3 Milliarden € veranschlagt waren. Als Reinvestitionsraten wurden die Abschreibungen von 2000 fortgeschrieben.

von 1,65 DM/US $ angenommen worden, mithin ein nachhaltiges Vorsteuerergebnis für Chrysler von 5,9 Milliarden €.[86]

Die Wertermittlung ergab einen Nettounternehmenswert[87] von 56,2 Milliarden € für Daimler-Benz und 42,1 Milliarden €[88] für Chrysler. Daraus folgte ein Wertverhältnis von 57,2 % zu 42,8 % zu Gunsten von Daimler-Benz. Vielleicht war es ein Zufall, dass diese zum Stichtag 18.09.1998 durchgeführte Bewertung zu einem nahezu gleichen Wertverhältnis führte, wie es die Börsenkapitalisierungen beider Unternehmen unmittelbar vor Bekanntgabe der Fusion aufwiesen. Der auf Antrag der Vorstände von Daimler-Benz und Chrysler vom Landgericht Stuttgart bestellte Verschmelzungsprüfer (BDO Deutsche Warentreuhand) bestätigte jedenfalls am 05.08.1998, dass die ermittelten Umtauschverhältnisse „sachgerecht und gerechtfertigt" sind.

Dem in der Rechnung verwendeten Unternehmenswert von DaimlerChrysler[89] in Höhe von 98,3 Milliarden € (einschließlich Synergien ca. 135 Milliarden €) steht eine Marktkapitalisierung von 51,5 Milliarden € (Stand 05.04.2002) gegenüber, dem für 2001 angestrebten Gewinn vor Ertragssteuern von 11,9 Milliarden € (einschließlich Synergien sogar von 15,2 Milliarden €) ein Verlust von 0,7 Milliarden €. Die Kluft zwischen Plan und Wirklichkeit ist groß, selbst wenn man die in 2001 ungünstige Wirtschaftslage berücksichtigt. Bislang kann die Fusion nicht als Erfolg gewertet werden (vgl. Kap. IX). Die Vermutung drängt sich auf, dass der selbst auferlegte Zeitdruck und der Verzicht auf die Einbeziehung von größerem internen Sachwissen über weite Strecken des Fusionsprozesses zu dieser Situation beigetragen haben.

Ob die Vorteile der Zusammenarbeit, in die seit einiger Zeit auch Mitsubishi eingebunden ist, in absehbarer Zeit die Wirkungen des zumindest ungewöhnlichen Prozessablaufs ausgleichen werden, steht dahin. Die Unternehmensleitung will mehr: Der neue Konzernverbund soll der erfolgreichste Autohersteller der Welt werden (vgl. Preuss 2002).

Literatur

Gemeinsamer Bericht der Vorstände der Daimler-Benz AG und der DaimlerChrysler AG über den Zusammenschluss der Daimler-Benz AG und der Chrysler Corporation in der DaimlerChrysler AG und zugleich gemeinsamer Verschmelzungsbericht der Vorstände der Daimler-Benz AG und der DaimlerChrysler AG 1998.

Preuss, S.: Es war einmal eine Hochzeit im Himmel; in: FAZ 09.02.2002, S.23

Thoma, G., Reuter, T.: Shrinking the Atlantic, Der Zusammenschluss von Daimler-Benz und Chrysler; in: M&A Review, 7-8 1999, S.314-321

Waller, D.: Die Stunde des Strategen, Jürgen Schrempp und der DaimlerChrysler-Deal; München 2000

---

[86] Vgl. Fußnote 83.

[87] Unter Berücksichtigung des Wertes des nicht betriebsnotwendigen Vermögens, der Verlustvorträge und sonstiger Werte.

[88] Unter Einrechnung des Verkaufs des Treasury Stock.

[89] Mit Verkauf des Treasury Stock.

VIII Integration

Kein noch so professionelles Integrationsmanagement macht eine falsche Transaktion zu einem Glanzstück. Wohl aber kann eine strategisch durchdachte und gut geplante Unternehmensverbindung durch Fehler in der Integrationsphase letztlich misslingen. Empirische Untersuchungen belegen, dass bei ansonsten gleich günstigen Erfolgsvoraussetzungen diejenigen Unternehmen die höchsten Wertsteigerungen aus M&A-Vorgängen erzielen, die Erfahrungen in der Unternehmensintegration haben und den Post-Merger-Integration-Prozess[90] fehlerfrei umsetzen (vgl. A.T. Kearney (Hrsg.) 1999, S.1). Ebenso gilt nach aller Erfahrung der Umkehrschluss, dass Unternehmen, die während der Integration erheblichen Problemen ausgesetzt waren, eine unterdurchschnittliche Performance aufweisen. Die Phase der Integration stellt die Herausforderung dar, die formulierten Wertsteigerungspotenziale in die unternehmerische Praxis umzusetzen. Die Integration wird deshalb zurecht auch als die Phase mit dem größten Fehlerrisiko[91] wahrgenommen (vgl. Habeck, Kröger, Träm 2000, S.4f.). In der Tat: Am „day after" beginnt die Stunde der Wahrheit.

Im Zeitraum von der ersten Kontaktaufnahme bis zum Closing bewegen sich die betroffenen Unternehmen weiterhin unabhängig voneinander am Markt. Strategie-, Screening- und Verhandlungsphase werden von Zielen und Planungselementen bestimmt. Mit dem Closing wird nicht nur die Rechtsträgerschaft verändert. Das fusionierte bzw. übernommene Unternehmen taucht in ein neues kulturelles Umfeld ein. Ziele und Maßnahmen-Planungen werden ab diesem Zeitpunkt an ihrer Implementierung gemessen. Den Verkäufer tangieren die Probleme einer Integration lediglich im Falle auf ihn zukommender Gewährleistungs- oder Haftungsfragen.

Chronologisch folgt mit Eintritt in die Integration der erste Schritt des operativen Wertsteigerungsmanagements, das bis zu diesem Zeitpunkt nur Teil der M&A-Strategie des Erwerbers bzw. der an einer Fusion beteiligten Unternehmen war. Die Orientierung an der chronologischen Schrittfolge ist allerdings nur zum besseren Verständnis des M&A-Prozesses geeignet. Tatsächlich ist über die Integrationsform und die wichtigsten Integrationsmaßnahmen bereits in der Verhandlungsphase Klarheit zu schaffen. Von Ausnahmen abgesehen, sind die wesentlichen Elemente der vorgesehenen Integration auch mit dem Partnerunternehmen im Vorfeld offen abzustimmen, um ohne weitere Verzögerung eine stringente Umsetzung der Integrationsplanung zu gewährleisten.

---

[90] Neben Post-Merger-Integration (PMI) findet sich in Literatur und Praxis der Begriff Post-Merger-Management (PMM).

[91] So verwundert es nicht, dass 53 % der in der PMI-Studie der Unternehmensberatung A.T. Kearney befragten Unternehmen angaben, während der Integration entscheidende Fehler gemacht zu haben, die letztlich zu sinkenden Erträgen und/oder fallenden Börsenkursen führten (vgl. Steingraber 2000, S.72).

VIII.1 Definition

Die betriebswirtschaftliche Literatur wird der Komplexität und Bedeutung des Begriffs Integration nur begrenzt gerecht, wenn sie Integration als einen Vorgang bezeichnet, bei dem eine neue Unternehmenseinheit aus sich gegenseitig ergänzenden Teilen gebildet wird (vgl. Gerpott 1993, S.114). Die Beschränkung des Begriffs auf die Eingliederung der beteiligten Unternehmen stellt eine zu enge Betrachtungsweise dar. Vielmehr müssen in dieser Phase die unterschiedlichsten Interessen und Perspektiven der beteiligten Partner berücksichtigt und zielorientiert ausgerichtet werden, um die durch die Fusion oder Akquisition entstandenen Potenziale tatsächlich zu einer Gesamtwertsteigerung werden zu lassen. Integration ist somit eher als eine organisatorische und mentale Vernetzung anfangs getrennter Unternehmenseinheiten aufzufassen (vgl. Jansen 2001, S.227 f.).[92]

Eine inhaltlich umfassende Beschreibung des Begriffs im Rahmen von M&A-Transaktionen definiert Integration als evolutionären Prozess in mehreren Stufen (vgl. Gerpott 1993, S.114 f.), der:

- vornehmlich vom Erwerber oder (bei einer Fusion) durch das gemeinsam von den beteiligten Unternehmen eingerichtete Steuerungsorgan (Steering Committee) vorangetrieben wird,

- primär durch Interaktion der Mitarbeiter immaterielle Fähigkeiten und Know-how der an der M&A-Transaktion beteiligten Unternehmen beeinflusst,

- dadurch auch eine Veränderung der Nutzung materieller Ressourcen mit sich bringt[93],

- schließlich dazu führt, dass die durch die M&A-Transaktion eröffneten Potenziale zur Gesamtwertsteigerung[94] der beteiligten Unternehmen genutzt werden.

Dieser graduell verlaufende interne Prozess zwischen den beteiligten Unternehmen vollzieht sich auf den Ebenen Strategie, Struktur, Personal und Kultur. Die externe Integration ist sowohl ein kommunikativer wie auch ein operativer Prozess gegenüber den unmittelbar nach dem Closing noch getrennten externen Anspruchsgruppen, wie Kunden, Zulieferern, Anteilseignern und Kreditgebern der beteiligten Unternehmen. Während sich der kommunikative Integrationsprozess nach den in Kap. VI beschriebenen Maßgaben richtet, erfordert der operative Teil der externen Integration konkrete Maßnahmen im Einzelnen. Besonders wichtig ist die Integration der Kundeninteressen zu Beginn des Zusammenwachsens. M&A-Transaktionen, und insbesondere Fusionen,

---

[92] In der Literatur existiert eine Vielzahl an Definitionen. Zur Übersicht über die verschiedenen Begriffe vergleiche Gerpott 1993, S.116.

[93] Gerpott differenziert im Rahmen des Transfers zwischen verschiedenen Wertschöpfungspotenzialen. Im Rahmen der Leistungszentralisierung werden Leistungen entweder bei einem der beteiligten Unternehmen eingestellt und auf den anderen Partner übertragen (einseitige Zentralisierung) oder bei allen beteiligten Partnern eingestellt und gegenseitig übertragen (zweiseitige Zentralisierung). Zusätzlich kann noch die Leistungserweiterung und die Managementverbesserung genutzt werden (vgl. Gerpott 1993, S.72 ff.).

[94] Die Gesamtwertsteigerung bezieht sich auf das unmittelbar betroffene Unternehmensportfolio der beteiligten Unternehmen. Auswirkungen der Integration auf weitere Bestandteile des Portfolios werden nicht berücksichtigt.

bewirken nämlich häufig zunächst eine starke Introversion von Führungskräften und Mitarbeitern. Eine geringe Kundenfokussierung in dieser teilweise länger anhaltenden Phase kann in einem solchen Maße zu einer Abwanderung von Kunden führen, dass der Erfolg des Unternehmens gefährdet wird.

Die Integrationsaufgabe hat sich vor dem Hintergrund der veränderten wirtschaftlichen Zielaspekte von M&A-Transaktionen gewandelt. Waren die Unternehmenszusammenschlüsse in den 1980er Jahren vornehmlich auf Rationalisierungen ausgerichtet, so brachte die Globalisierung in Abkehr von dieser eher defensiven Perspektive eine Hinwendung der Fusionen und Akquisitionen zu Wachstum und Zugang zu neuen Märkten mit sich. Dies hat verschiedene Auswirkungen auf die Integrationsaufgabe:

- Die Integrationsaufgabe ist an den komplexeren strategischen Zielen auszurichten und darf sich nicht einseitig auf Kostensenkungen und Rationalisierung konzentrieren.

- M&A-Transaktionen finden verstärkt über Staatsgrenzen hinweg statt. Dies erfordert bei der Integration vermehrt die Beachtung der jeweiligen nationalen Rahmenbedingungen und kulturellen Aspekte.

- Die gestiegenen Kundenansprüche sind auch während des Integrationsprozesses zu erfüllen. Die Ergebnisse der M&A-Transaktion müssen sich nach der Integration in einem besseren Leistungsprogramm für den Kunden widerspiegeln.

- Der bei wachstumsinduzierten Transaktionen zu erwartende erhöhte Wettbewerbsdruck erfordert eine höhere Umsetzungsgeschwindigkeit und somit ein strafferes Management der Integration.

- Die zahlreichen Misserfolge von M&A-Transaktionen haben zu großer Aufmerksamkeit von Analysten und Anlegern hinsichtlich der Qualität des Integrationsmanagements geführt. Um negative Auswirkungen auf den Unternehmenswert zu vermeiden, ist das Management zu hoher Stringenz in der Umsetzung verpflichtet.

VIII.2 Merger-Syndrom

Die Integration findet in einem fragilen Umfeld statt. Die Übertragung von Ressourcen und Fähigkeiten in Unternehmen ist immer an die Bereitschaft der betroffenen Unternehmensmitglieder zur Zulassung und Annahme der Veränderungen gebunden.[95] Eine M&A-Transaktion verstärkt diese immanente Veränderungsfeindlichkeit von Organisationen auf Grund ihrer inhärenten Dominanz der einen über die andere Partei zusätzlich. Die Ablehnung von Veränderungen durch die Mitglieder der beteiligten Unternehmen stellt das wahrscheinlich größte „Wertvernichtungspotenzial" einer M&A-Transaktion dar (vgl. Gerpott 1993, S.106). Andererseits kann eine engagierte und qualifizierte Führung durchaus die Kooperations- und Veränderungsbereitschaft anstoßen, den Transfer an Ressourcen und Fähigkeiten in Bewegung setzen und so den

---

[95] In der Reorganisationstheorie wird unter Bezug auf empirische Untersuchungen darauf hingewiesen, dass die Durchsetzung von Veränderungen mittels hierarchischer Anweisungen nur in seltenen Ausnahmesituationen, wie etwa der Gefahr eines Konkurses, erfolgversprechend ist (vgl. Gabele 1992, Sp. 2202 ff.). Im Rahmen der Integration bei M&A-Transaktionen ist dieses Vorgehen kaum brauchbar.

Unternehmenszusammenschluss zum Ausgangspunkt eines sichtbaren Motivations-schubs machen.

Misslingt die Erzielung dieser notwendigen Veränderungsbereitschaft in einer frühen Phase, wird der Erfolg der Fusion oder Akquisition zumindest erschwert. In jedem Fall entstehen höhere Kosten unterschiedlicher Art.

Das klassische Kostenverständnis summiert als Kosten einer Transaktion die notwendigen Aufwendungen zu deren Vollzug. Dazu sind zum einen die Kosten bis zum Vertragsabschluss (Steuern, Beratungs-, Finanzierungs- und Notariatskosten sowie die Kosten etwaiger Kapitalerhöhungen und Hauptversammlungen) zu zählen. Hinzu kommen die Kosten für Maßnahmen des Ressourcentransfers, wie etwa Sozialpläne sowie Schulungs- und Trainingsmaßnahmen während der Integration.[96] Diese Perspektive betrachtet die Unternehmensmitglieder als passive Produktionsfaktoren. Erweitert um die Perspektive der Betroffenen selbst entsteht ein Kostenbegriff, der die Unsicherheit der Mitarbeiter und die daraus resultierende Veränderung ihres Verhaltens und ihrer Motivation einbezieht. Widerstände können dabei passiv (Demotivation, Intrigen, Arbeit nach Vorschrift) oder aktiv (Widerspruch, Abwesenheit, Sabotage, Kündigung) sein (vgl. Lickert 2000, S.28 ff.). Verstärkte Integrationsmaßnahmen, die höhere materielle und immaterielle Kosten verursachen, sind die Folge. Die zeitweilige Innenorientierung führt typischerweise auch zu Marktanteilsverlusten und zu einer Erosion der Margen. In vielen Fällen kommt es zu einer regelrechten Fusionsdelle des Geschäftes.

In der Literatur werden diese Zusammenhänge als Merger-Syndrom bezeichnet. Das Phänomen ist sowohl bei Fusionen wie auch bei Akquisitionen zu finden. Marks und Mirvis beschreiben zwölf Indikatoren, die auf ein Merger-Syndrom schließen lassen (vgl. Tabelle 15).

Die Indikatoren des Merger-Syndroms kennzeichnen unterschiedliche Aspekte der Verunsicherung als Folge einer M&A-Transaktion. Der Grad der Verunsicherung wird insbesondere von folgenden Faktoren beeinflusst (vgl. Gerpott 1993, S.107 ff.):

- Ausmaß der Veränderungen: Verunsicherung und Ängste steigen erfahrungsgemäß mit dem Integrationsgrad.

- Unbestimmtheit der Veränderungen: Je weniger vorhersehbar ist, welche Maßnahmen im Einzelnen vorgesehen sind, desto mehr verbreitet sich Unsicherheit unter den betroffenen Führungskräften und Mitarbeitern.

- Zeitspanne der Vorbereitung: Je geringer die Zeit der „Vorwarnung" ist, desto größer ist die Verunsicherung des tatsächlich oder auch nur scheinbar betroffenen Personenkreises.

- Vorhersehbarkeit des Veränderungszeitraums: Je länger der Zeitraum ist, in dem Veränderungen eintreten können, desto verunsicherter sind Management und Mitarbeiter.

---

[96] Alternativ werden in der Literatur bei M&A-Transaktionen weniger einfach zu quantifizierende Komplexitätskosten aufgeführt. Diese setzen sich zusammen aus Koordinations-, Kompromiss- und Kontrollkosten (vgl. Gerpott 1993, S.104 f. und Porter 1998, S.331 ff.).

	Pre-occupation	Imagining the Worst	Stress Reactions	Crisis Management	Constricted Communication	Illusion of Control
Nach der öffentlichen Bekanntgabe	Spekulieren die Mitarbeiter über die Folgen der M&A-Transaktion für sie persönlich? Resultiert daraus ein Produktivitäts-rückgang?	Entwickeln die Mitarbeiter bereits Worst-Case-Szenarien? Kursieren bereits Gerüchte?	Sind die Mitarbeiter angespannt? Werden Ängste geäußert?	Sind die Leitenden Angestellten kämpferisch eingestellt und wird die Kommunikation beschränkt?	Werden die Mitarbeiter über die Vorgänge im Dunkeln gelassen? Entscheidet die Unternehmens-leitung ohne Abstimmung mit dem Führungskreis?	Wird die von der Unternehmens-leitung zugesagte Beherrschung der Transaktion allenthalben angezweifelt?
	Clash of Cultures	**We vs. They**	**Superior vs. Inferior**	**Attack and Defend**	**Win vs. Lose**	**Mis-cellaneous**
Während der Integration	Sehen die Mitarbeiter große Unterschiede bzgl. Werte, Führungsstil und Management-fähigkeiten zwischen den Unternehmen?	Konzentrieren sich die Mitarbeiter und die Führung vermehrt auf Unterschiede statt auf Gemeinsam-keiten?	Sehen die Mitarbeiter das andere Unternehmen als überlegen an? Stellen Mitarbeiter Vergleiche an?	Wird versucht, das andere Unternehmen zu bewegen, selbst aber nichts zu verändern?	Führen Mitarbeiter und Management Buch über Entscheidungen und beurteilen diese als für oder gegen das eigene Unternehmen gerichtet?	Werden Entscheidungen gemeinsam getroffen und durchgesetzt oder aufgezwungen?

Tabelle 15: Anzeichen für ein Merger-Syndrom
(vgl. Marks, Mirvis 1986, S.38)

Nicht allen Ursachen der Verunsicherung kann bei einer M&A-Transaktion mit entsprechenden Maßnahmen begegnet werden. Trotz qualifizierter Führung des M&A-Prozesses verbleibt deshalb vor allem in der Anfangsphase der Integration regelmäßig ein Rest an Ängsten, der in niedriger Motivation und Leistungsqualität zum Ausdruck kommt. Die Verunsicherung bezieht sich vor allem auf die folgenden Komplexe:

- Fortbestand des Arbeitsverhältnisses: Frage nach der eigenen Position
- Arbeitsort: Frage nach der regionalen Mobilität
- Fachliche Anforderungen: Frage nach der fachlichen Qualifikation und Flexibilität
- Einkommen: Frage nach Entgelt und Sozialleistungen
- Perspektiven: Frage nach Aufstiegschancen, aufgabenbezogenen Freiräumen und sozialem Status
- Interpersonale Beziehungen im Arbeitsumfeld: Frage nach dem Verhältnis zu Kollegen und Vorgesetzten.

Die auch als Störung im Person-Umfeld-Gleichgewicht zu bezeichnende Unsicherheit der betroffenen Mitarbeiter ruft verschiedene psychische und verhaltensorientierte Reaktionen hervor:

- Unzufriedenheit mit der eigenen Tätigkeit
- Sinkende Identifikation mit dem Unternehmen
- Misstrauen gegenüber der Unternehmensleitung

- Persönliche Situationskontrolle

- Spannungsempfindungen

- Sinkende Risikobereitschaft

- Suche nach persönlich relevanten Informationen

- Weitergabe personenbezogener und sachlich relevanter Informationen

- Sinkender Arbeitseinsatz

- Sinkende Arbeitsleistung bzw. Produktivität

- Absenz und steigender Krankenstand

- Fluktuation.

Ein besonderes und im Gegensatz zu den meisten anderen Symptomen irreversibles Problem von M&A-Transaktionen ist der mögliche Verlust von Know-how-Trägern und Schlüsselpersonen der Führung. Die durch die Verunsicherung geförderte Bereitschaft zur Kündigung wird qualifizierten Mitarbeitern zusätzlich von außen erleichtert. Die Praxis zeigt, dass Know-how-Träger und Führungskräfte schon wenige Tage nach Bekanntgabe einer Transaktionsabsicht Angebote von Personalvermittlern erhalten. Vor diesem Hintergrund ist es nicht erstaunlich, dass Unternehmen die Sicherung leistungsstarker Mitarbeiter des Zielunternehmens als Schlüsselaufgabe bei einer Akquisition ansehen (vgl. Kay, Shelton 2000, S.28). Entsprechendes gilt bei Fusionen, die nicht selten die sich ergänzende Qualität von Management sowie Führungs- und Fachkräften beider Unternehmen als wichtige Triebfeder haben. Ungeplante Kündigungen in erfolgskritischen Positionen können folglich den Fusionserfolg erheblich behindern.

VIII.3 Arbeitsrechtlicher Rahmen

Da die aus M&A-Transaktionen resultierenden Reorganisationsmaßnahmen bei den betroffenen Unternehmen vielfach beträchtliche Auswirkungen auf die Belegschaft mit sich bringen, sind rechtzeitig verschiedene mitbestimmungs- und arbeitsrechtliche Aspekte in die Überlegungen einzubeziehen. Im Rahmen dieses Buches wird vorwiegend auf die deutschen Vorschriften eingegangen. Bei Transaktionen, die ausländische Betriebsstätten einschließen, sind die arbeitsrechtlichen Regelungen des Investitionslandes zu beachten. Für den europäischen Wirtschaftsraum kommen die Richtlinien der Europäischen Union hinzu.

VIII.3.1 Betriebsübergang

§ 613a Abs.1 BGB legt fest, dass der Übergang eines Betriebs oder Betriebsteils durch Rechtsgeschäft auf einen anderen Inhaber das Eintreten des Erwerbers in die Rechte und Pflichten aus den zum Zeitpunkt des Übergangs bestehenden Arbeitsverhältnissen zur Folge hat.

Auf Grund des Inhaberwechsels bei Asset Deals ist der Tatbestand des Betriebsübergangs bei dieser Art des Unternehmenskaufs unstreitig. § 324 UmwG stellt klar, dass auch die Fälle der Verschmelzung, Spaltung oder Vermögensübertragung als Betriebs-übergang im Sinne des § 613a BGB zu betrachten sind. Anders ist die Rechtslage bei einem Share Deal. Der Wechsel der Anteilseigner führt zu keiner Änderung der für die Arbeitnehmer relevanten Vertragspartei. Insofern bleibt in diesem Fall der für die Arbeitnehmer geltende Status quo entsprechend bestehen.

Zu den genaueren Tatbestandsvoraussetzungen des § 613a BGB für den Übergang von Arbeitsverhältnissen sowie zur Rechtsprechung des Bundesarbeitsgerichts und des Europäischen Gerichtshofs hierzu existiert umfangreiche Literatur (vgl. Picot 1998, S.385 ff.).

VIII.3.2 Betriebsverfassung

M&A-Transaktionen lösen häufig Betriebsänderungen gemäß § 111 Betriebsverfas-sungsgesetz (BetrVG) aus. Eine solche Betriebsänderung liegt in den folgenden Fällen vor:

- Einschränkung und Stilllegung des ganzen Betriebs oder von wesentlichen Teilen des Betriebs
- Verlegung des ganzen Betriebs oder von wesentlichen Betriebsteilen
- Zusammenschluss mit anderen Betrieben oder Spaltung von Betrieben
- Grundlegende Änderungen der Betriebsorganisation, des Betriebszwecks oder der Betriebsanlagen
- Einführung grundlegend neuer Arbeitsmethoden und Fertigungsverfahren.

Eine Betriebsänderung löst auf Grund der in Deutschland geltenden Regelungen ver-schiedene Unterrichtungs-, Konsultations- und Ausgleichspflichten aus. Zwischen Un-ternehmensleitung und Betriebsrat ist ein Interessenausgleich zu vereinbaren. Den Ausgleich möglicher wirtschaftlicher Nachteile für die Arbeitnehmer regelt ein Sozialplan.

Die Geschäftsleitung hat bei Vorliegen einer Betriebsänderung den Betriebsrat und ggf. den Wirtschaftsausschuss (vgl. § 106 BetrVG) rechtzeitig und umfassend zu un-terrichten und sich über die geplanten Betriebsänderungen mit dem Betriebsrat zu be-raten (vgl. § 111 BetrVG). In Verbindung mit § 92 BetrVG ergibt sich konkret die Verpflichtung des Einschaltens des Betriebsrats in die aus der Betriebsänderung resul-tierende Personalplanung. Der Interessenausgleich verfolgt das Ziel, Nachteile für die von einer Betriebsänderung betroffenen Mitarbeiter möglichst überhaupt nicht entste-hen zu lassen. Dies erfordert u.a., dass die Information bereits im Planungsstadium erfolgt und bzgl. der Veränderungen noch keine abschließende Entscheidung gefallen ist. Ist ein Interessenausgleich sozial verträglich, so wird ein Sozialplan unter Umstän-den entbehrlich oder zumindest weniger umfangreich. Eine erzielte Einigung wird in einer kollektiven Vereinbarung zwischen Arbeitgeber und Arbeitnehmervertretung geschlossen. Der Versuch gilt als gescheitert, wenn trotz der Vermittlung des Präsi-denten des Landesarbeitsamtes und der Einigungsstelle kein Kompromiss erzielt wer-den kann. Rechtlich wird dies als „ernsthafter" Versuch des Unternehmens zur Einigung gewertet. Erst dann darf die Umsetzung der Betriebsänderungen eingeleitet werden.

Letztlich liegt die Entscheidung über die Realisierung der Integrationsmaßnahmen bzw. der Reorganisation beim Unternehmer. Die gesetzlich vorgeschriebenen Beratungen mit dem Betriebsrat können jedoch den Beginn der Maßnahmenumsetzung so weit verzögern, dass negative finanzielle Folgen für die M&A-Transaktion entstehen.[97] In der Praxis kommt es häufig zu einem Balanceakt zwischen der vorgeschriebenen frühestmöglichen Unterrichtung der Arbeitnehmervertreter und der notwendigen Diskretion vor Abschluss einer Transaktion. Eine zu frühe Information über einen noch nicht abschließend verhandelten Vorgang kann eine erhebliche und teilweise unbegründete Unruhe in der Belegschaft auslösen. Andererseits kann das Gefühl der mangelnden Information die notwendige Vertrauensbasis der Arbeitnehmervertreter erschüttern und die weitere Zusammenarbeit erschweren.

Betriebsänderungen, die wirtschaftlich negative Auswirkungen auf die Belegschaft haben, erfordern einen Sozialplan zum Ausgleich oder zur Minderung der Nachteile. Kommt es zu keiner Einigung zwischen den Parteien, so entscheidet die Einigungsstelle über die Aufstellung des Sozialplans (vgl. § 112 Abs.4 BetrVG). Sie hat dabei zwischen den sozialen Belangen der Arbeitnehmer und der wirtschaftlichen Vertretbarkeit ihrer Entscheidungen für das betroffene Unternehmen abzuwägen. Die Aufwendungen aus dem Sozialplan dürfen den Fortbestand des Unternehmens nicht gefährden. Im Gegensatz zum Interessenausgleich ist der Sozialplan vom Betriebsrat erzwingbar. Ausnahmen bestehen bei kleineren Betriebsgrößen und Neugründungen (vgl. Fitting 1992, S.1478 ff.). Die Maßnahmen der Betriebsänderungen können auch vor Abschluss des Sozialplans begonnen werden.

Gegen den Spruch der Einigungsstelle kann innerhalb von zwei Wochen auf Antrag des Unternehmens wie auch der Arbeitnehmer bei dem zuständigen Arbeitsgericht Klage erhoben werden.

Im Falle des Zusammenschlusses (und der Spaltung) von Unternehmen nach dem Umwandlungsgesetz liegt formal keine Betriebsänderung nach § 111 BetrVG vor, wohl aber eine den Wirtschaftsausschuss betreffende wirtschaftliche Angelegenheit nach § 106 Abs.3 BetrVG (vgl. Picot 1998, S.435). Gleichwohl empfiehlt es sich in der Praxis, den Wirtschaftsausschuss gleichzeitig mit dem Betriebsrat und - bei Betriebsänderungen in mehreren Betrieben - den Gesamtbetriebsrat zu informieren. Über die Schutzfunktion des Gesetzes für die Arbeitnehmer hinaus ist eine rechtzeitige Beratung mit diesen Gremien ein wichtiger Erfolgsfaktor jeder bedeutenden Transaktion.

Wenngleich die Unternehmensleitung keine Verpflichtung hat, anlässlich einer M&A-Transaktion eine außerordentliche Betriebsversammlung einberufen zu lassen, ist die unmittelbare Information an die Mitarbeiter in einer solchen Veranstaltung schon aus Gründen der Wahrung eines guten Betriebsklimas eine Selbstverständlichkeit.

---

[97] Eine zeitliche Beschränkung zur Erreichung eines Interessenausgleichs existiert von Rechts wegen nicht. Die frühere zeitliche Beschränkung wurde zum 01.01.1999 mit dem „Gesetz zur Korrektur in der Sozialversicherung und zur Sicherung der Arbeitnehmerrechte" aufgehoben.

VIII.3.3 Entlassungen

In der Folge von M&A-Transaktionen kommt es nicht selten zunächst zu einem Personalabbau. Werden dabei betriebsbedingte Kündigungen ausgesprochen, so sind Anzeigen beim zuständigen Arbeitsamt erforderlich, wenn binnen 30 Kalendertagen folgende Entlassungen anstehen (vgl. § 17 Abs.1 KSchG):

- in Betrieben mit in der Regel mehr als 20 und weniger als 60 Arbeitnehmern mehr als 5 Arbeitnehmer,

- in Betrieben mit in der Regel mindestens 60 und weniger als 500 Arbeitnehmern 10 vom Hundert der im Betrieb regelmäßig beschäftigten Arbeitnehmer oder aber mehr als 25 Arbeitnehmer,

- in Betrieben mit in der Regel mindestens 500 Arbeitnehmern mindestens 30 Arbeitnehmer

Der Betriebsrat ist rechtzeitig über die Gründe für die geplanten Entlassungen und den Zeitplan zu unterrichten. Die Anzeige beim Arbeitsamt hat eine Stellungnahme des Betriebsrates zu enthalten. Nach Abgabe der Anzeige werden vor Ablauf eines Monats Entlassungen nur mit Zustimmung des Arbeitsamtes wirksam (vgl. § 18 KSchG).

Entfällt nur ein Teil der vergleichbaren Arbeitsplätze, so muss vom Arbeitgeber eine Sozialauswahl durchgeführt werden. Dazu sind die im Einzelfall vorliegenden sozialen Kriterien, wie etwa Dauer der Betriebszugehörigkeit, Lebensalter und Unterhaltspflichten sowie sonstige soziale Umstände, zu berücksichtigen (vgl. § 1 Abs.3 KSchG). Da die rechtliche Wirksamkeit einer Kündigung durch die einzelfallbezogene Würdigung der sozialen Umstände ungesichert ist, wird in der Praxis vermehrt auf Aufhebungsverträge zurückgegriffen.

Der Personenkreis der Leitenden Angestellten ist gemäß § 14 Abs.2 KSchG in den Kündigungsschutz einbezogen. Auf Antrag des Arbeitgebers löst das Gericht das Arbeitsverhältnis auf, sofern keine gedeihliche Zusammenarbeit zwischen Arbeitgeber und Leitendem Angestellten mehr zu erwarten ist. Der Betroffene erhält bei Auflösung des Arbeitsverhältnisses eine Abfindung (vgl. § 19 KSchG).

Organ-Mitglieder sind nicht von den Regelungen des Kündigungsschutzgesetzes erfasst. Kündigungen dieser Personengruppen richten sich nach den individuellen Regelungen der jeweiligen Vertragsparteien. Vorstände von Aktiengesellschaften können nur abberufen werden, wenn ein wichtiger Grund vorliegt. Hierzu zählt grobe Pflichtverletzung, Unfähigkeit zur ordnungsgemäßen Geschäftsführung und Vertrauensentzug durch die Hauptversammlung (nicht durch den Aufsichtsrat) (vgl. § 84 Abs.3 AktG). Entsprechend bedürfen Veränderungen in der Unternehmensleitung von Aktiengesellschaften, die durch M&A-Transaktionen ausgelöst worden sind, ohne dass ein wichtiger Grund zur Abberufung vorliegt, der Zustimmung des betroffenen Vorstandsmitglieds. Dass mit dieser Zustimmung eine einvernehmliche Regelung der Rechte aus dem Anstellungsvertrag verbunden ist, versteht sich von selbst.

VIII.4 Organisatorischer Rahmen

Die Integration der an einer M&A-Transaktion beteiligten Unternehmen benötigt einen eindeutigen organisatorischen Rahmen. Dabei ist grundsätzlich von den Überlegungen auszugehen, die im Rahmen des M&A-Managements (vgl. Kap. III) angestellt wurden. Insbesondere die Integrationsmaßnahmen bei Akquisitionen werden meist von derselben Stelle koordiniert, kontrolliert und gesteuert, welche die Transaktion initiiert und durchgeführt hat. Bei der Integration nach einer Fusion wird häufig ein aus Mitgliedern beider Unternehmen bestehendes Steering Committee gebildet, das der neu zusammengesetzten Unternehmensleitung direkt unterstellt wird.

Der zeitlich befristeten Integrationsaufgabe entspricht eine befristete Organisationsstruktur. Dieser temporären „Transition Structure" (Marks, Mirvis 2000, S.35 ff.) fallen neben der Durchführung der Integration noch weitere Aufgaben zu:

- Die Besetzung der Integrationsorganisation mit Mitgliedern der ehemals getrennten Unternehmen schafft ein bilaterales Forum des Austauschs an Wissen und Kompetenzen. Zumeist bietet sich dort die Möglichkeit, weitere Synergien zu erkennen und im Rahmen der Integration an deren Realisierung zu arbeiten.

- Die Zusammenarbeit ermöglicht den Aufbau von Beziehungen auf der zwischenmenschlichen Ebene. Die ersten informellen Kontakte entstehen und es bildet sich Vertrauen zwischen den Mitarbeitern der ehemals getrennten Unternehmen.

In der Praxis bietet sich eine Projektorganisation an. Den einzelnen Teilbereichen dieser Projektorganisation sind unterschiedliche Rollen und Aufgaben während der Integrationsphase zugeteilt.

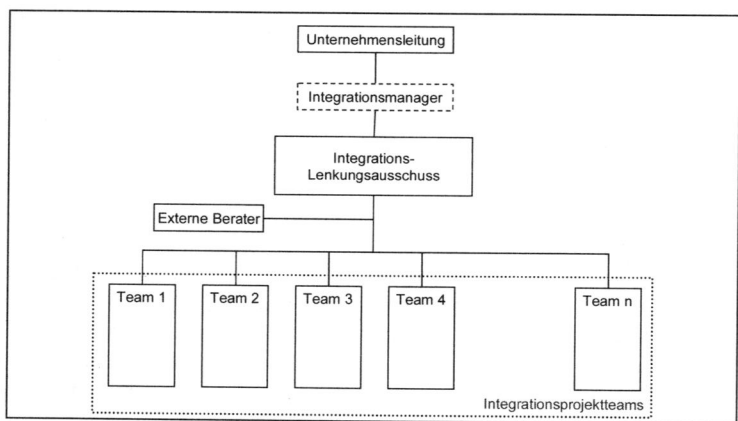

Abbildung 54: Projektorganisation als Integrationsträger
(vgl. Gut-Villa 1997, S.204)

Die Ernennung eines Integrationsmanagers ist typisch für eine Fusion oder den Erwerb einer relativ kleinen Gesellschaft. Des Weiteren ist die Einrichtung dieser zentral koordinierenden Funktion sinnvoll, wenn die M&A-Transaktion zwischen Unternehmen mit Produkt- und Technologieähnlichkeit stattfindet oder durch die Integration hohe Synergiepotenziale aus der Reduktion von Überlappungen realisiert werden sollen. Die Position wird mit einem erfahrenen Manager besetzt, der über die notwendige Fach-, Sozial- und Führungskompetenz verfügt. Als Projektmanager unter erhöhtem Zeitdruck hat der Integrationsmanager planungsorientiertes Vorgehen mit Spontaneität und Kreativität zu verbinden. Er ist entweder der Unternehmensleitung direkt unterstellt oder selbst Mitglied der Geschäftsführung.

Der Integrations-Lenkungsausschuss[98] setzt sich aus Führungsmitgliedern der betroffenen Bereiche der beteiligten Unternehmen und den Leitern der verschiedenen Integrationsteams zusammen. Diese Instanz ist zuständig für die Koordination, Kontrolle und Steuerung der einzelnen Teams. Sie legt den detaillierten Integrationsmaßnahmenplan sowie den zeitlichen Ablaufplan fest und überwacht die Umsetzung des Integrationsprozesses. Dabei werden die unternehmensinternen Mitarbeiter teilweise von externen Beratern unterstützt, deren unternehmensübergreifende Erfahrung und Objektivität vorteilhaft für den Prozess sein kann. Die Mitglieder dieses Ausschusses sollten bereits während der Vertragsverhandlungen ernannt und eingesetzt werden. Die frühe Einbeziehung in die Transaktion erlaubt eine proaktive Vorbereitung der Integrationsmaßnahmen. Bei einem Unternehmenszusammenschluss von Konzernen kann eine größere Anzahl von Projektteams notwendig werden. In diesem Falle wird unter den Integrations-Lenkungsausschuss u.U. eine weitere Ebene von Ausschüssen eingezogen, die eine Funktion, Region oder Sparte überwacht.

Die Integrationsteams selbst werden mit erfahrenen Linienmitarbeitern und Führungskräften besetzt. Ihre Aufgabengliederung ist entweder funktional (z.B. F&E, Einkauf, Vertrieb) oder divisional (z.B. einzelne Profit Centers, Divisions, Business Units). Als Teamleiter wird nach Möglichkeit bereits der zukünftig verantwortliche Mitarbeiter eingesetzt. Bei großen Transaktionen werden den einzelnen Integrationsteams noch kleinere Teams unterstellt, die sich jeweils mit einer speziellen Aufgabe befassen. Dies ist besonders dann sinnvoll, wenn die Teilaufgabe eine hohe Wertsteigerung bei gleichzeitig umfangreicher Veränderung mit sich bringt.

VIII.5 Phasen der Integration

Die Integration von Zielunternehmen ist im Grunde bereits im Rahmen der M&A-Strategie zu planen. Dahinter steckt die Überlegung, dass das Vorausdenken der Integration eines potenziellen Zusammenschlusses die Eignung der zu diesem Zeitpunkt noch gar nicht realen Transaktion klar eingrenzt. Unnötige Kosten und Ablenkungen von der eigentlichen unternehmerischen Aufgabe können so vermieden werden. Andererseits weicht das M&A-Angebot in der Lebenswirklichkeit nicht selten vom Rhythmus der Strategiefestlegung und Planungsverabschiedung eines Unternehmens ab. Deshalb läuft die praktische Forderung darauf hinaus, die Integrationsplanung mit Beginn der Verhandlungen eines konkreten Projekts aufzunehmen. Spätestens zum Ende

---

[98] Für den Terminus Lenkungsausschuss werden in der M&A-Praxis auch alternative Begriffe, wie Struktur- oder Synergieausschuss, verwendet.

der Vertragsverhandlungen muss Klarheit über die Integrationsform und die wichtigsten Einzelschritte herrschen.

VIII.5.1 Integrationsdesign

Die konkrete Integrationsplanung beginnt im Regelfall während der Due Diligence. In dieser Phase bilden sich die notwendigen Informationen zur Festlegung der erforderlichen Integrationsmaßnahmen mit einer im Zeitablauf zunehmenden Genauigkeit heraus.

Die Integrationsplanung ist besonders vertraulich zu behandeln. Werden Aspekte der Integration bekannt, noch bevor eine Verabschiedung des Inhalts erfolgt ist, kann dies den Projekterfolg maßgeblich beeinträchtigen. Je detaillierter die Integration vorbereitet wird, desto rigider ist auf Vertraulichkeit zu achten. Es ist deshalb nicht ungewöhnlich, dass Richtlinien bezüglich der Weitergabe von Dokumenten, Codenamen und individuelle Verhaltensrichtlinien für die Mitarbeiter des Integrationsteams erlassen werden (vgl. Achtmeyer, Daniell 1988, S.39).

VIII.5.1.1 Festlegung des Integrationsgrades

Der Integrationsgrad definiert, in welchem Maße die an einer Transaktion beteiligten Unternehmen organisatorisch und kulturell zusammengeschlossen werden.

In der Praxis existieren alle Spielarten zwischen den beiden Extrempositionen der Autonomie und der vollständigen Integration (Absorption). Eine gelegentlich vermutete einfache Korrelation zwischen Integrationsgrad und Transaktionserfolg besteht nicht. Die Entscheidung über den Integrationsgrad erfolgt vor allem im Hinblick auf die strategischen Ziele der Transaktion.

Integrationsmaßnahmen können sich im Einzelfall durchaus auf juristische Aspekte beschränken und mit Abschluss des Closing weitgehend beendet sein. Fälle dieser Art sind bei diversifizierenden Akquisitionen strategischer Investoren vorstellbar. Bei Finanzinvestoren sind sie sogar die Regel. Den Zwischenschritt auf dem Wege zur vollständigen Integration mit dem Verlust der rechtlichen und wirtschaftlichen Selbständigkeit bildet die partielle Integration. Dabei werden einzelne Teilbereiche eines der beteiligten Unternehmen in die Organisationsstruktur des anderen integriert. Gegenstand der Integration können administrative und operative Segmente der Unternehmen sein. Konzentriert sich das Ziel der Transaktion auf die Realisierung von Kostensynergien, so betrifft die Integration häufig administrative Bereiche, wie das Finanz- und Rechnungswesen, das Controlling, den Einkauf und das Personalwesen, sowie die Fertigung. Die Integration der Bereiche Vertrieb, Marketing sowie Forschung und Entwicklung findet sich typischerweise bei Zusammenschlüssen, deren wichtigstes Ziel das Wachstum des Unternehmens ist (vgl. Hubbard 1999, S.58).

Eine weitere Rolle in der Festlegung der Vernetzung der Prozesse spielt die Transaktionsrichtung. So wurde in empirischen Untersuchungen festgestellt, dass im Falle horizontaler und vertikaler M&A-Transaktionen hohe Integrationsgrade angestrebt wurden, da dort breite Überschneidungen in administrativen und operativen Bereichen der

Unternehmen vorzufinden waren. War die Transaktionsstrategie auf selektive Markt- oder Technologiebereiche ausgerichtet, so zielten die Integrationsmaßnahmen auf eine partielle Integration dieser strategisch bedeutsamen Unternehmensbereiche ab. Laterale M&A-Transaktionen zogen die am wenigsten weitgehenden Integrationsmaßnahmen nach sich. In diesen Fällen wurden nur administrative Bereiche in geringem Umfang vernetzt (vgl. Hase 1996, S.61).

Schließlich haben markt- und produktbezogene Faktoren Einfluss auf den Integrationsgrad (vgl. Scheiter 1989, S.126 ff.). Es erscheint sinnvoll, bei vorliegender Homogenität der Märkte oder bei großer Ähnlichkeit der Produktgruppen einen hohen Integrationsgrad vorzusehen, um die offenkundigen Synergieeffekte und Wachstumschancen zu realisieren.

Für die Wahl des Integrationsgrades sind aber auch die strukturellen und kulturellen Unterschiede zwischen den an der Transaktion beteiligten Unternehmen zu beachten. Zu den strukturellen Determinanten zählen die Organisations- und Führungsstruktur, die räumliche Distanz und das Größenverhältnis zwischen den Unternehmen. Es hat sich gezeigt, dass die Integration von räumlich entfernten Unternehmen trotz des Einsatzes moderner Informationstechnologie häufig auf einige wenige Querschnittsaufgaben (wie Einkauf, Finanz- und Rechnungswesen oder Logistik) beschränkt bleibt. Transkontinentale Plattformstrategien im Forschungs- und Entwicklungsbereich oder in der Fertigung (Centers of Competence) sind zwar vielfach angekündigt, aber nur in wenigen Fällen erfolgreich umgesetzt worden. Führungsverhalten des Managements und praktizierte Verantwortung des Unternehmens gegenüber den unterschiedlichen Stakeholdern sind Ausprägungen der Unternehmenskultur, die ebenfalls hinsichtlich des Integrationsgrades zu berücksichtigen sind (vgl. stellvertretend Johne 2000, S.32 ff., Cartwright, Cooper 1996, S.57 ff. sowie Schneider, Schönacher 1999, S.34 ff.). Empirische Untersuchungen haben gezeigt, dass die Integration von Unternehmen, die strukturell und kulturell kompatibel waren, hohe tatsächliche Integrationsgrade erreichte und tendenziell erfolgreicher verlief (vgl. Scheiter 1989, S.132).

Im Sinne einer Kosten-Nutzen-Rechnung ist auch das Ausmaß der notwendigen Maßnahmen und die Komplexität des Integrationsprozesses in die Überlegungen einzubeziehen. Da ein höherer Integrationsgrad zur Folge hat, dass eine größere Anzahl von Bereichen und Mitarbeitern der beteiligten Unternehmen betroffen sind, ist abzuwägen, ob ein solcher erheblicher Aufwand vor dem Hintergrund der zu erwartenden Störgrößen noch einen zielkonformen Beitrag zur Strategie darstellt oder die Wirtschaftlichkeit eher gefährdet.

Wenngleich die Wahl des Integrationsgrads von einer Vielzahl der geschilderten einzelfallbezogenen Variablen abhängt, kann doch zwischen den folgenden typischen Integrationsfällen[99] unterschieden werden:

---

[99] Der Integrationsgrad kann auch in Anlehnung an das Integrationsobjekt formuliert werden. So werden in der Literatur physische, kulturelle, finanztechnische Integration sowie Prozess- und Geschäftsfeldsintegration unterschieden (vgl. Steinöcker 1993, S.111 f.).

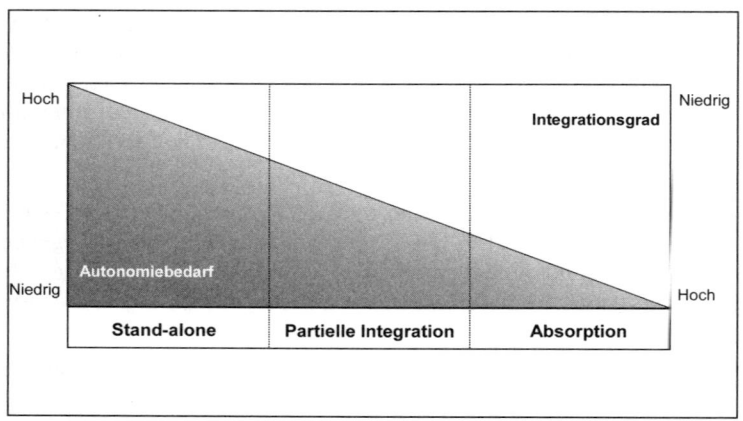

Abbildung 55: Integrationsansätze

Stand-alone: Ein niedriger Integrationsgrad bietet sich immer dann an, wenn Finanz-investoren erfolgreiche Unternehmen erwerben. Ihre strategische Zielsetzung ist auf Kontinuität und Wertmaximierung ausgerichtet. Die Vernetzung beschränkt sich auf die Bereiche Strategie, Finanzen und Controlling. Die Beibehaltung weitgehender Autonomie des Kaufobjekts kann auch für strategische Investoren sinnvoll sein, wenn die Unternehmensziele unterschiedliche Schwerpunkte haben, bestehende Markennamen erhalten bleiben sollen oder die Vorteile der Fortführung der bisherigen Management-, Organisations- und Personalstruktur überwiegen. Für die M&A-Transaktion steht in diesen Fällen nicht die Realisierung von Synergien im Vordergrund. Zusammenar-beitspotenziale liegen hier insbesondere in der Übernahme finanzieller Belastungen oder dem Transfer allgemeiner Managementfähigkeiten. Haspeslagh und Jemison (1992, S.177) beschreiben dies als „Förderung der Zielgesellschaft". Die Vorteile der Stand-alone-Struktur liegen in der Vermeidung von Kulturschocks, der leichteren Um-setzung der Käuferstrategie durch Kontinuität des Managements und der Möglichkeit des Sammelns von M&A-Know-how für Unternehmen, die bisher keine oder nur we-nige Transaktionen durchgeführt haben (vgl. Steinöcker 1993, S.107 f. und Haspes-lagh, Jemison 1992, S.176 f.). Das Konzept ist auch als Vorstufe einer späteren wei-tergehenden Integration anwendbar.

Partielle Integration: Die Form der partiellen Integration stellt den Regelfall aller M&A-Transaktionen dar. Gleiche oder ähnliche Bereiche und Funktionen der beteilig-ten Unternehmen werden koordiniert oder zusammengefasst. Strategisch relevante Be-reiche des Kaufobjekts behalten dagegen weitgehend ihre Selbständigkeit. In der Re-gel wird marktseitig die Stand-alone-Situation beibehalten. Diese Integrationsform bedarf einer feinfühligen Steuerung durch die Integrationsverantwortlichen, verbindet aber, richtig gestaltet, die Vorteile der unternehmerischen Eigenständigkeit des Integ-rationsobjekts mit den Vorteilen der optimalen Nutzung von Scale- und Scope-Effekten.

Absorption: Die vollständige Integration ist der Integrationsansatz mit dem höchsten Schwierigkeitsgrad. Andererseits ermöglicht dieses für Zusammenschlüsse ohne sichtbaren Autonomiebedarf typische Konzept die Umsetzung eines Höchstmaßes an Synergien. Da alle Bereiche des Unternehmens von den Integrationsmaßnahmen betroffen sind und alle Prozesse nahezu gleichzeitig harmonisiert und standardisiert werden müssen, ist bei komplexen und großen Transaktionen höchste Professionalität gefordert. Schließlich erfolgt der Neuaufbau parallel zum weiterlaufenden Tagesgeschäft.

Festzuhalten bleibt, dass das Synergiepotenzial und seine Umsetzungchancen mit dem Integrationsgrad zunehmen. Gleichzeitig steigt die Komplexität der Aufgabe und damit die Anfälligkeit für ein Scheitern. Insofern ist ein deutlicher Zusammenhang zwischen der umfassenden Qualifikation des Integrationsmanagements und der Erfolgsaussicht einer vollständigen Integration zu sehen. Hohe Integrationsgrade in der Hand von wenig qualifizierten Managern führen zu Katastrophen. Im Umkehrschluss kann exzellentes Management mit hohen Integrationsgraden in kurzer Zeit strategische und operative Quantensprünge erreichen. Niedrige Integrationsgrade sind keinesfalls grundsätzlich gering zu schätzen. Qualifizierte Finanzinvestoren können durchaus Stand-alone-Positionen beibehalten und den Unternehmenswert durch Management-, Struktur- und Finanz-Optimierungen deutlich steigern. Niedrige Integrationsgrade führen jedoch bestenfalls zu Zufallserfolgen, wenn käuferseitig gering qualifiziertes Management die Transaktion begleitet.

VIII.5.1.2 Zeitrahmen der Integration

Das Ziel jeder Integration ist es, die beteiligten Unternehmen gemäß dem festgelegten Integrationsgrad möglichst schnell zu vernetzen, um die angestrebten Wertsteigerungspotenziale zu realisieren. Der zeitliche Aspekt kann aus zwei unterschiedlichen Perspektiven betrachtet werden. Zum einen stellt sich die Frage nach der „richtigen" Zeitdauer der Integrationsmaßnahmen, zum anderen sind Zeitpunkt und Reihenfolge der Maßnahmen gesondert zu betrachten.

Die Frage, welche Zeitdauer für ein bestimmtes Volumen von Integrationsmaßnahmen sinnvoll ist, ist in der Literatur umstritten. Die Positionen reichen von einer langsamen, graduellen (Slow Change) bis zu einer schnellen, radikalen Integration[100] (Quick Change). Ein vorsichtiges, schrittweises Vorgehen gibt Zeit zur Sammlung und Bewertung von Informationen, um auf deren Grundlage sachgerechte Entscheidungen zu treffen. Die Auswirkungen bereits durchgeführter Aktionen einschließlich der Reaktionen der Betroffenen können in weitere Entscheidungen einbezogen werden, um Widerstände zu verringern. Befürworter der schnellen Integration verweisen darauf, dass die Mitarbeiter zwar eine kurze Phase der Unsicherheit durchleben, die zeitnahe Konfrontation mit der neuen Wirklichkeit jedoch letztlich vorteilhaft ist. Dieser Ansatz stuft dabei die Nachteile aus schnell getroffenen Entscheidungen, die sich später als falsch herausstellen, als kleiner ein als die nachteiligen Konsequenzen, welche aus einer langsamen Integration resultieren.

---

[100] Feldman und Spratt (2000, S.57 ff.) prägen für die schnelle Integration in Analogie zur Entfernung eines Pflasters, das bei ruckartiger Entfernung weniger Pein verursacht als bei langsamem und vorsichtigem Vorgehen, den Begriff der Heftpflasterstrategie.

Kriterien	Vorteile der graduellen Integration	Vorteile der schnellen Integration
Fachliche Sicherheit	• Fundiertes Vorgehen auf Basis detaillierter Analysen • Einbindung des Know-hows möglichst vieler Führungskräfte • Nutzung der Lern- und Anpassungsfähigkeit möglichst vieler Mitarbeiter • Korrekturmöglichkeiten der Integrationsplanung im Prozessverlauf	• Schnelle Realisierung von Wertsteigerungspotenzialen • Sicherung der wesentlichen Know-how-Träger durch schnelle Selektion • Steigerung der Mitarbeiterproduktivität durch klare Perspektiven • Planungssicherheit und Umsetzungsgeschwindigkeit überwiegen möglichen Korrekturbedarf
Persönliche Sicherheit	• Gründliches gegenseitiges Kennenlernen bzgl. Fähigkeiten und Wertvorstellungen • Chance zur Auffindung der jeweils besten Kandidaten für Neubesetzungen • Zeit für den Abbau emotionaler Widerstände gegen die Transaktion • Zeit für wirkungsvolle Gestaltung von Motivationsmaßnahmen	• Nutzung der nur begrenzte Zeit bestehenden positiven Veränderungserwartung • Rasche Kompetenz- und Verantwortungszuordnung überwiegt einzelne Fehlentscheidungen • Klare Führungsverhältnisse ersticken Widerstände schnell • Kurzfristig sichtbare Erfolge der Transaktion bewirken einen Motivationsschub und verdrängen Skepsis

Tabelle 16: Vorteile unterschiedlicher Integrationsgeschwindigkeiten

Die Gegenüberstellung der Vorteile langsamerer und schneller Integration scheint ein Spiegelbild der Extrempositionen unternehmerischer Grundhaltung zu sein: Der von Vorsicht geprägten, abwartend-gründlichen Position, die das Auslassen von Chancen bewusst in Kauf nimmt, und der dynamisch-risikoorientierten Position, die Herausforderungen beherzt annimmt, auch wenn dabei gelegentlich Fehler entstehen.

Die Wahl der Integrationsgeschwindigkeit sollte über die Mentalitätsfragen der Führung hinaus verschiedene Faktoren berücksichtigen (vgl. Gerpott, Schreiber 1994, S.107 ff. und Grüter 1990, S.190):

- Transaktionsziel: Ist es das Ziel einer Transaktion, das Leistungsprogramm der beteiligten Unternehmen zu verändern bzw. zusammenzulegen, so ist ein eher schnelles Vorgehen angezeigt. Wertsteigerungspotenziale können dann früher erzielt werden, eine mangelhafte Optimierung der Maßnahmen ist hinzunehmen. Sind jedoch vornehmlich immaterielle Ressourcen das Objekt der M&A-Transaktion, so sind Lernprozesse notwendig, die erfahrungsgemäß im Rahmen eines langsameren Vorgehens bessere Ergebnisse erbringen.

- Planungssicherheit: Sind die Integrationsmaßnahmen im Vorfeld mit hinreichender Detaillierung geplant, so ist eine schnelle Umsetzung möglich. Ein graduelles Vorgehen sollte angewendet werden, wenn eine niedrige Planungstiefe vorliegt.

- Integrationsressourcen: Eine hohe Integrationsgeschwindigkeit setzt voraus, dass eine Personalkapazität vorhanden ist, die der Integrationsaufgabe quantitativ wie qualitativ gewachsen ist. Eine weitere Voraussetzung sind ausreichende finanzielle Mittel zur Ergreifung der notwendigen Maßnahmen.

- Akquisitionserfahrung: Unternehmen, die bereits Erfahrung mit der Integration im Anschluss an eine Transaktion haben, können die Integrationsaufgabe auf Grund ihres Know-hows schneller abschließen.

- Wirtschaftliche Schwäche des zu integrierenden Unternehmens: Führungskräfte und Mitarbeiter eines Integrationsobjekts, das in einer schwierigen wirtschaftlichen Verfassung ist, tragen gewöhnlich wenig zum Integrationserfolg bei. Vielmehr ergibt sich hier die Notwendigkeit zur schnellen, energischen Einleitung von Maßnahmen durch den Übernehmer.

Die Entscheidung wird letztlich unter Abwägung aller Aspekte getroffen. Dabei ist auch zu beachten, dass die einzelnen Integrationsmaßnahmen zu unterschiedlichen Zeitpunkten gestartet werden müssen. Die Festlegung der Reihenfolge richtet sich nach den Prioritäten und der Entscheidungsreife jeder Maßnahme.

Üblicherweise wird zuerst in den Bereichen des Finanz- und Rechnungswesen sowie des Controllings mit der Umsetzung der Integrationsmaßnahmen begonnen. Dies ist zum einen darin begründet, dass das finanzwirtschaftliche Know-how als Allgemeinwissen relativ leicht transferierbar ist und zum anderen die Vernetzung dieser Bereiche die notwendige Voraussetzung für die Implementierung eines effizienten Informations- und Kontrollinstruments zur Integration der anderen Bereiche darstellt. Kurzfristig wird in der Regel auch mit der Umsetzung in den Bereichen Einkauf und Produktion begonnen, wo eine veränderte Nutzung der materiellen Ressourcen schnell zum Erfolg führt. Später beginnen die Maßnahmen in den Bereichen Vertrieb, F&E und Personalwesen (vgl. Gerpott 1993, S.386 f.). Entscheidungen in diesen Bereichen sind sensitiv, bedürfen einer genauen Planung und können weniger einfach korrigiert werden.

VIII.5.1.3 Integrationsteam

Die Besetzung des Integrationsteams mit den richtigen Mitarbeitern ist eine wichtige Voraussetzung für eine erfolgreiche Integration. Die Aufgaben der Teammitglieder sind die Erarbeitung der verschiedenen Integrationsmaßnahmen, die Mithilfe bei ihrer Umsetzung, ihre Erfolgskontrolle sowie die Gegensteuerung bei Abweichungen. Bei einer Fusion kann ein vorläufig bestelltes Integrationsteam beider Partner bereits während der Due Diligence erste Maßnahmenpläne für die spätere Integrationsphase erarbeiten. Im Falle einer Akquisition hängt der Zeitpunkt, von dem an Mitarbeiter des Zielunternehmens einbezogen werden können, von der „Freundlichkeit" der Transaktion ab. Im Regelfall erfolgt die Integrationsplanung durch ein Team des Käufers. Mitarbeiter des Zielunternehmens werden nach dem Closing einbezogen.

An die Teammitglieder werden besondere Anforderungen gestellt. Sie müssen unabhängig von ihrer Fachaufgabe über eine weitreichende Kenntnis des Unternehmens und des Wettbewerbsumfelds verfügen. Ihre Identifikation mit der Transaktion und deren Zielsetzung ist unverzichtbare Voraussetzung. Analytisches Denken, Urteilsvermögen, Belastbarkeit und soziale Kompetenz sind notwendig, um aktiv zur Lösung der komplexen Integrationsprobleme beitragen zu können. Die fachlichen Anforderungen werden von der übertragenen spezifischen Integrationsaufgabe bestimmt. Als vorteilhaft erweist es sich, wenn Integrationsaufgaben von Führungskräften ausgeführt werden, die nach der Integration die Führung des entsprechenden Bereichs übertragen bekommen. Dies setzt natürlich Klarheit in Bezug auf das leitende Management des neuen Unternehmens bereits in einer sehr frühen Phase voraus.

Externe Berater können generelles Integrations-Know-how einbringen und personelle oder fachliche Engpässen beseitigen. Ihre Neutralität kann auch zur Schlichtung von Konflikten innerhalb des Teams nützlich sein. Insbesondere bei Systemfragen, wie der Anpassung der verschiedenen Gehalts- und Anreizsysteme sowie der Konfiguration der unterschiedlichen IT-Systeme, ist ihr Wissen über relevante Benchmarks wertvoll (vgl. Caytas, Mahari 1988, S.310).

VIII.5.1.4 Integrationsmaßnahmen

Integrationsmaßnahmen sind alle Aktivitäten, die dazu bestimmt sind, die Vernetzung der durch die Transaktion verbundenen Unternehmen herzustellen. Die Planbarkeit des Integrationsprozesses ist stärker eingeschränkt als diejenige konventioneller Planungsvorgänge. Dazu tragen neben der Komplexität von Unternehmensverbindungen vielfältige sachliche und personenbezogene Störgrößen über die gesamte Dauer der Integration bei. Eine grobe Gliederung in der Designphase unterscheidet folgende Aufgaben (vgl. Hase 1996, S.71 ff.):

- Visionäre Aufgaben: Die Umsetzung der Strategie während der Integration erfordert das Erkennen von Möglichkeiten der wertschaffenden Zusammenarbeit über die vorab formulierte M&A-Strategie hinaus und die Einleitung entsprechender Maßnahmen zu deren Erreichung.

- Gestaltungsaufgaben: Die Umsetzung der Integration durch Maßnahmenpakete und Programme steht im Mittelpunkt der Gestaltung des Integrationsprozesses. Die Maßnahmen beziehen sich vor allem auf die sog. „Hard Facts" wie strategische und organisatorisch-funktionale Aktivitäten. Neben dieser sachlich-rationalen Perspektive sind jedoch auch die „Soft Facts" der kulturellen und personellen Gestaltung keineswegs vernachlässigbar.

- Koordinationsaufgaben: Die einzelnen im Vorfeld geplanten und während des Integrationsprozesses hinzukommenden Aktivitäten sind miteinander abzustimmen. Die Prioritäten sind einzuhalten. Reibungsverluste und Doppelarbeit sind zu vermeiden.

Der Integrationsplan bezieht sich je nach gewähltem Integrationsgrad auf einzelne oder alle Unternehmensbereiche. Das Integrationsmanagement erarbeitet zusammen mit den betroffenen Bereichen einen detaillierten Maßnahmenplan, der quantifizierte Ziele, den zugehörigen Zeitrahmen und die eindeutige Zuordnung der Verantwortung für jede Maßnahme ausweist. Besonders komplexe Integrationsvorgänge erfordern zusätzlich eine Eventualplanung, die Reaktionen auf mögliche Ablaufrisiken antizipiert. Die Pläne liefern auch die Grundlage für das Integrationscontrolling.

Der Integrationsplan kann nicht alle Aufgaben, die sich während der Gesamtdauer der Integration stellen, bereits im Voraus erfassen. Zudem behalten nicht alle in einer frühen Phase erfassten Aktivitäten durchgehend die gleiche Priorität. Ein praxisgerechter Integrationsplan wird deshalb stets ein Kompromiss zwischen einer enzyklopädischen Detaillierung aller Maßnahmen und einem an wechselnden Prioritäten, Wertpotenzial und Eintrittswahrscheinlichkeit orientierten Katalog sein. Mit Hilfe einer Value-Driver-Analyse können die Potenziale aus einer finanzwirtschaftlich orientierten Perspektive ermittelt werden (vgl. Feldmann, Spratt 1999, S.65 ff.). Dabei sollte die Betrachtung bereichsübergreifend erfolgen, um Interdependenzen zwischen den Maßnahmen zu berücksichtigen.

Der zu Beginn der Integration aufgestellte Plan sollte in geeigneten zeitlichen Abständen (z.B. in Quartalen) durch Hochrechnungen ergänzt werden, die den veränderten Realitäten angepasst sind. Eine Korrektur des Plans selbst wäre unredlich. Auch bei größeren Abweichungen muss bis zum Abschluss der Integration allen Verantwortlichen klar sein, welche Wegstrecke zur Einhaltung der Ziele und Prognosen gegenüber den von der Transaktion betroffenen Stakeholdern noch zurückzulegen ist. Dabei ist eine Betrachtung zu wählen, die sich auf die Dauer des Gesamtprojekts bezieht. Ausgehend von unvermeidlichen inhaltlichen Änderungen oder zeitlichen Verschiebungen geplanter Maßnahmen kann durchaus das Planungsziel einer einzelnen Phase des Integrationsprozesses unterschritten werden. Dies hat allerdings zur Folge, dass zur Zielerreichung des Integrationsprozesses dann in einer späteren Phase diese negative Planabweichung aufgeholt wird.

VIII.5.2 Integrationsphase

Mit dem Closing der M&A-Transaktion beginnt die Umsetzung der Integration. Die abstrakte Soll-Vorstellung des Integrationsdesigns weicht einem fein abgestimmten, sich intensivierenden Kommunikations- und Vernetzungsprozess. Die operative Funktion der Umsetzung der Integration im Unternehmen[101] wird als Integrationsmanagement bezeichnet.

Der Integrationserfolg wird sowohl von unternehmensexternen wie auch - internen Einflussgrößen bestimmt. Die Bedeutung der externen Variablen (Faktoren, die von Stakeholdern außerhalb des Unternehmens beeinflusst werden) wurde in Kap. VIII.1 beschrieben. Die notwendigen internen Gestaltungsmaßnahmen können in vier Integrationsfelder, wie sie Abbildung 56 wiedergibt, untergliedert werden (vgl. Hase 1996, S.75 ff.):[102]

Dabei darf nicht außer Acht gelassen werden, dass neben der operativen Bewältigung der Transaktion und der mit ihr verbundenen strategischen Neuausrichtung auch die vorhandene Geschäftsbasis erhalten und weiterentwickelt werden muss. Die Tatsache, dass Unternehmensleitungen nach einer M&A-Transaktion häufig erklären, die Geschäfte liefen zwar schlecht, aber die Integrationsziele seien erreicht worden, unterstreicht die Wichtigkeit dieses nahezu selbstverständlich erscheinenden Hinweises.

---

[101] Der Terminus „Unternehmen" schließt hier die an der Transaktion beteiligten Unternehmen ein und folgt der Überlegung, dass die ehemals getrennten Unternehmen nun eine Einheit darstellen.

[102] In der Literatur existieren weitere Modelle zur Systematisierung der Integration. Im „7S-Modell" von McKinsey & Company werden im Rahmen der Integration die sieben Elemente Selbstverständnis, Strategie, Struktur, Systeme, Stil, Stammpersonal und Spezialkenntnis als wesentlich betrachtet. Leavitt schlägt vor, die interdependenten Variablen Aufgaben, Strukturen, Menschen und Technologien zu betrachten (vgl. Sommer 1996, S.153 ff.).

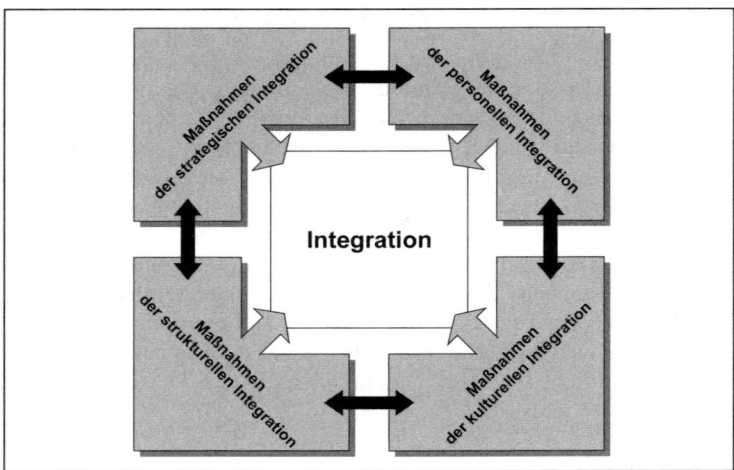

Abbildung 56: Maßnahmen während der Integration

VIII.5.2.1 Strategische Integration

Die Maßnahmen der strategischen Integration nehmen auf Grund ihrer langfristigen Perspektive und ihrer grundlegenden Bedeutung eine funktionsübergreifende Sonderstellung ein. Die strukturellen, personellen und kulturellen Integrationsaktivitäten orientieren sich an diesen Maßnahmen.

Der „strategische Fit" ist sowohl für das Unternehmensleitbild wie auch für die Unternehmens- und Geschäftsfeldstrategie herzustellen. Sicher kann der Erwerber dem akquirierten Unternehmen seine Vorstellung des Unternehmensleitbilds oder der Geschäftsstrategie nicht einfach vorgeben. Umso weniger gelingt die einseitige Strategievorgabe durch einen der Partner bei einer Fusion. Vielmehr beruht der Erfolg der strategischen Integration auf der Umsetzung einer gemeinsam erarbeiteten Wert- und Zielvorstellung.

Gegenstand der strategischen Integration sind alle Aktivitäten und Entscheidungen des Unternehmens, die langfristige Implikationen haben. Die Integrationsaufgabe kann in verschiedene Komponenten gegliedert werden:

- Konsolidierung unternehmensstrategischer Absichten: Existieren unterschiedliche Auffassungen bzgl. der Unternehmensphilosophie[103], so besteht die Notwendigkeit, diese schon im Vorfeld der potenziellen Behinderung des Integrationserfolgs beizulegen. Viele Unternehmen legen die verbindlichen Aussagen über ihre Unternehmensphilosophie in Unternehmensleitlinien nieder. Diese geben eine Grundorientierung

---

[103] Zum Terminus „Unternehmensphilosophie" kann synonym der Begriff „Unternehmenspolitik" verwendet werden. Dieser umfasst „die Gesamtheit der grundlegenden Entscheide, welche das Unternehmensgeschehen in die Zukunft hinein auf längere Frist in wesentlichen Grundlinien bestimmen sollen" (Ulrich 1987, S.11).

254

über strategische Ziele, Selbstverständnis und Führungsprinzipien. Das neue Unternehmensleitbild sollte von den Beteiligten (im Idealfall in der Phase des Integrationsdesigns) gemeinsam erarbeitet werden.

- Geschäftsfeldbezogene Strategieumsetzung: Basierend auf der konsolidierten Unternehmensstrategie sind die geplanten Teilstrategien für die einzelnen Unternehmensbereiche zu adjustieren. Grundsätzlich kann ein Unternehmensbereich veräußert, allein fortgeführt oder integriert werden. Vor allem bei Fusionen ist festzulegen, in welcher Folge eine Neuordnung des bestehenden Portfolios vorgenommen wird und Bereiche, die nicht zum Kerngeschäft gehören, veräußert werden. Die Stand-alone-Strategie von Geschäftsfeldern ist eher die Ausnahme. Sie ist u.U. dann sinnvoll, wenn der Wertzuwachs im Falle der Nichtintegration eines besonders innovativen Unternehmensteils die Wertsteigerungen aus der Integration übertrifft.

- Transfer strategischer Ressourcen und Fähigkeiten: Der Transfer funktionaler Fähigkeiten, z.B. des F&E-Bereichs, ist zeitaufwendig, da der Übertragung ein Wissensaustauschprozess vorausgehen muss. Grundsätzlich bringt die Integration von strategisch relevanten Fähigkeiten dann Wettbewerbsvorteile, wenn sich diese Fähigkeiten auf das Endprodukt auswirken und eine spürbare Steigerung des Kundennutzens bewirken. Strategische Managementfähigkeiten beziehen sich auf Managementfachwissen und -erfahrung, das in Form einer internen Beratertätigkeit oder durch Personalaustausch transferiert wird, auf organisatorisches Know-how bezüglich der Aufbau- und Ablaufstruktur des Unternehmens und auf strategisches Know-how in Form strategischer Planungssysteme. Die strategische Integration hat hierzu Festlegungen zu treffen.

Die Überlegung, diejenigen Mitarbeiter an der Strategieumsetzung zu beteiligen, welche auch am Transaktionsprozess beteiligt waren, bedarf im Falle der Akquisition einer differenzierteren Betrachtung. Eine Beteiligung des akquirierten Unternehmens ist nicht uneingeschränkt geboten. Bei der Entwicklung einer kurzfristigen Wettbewerbsstrategie sollte das Management des erworbenen Unternehmens allerdings nicht von der Muttergesellschaft eingeschränkt werden. Einseitige Vorgaben für das geschäftliche Vorgehen können zu voreiligen Fehlentscheidungen, insbesondere aber zu schweren Motivationsproblemen führen. Bei der Entwicklung der mittel- und langfristigen Unternehmens- und Geschäftsfeldstrategie hängt die Mitsprachemöglichkeit des akquirierten Unternehmens vom gewählten Integrationsgrad, dem Größenverhältnis und der personellen Situation ab. Letztlich muss der Übernehmer jedoch eine Entscheidung treffen, wenn kein Konsens erzielt worden ist. Das Fehlen einer dominanten Partei bei einem Merger of Equals stellt hier häufig eine Schwachstelle dar. Die Folge sind suboptimale Kompromisse oder, noch häufiger, ausbleibende Entscheidungen.

VIII.5.2.2 Personelle Integration

Eine M&A-Transaktion ohne die Mitwirkung der betroffenen Führungskräfte und Mitarbeiter wird nicht das volle Wertsteigerungspotenzial realisieren können. Eine motivierte Belegschaft stellt das zentrale Erfolgskriterium einer Transaktion dar (vgl. Steinöcker 1993, S.127 und Büttgenbach 2000, S.62 ff.). Das Integrationsmanagement steht dieser Aufgabe keineswegs wehrlos gegenüber. Vielmehr können verschiedene

Führungsinstrumente[104] eingesetzt werden, um die Bereitschaft der Mitarbeiter zur Unterstützung der integrationsbedingten Veränderungen zu verstärken und die Arbeitszufriedenheit zu fördern (vgl. Hase 1996, S.132 ff. und Gut-Villa 1997, S.206 ff.):

- Führungsstil: Der Führungsstil als verhaltensbeeinflussendes Instrument des Managements wird im Rahmen einer M&A-Transaktion relevant, wenn die betroffenen Mitarbeiter mit unterschiedlichen Auffassungen konfrontiert werden. Im Zusammenhang mit Akquisitionen dominiert naturgemäß der Führungsstil des Erwerbers (vgl. Datta 1991, S.291). Als Indikator für eine erfolgreiche Integration bzgl. des Führungsstils dient die Fluktuation des übernommenen Managements. Empirische Studien belegen in diesem Punkt eine hohe Misserfolgsquote. Bis zu 60 % der Führungskräfte verlassen das akquirierte Unternehmen in den ersten fünf Jahren nach der Transaktion (vgl. Gerpott 1993, S.208 f. und 331 f. und Cartwright, Cooper 1996, S.45 ff.). Ähnlich negativ sind die Erfahrungen bei Fusionen.

- Anreizsysteme: Im Zusammenhang mit der Integration von Unternehmensverbindungen sind Anreizsysteme einerseits selbst Gegenstand der Vernetzung und andererseits Treiber des Fortgangs der Integration. Das Ergebnis einer OECD-Studie, dass Anreizsysteme zu einem Anstieg der Produktivität und einer Senkung der Fluktuationsrate im Unternehmen führen, zeigt sich auch im Rahmen von M&A-Transaktionen (vgl. Gut-Villa 1997, S.241). Anreizsysteme sollten einfach und leistungsnah sein sowie die vorab analysierte Präferenzstruktur der Mitarbeiter berücksichtigen.

- Personalentwicklung: Maßnahmen zur Vermittlung von Qualifikationen (etwa theoretische sowie praktische Fach- und Führungskenntnisse, Denkmuster und Verhaltensweisen) unterstützen die personelle Integration. Während dieser Weiterbildung haben die neuen „Kollegen" die Möglichkeit, sich auf der fachlichen und zwischenmenschlichen Ebene kennen zu lernen. Dem häufigen Mangel an persönlicher Perspektive nach einer M&A-Transaktion sollte insbesondere bei wichtigen Leistungsträgern durch eine Karriereplanung begegnet werden. Zur Objektivierung dieses Vorgangs empfiehlt sich eine Potenzialanalyse (ggf. über Assessment Center), die unmittelbar nach dem Closing in den oberen Ebenen des Managements und zu einem späteren Zeitpunkt für die folgenden hierarchischen Ebenen durchgeführt wird. Neben der persönlichen und fachlichen Qualifikation des jeweiligen Kandidaten ist hierbei seine Flexibilität sowie seine Identifikation mit den Zielen der Transaktion zu überprüfen.

- Information: Die Sinnhaftigkeit der M&A-Transaktion muss auch während der Integrationsphase kontinuierlich in der geeigneten Weise gegenüber den betroffenen Mitarbeitern kommuniziert werden. Die wiederholte Vermittlung der Visionen und Ziele trägt allerdings nur dann zum Abbau von Unsicherheit und zur Vermeidung realitätsferner negativer Befürchtungen bei, wenn den Ankündigungen sichtbare Zeichen folgen.

Die personelle Integration erfordert hinsichtlich ihrer Konzeption und Umsetzung den unmittelbaren Einsatz der Unternehmensleitung. Verlässlichkeit, Präsenz und Beispielverhalten der Führung sind erfolgskritisch für das Zusammenwachsen. Umso entscheidender ist die frühe Festlegung der Führungsspitze des neuen Unternehmens. Hierzu gehören zumindest die Unternehmensleitung und die nachfolgende Führungsebene.

---

[104] Führungsinstrumente sind im Rahmen dieser Ausführungen alle Maßnahmen und Verhaltensweisen von Führungskräften, die ein integrationsförderndes Verhalten der Mitarbeiter bewirken.

Im Tagesgeschäft ist der Personalbereich der Träger der personellen Integration. Zunächst hat das Personalressort die funktionale Integration der ehemals getrennten Personalbereiche zu gewährleisten. Die Aufgabe konzentriert sich dabei auf die Harmonisierung der personalwirtschaftlichen Systeme. Im Rahmen der operativen Vernetzung sind die Lohn- und Gehaltsabrechnung, die Arbeitszeiterfassung und -verwaltung, das Personalkostenberichtswesen und die Verwaltung der Personalstamm- und Personalbewegungsdaten zu harmonisieren. Darüber hinaus gilt es, die Lohn- und Gehaltssysteme, die Anreizsysteme, die Arbeitszeitregelungen sowie soziale Belange, wie Betriebsvereinbarungen oder die Betriebsratsarbeit, aufeinander abzustimmen. Empirische Studien zeigen, dass die personalbereichsorientierte Analyse und Konzeption in einem frühen Stadium der Integration häufig vernachlässigt wird (vgl. Gerpott 1999, S.72). Vielfach wird der Personalbereich als nachträglicher „Reparaturbetrieb" für Fehlentwicklungen während der Integration angesehen und nicht als aktives Planungsinstrument betrachtet.

Ein funktionsfähiger Personalbereich kann durchaus die Aufgabe der Vernetzung der Wissensbestände im Unternehmen übernehmen. Schließlich ist die Querschnittaufgabe des Transfers von Wissen und Fähigkeiten eine Funktion der engen persönlichen Zusammenarbeit zwischen den zuvor getrennten Parteien. Das Ausmaß der Vernetzung der Wissensbestände richtet sich nicht nur nach dem definierten Integrationsgrad. Es ist auch abhängig von der Hierarchieebene und der Organisationseinheit. Generell steigt mit der Höhe der Hierarchieebene die Notwendigkeit des Wissens- und Fähigkeitstransfers. Der Personalbereich hat die Möglichkeit, den Transfer entweder durch seine direkte Beteiligung, etwa durch Mitarbeiterinformationen, Seminare und Schulungen, oder durch strukturelle Maßnahmen, welche die Voraussetzungen für die Vernetzung verbessern, zu unterstützen.

VIII.5.2.3 Strukturelle Integration

Die strukturelle Integration hat zum Ziel, voneinander abweichende Organisationsstrukturen zwischen den beteiligten Unternehmen zu konsolidieren. Die aus einer M&A-Transaktion regelmäßig resultierenden Veränderungen betreffen sowohl die Aufbau- als auch die Ablauforganisation des Unternehmens.

Aufgabe der Integration der Aufbauorganisation ist es, eine sinnvolle und situativ richtige Organisationsstruktur für das Unternehmen zu implementieren. Eine M&A-Transaktion kann eine vollständig neue Aufbauorganisation des Unternehmens oder eine Veränderung in ausgewählten Unternehmensbereichen erfordern. Grundsätzlich stehen einem Unternehmen mit mehreren Strategischen Geschäftseinheiten die in Abbildung 57 aufgeführten Alternativen zur Verfügung.

Die Praxis kennt alle Varianten, einschließlich weiterer Mischsysteme. Die Holding ohne Integration findet sich regelmäßig bei Private-Equity-Fonds, die ihr Portfolio ohne Eingriffe in die Tochtergesellschaften führen und weiterentwickeln. Die Form des integrierten Kerngeschäfts mit unabhängigen Tochtergesellschaften kennzeichnet häufig eine Übergangssituation, wie sie sich z.B. im Rahmen der Fokussierung auf das globale Energiegeschäft bei E.ON und RWE darstellt. Als Beispiel faktisch unabhängiger, aber in sich integrierter Geschäftsbereiche ist ThyssenKrupp zu nennen. Der

Organisationsform des vollständig integrierten diversifizierten Unternehmens kommt General Electric nahe.

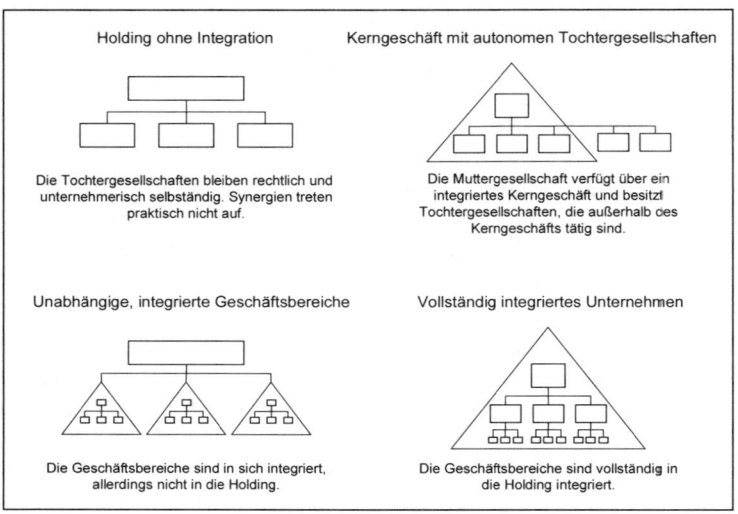

Abbildung 57: Alternativen möglicher Organisationsstrukturen
(vgl. Gomez, Weber 1989, S.73)

Generalisierende Empfehlungen hinsichtlich der Organisationsstrukturen auszusprechen, ist schwierig. Die Auswahl ist an der Ausgangslage, der Zielsetzung und der vorgesehenen Veränderungsgeschwindigkeit zu orientieren.

Die institutionelle Gliederung kann sich an Kriterien wie Region, Funktion oder Geschäftsfeld orientieren. Internationale und große Unternehmen integrieren hinzukommende Einheiten häufig über eine Matrixstruktur aus Produktgruppen und einer regionalen Gliederung. Die Organisationsalternativen weisen unterschiedliche Grade an Zentralisierung bzw. Dezentralisierung auf. Holdingstrukturen zeichnen sich dabei durch ein hohes Maß an Dezentralisation aus und eignen sich zur Strukturierung eines umfangreichen unternehmerischen Portfolios. Der Trend zur Konzentration auf Kernkompetenzen hat zweifellos die Hinwendung zu einer neuen Form der Zentralisation bewirkt. Die Fokussierung ermöglicht es der obersten Hierarchieebene, unmittelbar Entscheidungen zu treffen. Fusionen und Akquisitionen werden u.a. durch kostenreduzierende Synergien begründet, deren Realisierung schnelle Entscheidungen und teilweise gravierende Veränderungen erfordert. Zentrale Organisationsstrukturen sind deshalb für die Integration von Unternehmensverbindungen häufig effizienter als dezentrale. Letztlich sind die situativen Gegebenheiten des Einzelfalls entscheidend. Strategie, Unternehmensgröße und Ergebnissituation spielen ebenso eine Rolle wie die Präferenzen des Managements, die Unternehmenskultur und der Einfluss des Betriebsrates.

Die Veränderung der Aufbauorganisation erfordert eine entsprechende Anpassung der Ablauforganisation. Die Gestaltung der Geschäftsabläufe hat dabei die Kriterien Qua-

258

lität (Transparenz, Vollständigkeit) und Differenziertheit (Grad der Übereinstimmung der Arbeitsinhalte) zu beachten. Daraus lassen sich Normstrategien der ablauforganisatorischen Integration ableiten.

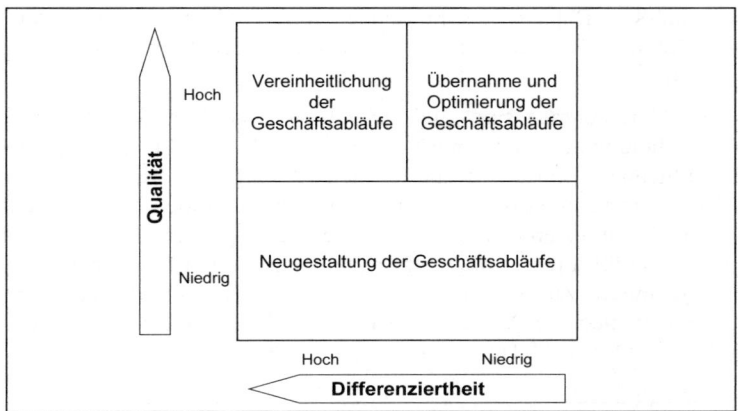

Abbildung 58: Kriterienmodell der ablauforientierten Organisation
(vgl. Clever 1993, S.88)

Für den Fall erheblicher Unterschiede zwischen den Abläufen der zu integrierenden Einheit in Verbindung mit deren hoher Effizienz bietet sich eine Vereinheitlichung an. Unterscheiden sich die Arbeitsprozesse nicht stark, so werden vielfach die Geschäftsabläufe des effizienteren Partners übernommen und ggf. optimiert. Ein niedriger Qualitätsstandard der Organisation erfordert in jedem Fall eine Neugestaltung der Geschäftsabläufe.

VIII.5.2.4 Kulturelle Integration

Die Maßnahmen der kulturellen Integration werden zurecht als intransparent, problematisch und wenig systematisierbar angesehen. Die Wirkung, welche die Beeinflussung und Anpassung unterschiedlicher Unternehmenskulturen auf den Integrationserfolg hat, ist schwer messbar. Hinzu kommt, dass selbst erfolgreiche Maßnahmen erst mittel- und langfristig Wirkung zeigen. Dennoch stellt die kulturelle Integration einen wichtigen, gleichsam katalytischen Baustein für den Erfolg einer M&A-Transaktion dar, der die übrigen Integrationsebenen Strategie, Personal und Struktur beeinflusst und ergänzt. Integrationsmaßnahmen, die von gemeinsamen Werten und Normen der Mitarbeiter unterstützt und getragen werden, sind leichter umzusetzen als solche, die den Grundeinstellungen der Betroffenen entgegenstehen. Besonders vor dem Hintergrund der zunehmenden internationalen M&A-Aktivitäten, bei denen gleichzeitig unterschiedliche Länder- und Unternehmenskulturen vernetzt werden müssen, gewinnt die kulturelle Integration an Bedeutung. Dem steht in der Praxis eine häufig nur ungenügende Beschäftigung des Managements mit der unternehmensweiten Kulturkompatibilität gegenüber (vgl. Johne 2000, S.31 f.). Die Beschäftigung mit der Unternehmenskultur stößt dort an ihre Grenzen, wo Harmonisierungsbestrebungen dringend notwendige sachliche oder personelle Entscheidungen behindern oder verzögern. Neueren empirischen Untersuchungen zur Folge hat die Unternehmenskultur-Frage keinen signifikanten Einfluss auf die Entwicklung von Umsatz oder Börsenkapialisierung von Zusammenschlüssen. Danach messen gerade M&A-erfahrene Unternehmen den Kulturfragen im Rahmen der Integration weniger große Bedeutung bei (vgl. Jansen, Körner 2000, S.10).

Kulturen von Unternehmen sind „gelebte" Werte- und Verhaltensnormen, die Entscheidungen, Handlungen und Unterlassungen der Unternehmensmitglieder bestimmen (vgl. Büttgenbach 2000, S.65 und Krystek 1992, S.541). Die Unternehmenskultur vermittelt den Unternehmensmitgliedern Orientierung und Identität. Sie wirkt dadurch erfahrungsgemäß stabilisierend auf das Unternehmen (vgl. Grüter 1991, S.214 f.). Eine M&A-Transaktion führt regelmäßig zum Aufeinandertreffen mehr oder weniger unterschiedlicher Kulturen. Zur Ableitung der im Einzelfall richtigen Maßnahmen ist es hilfreich, die verschiedenen Merkmale der Unternehmenskultur in drei unterschiedliche Ebenen zu gliedern (vgl. Hase 1996, S.155 und Bleicher 1991, S.732).

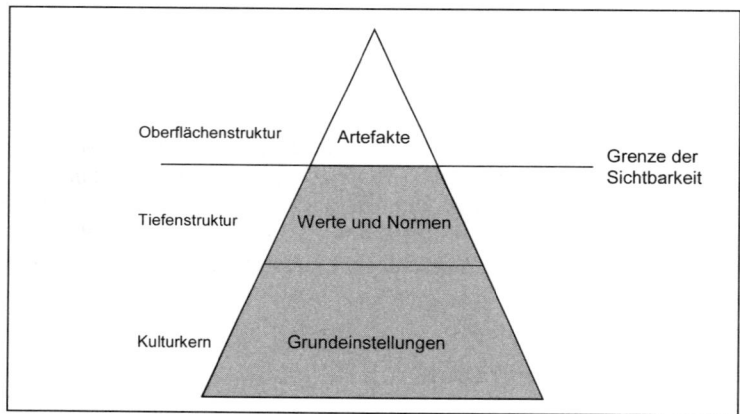

Abbildung 59: Drei-Ebenen-Modell der Unternehmenskultur

Auf der obersten Ebene werden die Artefakte (Handlungen und Symbole, welche die Kultur zum Ausdruck bringen) sichtbar. Beispielhafte Artefakte sind etwa symbolträchtige Schulungszentren, die Einrichtung der Verwaltungsgebäude, Vorstandskasinos, Besprechungsrituale oder auch die Form von Führungskräfteveranstaltungen. Unterhalb der Sichtbarkeitsgrenze sind die Werte und Normen zu finden. Kulturelle Unterschiede zwischen Unternehmen treten auf dieser Ebene deutlich hervor. In diesem Feld treten Fragen auf wie: Welche Erfolgsmaßstäbe hat ein Unternehmen? Ist eine Streitkultur vorhanden oder überwiegt der Konsensgedanke? Welchen Stellenwert hat Erfahrung gegenüber Risikobereitschaft? Die unterste Ebene stellt den Kulturkern mit dem grundlegenden Selbstverständnis der Unternehmensmitglieder über ihr Umfeld, ihre Arbeit und ihre Beziehungen untereinander sowie zu Dritten dar. Beispiele dieser

Grundeinstellungen sind die Haltung zur gesellschaftspolitischen Verantwortung von Unternehmen oder die Akzeptanz Feindlicher Übernahmen.

Die Maßnahmen der kulturellen Integration können auf allen Ebenen ansetzen. Zwar sind Artefakte als Zeichen einer neuen Unternehmenskultur relativ leicht zu realisieren. Ihre Wirkung auf die darunterliegenden Ebenen ist jedoch gering. So erzeugt ein neues Unternehmenslogo noch keine Veränderung der Grundeinstellungen der Führungskräfte und Mitarbeiter. Umgekehrt ist nicht selten eine Veränderung der Grundeinstellung der Mitarbeiter durch faktische Machtverhältnisse Anlass für kulturelle Anpassungen auch des Managements.

In der Praxis besteht durchaus die Möglichkeit zur aktiven Gestaltung der kulturellen Integration, auch unterhalb der Sichtbarkeitsgrenze. Da die Unternehmenskultur historisch gewachsen ist und gegenüber kurzfristigen Veränderungen eine gewisse Immunität besitzt, hat aber selbst ein energisches Management des Gestaltungsprozesses nur begrenzten Spielraum. Ein Kulturschock, hervorgerufen durch den abrupten Wechsel in eine neue Kultur, mündet leicht in Demotivation, ungewollte Fluktuation, Produktivitätsverlust und letztendlich in eine Verschlechterung der wirtschaftlichen Umstände. Als wirkungsvoll erweisen sich die gezielte partielle Einflussnahme sowie der geschickte Anstoß der Selbstregulierung. Dennoch treten merkliche Veränderungen an starken Kulturen erst nach einigen Jahren auf (vgl. Reineke 1989, S.97 f.).

Die Zusammenführung der unterschiedlichen Unternehmenskulturen findet demnach in einem Spannungsfeld statt. Das Konzept der Akkulturation versucht, den Prozess der gegenseitigen Anpassung der Unternehmenskulturen unter Berücksichtigung der jeweiligen Interessen durchzuführen. Der Akkulturationsprozess hat nicht automatisch zur Folge, dass sich aufeinandertreffende Kulturen gegenseitig verstärken und daraus eine neue, verbindende Unternehmenskultur entsteht (konstruktive Wirkung). Es ist häufiger der Fall, dass Unternehmenskulturen nur schwer vereinbar sind und Anpassungen lediglich zu beidseitigen Störungen führen (destruktive Wirkung). Da u.U. zum Zeitpunkt der Wahrnehmung des Problems die Transaktion bereits realisiert worden ist, nimmt in der Konsequenz die Unternehmenskultur des stärkeren Partners die dominante Stellung ein. Im Falle der Akquisition überwiegt danach häufig die Kultur des Erwerbers.

Grundsätzlich lassen sich vier unterschiedliche Integrationsmuster zwischen den beiden Extrempositionen der Kulturaufgabe und der Kulturbewahrung unterscheiden (vgl. Hase 1996, S.162 f.):

- Integration: Die Anpassung vollzieht sich - unter Vermeidung von Dominanz - graduell in sich überschneidenden Bereichen. Typisch ist diese Form der Akkulturation im Rahmen einer Akquisition, bei welcher das erworbene Unternehmen als unabhängiger Geschäftsbereich weitergeführt wird. Im Falle der Fusion ist es vorstellbar, dass Unternehmensbereiche, die nicht von großen Veränderungen betroffen sind und als unabhängige Geschäftsbereiche weiterbestehen, ihre gewachsenen Unternehmenskulturen zunächst erhalten, um sich dann schrittweise den neuen übergeordneten Werten und Normen anzupassen.

- Assimilation: Eine Einheitskultur entsteht aus der strukturellen und kulturellen Integration. In der Praxis kann dies im Falle eines Merger of Equals angestrebt werden. Bei einer Akquisition werden zumeist leistungsschwache und relativ kleine Unternehmen assimiliert.

- Separation: Das übernommene Unternehmen achtet darauf, trotz der Transaktion seine eigene Struktur, Kultur und Identität zu bewahren. Dies ist nur im Falle der Akquisition, etwa nach dem Erwerb eines innovativen Nischenunternehmens, denkbar. Inhaltlich verfolgt die M&A-Strategie des Erwerbers dabei weniger den Synergiegedanken als den Zugang zu Know-how.

- Dekulturation: Die Kulturen der Unternehmen sind unvereinbar. Eine Einigung über Wert- und Verhaltensnormen kann nicht erreicht werden. Sollte dieses destruktive Integrationsmuster in der Praxis auftreten, so liegt der Schluss nahe, dass entweder der Prozess der Integration nicht erfolgreich durchgeführt worden ist oder keine ausreichende Analyse der unterschiedlichen Unternehmenskulturen im Vorfeld der Transaktion erfolgt ist.

Mit Hilfe welcher Maßnahmen die kulturelle Integration gefördert wird, ist abhängig von den Unterschieden zwischen den Kulturen und der Bereitschaft der Mitarbeiter im Hinblick auf kulturelle Veränderungen. Das geeignete Vorgehen gleicht eher einer Kulturevolution als einer abrupten Kulturrevolution.

Im Grunde müssen alle Integrationsmaßnahmen unter Beachtung der kulturellen Aspekte erfolgen. Ignoranz in dieser Frage kommt teuer zu stehen. Die originären Integrationsziele auf den einzelnen Ebenen werden zweifellos leichter erzielt, wenn die Akkulturation als Verstärker eines dynamischen Anpassungs- und Lernprozesses eingesetzt wird. „Kulturbewusstes" Vorgehen kann auf allen Integrationsebenen zum Einsatz kommen:

- Strategie: Die angestrebten Werte und Normen können in die Formulierung eines neuen Unternehmensleitbilds einfließen. Vielfach wird besonders im Rahmen von Fusionen am Tag ihrer Bekanntgabe auch eine neue Corporate Identity[105] vorgestellt. Stilelemente des neuen Unternehmens sollen den Mitarbeitern und externen Personengruppen die neue Identität verdeutlichen. Sofern es sich dabei jedoch ausschließlich um Oberflächenkosmetik handelt, hat die Maßnahme keine nachhaltige Wirkung.

- Personal: Um Mitarbeitern neue Normen und Werte „vorzuleben", können Schlüsselpositionen mit Personen besetzt werden, die sich sichtbar mit der neuen Unternehmenskultur identifizieren. Anreizsysteme, in denen sich unternehmenskulturelle Ziele finden, unterstützen die Internalisierung von kulturkonformem Verhalten. Im Rahmen der Personalentwicklung können in Seminaren und Workshops gezielt die neuen Werte vermittelt werden. Bei der internen und externen Personalrekrutierung ist das Auswahlkriterium „Kulturfähigkeit" als wichtiges Element zu beachten.

- Struktur: Die Bildung autonomer dezentraler Einheiten auf der dem Einzelfall angepassten Hierarchieebene fördert das unternehmerische Verantwortungsdenken der Mitarbeiter. Bei der Prozessgestaltung unterstützt die Zuordnung von Prozessabschnitten zu selbständigen Arbeitsgruppen die Hinwendung zur Teamarbeit.

Veränderungen des Kerns und der Tiefenstruktur der Unternehmenskultur bringen glaubwürdige Veränderungen der Artefakte mit sich. Solche Symbole und Signale können u.a. sein: die Ausgliederung von Bereichen in selbständige Einheiten, die Einführung der wertorientierten Unternehmenssteuerung, die Ausgabe von Aktienoptionen, die Verringerung der Zahl der Führungsebenen oder die drastische Beschneidung

---

[105] Corporate Identity (Synonym: Unternehmensidentität): Nach innen und außen gültige, strategisch geplante und operativ umgesetzte Selbstdarstellung eines Unternehmens.

der Holding. Aber auch prestigeorientierte Zeichen können erfolgreich eingesetzt werden, wie die Abschaffung von Firmenjets, die Verwendung bescheidenerer Dienstwagen, die Integration von Kasino und Kantine oder das Abhalten von Führungstagungen am Wochenende. Ein vorbildliches Rollenverhalten der Unternehmensleitung, das den Mitarbeitern die angestrebten Werte und Normen vorlebt, lässt die neue Kultur sehr viel schneller entstehen. Diese kulturbeeinflussenden Signale erzielen besonders in krisenhaften Zeiten eine erhöhte Wirkung. Voraussetzung für den Erfolg des symbolischen Führungsverhaltens ist die Internalisierung der neuen Werte und Normen durch das Management aller Ebenen. Erscheint den Mitarbeitern die neue Unternehmenskultur lediglich vorgespielt, kommt es regelmäßig zu negativen Reaktionen. Die Integration wird dann eher behindert als gefördert.

Entscheidend für den Erfolg der Akkulturation ist ein breiter Konsens der Führung über die Bedeutung kultureller Ziele. Unterschiedliche Präferenzen führen zu einem höheren Anpassungsstress und bewirken dadurch Störungen des gesamten Integrationsprozesses. Deshalb sollten bereits vor dem Closing die Vorstellungen über die kulturelle Integration zwischen den Partnern abgestimmt sein.

VIII.5.3 Integrationscontrolling

In der Literatur existieren zahlreiche Untersuchungen, die auf hohe Misserfolgsquoten von Transaktionen hinweisen und in diesem Zusammenhang der Integrationsphase ein besonderes Gewicht einräumen. A.T. Kearney weist auf das Ergebnis einer weltweiten Befragung von 230 Unternehmen hin, wonach zwei Elemente des Post-Merger Management zu den wichtigsten Erfolgsfaktoren gehören: Die Beherrschung des Integrationsprozesses und die Berücksichtigung kultureller Unterschiede (vgl. A.T. Kearney 1999). Wie schwierig die Einordnung von Selbsteinschätzungen betroffener Unternehmen ist, zeigt ein Panel von 109 Zusammenschlüssen mit Beteiligung deutscher Unternehmen zwischen 1994 bis 1998 (vgl. Jansen, Körner 2000, S.13). Danach schätzen 47 % der Unternehmen die Qualität des Integrationsprozesses als sehr gut oder gut, 42 % als befriedigend und nur 11 % als nicht gelungen ein. Die Einschätzung geht völlig an der Realität der Umsatz- und Wertentwicklung dieser Unternehmen vorbei, die bei 60 % der Unternehmen, die ihren Integrationsprozess als sehr gut oder gut bezeichneten, negativ ausfielen.

Während für die Erfolgskontrolle einer Transaktion brauchbare quantitative Methoden vorliegen (vgl. Kap. IX), stößt die Messung des Erfolgs der Integrationsphase auf erhebliche Probleme, insbesondere dann, wenn sie alle Aspekte der Integration umfassen soll. In der Praxis konzentriert sich daher das Integrationscontrolling vor allem auf die quantitative Kontrolle und Steuerung des Budget- und Zeitplans (vgl. Kap. VIII.5.1.4) sowie auf die qualitative Überwachung der sonstigen Kriterien. Für ein ganzheitliches Controlling der Integration sind vornehmlich zwei Kenngrößen von Bedeutung:

- Effektivität: Eine Integration kann als effektiv angesehen werden, wenn sich die eingeleiteten Maßnahmen positiv auf das Erreichen der Integrationsziele auswirken. So sind Maßnahmen im Rahmen der personellen Integration dann als effektiv zu beurteilen, wenn die unternehmenskulturelle Distanz sinkt und transferiertes Know-how praktisch angewendet wird. Bei den quantifizierbaren Kriterien weisen verbesserte Bereichsergebnisse nach einer strukturellen Organisationsänderung ebenfalls auf einen Integrationserfolg hin.[106]

- Kosten: Integrationskosten sind Folgekosten der vollzogenen M&A-Transaktion. Die Betrachtungen der Praxis beziehen sich vielfach auf die Restrukturierungskosten (Sozialpläne, Abfindungen, Anpassungen der IT-Systeme). Schwer zu quantifizierende Kategorien wie Komplexitätskosten werden kaum beachtet. Die Komplexitätskosten (vgl. Porter 1998b, S.331 ff.) setzen sich aus Koordinations-, Kompromiss- und Inflexibilitätskosten zusammen und beruhen vielfach auf der sprunghaft gestiegenen Größe des Unternehmens. „Psychologische Kosten" sind ein Resultat des Leistungsabfalls, der Fluktuation und des erhöhten Krankheitsstandes der Mitarbeiter, hervorgerufen durch Unsicherheit infolge der Transaktion.

Das Integrationscontrolling überwacht aktiv den Prozess des Zusammenwachsens des „neuen" Unternehmens vom Closing der Transaktion bis zum Abschluss der Integration. Das Ende der Integrationsphase ist gleichzusetzen mit der Erledigung aller im Rahmen der Integrationsplanung festgelegten Maßnahmen (einschließlich deren Nachbesserungen und Ergänzungen) auf dem Weg zu den definierten Zielen.

Qualifiziertes Integrationscontrolling liefert und interpretiert nicht nur die an den Planungen gemessenen Ist-Ergebnisse, sondern gibt auch Handlungsempfehlungen zur Beseitigung der Abweichungen. Das Integrationscontrolling ist damit das wichtigste Werkzeug des Integrationsmanagements zur rationalen Bewältigung des Zusammenschlusses.

Mit der Auflösung der Projektorganisation geht das Projektcontrolling im operativen Controlling auf.

---

[106] Die Beurteilung der Wirtschaftlichkeit der Integrationsmaßnahmen bleibt schwierig, da ökonomische Vorteile aus einer Transaktion vielfältige Ursachen haben können. Der Einfluss der Maßnahmen ist häufig indirekt und, messtheoretisch betrachtet, letztlich diffus.

VIII.6 Fallbeispiel Integration

Die Fusion von Veba und Viag zu E.ON

Ausgangslage und Strategie

Die Ausgangslage zu Beginn des Jahres 1999 spricht für schnelles Handeln: Sowohl Veba wie auch Viag sehen sich auf Grund der Liberalisierung des Strommarkts einem ungewohnt harten Wettbewerb ausgesetzt. Der Rückgang der Strompreise nimmt bedrohliche Größenordnungen an. Eine eigenständige Geschäftsstrategie der weitgehend regional-innerdeutsch positionierten Konzerntöchter PreussenElektra bzw. Bayernwerk lässt nur begrenzten Erfolg erwarten. Die neu aufgelebte Diskussion um die Zukunft der Kernenergie erhöht das Drohpotenzial zusätzlich. Während die Verschlankung des Veba-Portfolios durch den Rückzug aus dem Handels- und Dienstleistungsbereich und der Telekommunikation bereits sichtbar ist, erscheint die Intention zur Fokussierung bei Viag noch weniger ausgeprägt.

Die strategische Bilanz (vgl. Kap. IV.1.3) beider Unternehmen lässt die Fusion als das erfolgversprechendste Szenario zur Verminderung der Schwachstellen und zur Nutzung der Potenziale erscheinen:

- Ergänzung der Kerngeschäfte: Eindeutiges Kerngeschäft des fusionierten Konzerns ist der Energiebereich. PreussenElektra und Bayernwerk ergänzen sich regional und hinsichtlich ihrer Vertriebsform. Der entstehende zweitgrößte Stromanbieter in Deutschland ist weit besser gegen das Drohpotenzial von Markt und Wettbewerb geschützt und hat deutlich günstigere Wachstumschancen als die beiden Unternehmen im Alleingang. Ergänzungen liegen auch zwischen den Konzerntöchtern Degussa-Hüls und SKW-Trostberg vor. Ein fusioniertes börsennotiertes Spezialchemie-Unternehmen eröffnet mehrere Optionen für die Zukunft, die von der Fortführung als Kerngeschäft bis zur Desinvestition reichen. Für die verbleibenden Geschäftsfelder bietet sich angesichts der notwendigen Konzentration der Mittel auf den Ausbau des Kernbereichs zum geeigneten Zeitpunkt der Ausstieg an.

- Erzielung von Kostensynergien: Der Verschmelzungsbericht weist Kostensynergien von mindestens 800 Millionen € pro Jahr (vgl. Verschmelzungsbericht 2000, S.100) aus (u.a. durch Kraftwerksoptimierungen, Bündelung des Kohleeinkaufs). Zusätzlich identifizierte Kostensenkungsprogramme führen zu weiteren jährlichen Einsparungen von 1,3 Milliarden € (vgl. Veba, Viag (Hrsg.) 1999, S.9).

- Wachstumspotenzial durch finanzielle Stärke: Die gebündelte Cash-Position der Unternehmensverbindung einschließlich der Erlöserwartungen aus den entstehenden Desinvestitionen schafft die Voraussetzungen für einen zügigen Ausbau des Konzerns zu einem Global-Utility-Unternehmen. Das durch die Fusion deutlich erhöhte Börsengewicht verbessert zudem die Möglichkeiten der Beschaffung von weiterem Eigenkapital zu günstigen Konditionen.

Chronologie der Transaktion

Nach dem Scheitern der Fusion zwischen Viag und algroup und positiven Signalen des Großaktionärs der Viag, des Freistaats Bayern, beginnen in der ersten Hälfte 1999 die Verhandlungen zwischen Veba und Viag. Der Freistaat Bayern befürwortet einen Zusammenschluss, nachdem seine Forderungen auf den Sitz der Energie-Holding in München, den Rückkauf eines Aktienpakets von 10 % durch Viag und das Vorschlagsrecht für ein Aufsichtsratsmandat im fusionierten Konzern erfüllt worden waren (vgl. Verschmelzungsbericht 2000, S.83 f.).

Termin	Vorgang
08. 09. 1999	Der Veba-Vorstand informiert seinen Aufsichtsrat über Fusionsgespräche mit Viag.
26. 09. 1999	Der Viag-Aufsichtsrat stimmt nach 10-stündiger Verhandlung der Fusion im Grundsatz zu.
27. 09. 1999	Auf einer gemeinsamen Pressekonferenz wird die Fusion von Veba und Viag als Merger of Equals bekannt gegeben. Die Konzernspitze wird von U. Hartmann/Veba (Unternehmenskommunikation, Investor Relations) und W. Simson/Viag (Konzernstrategie, Post Merger Integration) besetzt (vgl. Veba/Viag (Hrsg.) 1999, S.12). Weitere Mitglieder des Vorstandes werden M. Gaul/Veba (Controlling, M&A, Unternehmensplanung), M. Krüper/Veba (Personal, Organisation) und E. Schipporeit/Viag (Finanzen).
	Das vorläufige Wertverhältnis soll 67 (Veba) : 33 (Viag) betragen (+/- 1 %). Die Anzahl der Mitarbeiter der neuen Holding wird auf 250 begrenzt (170 Veba und 80 Viag).
	Unterzeichnung einer Grundsatzvereinbarung zwischen Veba und Viag zur Verschmelzung unter gleichen Partnern. Formal wird Viag auf Veba verschmolzen.
09. 12. 1999	Das endgültige Umtauschverhältnis wird bekannt gegeben: 64,5 (Veba): 35,5 (Viag).
14. 12. 1999	Anmeldung der Fusion bei der Europäischen Kommission.
16. 12. 1999	Endgültige Zustimmung der Aufsichtsräte zum Umtauschverhältnis.
21. 12. 1999	Unterzeichnung und notarielle Beurkundung des Verschmelzungsvertrags in München.
10. 02. 2000 14. 02. 2000	Zustimmung der Aktionäre auf den außerordentlichen Hauptversammlungen der Veba und Viag.
30. 03. 2000	Bekanntgabe des neuen Konzernnamens: E.ON.
13. 06. 2000	Zustimmung der EU-Kommission unter Auflagen (Verkauf der VEAG, HEW, Bewag und Laubag).
16. 06. 2000	Eintragung der Fusion.

Post Merger Integration

Die Fusion von Veba und Viag zu E.ON kann insbesondere als Beispiel einer gelungenen Integration angesehen werden. Durch den „strategischen Fit" der Transaktion und die zügig bewältigte Vorphase (vgl. vorstehende Chronologie) lagen günstige Voraussetzungen vor. Dennoch stellte das Integrationsmanagement eine außergewöhnliche Herausforderung dar. Immerhin galt es, nicht nur 210.000 Mitarbeitern zweier Unternehmensgruppen mit durchaus unterschiedlichen Unternehmenskulturen ein neu-

266

es Wir-Gefühl zu vermitteln, sondern auch beträchtliche sachliche und personelle Veränderungen umzusetzen.

Die Einigkeit der Unternehmensleitungen über die Strategie des neuen Unternehmens in einer frühen Phase der Verhandlungen ermöglichte entsprechend frühe Festlegungen zur Post Merger Integration (PMI). Der Portfolioumbau hatte klare Konturen: Konzentration auf die Kerngeschäfte Energie und Spezialchemie sowie Verkauf von Non-Core-Aktivitäten, wie Klöckner & Co., Gerresheimer Glas, VAW, Stinnes und MEMC. Die zusammen mit der Fusionsankündigung veröffentlichte Besetzung und Aufgabenverteilung im Holdingvorstand ließ ebenso wie die frühe Festlegung der Standorte für die Holding und die Führungsgesellschaften (Holding und Chemie in Düsseldorf, Energie in München) keinen Raum für Gerüchte, Intrigen und Spekulationen (vgl. Kap. VIII.2, Merger-Syndrom). Die Bestimmung des Integrationsgrads (vgl. Kap. VIII.5.1.1) erfolgte bereits in der Due-Diligence-Phase. Dem strategischen Ansatz entsprechend wurde eine vollständige Integration der Holding sowie der Kerngeschäftsbereiche gewählt. Das Konzept erhöht zwar die Komplexität der Integrationsaufgabe, ist aber Voraussetzung zur Umsetzung eines Höchstmaßes an Synergien. Zum gleichen Zeitpunkt erfolgte eine Entscheidung über ein weiteres Element des Integrationsdesigns: den Zeitrahmen der Integration (vgl. Kap. VIII.5.1.2). Die Wahl einer zügigen Integrationsgeschwindigkeit entsprach den sachlichen Gegebenheiten des beträchtlichen Veränderungsvolumens, aber auch dem psychologischen Aspekt der nur über einen begrenzten Zeitraum bestehenden Veränderungsakzeptanz.

Um die umfangreichen und schwierigen Gestaltungs- und Koordinationsaufgaben zeitgerecht umzusetzen, entschieden sich die Vorstände von Veba und Viag zum Einsatz von Roland Berger & Partner als PMI-erfahrenem Beratungsunternehmen. Der externe Berater war eingeschaltet in die Erstellung des Masterplans der Integration, in die Festlegung der Projektorganisation und die Steuerung der Integrationsmaßnahmen selbst.

Das bereits unmittelbar nach Aufnahme der Verhandlungen gegründete Integrationskomitee übernahm die Leitung des Integrationsprozesses. Für die Integrationsschwerpunkte Holding und Unternehmensbereich Energie zeichneten die späteren Konzernvorstände bzw. die Vorstände von PreussenElektra und Bayernwerk verantwortlich.

Den jeweiligen Komitees wurde eine paritätisch von zwei Integrationsmanagern besetzte Projektleitung unterstellt, die von einem externen Berater unterstützt wurde. Die Projektleitung war als Vollzeitengagement ausgelegt und wurde erfahrenen Managern mit hoher Fach- und Führungskompetenz übertragen. Die Auswahl erfolgte gemeinsam durch Veba und Viag. Der Projektleitung waren wiederum verschiedene Integrationsteams zugeordnet, welche die Tätigkeit von zahlreichen Einzelteams koordinierten. Die Teams wurden immer dann von Beratern unterstützt, wenn Moderationsbedarf bestand oder zusätzliches Know-how bzw. Best-Practise-Lösungen gefragt waren. Auf der Ebene des Unternehmensbereichs Energie bildeten PreussenElektra und Bayernwerk vier Integrationsteams (Struktur, Führungssystem, Marketing und Vertrieb, Produktionsbereiche), unter denen bis zu 14 Einzelteams Vernetzungsaufgaben durchführten. Die folgende Abbildung zeigt die Integrationsorganisation der Holding:

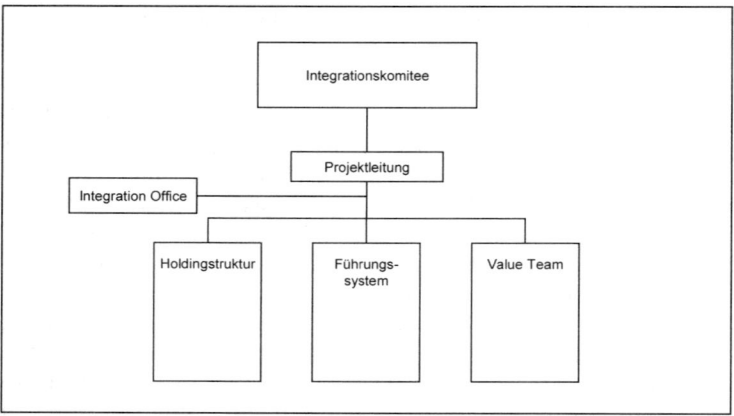

Abbildung 60: Fallbeispiel E.ON; Integrationsorganisation auf Holdingebene

Das „Integration Office" wurde von der externen Unternehmensberatung geleitet. Es diente als Lagezentrum zur Koordination und übergreifenden Steuerung der unterschiedlichsten Integrationsmaßnahmen. Zusätzlich waren die fusionsbezogene Kommunikation und das sog. Human Resources Office, dessen Aufgabe u.a. in der Unterstützung bei Fragen der Personalauswahl und -besetzung bestand, in das Integration Office eingegliedert. Das sog. Communication Office war für die laufende Erstellung des Fusions-Stimmungsbarometers zuständig. Dazu wurden mehrfach breite externe Medienanalysen und zahlreiche interne Befragungen betroffener Mitarbeiter und Führungskräfte durchgeführt. Die Ergebnisse dienten als Orientierung sowohl für die zu ergreifenden Kommunikationsmaßnahmen als auch für die Adjustierung der Integrationsmaßnahmen insgesamt. Die Kommunikation nutzte zahlreiche Mittel, wie den Fusionsreport, Newsletters, Führungskräfteveranstaltungen, regionale Road Shows sowie Websites, um das Fortschreiten der Integration und ihre Erfolge intern und extern zu publizieren. Als besonders gelungen erwies sich die Imagewerbung, die den neuen Unternehmensnamen innerhalb kürzester Zeit bekannt machte.

Der Integrationsprozess lief in drei Phasen ab:

Die Schwerpunkte der ersten Dreimonatsphase waren - neben den durchgehend eingesetzten Kommunikationsmaßnahmen - die Organisationsplanung sowie die Selektion der Führungskräfte der zweiten und dritten Leitungsebene. Die bereits früh getroffene Entscheidung, die divisionale Gliederung der Konzernvorstände zugunsten eines funktional gegliederten Holdingvorstandes aufzugeben, sollte sich sehr schnell als vorteilhaft erweisen. Diese Organisationsform entkoppelt die strategische und die operative Verantwortung und erleichtert die Umsetzung einschneidender struktureller Veränderungen (vgl. Kap. VIII.5.2.3). Die gleichzeitige Entscheidung, die Unternehmensbereiche in voll budget- und ergebnisverantwortliche „Business Units" (BUs) zu gliedern, steht keineswegs im Widerspruch dazu.

Auf Holdingebene standen 30 Führungspositionen 80 Bewerber gegenüber. Ein Assessment-Team bewertete die Kandidaten in einer mehrstufigen Potenzial-Analyse, auf deren Basis der Vorstand die notwendigen Entscheidungen traf (vgl. Endres 2000,

S.51). In der Folge unterstützte das Unternehmen die nicht gewählten Kandidaten mit einem speziellen Programm, das alternative interne und externe Karrieremöglichkeiten aufzeigte.

Die sechsmonatige zweite Phase widmete sich insbesondere der Detailstruktur der Aufbau- und Ablauforganisation sowie der genauen Zuordnung und Quantifizierung der Synergiepotenziale auf Funktionen und Bereiche.

Die notwendigen zentralen Funktionsbereiche, wie Controlling, Rechnungswesen, Steuern und Werbung, wurden organisatorisch gegliedert und ihre Schnittstellen mit den dezentralen BUs definiert. Weitere Maßnahmen betrafen die Zusammenführung der unterschiedlichen IT-Plattformen. Bei der Vernetzung der Electricity-Billing-Systeme traten erhebliche Probleme auf. Letztlich wurde entschieden, ein neues, technisch fortschrittliches Web-basiertes System einzuführen (vgl. Braude 2001, o.S.). Im sog. Human Resources Masterplan wurden u.a. die Harmonisierung der Einstufungen, die Förderung von Nachwuchskräften, die Reisekostenrichtlinien und die Dienstwagenregelungen festgelegt. Das Wertmanagementsystem als Maßstab für den unternehmerischen Erfolg des neuen Unternehmens wurde auf der Basis der vorhandenen Systeme adjustiert.

Das Ziel, zum 30.06.2000 mit dem Rollout beginnen zu können, hatte sich als realistisch erwiesen. Als am 13.06.2000 die EU-Kommission der Fusion (unter Auflagen) zustimmte und am 16.06.2000 die Registereintragung erfolgte, waren nahezu zeitgleich alle Detailplanungen abgeschlossen.

Die Steuerung der dritten Phase durch die Projektorganisation wurde vom Vorstand auf drei Monate begrenzt. Nach Auflösung der Projektorganisation im vierten Quartal 2000 übernahm die Linienorganisation das Controlling der Integration.

Kritische Anmerkungen zu diesem professionell und mit hoher Effektivität durchgeführten Integrationsprozess beziehen sich auf die möglicherweise zu frühe Beendigung der Projektorganisation in der Implementierungsphase. Integrationscontrolling in der Organisationsform des Projektmanagements erweist sich erfahrungsgemäß als ein wirkungsvolleres Instrument als die Controlling-Organisation für die laufenden Geschäfte. Die Überwachung, Steuerung und Adjustierung sowohl der Integrationskosten wie auch der Synergieumsetzung in der Verantwortung von speziellen Projektteams erfolgt in der Regel druckvoller und führt zu einer neutraleren Beurteilung der Umsetzungsergebnisse.

Literatur

Braude, J.: Marriage of Convenience; in: www.TheDeal.com, 25.07.2001

Endres, G.: Wir haben zu viele der Guten an Bord; in: Personalführung 6/2000, S.50-53

Veba Viag (Hrsg.), Die Fusion 1999

Verschmelzungsbericht Veba/Viag 2000

IX Erfolgskontrolle

Die volkswirtschaftlichen Effekte insbesondere von größeren Zusammenschlüssen durch Merger oder Kauf werden hier nicht näher untersucht. Aus theoretischer Sicht kommt es auf Grund solcher Transaktionen zu höherer Konzentration und vermindertem Wettbewerb. Daraus folgen unter Ausnutzung der Marktmacht Preisanhebungen und Angebotsverknappungen. Der Nachteil für die Abnehmer kann dabei durchaus größer als der Gewinnzuwachs für die beteiligten Unternehmen werden, mit insgesamt negativer Wirkung für die Volkswirtschaft (vgl. Kap. I.3). Festzuhalten ist, dass Transaktionen, die eine nachhaltige Verringerung der addierten Gewinne der beteiligten Unternehmen nach sich ziehen, auch gesamtwirtschaftlich nachteilig sind, da zu den negativen Marktmachteffekten auch noch die negativen Effizienzeffekte hinzukommen. Umso wichtiger ist der verantwortliche Nachvollzug des betriebswirtschaftlichen Erfolgs von M&A-Transaktionen. Solche Erfolgsanalysen[107] sind mittlerweile vielfältig in der wissenschaftlichen Literatur, in der Begutachtung durch Investmentbanken oder auch als eher belletristische Abhandlungen erfolgt. Ziel dieser Untersuchungen ist, neben der Messung des Erfolgs selbst, die Identifikation der den Erfolg oder Misserfolg bedingenden Kriterien.

In der Literatur sind zahlreiche Hinweise über die hohe Misserfolgsquote von M&A-Transaktionen zu finden.[108] Dabei ist nicht immer eindeutig nachvollziehbar, auf Grund welcher Datenbasis und Methodik solche Aussagen erfolgen.

Aus den zahlreichen empirischen Studien kann die von A.T. Kearney im Jahre 1999 getroffene Gesamtbeurteilung „On balance, mergers hurt shareholders" als exemplarisch und repräsentativ angesehen werden (vgl. A.T. Kearney 1999). Nach der Beraterstudie von über 115 weltweiten Zusammenschlüssen entwickelt sich die Profitabilität bei 58 % der Transaktionen negativ. 21 % der Transaktionen erzielen geringe Verbesserungen im Shareholder Value, die unterhalb der Einspielung der Kosten des Eigenkapitals liegen. Da gerade die positive, nachhaltige Wertsteigerung als Ziel der meisten Transaktionen verkündet wird, können nur 21 % der Transaktionen als unstrittig erfolgreich angesehen werden. Eine Merger-Studie von A.T. Kearney aus 2001 kommt auf Basis von 1.031 Transaktionen zwischen 1990 und 2000 zu der Aussage, dass etwa die Hälfte der Unternehmenszusammenschlüsse keine Wertvernichtung verursacht hat (vgl. A.T. Kearney 2001). Ein Nachvollzug dieser Ergebnisse fällt schwer. Der überwiegende Teil der wissenschaftlichen Analysen weist aus, dass die Zahl der Misserfolge die der erfolgreichen Transaktionen bei weitem übertrifft. Als Maßstab der Erfolgsmessung werden in den Studien meist die Total Shareholder Returns (vgl. Kap. IX.2.1.) in einem Zeitraum von zwei bis drei Jahren nach Ankündigung der Transaktion im Verhältnis zu den addierten Ausgangswerten der beteiligten Unternehmungen unmittelbar vor Ankündigung der Transaktion herangezogen. Andere Analysemethoden führen im Ergebnis zu ähnlichen Erfolgsraten.

---

[107] Im angloamerikanischen Sprachraum ist der Begriff Post-Acquisition Success Check gebräuchlich.

[108] Vgl. exemplarisch Pritchett 1985 S.8; Reineke 1989 S.9; Krystek 1992 S.540; Cartwright, Cooper 1996 S.24 ff. und Büttgenbach 2000 S.8.

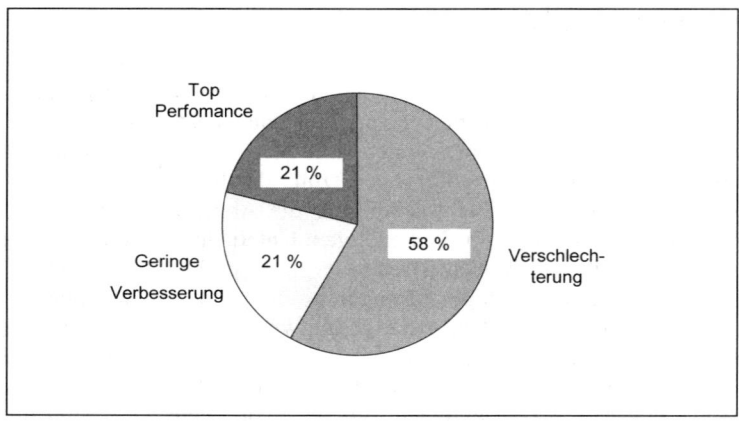

Abbildung 61: Shareholder Returns nach der Transaktion
(Quelle: A.T. Kearney Global PMI-Survey 1999)

Erfolgsanalysen sollten insbesondere für die an einer Transaktion beteiligten Parteien selbstverständlich sein. Fusionspartner bzw. Käuferunternehmen haben mit dem Transaktionsvorgang konkrete Zielsetzungen verfolgt und diese mit Planwerten gegenüber den jeweils zuständigen Kontrollgremien (in der Regel die Gesellschafterversammlung, die Hauptversammlung oder der Aufsichtsrat) vertreten. Entsprechende Zustimmungen sind auf Grund solcher Genehmigungsvorlagen erfolgt. Dennoch finden in der Praxis interne Erfolgsanalysen erstaunlicherweise keineswegs regelmäßig statt. Noch unüblicher ist die laufende Zwischenberichterstattung über Soll-Ist-Abweichungen gegenüber dem Aufsichtsrat oder gar den Anteilseignern. Als Grundregel kann gelten, dass die objektive Nachbetrachtung umso weniger gern angestellt wird, je weniger erfolgreich und je größer und politischer motiviert der Fusions- bzw. Akquisitionsvorgang war. Meist werden in diesen Fällen lapidare Erklärungen abgegeben, die auf die Notwendigkeit einer längerfristigen Betrachtungsweise hinweisen. Denn schnelle Erfolge seien bei solchen „strategischen" Entscheidungen eben nicht zu erwarten. Dass die konkreten Aussagen und Planwerte der Börsenprospekte oder der Verschmelzungsberichte eine völlig andere Sprache sprechen, wird im Nachhinein geflissentlich verschwiegen. Geradezu deprimierend klingen Aussagen der Unternehmensleitung, ohne die betreffende Transaktion wäre alles noch viel schlimmer gekommen.

Abzugrenzen von der Erfolgskontrolle ist das prozessbegleitende Controlling, das in den einzelnen Phasen einer M&A-Transaktion die zeitliche und inhaltliche Realisierung der aufgestellten Pläne überwacht. Diese laufende Qualitäts- und Ergebnissteuerung orientiert sich im Gegensatz zur Erfolgskontrolle des Gesamtprojekts an den Teilplänen für die einzelnen Prozessschritte (vgl. Kap. VIII.5.3).

IX.1 Erfolgskriterien

Die Beurteilung, ob eine Fusion oder Akquisition erfolgreich war, setzt voraus, dass Klarheit bzgl. der Definition des Begriffs „Erfolg" vorliegt. Grundsätzlich drückt der Erfolg den Grad der Zielerreichung aus, der mit der gewählten Handlungsalternative (im hier betrachteten Fall einer Fusion oder Akquisition) während eines bestimmten Zeitraums erreicht wurde. In der M&A-Praxis wird für die Erfolgsmessung meist die Perspektive eines Kapitalmarktteilnehmers eingenommen, der finanzielle Interessen hinsichtlich seines in ein Unternehmen eingesetzten Kapitals verfolgt. Aber selbst dieses auf die Wertsteigerung für den Anteilseigner eingeschränkte Zielsystem, das die Interessen anderer Stakeholder unberücksichtigt lässt, kann zu unterschiedlicher Definition von Erfolg führen. So verfolgen nicht auf Dauer engagierte Minderheitsaktionäre eher finanzielle Interessen, die kurz- und mittelfristige Unternehmenswertsteigerungen sowie Gewinnausschüttungen zum Ziel haben. Hingegen nehmen strategische Investoren bzgl. einer Transaktion eine längerfristige Perspektive ein, die auch anfängliche Rückschläge durchaus einschließt. Hinzu kommt ein Problem, dessen Lösung immer möglich, aber nicht immer gewollt ist: Die Abgrenzung der Transaktionseffekte von der Wertentwicklung ohne Transaktion.

Eine weiterführende Erfolgsanalyse muss die Entwicklung von Kriterien zum Ziel haben, die für den Erfolg oder Misserfolg von M&A-Transaktionen wichtig, wenn nicht sogar entscheidend sind. Hierzu ist eine Betrachtung der Teilschritte zu einem M&A-Erfolg hilfreich, deren Zusammenwirken in Abbildung 62 dargestellt ist.

Der M&A-Erfolg wird vom Integrationserfolg und dieser wiederum vom Transaktionserfolg im engeren Sinn gespeist. Kritischer Faktor für alle Teilschritte des M&A-Erfolgs ist das Management des gesamten M&A-Prozesses. Diese planende, steuernde und umsetzende Tätigkeit steht während der Dauer des M&A-Prozesses in ständigem Austausch mit unternehmensinternen und -externen Einflussfaktoren, die sich ihrerseits gegenseitig beeinflussen.

Eine erfolgreiche Transaktionsphase definiert sich über einen strategiekonformen Transaktionsfall, dessen Preis- und Nebenbedingungen bei kritischer Wertanalyse ausreichendes Wertsteigerungspotenzial erwarten lassen. Strategisch wenig fundierte, schlecht vorbereitete und noch dazu teure Transaktionen sind dagegen fast zwangsläufig als Wertvernichter zu prognostizieren.

Der Erfolg der Integrationsphase wird vom Erfolgsgrad der Transaktionsphase gefördert oder erschwert, bemisst sich jedoch nach anderen Kriterien als jener. Gradmesser dieses wichtigen Teilschritts auf dem Weg zum M&A-Erfolg ist die Qualität der Umsetzung der Maßnahmen der strategischen, der personellen, der strukturellen und der kulturellen Integration (vgl. Kap. VIII.5).

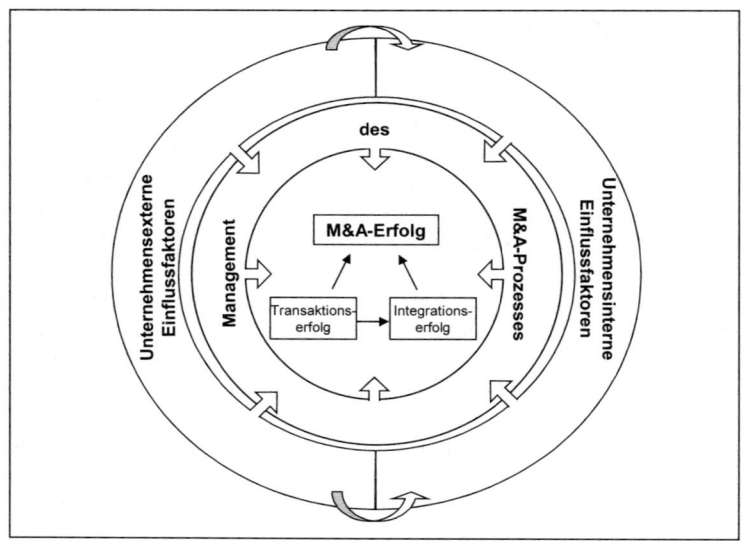

Abbildung 62: Komponenten des M&A-Erfolgs

Die eigentliche Messung des M&A-Erfolgs orientiert sich an den Kriterien Erfolgskonzept, Erfolgsdimension, Zeitpunkt und Zeitraum sowie an der Frage der Maßstäbe.
Die getrennte Betrachtung dieser Kriterien trägt zum besseren Verständnis bei (vgl.
Gerpott 1993, S.189 ff.). In der Praxis bestehen jedoch vielfältige Interdependenzen
zwischen den einzelnen Feldern.

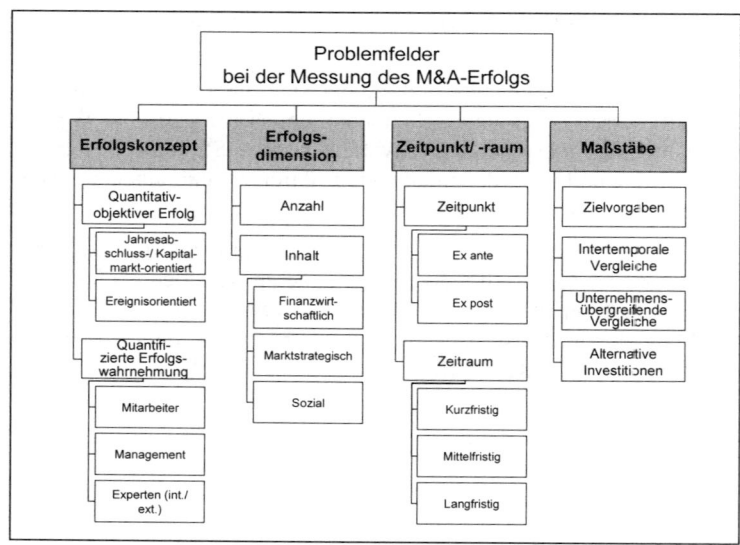

Abbildung 63: Problemfelder der M&A-Erfolgsmessung
(vgl. Gerpott 1993, S.190 ff.)

274

Erfolgskonzept: Die Erfolgsbestimmung bei M&A-Transaktionen beruht auf der Erfassung von „Wertveränderungen". Das Objekt der Messung stellt dabei nahezu immer das gesamte, von der M&A-Transaktion betroffene Unternehmen dar. Allerdings divergieren je nach gewähltem Erfolgskonzept die Inhalte der Messung. Im Falle der Betrachtung quantitativ-objektiver Kenngrößen wird angenommen, dass sich die M&A-induzierte Wertveränderungen analog zur betriebswirtschaftlichen Lehrmeinung in monetären Kennzahlen niederschlagen und die Messung anhand der finanztechnischen Analyse intern vorhandener sowie öffentlich zugänglicher Datenquellen (Jahresabschlüsse, Kapitalmarktdaten sowie Desinvestitionsereignisse) erfolgen kann. Die quantifizierte Erfolgswahrnehmung betrifft Maßnahmen, die mittelbar auf die monetären Erfolgsgrößen wirken. Die direkte Veränderung tritt auf der Ebene der Mitarbeiter und Strukturen ein, die erst in der Folge zur Wertveränderung im Sinne des quantitativ-objektiven Erfolgskonzepts führen. Die Erfassung solcher Wahrnehmungseffekte kann nicht allein über quantitativ messbare Kriterien erfolgen. Vielmehr sind auch Daten qualitativer Erfolgsfacetten zu erheben. Dazu werden unterschiedliche Personenkreise (Management, Mitarbeiter, interne sowie externe Experten) befragt.

Erfolgsdimension: Die Dimensionalität des Erfolgs betrifft die Anzahl und den Inhalt der in die Erfolgsbestimmung einer M&A-Transaktion einbezogenen Aspekte. Hinsichtlich der Anzahl der Determinanten wird die summarisch globale von der analytischen Erfolgsbestimmung unterschieden. Erstere leitet den Erfolg einer M&A-Transaktion aus der Betrachtung nur eines Kriteriums ab. Die eindimensionale summarische Erfolgsmessung, etwa anhand von Kurszeitreihen des Kapitalmarkts, kann aus Sicht der Eigentümer zur Beurteilung einer transaktionsinduzierten Wertsteigerung des Unternehmens ausreichend sein. Zur umfassenden Beurteilung des M&A-Erfolgs erscheint es aber notwendig, mehrere Kriterien analytisch zu erfassen:

- Finanzwirtschaftliche Erfolgsdimension: monetäre Größen, u.a. Marktwert des Eigenkapitals, unterschiedliche Rentabilitätskennzahlen, Economic Value Added (EVA®)

- Marktstrategische Erfolgsdimension: Indikatoren der nachhaltigen Wettbewerbsfähigkeit, u.a. relativer Marktanteil, Produktinnovationsquoten, Marktwachstumsindikatoren, Marktprofitabilitätsniveau

- Soziale Erfolgsdimension: Indikatoren der individuellen und arbeitsbezogenen Einstellungen und Verhaltensweisen, u.a. Kündigungen, Fluktuation, Identifikation mit dem Unternehmen.

Zeitdimension: Wesentlich für die Bestimmung des M&A-Erfolgs sind der Zeitpunkt der Messung und der von der Messung abgedeckte Zeitraum. Bzgl. des Zeitpunkts können Ex-ante-Untersuchungen und Ex-post-Untersuchungen unterschieden werden. Ex-ante-Untersuchungen antizipieren den erwarteten Erfolg einer M&A-Aktivität ausgehend von einer kapitalmarktorientierten Perspektive. Ex-post-Untersuchungen bilden hingegen den realisierten Erfolg zwischen öffentlicher Bekanntgabe und Bestimmungszeitpunkt ab. Die zahlreichen Studien zu M&A-Erfolgen differieren bzgl. des Zeitraums der Messung erheblich. Sinnvoll erscheint eine Erfolgsfeststellung nach dem überwiegenden Abschluss der Integrationsmaßnahmen. Je nach Transaktionsgröße und Integrationsgrad sollte eine aussagekräftige Erfolgsmessung zwei bis drei Jahre nach dem Closing möglich sein (vgl. Gerpott 1993, S.233).

Maßstäbe: Die Messergebnisse sind nur dann aussagekräftig, wenn sie mit Bezugspunkten verglichen werden. Hierzu stehen folgende Ansätze zur Verfügung:

- Zielvorgaben: Die ermittelten Ist-Ergebnisse werden mit den Soll-Vorstellungen des Managements verglichen. Für interne Messungen bieten sich entsprechende Plandaten als Vergleichspositionen an. Für externe Messungen stehen zum Vergleich die häufig während der öffentlichen Bekanntgabe der Transaktion publizierten Ziele zur Verfügung.

- Intertemporale Vergleiche: Vergleichswerte der Erfolgsbestimmung sind hier die Werte der betrachteten Kriterien zu einem bestimmten Zeitpunkt oder deren Wertentwicklung innerhalb einer bestimmten Zeitspanne. Dabei wird vereinfachend angenommen, dass ohne Durchführung der M&A-Aktivität keine Veränderung der betrachteten Kriterien eingetreten wäre. Diese Vergleichsbetrachtung wird sowohl bei jahresabschluss- wie auch bei kapitalmarktorientierten Untersuchungen und in Befragungen von Betroffenen angewendet.

- Unternehmensübergreifende Vergleiche: Die Kriterienergebnisse der Unternehmensbetrachtung werden Kriterienwerten einer Kontrollgruppe gegenübergestellt, die sich vom untersuchten Unternehmen auf Grund der Nicht-Durchführung einer Transaktion unterscheiden. Jahresabschlussorientierte Analysen können gezielt mit diesem Ansatz durchgeführt werden. Im Falle von kapitalmarktorientierten Untersuchungen wird das betrachtete Unternehmen meist mit einem hinreichend vergleichbaren branchenspezifischen Unternehmensportfolio bzw. mit einem Branchenindex verglichen.

- Alternative Investitionsmöglichkeiten: Zum Vergleich werden individuelle andere M&A-Transaktionen herangezogen oder auch Indizes vergleichbarer und unterschiedlicher Risikostruktur am Kapitalmarkt gewählt.

Angesichts der Komplexität der Sachverhalte existiert kein Standardverfahren zur Bestimmung des M&A-Erfolgs. In der Praxis haben sich vier Ansätze durchgesetzt, die anhand von aggregierten Unternehmenszahlen bzw. Kapitalmarktinformationen mit hinreichender Genauigkeit Aufschluss über den Erfolg von Unternehmenszusammenschlüssen geben. Sie beziehen sich auf die Reaktionen der Kapitalmärkte, auf die Auswertung von Jahresabschlüssen auf Grund akquisitionsbedingter Veränderungen relevanter Größen, auf die Betrachtung bestimmter Ereignisse in der Folge der Transaktion und auf die Befragung von Betroffenen. Konvergieren die Ergebnisse mehrerer Messverfahren, so kann von einer weitgehend abgesicherten Beurteilung gesprochen werden.

IX.2 Verfahren zur Messung des M&A-Erfolgs

Die Anzahl empirischer Untersuchungen in verschiedenen Ländern korreliert deutlich mit der Zahl von Transaktionen in diesen Ländern. Daher verwundert es nicht, dass sich die überwiegende Mehrheit der Messungen des M&A-Erfolgs auf die USA konzentriert. Methodisch wird dort auf Grund des breiten Kapitalmarkts und der extern verfügbaren umfassenden Unternehmensinformationen die kapitalmarktorientierte Erfolgsmessung bevorzugt. Jahresabschlussorientierte Analysen sind besonders in Deutschland gebräuchlich. M&A-aktive deutsche Mittelstandsunternehmen sind vielfach nicht börsennotiert. Da die erforderlichen Daten zur kapitalmarktorientierten Erfolgsmessung fehlen, kommen hier zwangsläufig nur die analytischen Methoden zur Anwendung. Die Untersuchung des M&A-Erfolgs anhand von Desinvestitionsraten und qualitativen Merkmalen beschränkt sich überwiegend auf die Beantwortung fokussierter Forschungsfragen oder wird als Ergänzung der gängigen Verfahren genutzt.

IX.2.1 Jahresabschlussorientierte Messverfahren

Die Messung von Fundamentaldaten orientiert sich an den Jahresabschlüssen und an den daraus entwickelten Kennzahlen der beteiligten Unternehmen vor bzw. nach der Transaktion. Basis der Analyse sind die Bilanz- und G+V-Positionen der handelsrechtlichen Abschlüsse. Die Anlehnung der Analyse an den Jahresabschlüssen ermöglicht einen Einblick sowohl in die Vermögens- und Finanzlage (finanzwirtschaftliche Betrachtung) wie auch in die Ertragslage (erfolgswirtschaftliche Betrachtung) des Unternehmens. M&A-Erfolgsanalysen konzentrieren sich eher auf die Ertragsentwicklung. Die Ergebnisse werden dabei an unterschiedlichen Vergleichsmaßstäben gespiegelt. Im Regelfall wird ein Soll-Ist-Vergleich durchgeführt, der die im Zeitpunkt der Transaktion vorliegenden Planzahlen mit den später tatsächlich erreichten Ist-Zahlen ins Verhältnis setzt. Sollen branchenspezifische und gesamtwirtschaftliche Faktoren angemessen berücksichtigt werden, so werden die Kennzahlen relativ zur Entwicklung der betreffenden Branche oder Kontrollgruppe betrachtet. Aussagekräftig ist auch der Vergleich mit der fiktiven Entwicklung, die annimmt, die Transaktion hätte nicht stattgefunden.

Auch jahresabschlussorientierte Verfahren leiten den M&A-Erfolg an der transaktionsbedingten Wertsteigerung für die beteiligten Shareholder ab. Die Erfolgsmessung kann unmittelbar durch Wertvergleich mittels gängiger Bewertungsverfahren oder mittelbar über wertrelevante Kenngrößen erfolgen. Teilweise wird der Erfolg einer Transaktion an absoluten Größen (EBT, EBIT, Cash Flow oder Umsatz) abgeleitet. Bei der konkreten Auswahl von Kenngrößen ist die jeweilige Motivlage für die M&A-Transaktion zu berücksichtigen. Sollten sich z.B. Unternehmen zusammengeschlossen haben, um dadurch substantielle Steuervorteile zu realisieren, so stellt eine Gewinngröße vor Zinsen und Steuern (EBIT) keine geeignete Kennzahl dar. Da die Verwendung absoluter Größen keine Aussage über die diese Größen bedingenden Faktoren, wie etwa den notwendigen Mitteleinsatz, macht, wird in der Praxis vielfach auf relative Profitabilitätsgrößen (z.B. Eigenkapital- oder Gesamtkapitalrenditen) zurückgegriffen. Gleichzeitig erlauben diese Größen den leichteren Vergleich mit anderen Unternehmen. Kennzahlen des Anlage- und Gesamtvermögens oder der Mitarbeiterzahl und der Produktivität sind zur Feststellung des M&A-Erfolgs ungewöhnlich und werden allenfalls zur Beantwortung spezieller Forschungsfragen herangezogen.

In der Praxis haben sich mehrere Varianten der jahresabschlussorientierten M&A-Erfolgsanalyse herausgebildet.

Einfacher Wertvergleich: Eine einfache Überschlagsmessung basiert auf der Frage nach der Veränderung des Unternehmenswerts in den der Transaktion folgenden Jahren. Als Erfolgsindiz wird die Erhöhung des Werts des eingesetzten Aktionärskapitals über die Summe der Werte der beteiligten Unternehmen zum Zeitpunkt der Transaktion hinaus angesehen (UW_0). Ein Unternehmenswert unterhalb von UW_0 dokumentiert eine Wertminderung und weist in erster Näherung auf einen Misserfolg des Unternehmenszusammenschlusses hin. Ein Unternehmenswert oberhalb dieses Ausgangswerts bedeutet dagegen, dass der Zusammenschluss zu einer Wertsteigerung geführt hat. Der auf das jeweilige Jahr bezogene Unternehmenswert errechnet sich dabei nach den bekannten Verfahren der Gesamtbewertung (vgl. Kap. V.2.2.). Veränderungen des Eigenkapitals nach dem Zusammenschluss, z.B. durch Kapitalerhöhungen, werden eliminiert.

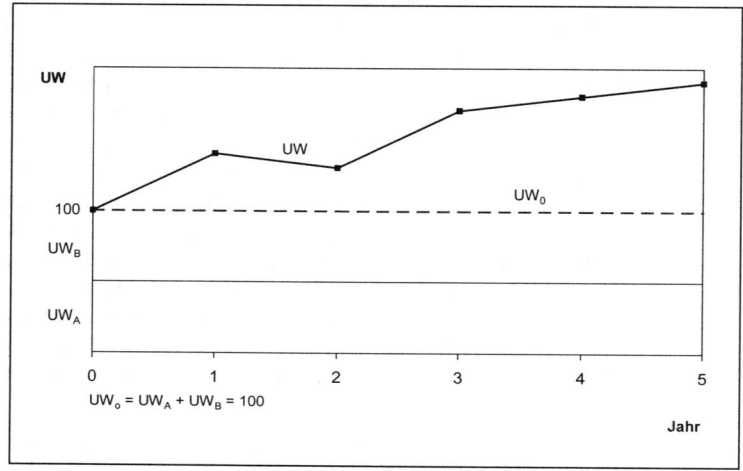

Abbildung 64: Einfacher Unternehmenswertvergleich (Prinzipskizze)

Bei dieser Methode wird die Werterhöhung gegenüber dem Ausgangswert gedanklich den Transaktionseffekten, insbesondere den Synergieeffekten, zugeschrieben. Dies kann richtig und falsch sein, da jedes der beteiligten Unternehmen auch ohne Transaktion eine von ihrem Ausgangswert abweichende positive, d.h. werterhöhende, aber auch negative, d.h. wertvernichtende, Entwicklung hätte nehmen können.

Total Shareholder Return: Die Methode ist auf Basis sowohl der Jahresabschlusszahlen wie auch der Börsenkapitalisierung anwendbar. Beide Ansätze liefern nicht notwendigerweise die gleichen Resultate. Die Methode betrachtet den Verlauf der Wertentwicklung unter Berücksichtigung der Ausschüttungen. Der sog. Total Shareholder Return (TSR) misst den tatsächlichen Rückfluss der Investitionen über die Dividendenausschüttung zuzüglich des potenziellen (bei Veräußerung realen) Rückflusses aus der Steigerung des Marktwerts des Eigenkapitals. Die Messung in absoluten Werten für den individuellen Anteilseigner der Unternehmen A oder B stellt sicher, dass Umtauschverhältnisse, Aktiensplits und Ähnliches das Ergebnis nicht verfälschen. Es ist nämlich nicht auszuschließen, dass Aktionäre des Unternehmens A und Aktionäre des Unternehmens B durchaus unterschiedliche Resultate aus dem Zusammenschluss erzielen. Insofern ist die in der Prinzipskizze wiedergegebene Darstellung einer fiktiven Gesamtentwicklung des Total Shareholder Return nicht zwingend relevant für den Einzelaktionär von Unternehmen A oder Unternehmen B.

278

Wird die TSR-Methode ohne Hilfestellung durch die betroffenen Unternehmen von Externen angewendet, so gilt auch für sie: Die Gleichsetzung von Wertsteigerungen oder -minderungen mit Effekten des Zusammenschlusses ist recht willkürlich. Sie vernachlässigt die Dynamik der nach dem Zusammenschluss von außen nicht mehr nachvollziehbaren Stand-alone-Entwicklungen. Für die interne Erfolgsmessung ist die Isolation des M&A-Vorgangs und, in seiner Folge, des M&A-Erfolgs ohne größere Probleme durchführbar.

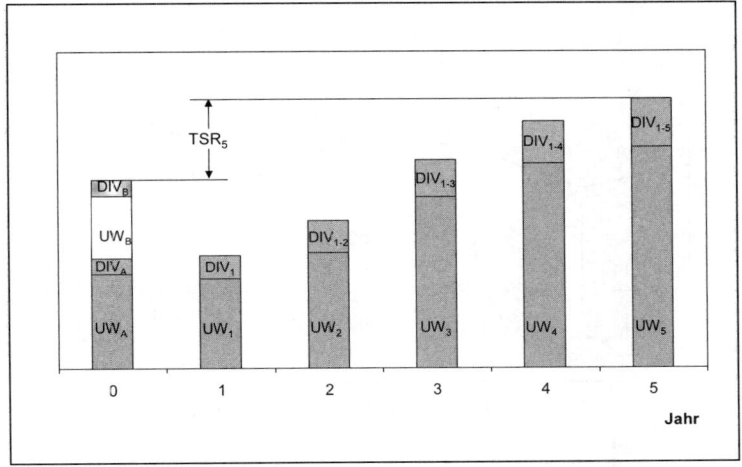

Abbildung 65: Total Shareholder Return (Prinzipskizze)

Plan-Ist-Vergleich: Den objektivsten Befund über den Erfolg oder Misserfolg eines Zusammenschlusses liefert die vergleichende Messung von Ist-Daten und Plan-Daten, die vor der Transaktion aufgestellt wurden. Solche Plan-Daten werden in aller Regel vom Management der beteiligten Unternehmen erstellt und den zuständigen Gremien als Entscheidungsgrundlage für die Genehmigung einer Transaktion vorgelegt. Im Falle von Fusionen börsennotierter Kapitalgesellschaften werden die Plan-Daten im Verschmelzungsbericht auch den Aktionären und der Öffentlichkeit zugänglich gemacht. Sie dienen den Aktionären als Grundlage für ihre Zustimmung oder Ablehnung der Transaktion bzw. deren Wertbedingungen in den relevanten Hauptversammlungen. Während die Messung bei unveröffentlichten Plan-Daten die Bereitschaft des Vorstandes erfordert, sich einer solchen Bewertung zu stellen, kann die Messung bei vorliegenden Verschmelzungsberichten jederzeit auch von Außenstehenden durchgeführt werden.

Die Plan-Ist-Messung vermeidet eine Reihe von Nachteilen der zuvor beschriebenen Verfahren. Da die Planung der Unternehmen nach dem Zusammenschluss auf der Stand-alone-Planung der beteiligten Unternehmen aufbaut, entfällt das Argument der Vernachlässigung der Dynamik der Ausgangs-Unternehmen. Mit anderen Worten: Das Verfahren beantwortet auch die Frage, ob sich das „neue" Unternehmen besser entwickelt als die Pro-forma-Addition der beiden an der Transaktion beteiligten Unternehmen. Den addierten Plan-Werten wird der geplante Effekt des Zusammenschlusses selbst hinzugefügt. Er lässt sich unter dem Begriff der Synergien zusammenfassen. Typisch sind die negativen Synergien unmittelbar nach der Transaktion, die - nach den Planvorstellungen des beteiligten Managements - nach einer bestimmten Zeit in nachhaltig positive Werte umschlagen.

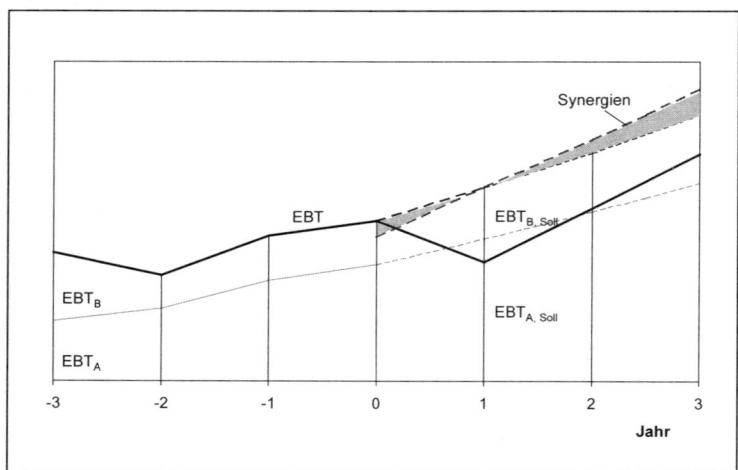

Abbildung 66: Soll-Ist-Vergleich (Prinzipskizze)

Liegen die Ist-Werte nach der Transaktion oberhalb der addierten Soll-Werte, entsteht für die beteiligten Aktionäre aus fundamentaler Sicht ein Nutzen aus dem Zusammenschluss. Aber erst, wenn die Ist-Werte die Management-Prognosen einschließlich der vorhergesagten Synergien erreichen, hat das Management seine Zusagen gegenüber den Aktionären voll eingehalten. Als Vergleichswerte eignen sich dabei mit Plan-Werten unterlegte Ertrags- und Cash-Flow-Größen, die um außerordentliche Effekte bereinigt sind. Die Prinzipskizze geht beispielhaft vom Gewinn vor Steuern (EBT) aus. Der Einwand, einmal festgelegte Plan-Daten können als Vergleichsdaten nicht über mehrere Jahre Bestand haben, ist nicht überzeugend. Auch der gewöhnliche Geschäftsgang wird in aller Regel für fünf, zumindest aber für drei Jahre geplant. Größere Abweichungen davon stellen in der Praxis gut geführter Unternehmen die Ausnahme dar. Sie sind in jedem Fall begründbar und in ihrer Wirkung auf die ursprüngliche Planung leicht zu isolieren.

Auch die Literatur beschäftigt sich mit den Unschärfen der jahresabschlussorientierten Analyse zur Erfolgsmessung von M&A-Transaktionen (vgl. exemplarisch Gerpott 1993, S.194 ff. und Albrecht 1994, S.70 ff.). Zunächst wird dabei auf die begrenzte Aussagekraft der Jahresabschlüsse hingewiesen. Die Argumentation bezieht sich vor allem auf folgende Punkte:

- Ansatz- und Bewertungswahlrechte: Hierunter fallen u.a. die verschiedenen Aktivierungsmöglichkeiten und Abschreibungsmethoden sowie die Art der Verbuchung und Abschreibung des bezahlten Goodwill. Entsprechend unterschiedlich werden Erträge

280

aus der Veräußerung von Beteiligungen behandelt (Ergebnis der gewöhnlichen Geschäftstätigkeit bzw. außerordentlicher Ertrag).

- Risikoaspekte: Veränderungen von Risiken (z.B. durch eine Erhöhung des Verschuldungsgrades und die daraus resultierenden höheren Eigenkapitalkosten) bleiben unberücksichtigt.

- Bilanzkontinuität: Intertemporale Vergleiche erfordern Kontinuität der Jahresabschlüsse bzw. eine genaue Verfolgung von Abweichungen zwischen den einzelnen Abschlüssen. Vielfach kommt es zu gesetzlichen Veränderungen, die eine Anpassung des externen Rechnungswesen mit sich bringen, oder auch zu einem gewollten Wechsel der Bilanzierungsmethode, z.B. von HGB auf US-GAAP.

- Isolation des M&A-Effekts: Die Isolation der Effekte einer Transaktion in den einzelnen Positionen der Bilanz und der G+V wird schwieriger, je weiter zurück in der Vergangenheit die Transaktion liegt.

Diese Einschränkungen können allerdings nicht bedeuten, dass Jahresabschlüsse keine aussagekräftigen Informationsquellen für die externe Bewertung von M&A-Transaktionen darstellen. In empirischen Untersuchungen konnte nachgewiesen werden, dass die Bewertungen anhand von Jahresabschlüssen (bei deren gewissenhafter Adjustierung) und anhand von Daten des geregelten Kapitalmarkts durchaus korrelieren (vgl. Perin 1996, S.54). Dies entspricht der Erfahrung, dass der Kapitalmarkt zumindest längerfristig zu ähnlichen Resultaten kommt, wie sie sich an Hand von Jahresabschlüssen errechnen lassen. Umso geeigneter sind jahresabschlussorientierte Messverfahren für den internen Nachvollzug des M&A-Erfolgs, der angesichts verfügbarer Daten jederzeit die Eliminierung von Sondereffekten ermöglicht.

In der Literatur sind zahlreiche jahresabschlussorientierte Untersuchungen zu finden.[109] Die Ergebnisse der aufgeführten Untersuchungen können als weitgehend repräsentativ für eine Vielzahl ähnlicher Studien angesehen werden (vgl. Tabelle 17).

Die Ergebnisse basieren zwar auf teilweise unterschiedlichen Messgrößen und Untersuchungsperspektiven, kommen aber gemeinsam zu einer tendenziell negativen Bewertung der untersuchten Transaktionen. Während ältere Analysen, außer bei konglomeraten Transaktionen, noch mehrheitlich positive Effekte aus M&A-Transaktionen ausweisen, kehrt sich das Bild für die 1980er und 1990er Jahre um. Die überwiegende Zahl der in diesem Zeitraum untersuchten Transaktionen hat zu einer Verringerung der Rentabilität bzw. einer Wertvernichtung für die betroffenen Anteilseigner geführt.

---

[109] U.a. Bamberger 1994, S.163-167, Perin 1996, S.48, Albrecht 1994 und Gerpott 1993, S.193 f.

Autor (Jahr)	Stich-probe	Erfolgs-kriterium	Horizontal		Vertikal	Konglo-merat
			ohne Produkt-ausweitung	mit Produkt-ausweitung		
Möller (1983)	73 Akquisitionen deutscher Unternehmen zwischen 1967 und 1981	Gesamtkapital-rentabilität und Buchwertab-schreibungen (% =Misserfolgs-rate)	33,3 %	36,4 %	20,0 %	100,0 %
Bühner (1990)	95 Akquisitionen deutscher Unternehmen zwischen 1973 und 1985	Gesamt- und Eigenkapital-rentabilität (%= Fälle mit absinkender Rentabilität)	ROE: 55,2 % ROI: 58,3 %	ROE: 60,0 % ROI: 59,0 %	ROE: 61,6 % ROI: 53,3 %	ROE: 73,3 % ROI: 50,0 %
Copeland, Koller, Murrin (1996)	116 Akquisitionen von US- und UK-Unternehmen zwischen 1972 und 1983	Erwirtschaf-tung der Eigenkapital-kosten (%= Misserfolgs-rate)	65,2 %	65,2 %	78,5 %	-

Tabelle 17: Auswahl an Untersuchungen des M&A-Erfolgs mittels der jahresabschlussorientierten Analyse (vgl. Kerler 2000, S.129)

IX.2.2 Kapitalmarktorientierte Messverfahren

Die kapitalmarktorientierte Erfolgsmessung nach M&A-Transaktionen gewinnt seit Mitte der 1970er Jahre in der Wirtschaftspraxis der USA und Großbritanniens zunehmend an Bedeutung (vgl. Kerler 2000, S.85). Gemessen wird dabei die Reaktion des geregelten Kapitalmarkts auf eine M&A-Transaktion. Die Betrachtung erfolgt metho-den-bedingt ausschließlich aus der Perspektive des Aktionärs, was diesem Bewer-tungsansatz, ähnlich dem jahresabschlussorientierten Verfahren, den Vorwurf einge-bracht hat, er sei zu Lasten der übrigen Stakeholder ausschließlich an den Interessen der Shareholder orientiert.[110]

Die Methode geht dabei von einem informationseffizienten Markt aus, wonach der Marktwert eines Unternehmens am Kapitalmarkt die gegenwärtige und zukünftige wirtschaftliche Situation des Unternehmens hinreichend genau widerspiegelt. Transak-tionen müssen jedoch naturgemäß eine bestimmte Größe überschreiten, um Auswir-kungen auf den Kapitalmarkt auszulösen. So schlagen sich Akquisitionen von großen, multinationalen Unternehmen, die ein regionales kleineres Unternehmen übernehmen, kaum merklich in der Börsenbewertung des Erwerbers nieder. In diesen Fällen ist das Verfahren zur Messung des M&A-Erfolgs ungeeignet.

M&A-bedingte Reaktionen des Kapitalmarktes sind bei Transaktionen entsprechender Größenordnung in unterschiedlicher Stärke und Dauer während des gesamten M&A-Prozesses zu verfolgen (vgl. Kirchner 1991, S.95).

---

[110] Zusammenfassende Beschreibungen von Untersuchungen finden sich bei Bamberger (1994, S.151 ff.) und Perin (1996, S.47 f.).

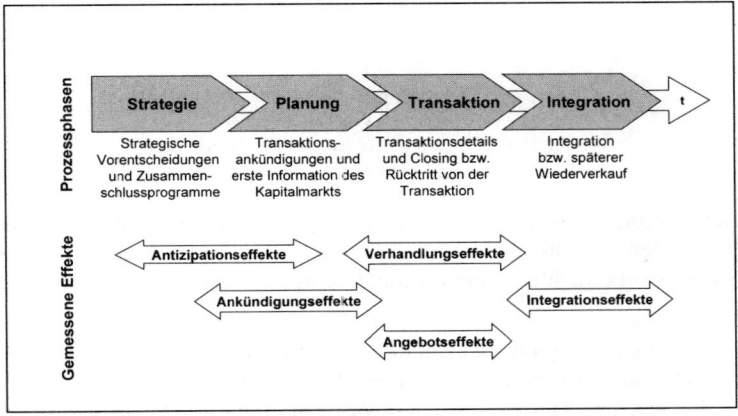

Abbildung 67: Zeitliche Bezugspunkte und gemessene Effekte
(vgl. Kirchner 1991, S.95)

In der Praxis setzt die M&A-Erfolgsmessung gewöhnlich auf dem Zeitpunkt unmittelbar vor der erstmaligen öffentlichen Absichtserklärung zu einer Transaktion auf.

Die Messung basiert auf dem Vergleich der Ist-Situation mit der hypothetischen Entwicklung des Unternehmens ohne Durchführung der Transaktion. Wie bei den jahresabschlussbezogenen Analysen besteht auch hierbei das Problem, dass die durch die M&A-Transaktion hervorgerufenen Erfolgsbeiträge von denjenigen Auswirkungen auf den Kapitalmarkt, welche auf die „normale" Unternehmensentwicklung zurückzuführen sind, getrennt werden müssen.

Ermittlung der abnormalen Rendite: In der Literatur findet sich der Ansatz der „abnormalen Rendite" (AR). Dieser Ansatz untersucht den Einfluss eines bestimmten Ereignisses (Event) auf die Rendite einer Aktie während eines entsprechenden Betrachtungszeitraums (Event Window) (vgl. Fama, Fisher, Jensen, Roll 1969). Dabei wird die Rendite des betrachteten Unternehmens[111] mit der normalen Rendite dieses Unternehmens bei Nicht-Durchführung der Transaktion verglichen. Als AR wird folglich die Differenz zwischen den beiden Renditen bezeichnet, die vereinfachend ausschließlich auf die M&A-Transaktion zurückgeführt wird:

---

[111] Die Analyse kann nach einer Akquisition sowohl für ein erworbenes Unternehmen als auch für ein erwerbendes Unternehmen durchgeführt werden. Im Rahmen von Fusionen gilt dies analog, wobei der Vergleich mit einem bereits untergegangenen Rechtsträger notwendig ist.

283

$$AR_{it} = R_{it} - E(R_{it})$$

Ar_{it}	=	Abnormale Rendite der Aktie i im Zeitraum t
R_{it}	=	Ist-Rendite der Aktie i im Zeitraum t
$E(R_{it})$	=	Erwartete Rendite der Aktie i im Zeitraum t

Bei der Betrachtung einer definierten Zeitspanne werden die einzelnen AR zur kumulierten abnormalen Rendite (KAR) über die einzelnen Phasen summiert. Ist die KAR negativ, so hat die betrachtete Transaktion zu einem Wertverlust für die Aktionäre geführt.

Die Bestimmung der tatsächlichen Rendite kann bei börsennotierten Unternehmen anhand der Aktienkursentwicklung unter Berücksichtigung der Dividendenausschüttung berechnet werden. Die Herleitung der erwarteten Rendite ist anspruchsvoller. In der Praxis werden verschiedene Vorgehensweisen angewendet (vgl. Kerler 2000, S.87 ff.). Die Ansätze gehen z.B. vereinfacht von der Entwicklung der Börsenkurse in der Vergangenheit aus. In neueren Untersuchungen wird vielfach das CAPM (vgl. Kap. V.2.2.4.1) zur Bestimmung der erwarteten Rendite $E(R_{it})$ herangezogen. Speziell im angloamerikanischen Raum spielt das Modell auf Grund der relativ leichten Verfügbarkeit der notwendigen Daten eine gewisse Rolle (vgl. Scheller 1999, S.65 ff.). In Deutschland wird das Modell insbesondere wegen der geringeren Breite des Kapitalmarkts seltener im Zusammenhang mit der Erfolgsmessung von Transaktionen verwendet. Anhand des CAPM errechnet sich die erwartete Rendite $E(R_{it})$ aus dem risikolosen Zins (unsystematisches Risiko) und dem systematischen Risiko des betrachteten Unternehmens. Trotz der scheinbaren mathematischen Eleganz der Methode ist das CAPM im Zusammenhang mit der Erfolgsmessung bei M&A-Transaktionen mit Problemen behaftet, die in den teilweise sehr realitätsfernen Modellannahmen begründet sind. So trifft das Modell bzgl. des Investorenverhaltens folgende Annahmen (vgl. Kerler 2000, S.92 f. und Kübler 1994, S.45 ff.):

• Investoren agieren nutzenmaximierend und sind risikoavers.

• Investoren orientieren sich nur am Erwartungswert und an der Varianz der möglichen Renditen.

• Alle Investoren haben homogene Erwartungen bzgl. der einzelnen Anlageobjekte.

• Investoren können zum risikolosen Zins (i_0) unbeschränkt Kapital anlegen oder aufnehmen.

Modellgemäß befindet sich der Kapitalmarkt im Gleichgewicht. Der Kapitalmarkt ist informationseffizient, sämtliche Informationen sind kostenlos zugänglich und jederzeit frei verfügbar. Entsprechend zeigen sich alle transaktionsinduzierten Veränderungen der Erwartungen in den Marktpreisen bzw. -renditen.

In der Konsequenz ist die modellimmanente Realitätsferne für die Messung des Erfolgs von M&A-Transaktionen zu beachten. Kapitalmärkte weisen nur eine mittlere Effizienz auf (vgl. Kübler 1994, S.50). So geben öffentlich zugängliche Informationen keinen Aufschluss über mögliche Synergien. Im Rahmen der Erfolgsmessung kann dieses Defizit durch Berücksichtigung einer längeren Anpassungszeit der Kurse annäherungsweise aufgefangen werden. Andererseits vergrößert sich mit einer zeitlichen Ausdehnung des Untersuchungszeitraums die Schwierigkeit, die transaktionsbedingten Wirkungen von sonstigen Einflüssen auf den Kurs zu trennen. Für das praktische Vorgehen im Rahmen einer AR-Analyse ist ein Kompromiss zwischen dem Wunsch des Einbezugs möglichst aller M&A-induzierten Effekte und dem Wunsch nach dem Ausschluss der mit der Ausdehnung des Betrachtungszeitraums verbundenen steigenden Störeinflüsse zu finden. Hinsichtlich der optimalen Dauer des Untersuchungszeitraums gibt es in der Literatur keine Übereinstimmung. Einige Autoren gehen davon aus, dass sich die Erwartungen der Aktionäre bereits wenige Tage, spätestens aber wenige Monate nach Bekanntwerden der Transaktion in den Kursen widerspiegeln. Andere Untersuchungen analysieren abnormale Renditen aus M&A-Transaktionen über mehrere Jahre (vgl. Gerpott 1993, S.200).

Auch die Annahme der Risikokonstanz ist u.U. irreführend. Die Übertragung der Werte des unsystematischen und systematischen Risikos der Vortransaktionsperiode auf die Zeit nach dem Zusammenschluss vernachlässigt die Tatsache, dass die Transaktion selbst zu einer Veränderung des systematischen Risikos führt. Hinzu kommt, dass im Zusammenhang mit Transaktionen häufig Änderungen in der Unternehmensstrategie vorgenommen werden. So verwundert es nicht, dass empirische Untersuchungen für den deutschen Aktienmarkt keine Risikokonstanz nachweisen konnten. Untersuchungen auf dem amerikanischen Kapitalmarkt zeigten erstaunlicherweise eine relative Stabilität des systematischen Risikos (vgl. Perin 1996, S.51). Dennoch bleibt die Annahme eines konstanten systematischen Risikos in der Folge einer Fusion oder Akquisition fragwürdig. Die Fehlerhaftigkeit der AR steigt entsprechend mit zunehmender zeitlicher Differenz zwischen der Festlegung der Betafaktoren (in der Vor-Transaktionsphase) und dem Zeitpunkt der Berechnung der AR (z.B. nach der öffentlichen Bekanntgabe). Die Lösung in Form eines kurzen Betrachtungszeitraums zu suchen, ist freilich ebenfalls suboptimal, da die Kurse dann mit hoher Wahrscheinlichkeit noch nicht sämtliche Erwartungen hinsichtlich der Synergien der Transaktion enthalten.

Zusätzlich zu beiden Einschränkungen ist die Deutung der erwarteten Rendite $E(R_{it})$ als normale Rendite der gewöhnlichen Geschäftstätigkeit ohne M&A-Transaktion stark vereinfachend und trägt nicht den zahlreichen praktischen Alternativen, wie etwa Joint Ventures oder Strategischen Allianzen, Rechnung. Auf Grund der problematischen Prämissen des CAPM findet sich in der Literatur eine noch nicht abgeschlossene Diskussion in Bezug auf dessen Tauglichkeit für die M&A-Erfolgsmessung (vgl. Kerler 2000, S.94). Ungeachtet dessen hat der AR-Ansatz mittlerweile eine beachtliche Verbreitung in Theorie und Praxis erlangt. In der Literatur wird bezeichnenderweise mit leicht spöttischem Unterton darauf verwiesen, dass sich der Kapitalmarkt auf Grund der praktischen Verbreitung des Modells gemäß einer Self-Fulfilling Prophecy modellkonform verhalten würde (vgl. Kübler 1994, S.48).

Die Ergebnisse der zahlreichen Studien sind uneinheitlich und differieren nach Transaktionsform, Transaktionsrichtung und geographischem Untersuchungsraum. Als exemplarisch können die folgenden Untersuchungen anhand der Kumulierten Abnormalen Rendite (KAR) betrachtet werden:

Autor (Jahr)	Stich- probe	Unter- suchungs- zeitraum	KAR Erwerber	KAR Zielunter- nehmen	KAR Trans- aktion
Bühner (1990)	90 Akquisitionen deutscher Unternehmen zwischen 1973 und 1985	-2 Jahre; +2 Jahre	-9,4 %	+27,1 %	-6,7 %
Chatterje (1992)	436 US Tender Offers zwischen 1963 und 1986	-10 Monate; +69 Monate	-4,0 %	+19,2 %	N/A
Sirower (1994)	168 US- Akquisitionen zwischen 1979 und 1990	-1 Tag; +1 Tag	-2,3 %	N/A	N/A

Tabelle 18: Auswahl an Untersuchungen des M&A-Erfolgs mittels der
Kumulierten Abnormalen Rendite (KAR) (vgl. Kerler 2000, S.116 f.)

Zusammenfassend stellen die Untersuchungen fest, dass Transaktionen für das akqui-
rierende Unternehmen regelmäßig zu einer negativen abnormalen Rendite über den
Untersuchungszeitraum geführt haben, während gleichzeitig eine, teilweise beträchtliche, positive Wirkung für den Börsenkurs des akquirierten Unternehmens bestätigt
wird. In der Tat realisieren Anteilseigner von Zielunternehmen häufig schon im Vorfeld der Transaktion bei Veräußerung ihrer Anteile Zusatzgewinne, die der angebote-
nen Prämie entsprechen. Ein weiteres Ergebnis der Untersuchungen aus der kapitalmarktorientierten Perspektive bestätigt die jahresabschlussorientierte Analyse: Akquisitionen zwischen verwandten Industrien führen zu relativ besseren Resultaten als
konglomerate Transaktionen (vgl. Kerler 2000, S.127, Scheller 1999, S.169 und Bühner 1992, S.454).

Neben dem Vergleich mit der hypothetischen Entwicklung ohne Durchführung der
Transaktion sind in der Praxis auf Grund der leichteren Durchführbarkeit Vergleiche
mit historischen Daten bzw. mit verschiedenen, nach Branchen oder Börsensegmenten
differenzierten Indizes üblich.

Einfacher Wertvergleich: Als einfach zugängliche Messgröße erscheint die Verfol-
gung der Marktkapitalisierung der an der Transaktion beteiligten Unternehmen[112] seit
Ankündigung der Transaktion. In der vereinfachten Betrachtung gibt die anhaltende
Verringerung des Unternehmenswerts gegenüber dem addierten Börsenwert zum Zeit-
punkt der Transaktion den ersten Anhaltspunkt über einen Erfolg oder Fehlschlag der
Transaktion.

---

[112] Für den Fall, dass eines der beteiligten Unternehmen nicht börsennotiert ist, ist für dieses ein von
der Ertrags- bzw. Cash-Flow-Planung ausgehendes Bewertungsmodell zu verwenden.

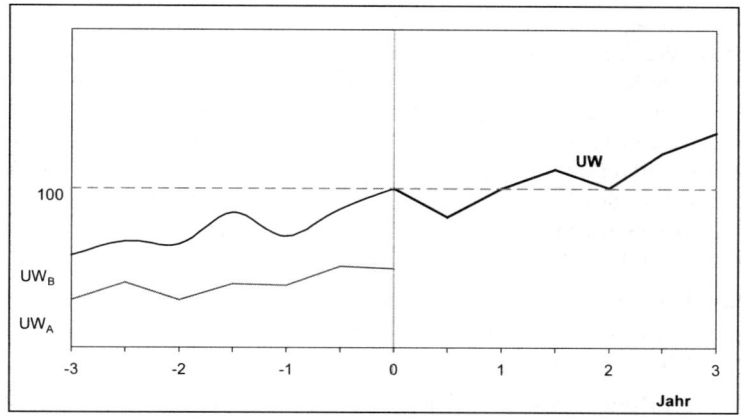

Abbildung 68: Erfolgsmessung anhand der Marktkapitalisierung
(Prinzipskizze)

Vergleich mit Indizes: Gegenüber der einfachen Messung der Werterhöhung oder Wertverringerung am Kapitalmarkt im Verhältnis zum Ausgangswert führt die Verfolgung des relevanten Index (z.B. DAX oder Branchen-Index) zu einer differenzierteren Bewertung. Dabei wird davon ausgegangen, dass sich das Unternehmen nach dem Zusammenschluss im bisherigen oder in einem auf Grund der Transaktion veränderten Marktumfeld der Branche bewegt und dessen Trendentwicklung und Volatilität ausgesetzt ist. Ein gegenüber der Branchenentwicklung günstigerer Verlauf der Marktkapitalisierung dokumentiert nach diesem Ansatz einen Erfolg der betrachteten Transaktion, ein schlechterer Verlauf den Misserfolg. Für die Pro-forma-Entwicklung vor der Transaktion kann der indizierte Marktwert der beteiligten Unternehmen im Verhältnis der Marktwerte zum Zeitpunkt der Transaktion gewichtet werden.

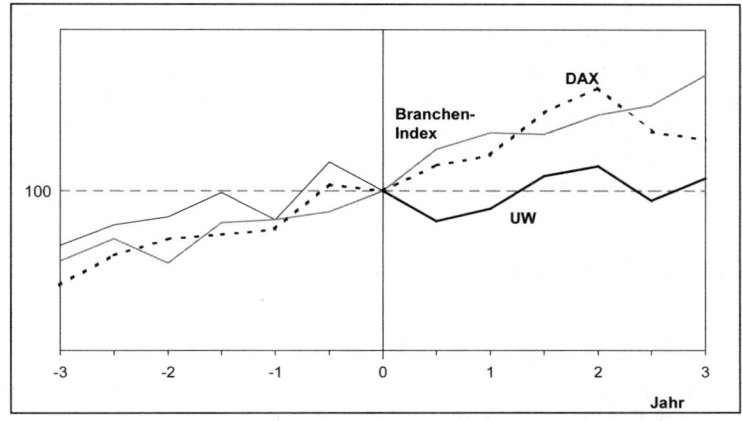

Abbildung 69: Kapitalmarktorientierte Erfolgsanalyse mit Marktindizes
(Prinzipskizze)

287

Unter der Prämisse, dass den Aktionären der beteiligten Unternehmen bei einer Fusion die richtigen Wertverhältnisse zugesichert wurden bzw. eine Akquisition zu einem wertäquivalenten Kaufpreis stattfand, deutet der Verlauf der Marktkapitalisierung insbesondere gegenüber dem Branchenindex recht eindeutig auf einen Erfolg oder Misserfolg des Zusammenschlusses für den Aktionär hin. Dennoch ist auch hier zu betonen, dass ein Wertverlauf oberhalb des Branchenindex nicht zwingend gleichzusetzen ist mit dem Erfolg des M&A-Vorgangs, da nicht auszuschließen ist, dass auch eines der beteiligten Unternehmen oder sogar beide in der Stand-alone-Version den Index übertroffen hätten. Entsprechend gilt dies auch für eine Unterschreitung des Index.

Unabhängig von der verwendeten Methode der Erfolgsmessung sind eine Reihe von Problemen zu beachten, welche die Aussagekraft der kapitalmarktorientierten Erfolgsmessung einschränken können:

- Zeitlicher Beginn der Untersuchung: In der Praxis wird die Verfolgung der relevanten Börsenkurse häufig unmittelbar vor der öffentlichen Bekanntgabe der Transaktion aufgenommen. Dieses Vorgehen berücksichtigt nicht, dass dem Kapitalmarkt bereits längere Zeit vor der öffentlichen Bekanntgabe Informationen über die Transaktion zugänglich gewesen sein können oder die Transaktion der Schlusspunkt eines bereits früher begonnenen, sukzessiven Anteilserwerbs ist.

- Small-Firm-Effekte: Kleinere Unternehmen zeigen nach empirischen Untersuchungen in Bezug auf ihre risikoadjustierte Rentabilität bessere Ergebnisse als der Markt. Da ein nicht zu vernachlässigender Teil von M&A-Transaktionen zwischen Firmen unterschiedlicher Unternehmensgröße stattfindet (vgl. Bundeskartellamt 1999, S.170 f. und Bundeskartellamt 2001, S.209 f.), kann ein Teil der auftretenden Kursveränderungen diesem kaum isolierbaren Effekt zugeschrieben werden.

- Börsennotierung: Kapitalmarktorientierte Messungen setzen die Börsennotierung der Unternehmen voraus. Damit können in Deutschland nur ca. 1.300 börsennotierte Unternehmen (vgl. Hoppenstedt Aktienführer 2000) von über 2,5 Millionen Unternehmen im Falle einer M&A-Transaktion nach dieser Methode untersucht werden.

In der Literatur ist dieses Konzept der Erfolgsmessung nicht unumstritten. Haspeslagh und Jemison (vgl. 1992, S.32 ff.) weisen darauf hin, dass eine Bewertung anhand des Börsenkurses ein zu einseitiger Maßstab sei. Andererseits werden gegenüber jahresabschlussorientierten Erfolgsanalysen insbesondere die Vorzüge der Nichtmanipulierbarkeit, einer gewissen Zukunftsbezogenheit und der einfachen Interpretation positiv bewertet (vgl. Gerpott 1993, S.202 f. und Hase 1996, S.191). Trotz der Grenzen der Aussagekraft haben die kapitalmarktorientierten Verfahren eine erhebliche Bedeutung für die Beurteilung des M&A-Erfolgs erlangt.

IX.2.3 Insider-Befragungen

Insider-Befragungen gehen von der subjektiven Erfolgseinschätzung unmittelbar oder mittelbar Betroffener aus. Dabei werden häufig die mit der Durchführung der Transaktion betrauten Manager oder Berater mittels Fragebogen oder strukturierten Interviews nach ihren persönlichen Transaktionserfahrungen befragt.

Die zentralen Voraussetzungen für die Aussagekraft dieser Erfolgsmessung sind die Offenheit und die Kritikfähigkeit des beteiligten Managements. Solche Voraussetzungen sind erfahrungsgemäß nur bei Transaktionen gegeben, die aus der Sicht des Managements und der relevanten Öffentlichkeit erfolgreich verlaufen sind. Insgesamt zeigen Managementbefragungen in der Regel positivere Erfolgsbilanzen als Untersuchungen mit „objektiven" Messmethoden (vgl. Kerler 2000, S.130 f.).

Die offensichtliche Schwäche der Befragung liegt in der Subjektivität der Befragten bei der Beurteilung der Transaktion. Die Einschätzung des befragten Managements entfernt sich umso weiter von der Wahrnehmung anderer Gruppen, wie etwa der Aktionäre, je direkter die Befragten mit der Initiierung der Transaktion verbunden waren oder von ihr profitierten. Zusätzlich kann die subjektive Einschätzung der Befragten einem zeitlichen Wandel unterworfen sein, so dass die Bewertung im Zeitablauf nicht selten stark variiert. So ist eine länger anhaltende negative Einschätzung des Managements einer feindlich übernommenen Gesellschaft vorhersehbar, ohne dass die Transaktion ein Fehlschlag sein muss. Umgekehrt kann ein vom Management beider Beteiligten positiv aufgenommenes Zusammengehen in der Folge zu beträchtlichen Belastungen führen. In diesem Fall ist die Gefahr groß, den Wunsch nach Erfolg mit dem Erfolg selbst zu verwechseln.

Die Anzahl der in der Literatur beschriebenen Insider-Befragungen ist relativ klein (vgl. Bamberger 1994, S.170 ff. und Kerler 2000, S.131 f.). Die Anwendung von Insider-Befragungen ist zweifellos eine Frage der Unternehmenskultur. Offene Kulturen benutzen auch für andere Themen Befragungen im Unternehmen, um Anhaltspunkte für notwendige Steuerungsmaßnahmen zu erhalten. Hierarchische Kulturen meiden Befragungen immer dann, wenn für die Unternehmensleitung ungünstige Ergebnisse erwartet werden müssen. Ein Unternehmen mit offener Kultur kann durchaus nützliche Erkenntnisse aus Befragungen nach M&A-Transaktionen erhalten, die für spätere Phasen der Integration oder für Folgefälle brauchbar sind. Die Diskussion über die Tauglichkeit der Insider-Befragungen ist in der betriebswirtschaftlichen Literatur noch nicht abgeschlossen. Neben einigen positiven Äußerungen (vgl. exemplarisch Kübler 1994, S.52) existieren eher skeptische Bewertungen der Methode (vgl. exemplarisch Kerler 2000, S.105).

IX.2.4 Analyse der Desinvestitionsprojekte

Die Ermittlung des M&A-Erfolgs anhand der Wiederverkaufsrate geht von der Annahme aus, dass solche Veräußerungen als Misserfolg der Ursprungstransaktion zu bewerten sind. Die bekannteste Untersuchung wurde von Porter (1987, S.43 ff.) durchgeführt. Porter ermittelte, dass über 50 % der betrachteten Unternehmen sieben bis zwölf Jahre nach der Transaktion das ehemalige Zielunternehmen wieder veräußerten. Porter legt dies als Fehlschlag der ehemaligen M&A-Strategie aus.[113]

---

[113] Eine vergleichbare Studie existiert für Deutschland. Hoffmann (1989) untersuchte im Rahmen der Erfolgsfaktorenforschung die Diversifikationsstrategien 135 großer deutscher Unternehmen zwischen 1960 und 1987. Er stellte fest, dass insgesamt 20 % der Transaktionen durch eine Wiederveräußerung rückgängig gemacht wurden. Im Falle von Investitionen in neue Geschäftsbereiche betrug die Quote 60 % (vgl. Hoffmann 1989, S.52 ff.).

Im Einzelfall kann es durchaus zutreffend sein, dass eine spätere Veräußerung als Misserfolg zu werten ist, wie etwa im Falle der Übernahme von Triumph-Adler durch Volkswagen in 1979[114] oder der 1991 durchgeführten Akquisition von NCR durch AT&T[115]. Auch das Fallbeispiel von BMW und Rover spricht für die These von Porter (vgl. Kap. IV.4). Die spätere Desinvestition einer Transaktion kann dennoch nicht generell mit deren Misserfolg gleichgesetzt werden, selbst wenn die ursprüngliche strategische Zielsetzung eine dauerhafte Investition vorsah.

Desinvestitionen können durch zahlreiche Gründe bedingt sein, die keinesfalls die allgemeine Schlussfolgerung eines Misserfolgs zulassen (vgl. Bamberger 1994, S.118 f.):

* Schlechtere Zukunftsaussichten auf Grund veränderter Umfeldbedingungen
* Portfolioumschichtung der Muttergesellschaft
* Liquiditätsbedarf der Muttergesellschaft
* Verkauf erzeugt Steuervorteile
* Attraktives Kaufangebot
* Auflösung Stiller Reserven zur Abwehr einer Feindlichen Übernahme.

Eine spätere Weiterveräußerung kann sogar das Ziel einer Transaktion darstellen. Dies gilt u.a., wenn M&A-Transaktionen das Arbitrage-Motiv zu Grunde liegt. Private-Equity- und Venture-Capital-Gesellschaften sind ebenfalls darauf spezialisiert, Unternehmen zu erwerben, um diese anschließend, etwa durch Restrukturierungen, neu zu positionieren und später gewinnbringend weiterzuveräußern.

Die unterschiedlichen Gründe für eine Desinvestition zeigen, dass dieses Kriterium nur im Einzelfall zum Nachweis des M&A-Erfolgs oder -Misserfolgs herangezogen werden kann. Hat allerdings eine Desinvestition stattgefunden, so kann die aus der Wertdifferenz zwischen Verkauf und Einkauf resultierende Größe (im Sinne der Total-Shareholder-Return-Betrachtung) als Erfolgsmaßstab verwendet werden.

---

[114] 1979 übernahm Volkswagen für 175 Millionen € einen Mehrheitsanteil von 55 % an dem Bürogerätehersteller Triumph-Adler. Volkswagen versäumte es, während der Transaktion durch eine qualifizierte Due Diligence die versteckten Risiken, den aufgeschobenen Abschreibungsbedarf und das mangelnde Know-how zu eruieren. In der Folge wurde Triumph-Adler zum Sanierungsfall, der Volkswagen bis zum Verkauf an Olivetti eine Milliarde € kostete (vgl. o.V. 2001b).

[115] 1991 wurde NCR von AT&T übernommen und 1995 wieder veräußert. Den ursprünglichen Kaufpreis von sieben Milliarden US $ stand vier Jahre später ein Veräußerungserlös von drei Milliarden US $ gegenüber (vgl. o.V. 1999b).

IX.3 Fallbeispiele Erfolgsmessung

Die Fusionsfälle HypoVereinsbank, DaimlerChrysler und Novartis

Drei Fallbeispiele von Großfusionen aus der zweiten Hälfte der 1990er Jahre aus den Bereichen Finanzdienstleistung, Automobil und Pharma sollen die Anwendung einiger der beschriebenen Verfahren der Erfolgsmessung zeigen. In allen Fällen handelt es sich hinsichtlich der Fusionspartner um börsennotierte Blue Chips aus Deutschland, der Schweiz und den USA. Alle Zusammenschlüsse gehören der Kategorie der Mergers of Equals an. Beispielhaft werden sowohl jahresabschlussorientierte wie auch kapitalmarktorientierte Messverfahren angewandt.

Jahresabschlussorientierte Analyse

Der jahresabschlussorientierten Analyse (vgl. Kap. IX.2.1) der Beispielfälle Bayerische Hypo- und Vereinsbank (HypoVereinsbank) und DaimlerChrysler liegen als Planwerte die in den jeweils gemeinsamen Verschmelzungsberichten der Vorstände der Fusionspartner genannten Prognosen des Ergebnisses vor Steuern (EBT) für die fünf Jahre nach der Verschmelzung zu Grunde. Das addierte Planergebnis wurde um die in den Verschmelzungsberichten angeführten Transaktionskosten und Synergien[116] des jeweiligen Jahres ergänzt.

Die Ist-Werte der einzelnen Jahre vor bzw. nach der Fusion sind den Geschäftsberichten entnommen. In Ermangelung entsprechender Daten wurden Bereinigungen um ergebnisbeeinflussende Geschäftsvorfälle im Zeitraum beginnend mit der Ankündigung der jeweiligen Fusion bis 2001 weder im Plan noch im Ist durchgeführt. Die Aussagekraft der Analyse wäre von solchen Maßnahmen dann negativ betroffen, wenn in der betrachteten Zeitspanne neue Geschäftsaktivitäten mit negativen Ergebnisbeiträgen aufgenommen worden wären. Das jeweils letzte Geschäftsjahr der getrennten Einheiten wurde mit dem Wert 100 indiziert.

Die Entwicklung des Ergebnisses vor Steuern (vgl. Abbildung 70) zeigt im Fall der Fusion der Bayerischen Hypotheken- und Wechsel-Bank (Hypo-Bank) und der Bayerischen Vereinsbank (Vereinsbank) eine kontinuierlich zunehmende Abweichung der Ist-Werte von den Plan-Werten.[117] Während der Verschmelzungsbericht nahezu eine Verdreifachung des Ausgangsgewinns von 1997 bis 2001 postuliert, liegt das Ist-EBT, nach zunächst deutlicher Verschlechterung, in 2001 auf der Höhe des addierten EBT der Fusionspartner in 1997. Damit wurde das Zielergebnis um 64 % verfehlt.

---

[116] Im Fall HypoVereinsbank wurden die angegebenen Kostensynergien nach fünf Jahren zu je 20 % auf die einzelnen Jahre aufgeteilt. Die nicht spezifizierten Wachstumssynergien wurden nicht berücksichtigt.

[117] Die notwendigen Sonderwertberichtigungen für Risiken des Immobilienbereichs der ehemaligen Hypo-Bank von 1,8 Milliarden € wurden im Jahresabschluss 1998 durch Auflösung von Reserven des Wertpapierportfolios erfolgsneutral kompensiert.

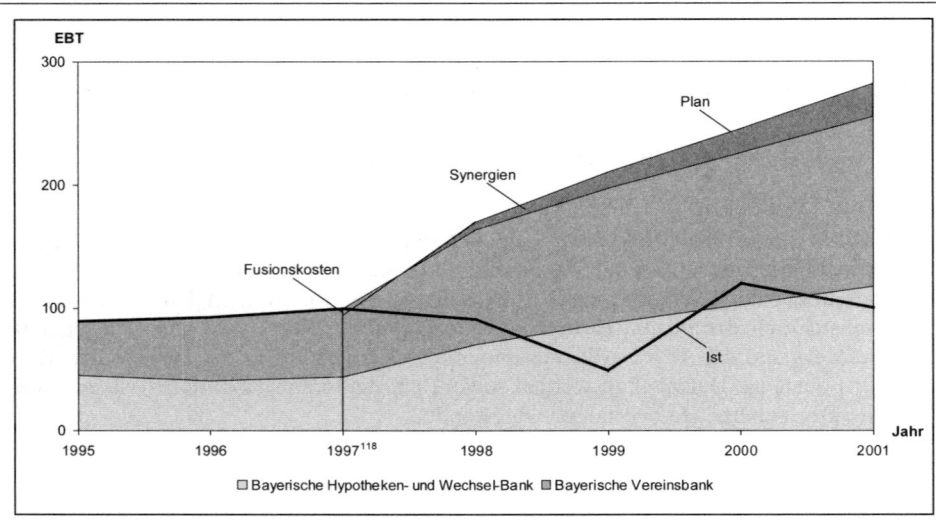

Abbildung 70: Plan-Ist-Ergebnisvergleich Bayerische Hypo- und Vereinsbank
(Quellen: Verschmelzungsbericht, Geschäftsberichte)[118]

Bei der Fusion von Daimler-Benz und Chrysler (vgl. Abbildung 71) plante das Management stetige Gewinnerhöhungen einschließlich beträchtlicher Synergien für die Folgejahre nach der Fusion.[119] Zwar erreichten die Geschäftsjahre 1998 und 1999 nicht das prognostizierte Niveau, führten aber zumindest zu höheren Ergebnissen, als sie gemeinsam vor der Fusion erzielt worden waren. Anstelle eines Aufholeffekts stellte sich jedoch ab 2000 ein drastischer Ergebnisverfall ein, der sich in 2001 fortsetzte. Die prognostizierte Ergebnisexplosion auf den 2,5-fachen Ausgangswert (in absoluten Zahlen: 15,2 Milliarden €) kehrte sich im Geschäftsjahr 2001 in einen Verlust um.

Kapitalmarktorientierte Analyse

Für die kapitalmarktorientierte Analyse (vgl. Kap. IX.2.2) werden die Beispielfälle HypoVereinsbank und DaimlerChrysler um die Fusion von Ciba-Geigy und Sandoz zu Novartis ergänzt.

Nach der Methode des *Einfachen Wertvergleichs* wird die Marktkapitalisierung der Unternehmensverbindung mit der Summe der Marktkapitalisierungen vor der Fusion verglichen. Dividendenzahlungen bleiben ebenso unberücksichtigt wie eine postulierte Verzinsung des Eigenkapitals sowie Effekte durch Aktienrückkäufe oder Ausübung von Aktienoptionen. Über den gesamten Betrachtungszeitraum erfolgte Kapitalerhöhungen und Aktiensplits wurden eliminiert. Die Börsenkapitalisierungen vom Beginn des Monats, in dem die Fusionsabsicht jeweils bekannt gegeben wurde, erhielten den

---

[118] Letztes getrenntes Geschäftsjahr.

[119] Der Verschmelzungsbericht von Daimler-Benz/Chrysler nennt für 1999 Synergieeffekte in Höhe von 1,3 Milliarden € und ab 2001 in Höhe von 3,2 Milliarden €. Die Werte für 1998 und 2000 wurden entsprechend extrapoliert.

Index 100. Der in den Abbildungen gekennzeichnete Zeitpunkt der Aufnahme des Handels der Aktien der fusionierten Gesellschaften entspricht jeweils dem ersten Handelstag des Folgemonats.

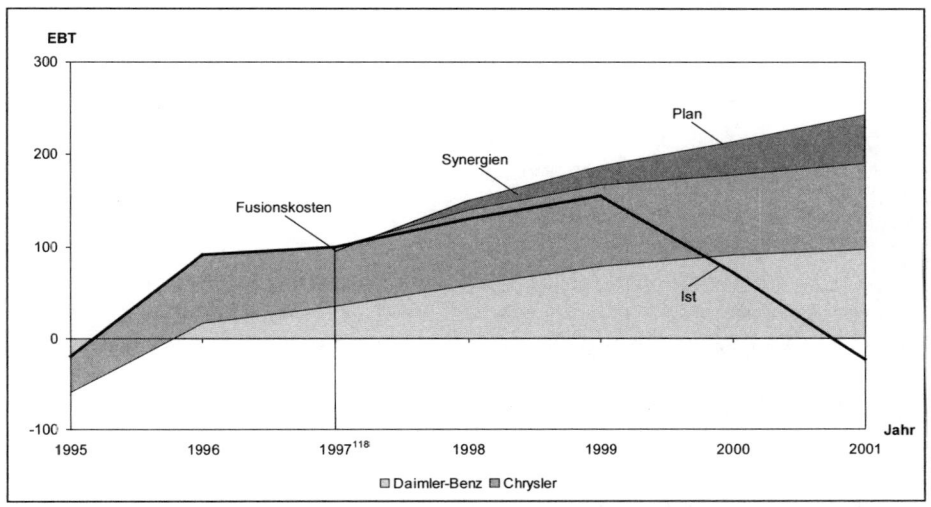

Abbildung 71: Plan-Ist-Ergebnisvergleich DaimlerChrysler
(Quellen: Verschmelzungsbericht, Geschäftsberichte)

Die Marktkapitalisierung der Fusionspartner stieg nach Bekanntwerden der Fusionsabsichten der Hypo-Bank und der Vereinsbank (21.07.1997) steil an (vgl. Abbildung 72). Kurz vor Aufnahme des Handels der Aktien der HypoVereinsbank (03.09.1998) hatte der Börsenwert beider Banken den Index von 248 erreicht. Im Zuge der Aufdeckung der hohen Bewertungsrisiken für Joint Ventures und Developer-Finanzierungen aus dem Immobilien-Bereich der ehemaligen Hypo-Bank ging der Börsenwert des fusionierten Instituts zurück, verblieb aber über weite Strecken auf einem Niveau von 50 % oberhalb der addierten Börsenkapitalisierung bei Ankündigung des Zusammengehens. Zum 02.01.2002 lag der Index der Marktkapitalisierung der fusionierten Bank bei 64 und somit 75 % unter dem Höchststand. Zum Zeitpunkt der Ankündigung der Transaktion hatte die Bayerische Vereinsbank allein einen Indexstand von 56, war also nahezu gleich viel wert wie die fusionierte HypoVereinsbank zum Jahreswechsel 2001/2002.

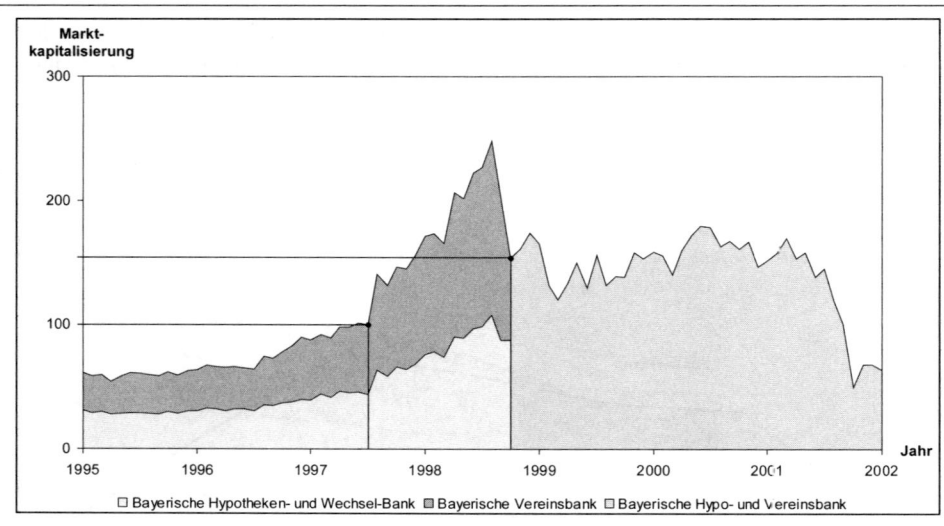

Abbildung 72: Verlauf der Marktkapitalisierung Bayerische Hypo- und Vereinsbank
(Quelle: Thomson Financial Datastream)

Die Marktreaktion auf die Ankündigung (07.05.1998) eines Zusammenschlusses zwischen Daimler-Benz und Chrysler war eher verhalten (vgl. Abbildung 73). Die Börsenkurse stiegen in der Folge um rund 17 %, um im weiteren Verlauf um 12 % unter den Ausgabewert zu fallen.

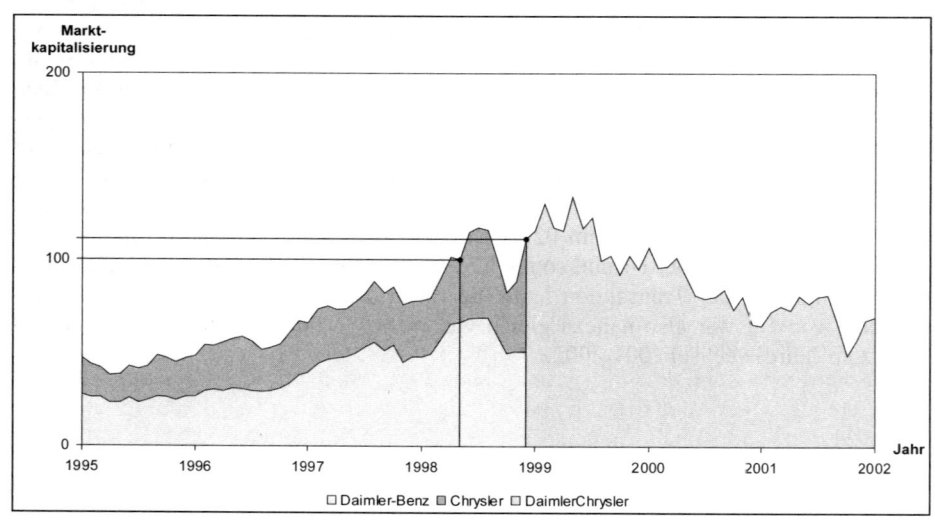

Abbildung 73: Verlauf der Marktkapitalisierung DaimlerChrysler
(Quelle: Thomson Financial Datastream)

Mit Aufnahme des Handels der neuen Aktien (17.11.1998) zog die Marktkapitalisierung wieder an. Dem Anstieg des Wertindex auf bis zu 133 zur Jahresmitte 1999 folgte ein weitgehend kontinuierlicher Abfall bis Ende 2001. Die Börsenkapitalisierung des fusionierten Unternehmens zum 02.01.2002 (Index 69) entspricht annähernd dem Börsenwert von Daimler-Benz allein, unmittelbar vor Bekanntgabe der Fusion (Index 66).

Die Fusion der Schweizer Konzerne der chemisch-pharmazeutischen Industrie Ciba-Geigy und Sandoz zeigt eine von den vorherigen Fallbeispielen gänzlich abweichende Charakteristik (vgl. Abbildung 74).

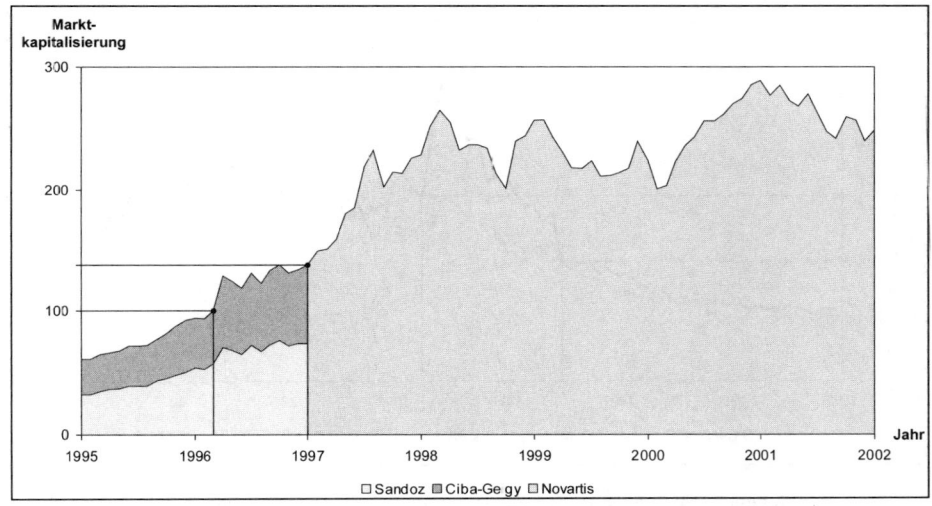

Abbildung 74: Verlauf der Marktkapitalisierung Novartis
(Quelle: Thomson Financial Datastream)

Dem auch hier festzustellenden kurzfristigen spekulativen Anstieg der Marktkapitalisierung der Fusionspartner nach Ankündigung der Fusion (07.03.1996) folgte kein ernüchternder Rückschlag, sondern ein weiterer, nahezu ununterbrochener Anstieg des Marktwerts. Bis zum Beginn des Börsenhandels der Novartis-Aktie (23.12.1996) war ein Wertzuwachs von 38 % erreicht. Zum Jahresbeginn 2001 hatte sich der Börsenwert von Novartis gegenüber dem Ausgangspunkt nahezu verdreifacht. Im Zuge der Abschwächung des Kapitalmarkts erreichte der Wert zum Jahreswechsel 2001/2002 den Index von 249. Seit Ankündigung der Fusion im März 1996 erzielten die Anteilseigner bis 02.01.2002 somit einen Wertzuwachs von rund 70 Milliarden €.

Der *Vergleich mit Indizes* gibt Aufschluss über die Entwicklung der Marktkapitalisierung im Verhältnis zur Wertsteigerung des gewählten Vergleichsmaßstabs. Die Fallbeispiele HypoVereinsbank und DaimlerChrysler werden mit dem Verlauf des DAX sowie der relevanten europäischen Branchenindizes EURO STOXX Bank bzw. EURO STOXX Auto verglichen. Vergleichsmaßstab bei Novartis sind der Swiss Market Index (SMI) und der europäische Pharmaindex FTSE E300 Pharma. Die Vergleiche mit den allgemeinen Marktindizes spiegeln die Entwicklung der fusionierten Unternehmen an Alternativanlagen am Aktienmarkt. Der Vergleich mit dem relevanten Branchenindex misst die Entwicklung am Branchenumfeld.

Wie in den vorangegangenen Darstellungen werden die Werte zu Beginn des Monats, in dem die jeweilige Fusion bekannt wurde, mit dem Index 100 belegt. Die Vergangenheitswerte der untersuchten Fusionen werden unter Berücksichtigung des Wertverhältnisses der Partner zum Zeitpunkt der Fusion indiziert.

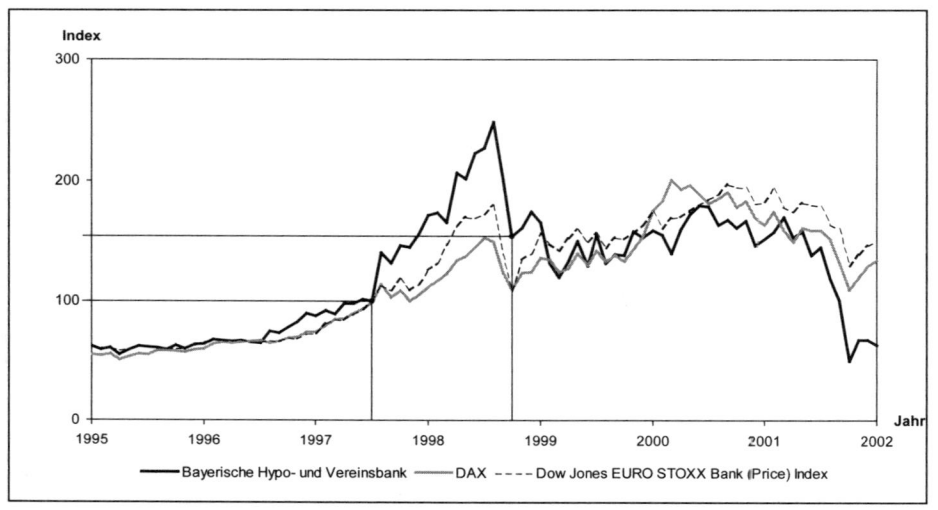

Abbildung 75: Vergleich Bayerische Hypo- und Vereinsbank/Marktindizes
(Quellen: Thomson Financial Datastream, the Bloomberg Professional™ service)

Die Vergleichsmessung der HypoVereinsbank mit DAX und Banken-Index (vgl. Abbildung 75) unterstreicht die spekulative Wertentwicklung in der Phase zwischen der Ankündigung der Fusion und ihrer Umsetzung. In der Folge verlaufen beide Indizes zunächst weitgehend parallel zur Entwicklung der fusionierten Bank. Der deutlich stärkere Abfall des Marktwerts der Bank in 2001, als ihn die Indizes aufweisen, unterstreicht, dass Alternativanlagen sowohl im Durchschnitt der DAX-Unternehmen wie auch im Bankensektor Europas deutlich bessere Wertentwicklungen für Anleger erbracht hätten als ein Engagement in der HypoVereinsbank. Während sich der DAX vom Ausgangspunkt 100 bis zum Jahreswechsel 2001/2002 um 34 % erhöht hat und der Branchenindex Banken um 50 % stieg, fiel der Wert der fusionierten Bank seit der Ankündigung der Fusion um 36 %.

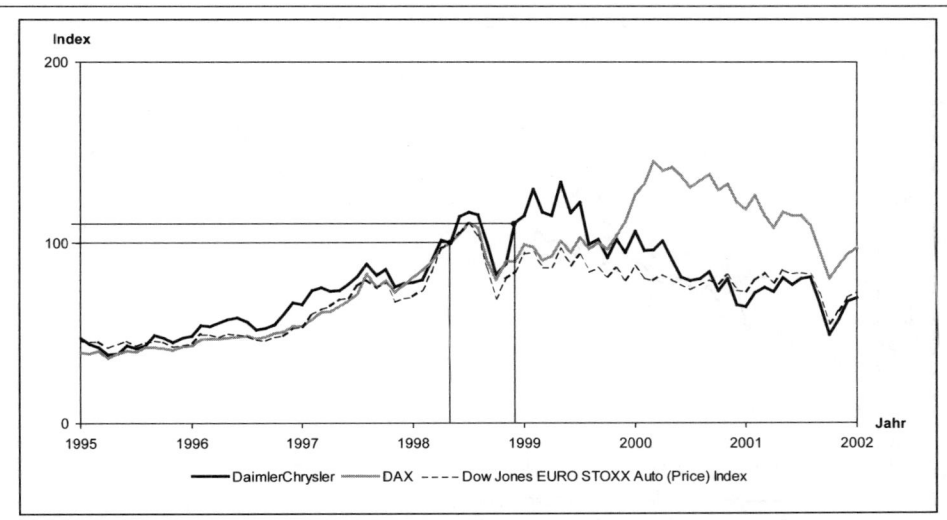

Abbildung 76: Vergleich DaimlerChrysler/Marktindizes
(Quellen: Thomson Financial Datastream, the Bloomberg Professional™ service)

Die Ankündigung der Fusion von DaimlerChrysler im Mai 1998 beeindruckte den Markt anfangs kaum (Dax-Schwergewicht). Der Unternehmenswert entwickelte sich zunächst parallel zu DAX und Automobil-Index (vgl. Abbildung 76). Der positiven Abkopplung des Wertes des fusionierten Unternehmens vom DAX im ersten Halbjahr 1999 folgte seither eine anhaltend negative Entwicklung, die den Anleger bei Einstieg zum Zeitpunkt der Ankündigung der Fusion bis 02.01.2002 schlechter stellte als bei einem Einstieg in den Durchschnitt der DAX-Werte. Dem DAX-Index von 97 entspricht ein Wertindex des fusionierten Unternehmens von 69. Am Automobil-Index gemessen hat DaimlerChrysler eine über weite Strecken positive Wertentwicklung erzielt. Seit Ende 2000 entwickelt sich der Branchenindex jedoch geringfügig besser als der Index des Unternehmens.

Die Entwicklung von Novartis weist nicht nur eine beachtliche absolute Wertsteigerung auf, sie übertrifft auch den schweizerischen Aktienindex deutlich (vgl. Abbildung 77). Während der SMI vom Zeitpunkt der Ankündigung der Fusion bis zum 02.01.2002 um 88 % gestiegen ist, steigerte Novartis den Unternehmenswert um 149 %. Das Unternehmen war auch in der Lage, über längere Wegstrecken den FTSE Eurotop 300 Pharma-Index zu schlagen. Zum Jahreswechsel 2001/2002 hatten die Indizes von Branche und Unternehmen einen nahezu identischen Stand.

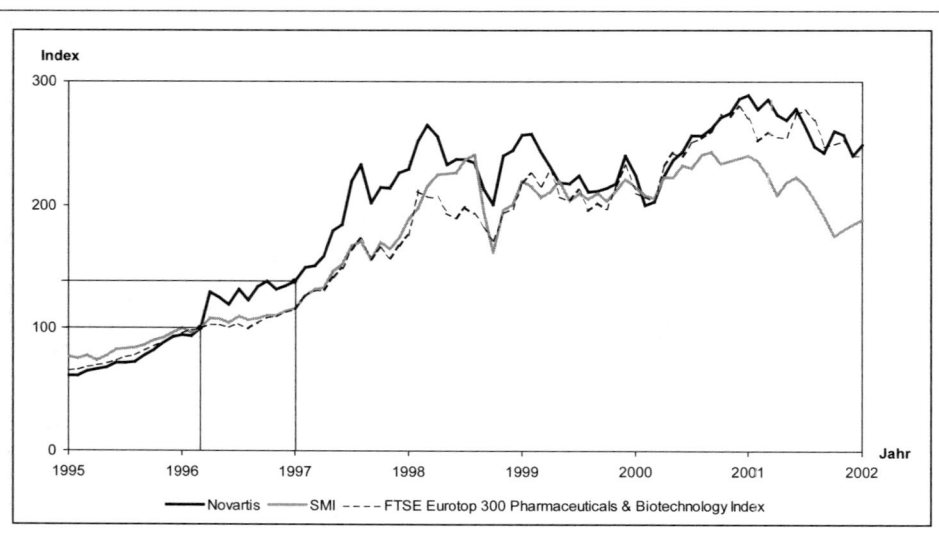

Abbildung 77: Vergleich Novartis/Marktindizes (Quellen: Thomson
Financial Datastream, the Bloomberg Professional[TM] service)

Versuch einer Wertung

Zusammenschlüsse in der Größenordung der Fallbeispiele sind historische Schritte der
beteiligten Unternehmen mit Perspektiven, aber auch mit außergewöhnlichen Risiken.
Die Erfolgsmessung zeigt das Ergebnis der Bemühungen der Verantwortlichen, ihre
selbst gesetzten Ziele zu erreichen und sich am Kapitalmarkt gegenüber dem Wettbewerb zu behaupten. Die Messung sagt nichts über die Ursachen von Abweichungen
aus, sondern stellt sie nur nüchtern fest.

Zweifellos ist bei einer Beurteilung der Zeitaspekt zu berücksichtigen. Fusionen dieser
Dimension dürfen durchaus in dem ein oder anderen Jahr zunächst Zielverfehlungen
aufweisen, ohne gleich als Misserfolg bezeichnet zu werden. Treten solche Abweichungen jedoch in zunehmendem Maße auf und erscheint ein Aufholeffekt entgange-
ner Soll-Erträge geradezu aussichtslos, fällt es zunehmend schwer, eine Fusion auf
Grund ihrer angeblichen großen strategischen Bedeutung als Erfolg einzustufen. Spätestens nach fünf Jahren schlägt die Stunde der Wahrheit.

Legt man diese Messlatte an, ist die Fusion der Hypo-Bank mit der Vereinsbank kaum
erfolgreich zu nennen. Die Ergebnisziele wurden in keinem der Geschäftsjahre seit der
vollzogenen Fusion auch nur annähernd erreicht. Der Kapitalmarkt hat die negativen
Plan-Ist-Abweichungen seit der Fusion mit einem massiven Abschlag des aktuellen
Unternehmenswerts gegenüber dem Zeitpunkt der Fusion, aber auch mit deutlichen
Einbußen gegenüber DAX und EURO STOXX Bank bestraft.

DaimlerChrysler verfehlt die angekündigten Ergebnisziele vor allem in den Jahren
2000 und 2001 deutlich. Dennoch ist die Fusion zwischen Daimler-Benz und Chrysler
aus der Sicht von 2002 noch nicht abschließend als Fehlschlag zu werten. Die Herausforderungen dieses im besten Sinne globalen Schrittes sind ungleich höher als im Fall

298

des Zusammengehens der bayerischen Nachbarbanken. Die Wertentwicklung in Über-einstimmung mit dem Branchenindex Automobil unterstreicht zudem die Fähigkeit des Managements, sich in einem schwierigen Markt zu behaupten. Ein abschließendes Gesamturteil sollte 2003 möglich sein.

Anders bei Novartis. Dessen nachhaltig beeindruckende Wertentwicklung weist auf einen Fusionsfall hin, bei dem von Anfang an nahezu alles richtig gemacht wurde: Vom strategischen Ansatz über den Transaktionsprozess bis zur Integration sind keine Fehler ersichtlich. Novartis kann fünf Jahre nach vollzogener Fusion mit Fug und Recht als gelungener Unternehmenszusammenschluss bezeichnet werden.

Literatur

Geschäftsberichte Bayerische Hypotheken- und Wechsel-Bank 1995-1997

Geschäftsberichte Bayerische Vereinsbank 1995-1997

Geschäftsberichte Bayerische Hypo- und Vereinsbank 1998-2001

Geschäftsberichte Chrysler 1995-1997

Geschäftsberichte Daimler-Benz 1995-1997

Geschäftsberichte DaimlerChrysler 1998-2001

Geschäftsberichte Ciba-Geigy 1995

Geschäftsberichte Novartis 1996-2001

Geschäftsberichte Sandoz 1995

Verschmelzungsbericht Bayerische Hypotheken- und Wechsel-Bank/Bayerische Vereinsbank 1998

Verschmelzungsbericht Daimler-Benz/Chrysler 1998

X Schlussbetrachtung

Erfolgreiche Unternehmenszusammenschlüsse erhöhen nachhaltig den Unternehmenswert gegenüber der Ausgangslage der an der Transaktion beteiligten Unternehmen. Das gelingt nur, wenn die Erträge aus der Transaktion die Kosten des Erwerbs übertreffen. Auf Grund der investiven Charakteristik von M&A-Aktivitäten ist der anfängliche zeitliche Nachlauf der Erträge gegenüber den Kosten weder ungewöhnlich noch schädlich, sofern die Umkehr dieses Tatbestandes nicht allzu lange ausbleibt. Börsennotierten Unternehmen kann die Antizipationswirkung des Kapitalmarktes helfen, diesen Nachlaufeffekt u.U. ganz zu vermeiden. Die Börsenreaktion kann allerdings auch ins Gegenteil umschlagen, wenn sich abzeichnet, dass Ankündigungen und Erwartungen nicht erfüllt werden.

Die Voraussetzungen für einen rationalen Weg zu einer Wertsteigerung durch M&A-Aktivitäten sind in den einzelnen Kapiteln des Buches, gegliedert nach den Phasen im Verlauf des M&A-Prozesses, behandelt worden. Die zusammenfassende Darstellung der wichtigsten Kriterien für erfolgreiche M&A-Transaktionen orientiert sich an den Erfolgsfaktoren, die sowohl von der wissenschaftlichen Analyse, wie auch von den praktischen Erfahrungen gestützt werden.

Vorab sei wiederholt: Wissenschaftlich fundierte Kriterien zur Sicherung des ökonomischen Erfolgs einer M&A-Transaktion existieren ebenso wenig wie für erfolgreiches Unternehmertum im Allgemeinen. Hier wie dort bieten auch Produkte von Unternehmensberatern, die über scheinbar objektivierbare Rezepte den sicheren Weg zum Erfolg versprechen, nur Hilfe zur Selbsthilfe. Letztlich muss auch erfahrungsbasierten Aussagen begrenzte Allgemeingültigkeit zugesprochen werden. Gleichwohl können Fehler, Enttäuschungen und Misserfolge bei M&A-Transaktionen deutlich vermindert werden, wenn folgende Grundsätze beachtet werden:

Die Transaktion muss einer überzeugenden Strategie folgen: M&A-Transaktionen sind als Ergebnis einer gut durchdachten, nach innen und außen nachvollziehbaren Strategie durchzuführen. Planung und Rationalität dürfen nicht durch Zufall und Neigung ersetzt werden. Fusions- oder Kauf-Entscheidungen aus persönlichen Gründen des Managements heraus sind unverantwortlicher Umgang mit den Ressourcen der Gesellschaft. Die kritische Hinterfragung der Motivlage des Managements gehört zu den wichtigen Aufgaben des Kontrollorgans.

Je fokussierter die Transaktion, desto wahrscheinlicher der Erfolg: Als Fusions- und Akquisitionsziele eignen sich klar fokussierte Unternehmen, welche die eigenen Kernkompetenzen verstärken. Hier kann die aktive Wertschöpfung ohne Verzögerung und mit hoher Intensität wirksam werden. Der Zusammenschluss mit diversifizierten oder fremden Bereichen angehörenden Unternehmen erhöht die Komplexität zusätzlich. Die Integrationsaufgaben binden in solchen Fällen die in der Regel knappen Managementressourcen über Gebühr. Die Fortentwicklung der Stärken im eigenen Kerngeschäft wird zwangsläufig vernachlässigt.

Die Transaktion muss eindeutig andere Optionen schlagen: Fusionen und Unternehmenserwerbe sind strategische Optionen, für die es Alternativen in Form von Kooperationen oder Eigenentwicklung gibt. Der mit einer M&A-Transaktion verbundene Nutzen muss objektiv die Nachteile der meist hohen Goodwill-Zahlung und der mit der Transaktion verbundenen (zumindest vorübergehenden) Destabilisierung der beteiligten Unternehmen übertreffen. Im Umkehrschluss muss die alternative Kooperation oder Eigenentwicklung einer entsprechenden Wettbewerbsposition deutlich unwirtschaftlicher sein bzw. unvertretbar lange Zeit in Anspruch nehmen. Die Regel lautet demnach: Sehr kritisch hinterfragen, ob „Make" nicht besser als „Buy" ist.

Die Frage „Was machen wir besser als das bisherige Management?" muss klar beantwortet werden: M&A-Transaktionen werden in effizienten Märkten zu Konditionen durchgeführt, die im Rahmen von rationalen Unternehmensbewertungen liegen und meist Prämien über den Marktpreis hinaus beinhalten. Daraus folgt, dass Wertsteigerungen für den Erwerber nur dann entstehen, wenn er in der Lage ist, auf Grund seines aktiven Eingriffs in das Zielunternehmen auf der Zeitschiene eine deutliche Effizienzverbesserung zu erzielen. Kann die Frage: „Was machen wir besser als das bisherige Management?" nicht hinreichend überzeugend beantwortet werden, sollte die Transaktion unterbleiben.

Hände weg von stark gegensätzlichen Unternehmenskulturen: Die Flexibilität der Führungskräfte und Mitarbeiter ist weit geringer als die Flexibilität des Kapitals. Das häufig hohe Veränderungsniveau und die notwendige Veränderungsgeschwindigkeit erfordern einheitliches Denken und Handeln. Transaktionen, die der unvermeidlichen sachlichen Problematik und Komplexität noch die Unverträglichkeit zweier Unternehmenskulturen aufladen, können kaum gelingen.

Keine Black Box akzeptieren: Seriöse Fusionspartner bzw. Verkäufer eines Unternehmens haben nichts zu verbergen. Seriöse Käufer missbrauchen ihrerseits keine vertraulichen Daten. Ohne ausreichende Informationen zur Ermittlung eines umfassenden Gesamtbildes des M&A-Objekts sind Transaktionen ein unakzeptables Lotteriespiel. Garantien können mangelnde Offenheit nur sehr begrenzt ersetzen.

Der Mut zum Abbruch eines Transaktionsvorhabens muss bis zum Verhandlungsende erhalten bleiben: Eine Fusions- oder Kaufentscheidung bedarf der nüchternen Analyse in Form einer umfassenden Due Diligence. Die tatsächliche Lage der betroffenen Unternehmen wird naturgemäß erst gegen Ende des Untersuchungsprozesses sichtbar. Management und Aufsichtsgremien müssen im Fall der Aufdeckung gravierender Transaktionshindernisse, insbesondere in Bezug auf Bewertungsfragen, auch in einer weit fortgeschrittenen Phase den Mut zum Abbruch der Verhandlungen haben. Das Argument, der internen und externen Öffentlichkeit könne ein Rückzug nicht zugemutet werden, darf nicht gelten.

Transaktionen ohne Nutzen für alle Stakeholder sind riskant: Fusionen und Unternehmenskäufe haben allem voran die Wertsteigerung für die Anteilseigner zum Ziel. Dennoch: Transaktionen, die nicht gleichzeitig Stakeholder-Interessen, insbesondere die Interessen der Kunden und des Personals, beachten, werden in der Regel auch bezüglich der Steigerung des Shareholder Value fehlschlagen.

Frühzeitige Klärung der Führungsfrage: Fusionen haben vor allem deshalb geringere Erfolgsquoten als Unternehmenskäufe, weil die Führungsfrage häufig zunächst offen bleibt. Da mit der Führungsfrage auch die Frage der Unternehmenskultur eng verbunden ist, muss bereits in einem frühen Verhandlungsstadium geklärt werden, wer das

Unternehmen künftig führt. Vordergründig wohlklingende Grundsätze, wie: „Erst die Sache, dann die Personen", haben letztlich eine destruktive Wirkung.

Ziel muss auch die Verbesserung der Führungsqualität sein: Unternehmenszusammenschlüsse bieten neben strategischen Vorteilen auch die Chance zur Verbesserung der Qualität der Führung. Die Führungsauswahl nach dem Kriterium: „Der jeweils Beste der Kandidaten erhält den Job" gibt der Transaktion zusätzlichen Schub. Die Selektion nach dem Proporzprinzip dagegen führt stets zu suboptimalen Lösungen. Doppelbesetzungen unter der Annahme, die beteiligten Unternehmungen müssten sich nach der Transaktion „wiederfinden", gehören zu den größten Fehlern. Sie schreiben den Zustand vor der Transaktion in die Zukunft fort und behindern so maßgeblich die Integration.

Nur eine solide Finanzdecke puffert die entstehenden Risiken ab: Die Integrationskosten nach Abschluss einer M&A-Transaktion sind auch bei gewissenhafter Planung meist deutlich höher als erwartet. Die Finanzkraft des Käuferunternehmens bzw. der Partner eines Zusammenschlusses ist nicht nur wegen dieser Risiken eine wichtige Voraussetzung für eine erfolgreiche Transaktion. Auch andere Rückschläge gegenüber geplanten Entwicklungen sind nicht auszuschließen. Deshalb können Transaktionen ohne solide Finanzdecke im Grunde nicht verantwortet werden.

Vorsicht vor überhöhten Transaktionspreisen: Synergien stellen bei Unternehmenszusammenschlüssen das Potenzial dar für die Verbesserung der Profitabilität gegenüber der Alleingangs-Alternative der beteiligten Unternehmen. Darüber hinaus dienen sie als Puffer für allfällige Risiken. Es ist deshalb falsch, Synergien in die Preisfindung einer Transaktion einzubeziehen. Eine Transaktion, deren Synergieeffekte als Teil des Kaufpreises an den Verkäufer bezahlt werden, lässt kaum Wertsteigerungen für die Käuferseite erwarten. Zu einem überhöhten Kaufpreis „Nein" zu sagen, erweist sich in aller Regel als Tugend.

Man könnte noch viele Ratschläge hinzufügen, ohne jedoch auch damit das weite Feld von Einflüssen, Überraschungen und Zufällen bei M&A-Projekten wirklich umfassend abzubilden. Insofern beinhaltet selbst weitgehend rational gesteuertes Vorgehen im M&A-Prozess immer auch einen Rest an Unkalkulierbarem. Und so hängt es letztlich doch in einem nicht geringen Maße von der Qualität und Führungsstärke des handelnden Managements ab, ob eine Transaktion zum Erfolg oder Misserfolg wird.

Literaturverzeichnis

Achleitner, A.: Handbuch Investment-Banking; Wiesbaden (Gabler) 2001

Achtmeyer, W.; Daniell, M.: How Advanced Planning Widens Acquisition Rewards; in: Mergers and Acquisitions, 23. Jg. (1988), H. 1, S. 37-42

Aeberhard, K.: Strategische Analyse: Empfehlungen zum Vorgehen und zur sinnvollen Methodenkombination; Bern, Berlin, Frankfurt a. M., u.a. (Peter Lang) 1996

Albrecht, S.: Erfolgreiche Unternehmenszusammenschlussstrategien: Eine empirische Untersuchung deutscher Unternehmen; Wiesbaden (Gabler) 1994

Ansoff, I.: Managementstrategie; München (Moderne Industrie) 1966

Ansoff, I.: Corporate Strategy; New York (Penguin)1987

Arlinghaus, O.; Balz, U. (Hrsg.): Going Public: Der erfolgreiche Börsengang; München (Oldenbourg) 2001

Asquith, P.: Merger Bids and Stock Returns; in: Journal of Financial Economics, Jg. 1983, H. 3, S. 1-4

Assmann, H.; Schütze, R. (Hrsg.): Handbuch des Kapitalanlagerechts; Stuttgart (Deutscher Sparkassenverlag) 1997

A.T. Kearney (Hrsg.): Corporate Marriage: Blight or Bliss?; Chicago 1999

A.T. Kearney (Hrsg.): Merger Success Redefined, The Thousand-Mergers-Study; Paris 2001

Ballwieser, W.: Die Wahl des Kalkulationszinsfußes bei der Unternehmensbewertung unter Berücksichtigung von Risiko und Geldentwertung; aus: v. Colbe, W.; Coenenberg, A. (Hrsg.): Unternehmensakquisition und Unternehmensbewertung; Stuttgart (Schäffer-Poeschel) 1992, S. 121-148

Bamberger, B.: Der Erfolg von Unternehmensakquisitionen in Deutschland; Bergisch Gladbach, Köln (Josef Eul) 1994

Barney, J.B.: Gaining and Sustaining Competitive Advantage; New York (Addison-Wesley) 1997

Bästlein, H.: Zur Feindlichkeit öffentlicher Übernahmeangebote; Frankfurt a.M., Berlin, Bern, u.a. (Peter Lang) 1997

Becker, G.: Mergers and Acquisitions als Instrument zur Umsetzung von Konzernstrategien; in: Das Wirtschaftsstudium, Jg. 1994, H. 3, S. 198-200

Becker, T.: Historische versus fundamentale Betafaktoren; Stuttgart (Ibidem) 2000

Beckhard, R.; Harris, R.: Organizational Transitions: Managing complex change; Reading, Mass., USA (Addison-Wesley) 1991

Beisel, W.; Klumpp, H.: Der Unternehmenskauf: Gesamtdarstellung der zivil- und steuerrechtlichen Vorgänge einschließlich gesellschafts-, arbeits- und kartellrechtlichen Fragen bei der Übertragung eines Unternehmens; München (Beck) 1996

Berens, W.; Mertes, M.; Strauch, J.: Unternehmensakquisitionen; aus: Brauner, H.; Brauner U. (Hrsg.): Due Diligence bei Unternehmensakquisitionen; Stuttgart (Schäffer-Poeschel) 1998, S. 21-66

Berens, W.; Schmitting, W.; Strauch, J.: Due Diligence im Rahmen des Unternehmenskaufs; aus: Brauner, H.; Brauner U. (Hrsg.): Due Diligence bei Unternehmensakquisitionen; Stuttgart (Schäffer-Poeschel) 1998, S. 67-108

Berens, W.; Strauch, J.: Herkunft und Inhalt des Begriffs Due Diligence; aus: Brauner, H.; Brauner U. (Hrsg.): Due Diligence bei Unternehmensakquisitionen; Stuttgart (Schäffer-Poeschel) 1998, S. 3-20

Brauner, H.; Brauner U. (Hrsg.) (Hrsg.): Due Diligence bei Unternehmensakquisitionen; Stuttgart (Schäffer-Poeschel) 1998

Bergmann, H.: Zusammenschlusskontrolle; aus: Picot, G. (Hrsg.): Mergers & Acquisitions: Planung, Durchführung, Integration; Stuttgart (Schäffer-Poeschel) 2000, S. 289-334

Berninghaus, J.: Formale Grundlagen; aus: Arlinghaus, O.; Balz, U. (Hrsg.): Going Public: Der erfolgreiche Börsengang; München (Oldenbourg) 2001, S. 33-62

Bierich, M.: Innenfinanzierung der Unternehmen; aus: Christians, F. (Hrsg.): Finanzierungshandbuch; Wiesbaden (Gabler) 1988, S. 191-214

Bishop, M.; Kay, J. (Hrsg.): European Merger and Merger Policy; Oxford 1993

Blättchen, W.; Jasper, T.: Going Public: Wachstumsfinanzierung über die Börse; Berlin (DIHT) 1999

Bleicher, K.: Organisation: Strategien-Strukturen-Kulturen; Wiesbaden (Gabler) 1991

Boemle, M.: Unternehmungsfinanzierung; Zürich (Verlag des Schweizerischen Kaufmännischen Verbandes) 1995

Bosch, P.: Bedeutung des Realoptionsansatzes für M&A-Transaktionen; Ludwig-Maximilians-Universität München, Diplomarbeit 2001 (als Manuskript gedruckt)

Bradley, M.; Desai, A.; Han Kim, E.: The Rationale Behind Interfirm Tender Offers; in: Journal of Financial Economics, Jg. 1983

Brauner, H.; Grillo, U.: Due Diligence aus strategischer Sicht; aus: Brauner, H.; Brauner U. (Hrsg.): Due Diligence bei Unternehmensakquisitionen; Stuttgart (Schäffer-Poeschel) 1998, S. 173-194

Brealey, R.; Myers, S.: Principles of Corporate Finance; Boston (Mc Graw-Hill) 2000

Bueschemann, K.; Es fehlt am nüchternen Kopf und klaren Kalkül; in: Süddeutsche Zeitung 28.12.2000, S. 26

Bruhn, M.: Integrierte Unternehmenskommunikation; Stuttgart (Schäffer-Poeschel) 1995

Bühner, R.: Erfolg von Unternehmenszusammenschlüssen in der Bundesrepublik Deutschland; Stuttgart (Poeschel) 1990

Bühner, R.: Aktionärsbeurteilung grenzüberschreitender Zusammenschlüsse; in: Zeitschrift für betriebswirtschaftliche Forschung, 44. Jg. (1992), H. 5, S. 445-461

Bühner, R.: Der Shareholder-Value-Report; Landsberg/Lech (Moderne Industrie) 1994

Bundeskartellamt (Hrsg.): Tätigkeitsbericht 1999/2000; Bonn 2001

Bundeskartellamt (Hrsg.): Tätigkeitsbericht 1997/1998; Bonn 1999

Burghardt, M.: Projektmanagement Leitfaden für die Planung, Überwachung und Steuerung von Entwicklungsprojekten; München (Siemens) 2000

Büttgenbach, M.: Die erfolgreiche Integration nach Firmenübernahmen: Wie Fehler vermieden werden können; Marburg (Tectum) 2000

Cartwright, S.; Cooper, C.: Managing Mergers, Acquisitions and Strategic Alliances: Integrating People and Cultures; Manchester (Butterworth-Heinemann) 1996

Caytas, I., Mahari, J.: Im Banne des Investmentbanking; Stuttgart (Neue Zürcher Zeitung) 1988

Chan, S.; Kensinger, J.; Keown, A.; Martin, J.: Do strategic alliances create value?; in: Journal of Financial Economics, Jg. 1997, H. 46, S. 199-221

Christians, F. (Hrsg.): Finanzierungshandbuch; Wiesbaden (Gabler) 1988

Clever, H.: Post-Merger-Management; Stuttgart (Kohlhammer) 1993

Comment, R.; Schwert, G.: Poison or Placebo: Evidence on the Deterrence and Wealth Effects of Modern Antitakeover Measures; in: Journal of Financial Economics, Jg. 1995, H. 39, S. 3-43

Copeland, T.; Koller, T.; Murrin J.: Valuation Measuring and Managing the Value of Companies; New York (John Wiley & Sons) 1994

Copeland, T.; Weston, J.: Financial Theory and Corporate Policy; Menlo Park (Ca.) (Addison-Wesley) 1988

Craven, J.: Ad-hoc Takeover Defenses: Some Practical Examples; aus: Sieben, G.; Stein, H. (Hrsg.): Unternehmensakquisitionen: Strategien und Abwehrstrategien; Stuttgart (Poeschel) 1992, S. 57-66

Datta, D.: Organizational Fit and Acquisition Perfomance, Effects of Post Acquisition Integration; in: Strategic Management Journal, Jg. 1991, H. 12, S. 281-297

Dornbusch, R.; Fischer, S.; Schmalensee, R.: Economics; New York, u.a. (McGraw-Hill) 1988

Doz, Y.: Empirische Relevanz von strategischen Allianzen in Europa; aus: Bronder, C.; Pritzl, R. (Hrsg.): Wegweiser für strategische Allianzen; Frankfurt a.M. (Frankfurter Allgemeine Zeitung) 1992, S. 47-62

Drukarczyk, J.: Unternehmensbewertung; München (Vahlen) 2001

Dunst, K.: Portfolio Management; New York, Berlin (de Gruyter) 1979

Dyllick, T.: Management der Umweltbeziehungen; Wiesbaden (Gabler) 1990

Eilers, S.: Steuerliche Strukturierung der Transaktion; aus: Picot, G. (Hrsg.): Mergers & Acquisitions: Planung, Durchführung, Integration; Stuttgart (Schäffer-Poeschel) 2000. S. 52-88

Erlei, M.; Leschke, M.; Sauerland, D.: Neue Institutionenökonomik; Stuttgart (Schäffer-Poeschel) 1999

Esser, W.: Die Wertkette als Instrument der Strategischen Analyse; aus: Riekhof, H. (Hrsg.): Praxis der Strategieentwicklung: Konzepte - Erfahrungen - Fallstudien; Stuttgart (Schäffer-Poeschel) 1994, S. 129-149

Fairburn, J.; Geroski, P.: The Empirical Analysis of Market Structure and Performance; aus: Bishop, M.; Kay, J. (Hrsg.): European Merger and Merger Policy; Oxford 1993, S. 217-239

Fama, E.; Fisher, L.; Jensen, M.; Roll, R.: The Adjustment of Stock Prices to new Information; in: International Economic Review, Jg. 1969, H. 1, S. 1-21

Feldmann, M.; Spratt, M.: Speedmanagement für Fusionen; Wiesbaden (Gabler) 1999

Fikentscher, W.: Die Interessengemeinschaft; Köln (Heymann) 1966

Fink, D.: Management Consulting Fieldbook: Die Ansätze der großen Unternehmensberater; München (Franz Vahlen) 2000

Fischer, H.: Unternehmensbewertung; aus: Hölters, W. (Hrsg.): Handbuch des Unternehmens- und Beteiligungskaufs; Köln (O. Schmidt) 1996, S. 63-197

Fisher, R.; Ury, W.; Patton, B.: Das Harvard-Konzept: Sachgerecht verhandeln - erfolgreich verhandeln; Frankfurt a.M. (Campus) 2000

Fitting, K.: Betriebsverfassungsgesetz; München (Vahlen) 1992

Fleischer, A.; Sussman, A.: Takeover Defenses; New York (Aspen Law & Business) 1995

Franke, G.; Hax, H.: Finanzwirtschaft des Unternehmens und Kapitalmarkt; Berlin (Springer) 1999

Frese, E.: Grundlagen der Organisation; Wiesbaden (Gabler) 1987

Frese, E. u.a. (Hrsg.): Handwörterbuch der Organisation; Stuttgart (Poeschel) 1992

Gabele, E.: Reorganisation; aus: Frese, E. u.a. (Hrsg.): Handwörterbuch der Organisation; Stuttgart (Poeschel) 1992, S. 2196-2211

Gaughan, P.: Mergers, Acquisitions and Corporate Restructuring; Cambridge, Mass. (John Wiley & Sons) 1999

Gerpott, T.: Integrationsgestaltung und Erfolg von Unternehmensakquisitionen; Stuttgart (Schäffer-Poeschel) 1993

Gerpott, T.: Personalwirtschaftliche Unterstützung von Akquisitionen; in: Personalführung, Jg. 1999, H. 5, S. 70-79

Gerpott, T.; Schreiber, K.: Integrationsgestaltungsgeschwindigkeit nach Unternehmensakquisitionen; in: Die Unternehmung, Jg. 1994, H. 2, S. 99-116

Gomez, P., Weber, B.: Akquisitionsstrategie; Stuttgart (Schäffer) 1989

Grochla, E.: Grundlagen der organisatorischen Gestaltung; Stuttgart (Poeschel) 1982

Gross, P.: Das kommunikative Management von Fusionsrisiken; aus: Siegwart, H.; Neugebauer, G. (Hrsg.): Mega-Fusionen: Analysen, Kontroversen, Perspektiven; Bern, Stuttgart, Wien (Paul Haupt) 1999, S. 315-338

Grüter, H.: Unternehmensakquisitionen: Bausteine eines Integrationsmanagements in Unternehmensakquisitionen; Zürich (Paul Haupt) 1990

Gut-Villa, C.: Human Resource Management bei Mergers & Acquisitions; Bern (Paul Haupt) 1997

Habeck, M.; Kröger, F.; Träm, M.: After the Merger; London (Pearson) 2000

Hahn, D.; Taylor, B. (Hrsg.): Strategische Unternehmensplanung - strategische Unternehmensführung; Heidelberg (Physica) 1997

Hamel, G.; Prahalad, C. K.: Competing for the Future; Boston (HBS Press) 1994

Hammann, P. (Hrsg.): Die Ressourcen- und Kompetenzperspektive des Strategischen Managements; Wiesbaden (Gabler) 2000

Hase, S.: Integration akquirierter Unternehmen; Frankfurt a. M. (Wissenschaft & Praxis) 1996

Haspeslagh, P.; Jemison D.: Akquisitionsmanagement: Wertschöpfung durch strategische Neuausrichtung des Unternehmens; Frankfurt a. M.; New York (Campus) 1992

Hax, A.; Majluf, N.: Strategisches Management; Frankfurt a.M. (Campus) 1988

Heinen, E.: Unternehmenskultur; München (Oldenbourg) 1987

Heinen, E.; Dietel, B.: Industriebetriebslehre; Wiesbaden (Gabler) 1991

Henzler, H.: Ein Lernspiel ohne Grenzen; aus: Bronder, C.; Pritzl, R. (Hrsg.): Wegweiser für strategische Allianzen; Frankfurt a.M. (Frankfurter Allgemeine Zeitung) 1992, S. 431-442

Herrmann, M.: Zivilrechtliche Abwehrmaßnahmen gegen unfreundliche Übernahmen in Deutschland und Großbritannien; Heidelberg (Recht und Wirtschaft) 1993

Herzig, N.: Umwandlungsmodell beim Kauf von Anteilen an Kapitalgesellschaften; aus: Schaumburg, H. (Hrsg.): Unternehmenskauf im Steuerrecht; Stuttgart (Schäffer-Poeschel) 1997, S. 119-148

Hoffmann, F.: So wird Diversifikation zum Erfolg; in: Harvard Manager, 11. Jg. (1989), H. 5, S. 52-58

Hölters, W. (Hrsg.): Handbuch des Unternehmens- und Beteiligungskaufs; Köln (O. Schmidt) 1996

Holzapfel, H.; Pöllath, R.: Recht und Praxis des Unternehmenskaufs; Köln (Kommunikationsforum) 1994

Hommel, U.; Pritsch, G.: Marktorientierte Investitionsbewertung; in: Finanzmarkt und Portfoliomanagement, Jg. 1999, H. 2, S. 121-144

Hommel, U.; Scholich, M.; Vollrath, R. (Hrsg.): Realoptionen in der Unternehmenspraxis; Berlin (Springer) 2001

Hubbard, N.: Acquisition Strategy and Implementation; London (Macmillan Press) 1999

Huemer, F.: Mergers & Acquisitions: Strategische und finanzielle Analyse von Unternehmensübernahmen; Frankfurt a. M. (Lang) 1991

Hughes, A.; Singh, A.: Mergers, Concentration and Competition in Advanced Capitalist Economies: An International Perspective; aus: Mueller, D. C. (Hrsg.): The Determinants and Effects of Mergers; Cambridge (Mass.), Königstein (Anton Hain) 1980, S. 1-26

Institut der Wirtschaftsprüfer: Wirtschaftsprüferhandbuch 1992 (Bd. II) Handbuch für Rechnungslegung, Prüfung und Beratung; Düsseldorf (IDW Verlag) 1998

Institut der Wirtschaftsprüfer: Grundsätze zur Durchführung von Unternehmensbewertungen (S1); 2000

Jacquemin, A.; de Jong, H.: European Industrial Organisation; London (Macmillan) 1977

Jansen, S.: Mergers & Acquisitions: Eine strategische, organisatorische und kapitalmarkttheoretische Einführung; Wiesbaden (Gabler) 2001

Jansen, S.; Körner, K.: Fusionsmanagement in Deutschland; Witten/Herdecke 2000

Jensen, S.; Werres T.: Verlademeister; in: Manager Magazin, Nr. 7, 26.06.2001

Johne, M.: The Human Factor: Integrating People and Cultures after a Merger; in: CMA Management, Jg. 2000, H. 3, S. 30-34

Jung, W.: Praxis des Unternehmenskaufs; Stuttgart (Schäffer-Poeschel) 1993

Kay, I.; Shelton, M.: The people problem in mergers; in: McKinsey Quarterly, Jg. 2000, H. 4, S. 27-37

Kerler, P.: Mergers & Acquisitions and Shareholder Value; Bern (Paul Haupt) 2000

Kirchner, M.: Strategisches Akquisitionsmanagement im Konzern; Wiesbaden (Gabler) 1991

Kley, M.: Feindliche Übernahme - (K)ein Modell für Deutschland; aus: Pribilla, P. (Hrsg.): Management von Akquisitionen: Akquisitionsplanung und Integrationsmanagement; Stuttgart (Schäffer-Poeschel) 2000, S. 79-91

Kogeler, R.: Synergiemanagement im Akquisitions- und Integrationsprozess von Unternehmungen: Eine empirische Untersuchung anhand branchenübergreifender Fallstudien; München (GBI) 1992

Kohl, T.; Schulte, J.: Ertragswertverfahren und DCF-Verfahren; in: Die Wirtschaftsprüfung, Jg. 2000, H. 23-24, S. 1147-1164

Krag, J.; Kasperzak, R.: Grundzüge der Unternehmensbewertung; München (Vahlen) 2000

Kraus, G.; Westermann, R.: Projektmanagement mit System: Organisation, Methoden, Steuerung; Wiesbaden (Gabler) 1998

Krüger, W.; Homp C.: Kernkompetenz-Management: Steigerung von Flexibilität und Schlagkraft im Wettbewerb; Wiesbaden (Gabler) 1997

Krystek, U.: Unternehmenskultur und Akquisition; in: Zeitschrift für Betriebswirtschaft, 62. Jg. (1992), H. 5, S. 539-565

Kübler, R.: Management strategischer Akquisitionsprojekte: Ein prozessorientierter Ansatz zur Durchführung von Unternehmenskäufen; Bergisch Gladbach, Köln (Josef Eul) 1994

Lehnert, I.: Unternehmensübernahmen in den USA in den 80er Jahren: Rahmenbedingungen und Auswirkungen; Wiesbaden (DUV) 1997

Leithner, S.; Liebler, H.: Die Bedeutung von Realoptionen im M&A-Geschäft; aus: Hommel, U.; Scholich, M.; Vollrath, R. (Hrsg.): Realoptionen in der Unternehmenspraxis; Berlin (Springer) 2001, S. 131-154

Leslie, K.; Michaels, M.: The real Power of Real Options; in: McKinsey Quarterly, Jg. 2000, H. 3, S. 97-108

Lickert, S.: Unternehmenszusammenschlüsse: Konsequenzen für das Humankapital; Bern (Paul Haupt) 2000

Litke, H.: Projektmanagement: Methoden, Techniken, Verhaltensweisen; München, Wien (Carl Hanser) 1995

Macharzina, K.: Unternehmensführung; Wiesbaden (Gabler) 1999

Mandl, G.; Rabel, K.: Unternehmensbewertung; Wien (Ueberreuther) 1997

Maletzke, G.: Psychologie der Massenkommunikation; Hamburg (Hans Bredow Institut) 1963

Marks, M.; Mirvis P.: The Merger Syndrome; in: Psychology Today, Jg. 1986, H. 10, S. 36-42

Marks, M.; Mirvis, P.: Managing Mergers, Acquisitions and Alliances: Creating an Effective Transition Structure; in: Organizational Dynamics, Jg. 2000, H. 3, S. 35-37

Markus, J.: Der Faktor Mensch beim Unternehmenskauf; aus: Siegwart, H. (Hrsg.): Mergers & Acquisitions; Stuttgart (Schäffer) 1990, S. 393-407

Merten, K.: Kommunikation: Eine Begriffs- und Prozessanalyse; Opladen (Westdeutscher Verlag) 1977

Metzenthin, R.: Kompetenzorientierte Mergers & Acquisitions; aus: Hammann, P. (Hrsg.): Die Ressourcen- und Kompetenzperspektive des Strategischen Managements; Wiesbaden (Gabler) 2000, S. 277-310

Morck, R.; Shliefer, A.; Vishny, R.: Management Ownership and Market Valuation; in: Journal of Financial Economics, Jg. 1990, H. 5, S. 293-315

Moxter, A.: Grundsätze ordnungsmäßiger Unternehmensbewertung; Wiesbaden (Gabler) 1983

Mueller, D. C. (Hrsg.): The Determinants and Effects of Mergers; Cambridge (Mass.), Königstein (Anton Hain) 1980

Mueller, D. C.: Mergers: Theory and Evidence; aus: Mussati, G. (Hrsg.): Mergers, Markets and Public Policy; Mailand (Kluwer Academic Publishers) 1995, S. 9-44

Müller-Stewens, G.; Salecker, J.: Kommunikation, Schlüsselkompetenz im Akquisitionsprozess; in: Absatzwirtschaft, Jg. 1991, H. Oktober, S. 104-113

Müller-Stewens, G.: Mergers and Acquisitions: Markttendenzen und Beraterprofile; Stuttgart (Schäffer-Poeschel) 1999

Mussati, G. (Hrsg.): Mergers, Markets and Public Policy; Mailand (Kluwer Academic Publishers) 1995

Natenberg, S.: Option Volatility & Pricing; New York, u.a. (McGraw-Hill) 1994

o.V.: Neue Vereinbarung von Motorola/Unisys erweitert Internetzugang; in: News Aktuell 27.10.1999(a)

o.V.: After the Deal; in: The Economist, 07.01.1999(b)

o.V.: Kabellose Technologien im Aufwind; in: www.ZDNet.ch, 21.03.2001(a)

o.V.: Missmanagement bei Volkswagen; Schwerer Tippfehler in: www.manager-magazin.de, 28.08.2001(b)

Otto, H.: Management Buy-Out; aus: Assmann, H.; Schütze, R. (Hrsg.): Handbuch des Kapitalanlagerechts; Stuttgart (Deutscher Sparkassenverlag) 1997, S. 1079-1154.

Otto, H.: Venture Capital-Gesellschaften, Kapitalbeteiligungsgesellschaft und Unternehmensbeteiligungsgesellschaften nach dem UBGG (Ergänzungslieferung Januar 2001); aus: Assmann, H.; Schütze, R. (Hrsg.): Handbuch des Kapitalanlagerechts Stuttgart (Deutscher Sparkassenverlag) 1997, S. 1079-1152

Pack, H: Due Diligence; aus: Picot, G. (Hrsg.): Merger & Acquisitions: Planung, Durchführung, Integration; Stuttgart (Schäffer-Poeschel) 2000, S. 221-254

Paprottka, S.: Unternehmenszusammenschlüsse: Synergiepotentiale und ihre Umsetzung durch Integration; Wiesbaden (Gabler) 1996

Paul, W.: Der Blick hinter die Kulissen eines Übernahmekandidaten: Kennzahlenanalyse in der Praxis (I); in: eco, Jg. 1999a, H. 3, S. 8-11

Paul, W.: Der Blick hinter die Kulissen eines Übernahmekandidaten: Kennzahlenanalyse in der Praxis (II); in: eco, Jg. 1999b, H. 4, S. 30-31

Pausenberger, E.: Zur Systematisierung von Unternehmenszusammenschlüsse; in: Das Wirtschaftsstudium, 18. Jg. (1989), S. 621-626

Peemöller, V. (Hrsg.): Handbuch der Unternehmensbewertung; Landsberg am Lech (Moderne Industrie) 2001

Perin, S.: Synergien bei Unternehmensakquisitionen; Wiesbaden (Gabler) 1996

Perridon, L.; Steiner M.: Finanzwirtschaft der Unternehmung; München (Vahlen) 1997

Pfeiffer, W.; Dögl, R.: Das Technologie-Portfolio-Konzept zur Beherrschung der Schnittstelle Technik und Unternehmensstrategie; aus: Hahn, D.; Taylor, B. (Hrsg.): Strategische Unternehmensplanung - strategische Unternehmensführung; Heidelberg (Physica) 1997, S. 407-435

Philippi-Beck, P.; Rock, H.: Letter of Intent: Die Essentials; in: M&A Review, Jg. 1999, H. 10, S. 419-421

Picot, G. (Hrsg.): Mergers & Acquisitions: Planung, Durchführung, Integration; Stuttgart (Schäffer-Poeschel) 2000

Picot, G.: Unternehmenskauf und Restrukturierung; München (Beck) 1998

Picot, G.: Wirtschaftsrechtliche Aspekte der Durchführung von Mergers & Acquisitions, insbesondere der Gestaltung des Transaktionsvertrages; aus: Picot, G. (Hrsg.): Mergers & Acquisitions: Planung, Durchführung, Integration; Stuttgart (Schäffer-Poeschel) 2000(a), S. 89-220

Picot, G.: Wirtschaftliche und wirtschaftsrechtliche Parameter bei der Planung von Mergers & Acquisitions; aus: Picot, G. (Hrsg.): Mergers & Acquisitions: Planung, Durchführung, Integration; Stuttgart (Schäffer-Poeschel) 2000(b), S. 3-32

Porter, M.: From Competitive Advantage to Corporate Strategy; in: Harvard Business Review, Jg. 1987, June, S. 43-59

Porter, M.: Competitive Strategy; New York (The Free Press) 1998(a)

Porter, M.: Competitive Advantage: Creating and sustaining superior Performance; New York (The Free Press) 1998(b)

Pritchet, P.: After the Merger: Managing the shockwaves; Dallas, Tx. (Dow Jones-Irwin) 1985

Pursche, W.: Building Better Bids; in: McKinsey Quarterly, Jg. 1989, S. 92-96

Rappaport, A.: Shareholder Value; Stuttgart (Schäffer-Poschel) 1999

Regehr, F.: Management Buy-Out/Management Buy-In: Ablauf und Rolle der Beteiligten; in: M&A Review, Jg. 1999, H. 3, S. 127-131.

Reid, S.: Mergers, Managers and the Economy; New York (McGraw-Hill) 1968

Reineke, R.: Akkulturation von Auslandsakquisitionen: Eine Untersuchung zur unternehmenskulturellen Anpassung; Wiesbaden 1989

Reißner, S.: Synergiemanagement und Akquisitionserfolg; Wiesbaden (Gabler) 1992

Rockholtz, C.: Marktwertorientiertes Akquisitionsmanagement: Due-Diligence-Konzeption zur Identifikation, Beurteilung und Realisation akquisitionsbedingter Synergiepotentiale; Frankfurt a. M. (Europäische Hochschulschriften) 1999

Roll, R.: The Hubris Hypothesis of Corporate Takeovers; in: Journal of Business, 59. Jg. (1986), S. 197-216

Rose, P.: Analyse ausgewählter Methoden zur Identifikation dynamischer Kernkompetenzen; München (Hampp) 2000

Rupprecht-Däullary, M.: Zwischenbetriebliche Kooperation: Möglichkeiten und Grenzen durch neue Informations- und Kommunikationstechnologien; Wiesbaden (Gabler) 1994

Salecker, J.: Der Kommunikationsauftrag von Unternehmen bei Mergers & Acquisitions: Problemdimensionen und Gestaltungsoptionen der Kommunikation bei Unternehmensübernahmen; Bern, Stuttgart, Wien (Haupt) 1995

Sauermann, S.: Unternehmensinternes M&A Management: Organisatorische Gestaltungsalternativen; Wiesbaden (DUV) 2000

Schäfer, H.: Strategische Allianzen: Erklärung, Motivation und Erfolgskriterien; in: Wirtschaftsstudium, Jg. 1994, H. 8-9, S. 687-692

Schallenberg, D.: Akquisitionen und Kooperationen: Eine entscheidungsorientierte Analyse von Unternehmenszusammenschlüssen in der Textilwirtschaft; Bergisch Gladbach (Josef Eul) 1995

Schaper-Rinkel, W.: Akquisitionen und strategische Allianzen: Alternative externe Wachstumswege; Wiesbaden (DUV) 1998

Schaumburg, H. (Hrsg.): Unternehmenskauf im Steuerrecht; Stuttgart (Schäffer-Poeschel) 1997

Scheiter, D.: Die Integration akquirierter Unternehmungen; St. Gallen, Diss. 1989

Scheller, R.: Performance of corporate acquisitions over the medium term in Germany; Koblenz (Gabler) 1999

Scherer, M.: Interne leveraged buyouts: Strategien zur Verbesserung des Shareholder-Value; Wiesbaden (DUV) 1999

Schmusch, M.: Unternehmensakquisitionen und Shareholder Value; Wiesbaden (Deutscher Universitätsverlag) 1998

Schneider, D.; Schönacher, M.: Globalisierung durch kreuzkulturelle Akquisitionen; in: ioManagement, Jg. 1999, H. 8, S. 32-37

Schreyögg, G.: Unternehmenskultur und Innovation; in: Personal, 41. Jg. (1989), H. 4, S. 370-373

Schubert, W.; Küting, K.: Unternehmungszusammenschlüsse; München (Vahlen) 1981

Schüller, B.: Strategisches PR-Management; Herrsching (Kirsch) 1991

Sedemund, J.: Kartellrechtliche Probleme; aus: Hölters, W. (Hrsg.): Handbuch des Unternehmens- und Beteiligungskaufs; Köln (O. Schmidt) 1996, S. 572-658

Semler, F.: Der Unternehmens- und Beteiligungskaufvertrag; aus: Hölters, W. (Hrsg.): Handbuch des Unternehmens- und Beteiligungskaufs Köln (O. Schmidt) 1996, S. 480-571

Sieben, G.; Stein, H. (Hrsg.): Unternehmensakquisitionen: Strategien und Abwehrstrategien; Stuttgart (Poeschel) 1992

Siegwart, H. (Hrsg.): Mergers & Acquisitions; Stuttgart (Schäffer) 1990

Siegwart, H.; Neugebauer, G. (Hrsg.): Mega-Fusionen: Analysen, Kontroversen, Perspektiven; Bern, Stuttgart, Wien (Paul Haupt) 1999

Siepe, G.; Dörschell, A.; Schulte, J.: Der neue IDW-Standard: Grundsätze zur Durchführung von Unternehmensbewertungen (IDW S1); in: Die Wirtschaftsprüfung, Jg. 2000, H. 19, S. 946-960

Sommer, S.: Integration akquirierter Unternehmen: Instrumente und Methoden zur Realisierung von leistungswirtschaftlichen Synergiepotentialen; Frankfurt a.M., Berlin, Bern u.a. (Europäischer Verlag der Wissenschaften) 1996

Stein, I.: Motive für internationale Unternehmensakquisitionen; Wiesbaden (DUV) 1992

Steingraber, F.: The Seven Deadly Sins of Poster-Merger Integration; in: Executive Agenda, 3. Jg. (2000), H. 1, S. 71-75

Steinmann, H.; Schreyögg, G.: Grundlagen der Unternehmensführung; Wiesbaden (Gabler) 2000

Steinöcker, R.: Akquisitionscontrolling: Strategische Planung von Firmenübernahmen; Konzeption, Transaktion, Integration; Berlin, Bonn, Regensburg (Walhalla) 1993

Steinöcker, R.: Mergers and Acquisitions: Strategische Planung von Firmenübernahmen; Konzeption, Transaktion, Controlling; Düsseldorf, Regensburg (Metropolitan) 1998

Sudarsanam, P. S.: The Essence of Mergers and Acquisitions; London (Prentice Hall) 1995

Sydow, J.: Strategische Netzwerke - Evolution und Organisation; Wiesbaden (Gabler) 1992

Thomas, L.: The Economics of Strategic Planning; Toronto (Lexington) 1986

Thommen, J.-P.; Sauermann, S.: Organisatorische Lösungskonzepte des M&A-Managements; in: zfo, 68. Jg. (1999), H. 6, S. 318-322

Trigeorgis, L.: Real Options: Managerial Flexibility and Strategy in Resource Allocation; Cambridge, Mass., USA (MIT Press) 2000

Trzicky, N.: Stakeholder einer Fusion und deren Feindbilder; aus: Henckel v. Donnersmarck, M.; Schatz, R. (Hrsg.): Fusionen Gestalten und Kommunizieren; Bonn, Fribourg, Dover, u.a. (InnoVatio) 2000, S. 43-62

Ulrich, H.: Unternehmungspolitik; Bern u.a. (Paul Haupt) 1987

Voigt, K.-I.: Strategische Unternehmensplanung: Grundlagen, Konzepte, Anwendung; Wiesbaden (Gabler) 1993

Volck, S.: Die Wertkette im prozessorientierten Controlling; Wiesbaden (DUV) 1997

Vornhusen, K.: Die Organisation von Unternehmenskooperationen: Joint Ventures und Strategische Allianzen in der Chemie- und Elektroindustrie; Frankfurt (Main) u.a. (Lang) 1994

Weiss, M.: Finanzierungsfragen; aus: Hölters, W. (Hrsg.): Handbuch des Unternehmens- und Beteiligungskaufs; Köln (O. Schmidt) 1996, S. 198-273

Welge, M.; Al-Laham, A.: Strategisches Management: Grundlagen, Prozess, Implementierung; Wiesbaden (Gabler) 1999

Weston, J.: Mergers and Acquisitions; New York (McGraw-Hill) 2001

Wissema, J.: An Introduction to Capital Investment Selection; London (Pinter) 1985

Wittwer, A.: Innerbetriebliche Kommunikation als strategisches Instrument zur Mitarbeiterintegration bei Unternehmenszusammenschlüssen: Eine Untersuchung integrationshemmender und integrationsfördernder Faktoren; München (tuduv) 1995

Wöhe, G.: Einführung in die Allgemeine Betriebswirtschaftslehre; München (Vahlen) 1993

Wolf, M.; Kaiser, J.: Die Mängelhaftung beim Unternehmenskauf nach neuem Recht; in: Der Betrieb, Jg. 2002, S. 411-417

You, V.; Caves, R.; Smith, M.; Henry, J.: Mergers and Bidders Wealth; in: Thomas, L.: The Economics of Strategic Planning; Toronto (Lexington) 1986

Zimmermann, R.: Interne und externe Kommunikation; aus: Picot, G. (Hrsg.): Mergers & Acquisitions: Planung, Durchführung, Integration; Stuttgart (Schäffer-Poeschel) 2000, S. 419-453

Zwahlen, B.: Motive und Gefahren bei einer Unternehmensakquisition; Zürich, Diss. 1994, als Manuskript gedruckt